AF752931

Gestaltungsfreiheit und Auslegung im Liquidationsrecht der GmbH

Schriften zum Gesellschaftsrecht und Unternehmensinsolvenzrecht

Herausgegeben von Hans-Friedrich Müller und Peter Reiff

Band 7

PETER LANG

Sven Sodemann

Gestaltungsfreiheit und Auslegung im Liquidationsrecht der GmbH

PETER LANG

Bibliografische Information der Deutschen Nationalbibliothek
Die Deutsche Nationalbibliothek verzeichnet diese Publikation in der Deutschen Nationalbibliografie; detaillierte bibliografische Daten sind im Internet über http://dnb.d-nb.de abrufbar.

Zugl.: Trier, Univ., Diss., 2018

D 385
ISSN 2366-729X
ISBN 978-3-631-77495-3 (Print)
E-ISBN 978-3-631-77656-8 (E-Book)
E-ISBN 978-3-631-77657-5 (EPUB)
E-ISBN 978-3-631-77658-2 (MOBI)
DOI 10.3726/b15212

© Peter Lang GmbH
Internationaler Verlag der Wissenschaften
Berlin 2019
Alle Rechte vorbehalten.

Peter Lang – Berlin · Bern · Bruxelles · New York · Oxford · Warszawa · Wien

Das Werk einschließlich aller seiner Teile ist urheberrechtlich geschützt. Jede Verwertung außerhalb der engen Grenzen des Urheberrechtsgesetzes ist ohne Zustimmung des Verlages unzulässig und strafbar. Das gilt insbesondere für Vervielfältigungen, Übersetzungen, Mikroverfilmungen und die Einspeicherung und Verarbeitung in elektronischen Systemen.

Diese Publikation wurde begutachtet.

www.peterlang.com

Für Katharina

Vorwort

Die vorliegende Arbeit wurde im Sommersemester 2018 vom Fachbereich Rechtswissenschaft der Universität Trier als Dissertation angenommen. Für die Veröffentlichung wurden Rechtsprechung und Literatur bis März 2018 berücksichtigt. Bis Oktober 2018 erschienene einschlägige Literatur fand noch vereinzelt Berücksichtigung.

Während meiner Tätigkeit als wissenschaftlicher Mitarbeiter am Lehrstuhl meines hochverehrten Doktorvaters Prof. Dr. Hans-Friedrich Müller, LL.M. ist diese Arbeit entstanden. Bereits zuvor, als studentische Hilfskraft, genoss ich seine nachhaltige Förderung. Ihm verdanke ich mein ausgeprägtes Interesse für das Zivil- und Wirtschaftsrecht. In vielerlei Hinsicht bin ich ihm zu großem Dank verpflichtet. Besonderer Dank gilt des Weiteren Prof. Dr. Peter Reiff für die zügige Erstellung des Zweitgutachtens. Beiden danke ich gleichermaßen für die Aufnahme dieser Arbeit in die Schriftenreihe „Schriften zum Gesellschaftsrecht und Unternehmensinsolvenzrecht".

Für den regen Austausch bei der Anfertigung unserer Dissertationen und allgemein für ein freundschaftlich-harmonisches Zusammenarbeiten danke ich meinem langjährigen Kollegen Herrn Dr. Tobias Roth. Grenzenloser Dank gilt Herrn Notarassessor Dr. Andreas Schumacher, nicht bloß weil er bereitwillig die orthografischen Korrekturen übernahm, sondern vielmehr weil er ein Freund ist, wie ihn sich jeder nur wünschen kann. Meiner Familie, insbesondere meiner leider vor Veröffentlichung dieser Arbeit verstorbenen Mutter Petra Sodemann und meinem Vater Stefan Sodemann, meinen Brüdern Björn und Sören Sodemann sowie meinen Schwiegereltern Karl-Heinz und Andrea Scheilen, möchte ich für ihre selbstlose und stetige Unterstützung danken.

Mein innigster Dank gilt meiner Frau Katharina. War es bei der Entstehung dieser Arbeit einmal finster, so hat sie mir geleuchtet. Sie hat mir den erforderlichen Rückhalt und die notwendige Motivation zur Fertigstellung dieser Arbeit gegeben. Ihr ist dieses Buch, als Zeichen meiner tiefen Dankbarkeit, gewidmet.

Sven Sodemann
Trier, im November 2018

Inhaltsübersicht

Inhaltsverzeichnis 11

1 Einleitung 21

A. Allgemeine Einführung 21

B. Untersuchungsgegenstand 23

C. Gang und Ziel der Untersuchung 23

2 Gestaltungsinstrumente in der GmbH 25

A. Satzungsrecht der GmbH 25

B. Gesellschafterbeschlüsse 98

C. Schuldrechtliche Nebenabreden 105

3 Grundlagen des Liquidationsrechts 107

A. Auflösung 107

B. Abwicklung 115

C. Vollbeendigung 115

D. Liquidatoren 118

4 Gestaltungsfreiheit und Satzungsautonomie in der Liquidation 125

A. Auflösung der Gesellschaft 125

B. Bestellung und Abberufung von Liquidatoren 200

C. Ergebnis 245

5 Auslegung und Satzungsverständnis in der Liquidation 247

A. Liquidatorenmerkmale und -kompetenzen 248

B. Wettbewerbsverbote in der aufgelösten Gesellschaft ... 276
C. Ergebnis ... 280

6 Schlussbetrachtung ... 281
A. Allgemeine Erkenntnisse ... 281
B. Gestaltungsfreiheit in der Liquidation ... 282
C. Auslegung in der Liquidation ... 286

Literaturverzeichnis ... 289

Verzeichnis sonstiger verwendeter Materialien ... 319

Inhaltsverzeichnis

1 Einleitung 21

A. Allgemeine Einführung 21

B. Untersuchungsgegenstand 23

C. Gang und Ziel der Untersuchung 23

2 Gestaltungsinstrumente in der GmbH 25

A. Satzungsrecht der GmbH 25

I. Begriff des Gesellschaftsvertrages 25

1) Keine begriffliche Unterscheidung 26

2) Unterscheidung anhand der Art der Gesellschaft 27

3) Unterscheidung anhand der Gesellschafter 28

4) Begriffsverwendung in dieser Arbeit 28

II. Rechtsnatur der GmbH-Satzung 28

1) Rechtsprechung 29

2) Literaturauffassungen 29

a) Vertragstheorie nach v. Tuhr 29

b) Normentheorie nach v. Gierke 29

c) Erweitertes Meinungsspektrum 30

3) Zwischenfazit 30

III. Satzungsautonomie in der GmbH 31

1) Historische Entstehung der Satzungsfreiheit im GmbH-Recht 32

2) Abgrenzung von Innen- und Außenverhältnis 34

3) Grenzen der Vertragsfreiheit 34

a) Zwingendes Gesetzesrecht 35

b) Verstoß gegen Verbotsnormen und die guten Sitten 36

c) Schutz von außerhalb des Vertrages liegenden Interessen 36

(1) Gläubigerschutzinteresse 36

(2) Allgemeinheit 38

d) Schutz von innerhalb des Vertrages liegenden Interessen 38

(1) Grundsatz der Verbandssouveränität ... 38
(2) Mitgliedschaftsrecht der Gesellschafter ... 39
(3) Kernbereichslehre ... 39
(4) Rechtsformzwang ... 40
(5) Inhaltskontrolle ... 41
(6) Minderheitenschutz ... 41
4) Eigene Stellungnahme ... 43
IV. Delegation von Kompetenzen ... 44
1) Kompetenzübertragung zur Gestaltung der Inneren Organisation der Gesellschaft ... 45
a) Verdrängende Zuständigkeit ... 46
b) Konkurrierende Zuständigkeit ... 48
(1) Zuständigkeit der Gesellschafterversammlung vor Beschlussfassung eines anderen Organs ... 49
(2) Zuständigkeit der Gesellschafterversammlung nach Beschlussfassung eines anderen Organs ... 50
c) Kumulative Zuständigkeit ... 53
(1) Einfache Mitwirkung ... 53
(2) Qualifizierte Mitwirkung ... 53
d) Sonderrechte als besondere Form der Kompetenzübertragung ... 54
2) Grenzen der Kompetenzgestaltung ... 57
a) Zwingende Kompetenzzuordnungen ... 57
b) Begründung einer Beschränkung der Kompetenzgestaltung ... 58
(1) Interne Kompetenzübertragung ... 59
(2) Externe Kompetenzübertragung ... 59
V. Auslegung der GmbH-Satzung ... 60
1) Allgemeine Auslegungsgrundsätze ... 61
2) Rechtsprechung ... 62
a) Rechtsprechung des Reichsgerichts ... 62
b) Rechtsprechung des Bundesgerichtshofs ... 64
3) Literaturauffassungen ... 69
a) Vertragstheorie nach v. Tuhr ... 69
b) Normentheorie nach v. Gierke ... 69

c) Erweitertes Meinungsspektrum ... 70
(1) Abgrenzung von individualrechtlichen und körperschaftlichen Bestimmungen ... 71
(2) Umfang objektiver Auslegung ... 74
(3) Zwischenfazit ... 75
4) Kritische Betrachtung des Meinungsstands ... 76
a) Abgrenzung individualrechtlicher und körperschaftlicher Bestimmungen ... 77
b) Modifizierte Normentheorie unter Berücksichtigung der Rechtsprechung des BGH ... 78
c) Modifizierte Vertragstheorie ... 79
d) Begründung objektiver Auslegung ... 80
(1) Normgleicher Charakter ... 80
(2) Aus Gründen der Schutzbedürftigkeit ... 82
(a) Neugesellschafter ... 83
(b) Gläubiger ... 87
(c) Allgemeinheit ... 89
(d) Aufsichtsrat ... 90
(3) Wegen gesellschaftsrechtlicher Sonderbestimmungen ... 91
(a) Formerfordernisse ... 91
(b) Grundsatz einheitlicher Auslegung der Satzung ... 92
(4) Erklärungen an die Allgemeinheit ... 93
e) Zwischenergebnis ... 95
5) Eigene Stellungnahme ... 95
6) Statutarische Festlegung des Auslegungsmaßstabs ... 98
B. Gesellschafterbeschlüsse ... 98
I. Begriff und Rechtsnatur ... 99
1) Einzelne Stimmabgabe ... 100
2) Gesellschafterbeschluss ... 100
a) Lehre vom Sozialakt ... 100
b) Der Gesellschafterbeschluss als Vertrag ... 101
c) Beschluss Als Mehrseitiges Rechtsgeschäft ... 101
d) Beschluss als eigenständiger Rechtsakt ... 102

e) Kritik und Stellungnahme 103
II. Grenzen freier Beschlussfassung 103
1) Nichtigkeit von Gesellschafterbeschlüssen 104
2) Anfechtbarkeit von Gesellschafterbeschlüssen 104
C. Schuldrechtliche Nebenabreden 105

3 Grundlagen des Liquidationsrechts 107

A. Auflösung 107
I. Registereintragung der Auflösung 108
II. Wirkung der Auflösung 108
1) Gesellschafts- und Liquidationszweck 108
a) Gesellschaftszweck 108
(1) Frühere Rechtsprechung und frühere Literatur 109
(2) Neuere Rechtsprechung 109
(3) Neuere Literatur 110
(4) Stellungnahme 111
b) Liquidationszweck 111
c) Verhältnis von Gesellschafts- und Liquidationszweck 112
2) Kontinuität der Gesellschaft 113
B. Abwicklung 115
C. Vollbeendigung 115
I. Vermögenslosigkeit der Gesellschaft 115
II. Löschung der Gesellschaft im Handelsregister 116
III. Lehre vom Doppeltatbestand 116
IV. Erweiterter Doppeltatbestand 117
V. Lehre von der Nachgesellschaft 118
VI. Stellungnahme 118
D. Liquidatoren 118
I. Bestellung der Liquidatoren 119
1) Der „Geborene“ Liquidator 119
2) Der „Gekorene“ Liquidator 120

a) Bestellung durch die Satzung 120
b) Bestellung per Beschlussfassung 121
3) Weitere Bestellungsmöglichkeiten 122
a) Bestellung durch das Gericht 122
b) Bestellung eines Notliquidators 123
c) Bestellung von Nachtragsliquidatoren 123
II. Abberufung der Liquidatoren und Amtsniederlegung 123
1) Amtsniederlegung des Liquidators 123
2) Ordentliche Abberufung 124
3) Außerordentliche Abberufung durch das Gericht 124

4 Gestaltungsfreiheit und Satzungsautonomie in der Liquidation 125

A. Auflösung der Gesellschaft 125
I. Auflösung durch Zeitablauf, § 60 Abs. 1 Nr. 1 GmbHG 126
1) Eintragung der Befristung im Handelsregister 126
a) Bedeutung des § 10 GmbHG 126
b) Rechtfertigung einer Andersbehandlung von Befristung bei Gründung und durch spätere Satzungsänderung? 127
c) Analoge Anwendung Des § 54 Abs. 3 GmbHG 127
2) Wirkung des Zeitablaufs 131
II. Auflösungsbeschluss 131
1) Auflösungskompetenz 131
a) Auflösungskompetenz qua Gesetz 131
b) Übertragbarkeit der Auflösungskompetenz 132
(1) Delegationsermächtigung im Gesetz 133
(2) Kollision mit Prinzipien des Gesellschaftsrecht 133
(3) Innergesellschaftliche Konflikte 135
(4) Wirkung des Auflösungsbeschlusses 135
(5) Verdrängende Auflösungskompetenz 136
(6) Konkurrierende Auflösungskompetenz 137
(a) Auflösungskompetenz Dritter 137

(b) Auflösungskompetenz anderer Verbandsorgane ... 138
(c) Auflösungskompetenz eines Gesellschafters/ einer Gesellschaftergruppe ... 140
(d) Zusammenfassung ... 141
c) Mitwirkung bei der Auflösung ... 141
(1) Mitwirkung der Gesellschafter ... 142
(2) Mitwirkung anderer Gesellschaftsorgane ... 143
(3) Mitwirkung durch Dritteinfluss ... 147
d) Umdeutung unwirksamer Satzungsbestimmungen ... 149
e) Stellungnahme ... 150
2) Grenzen und Missbrauch der Auflösungskompetenz ... 151
a) Stimmpflicht der Gesellschafter ... 152
(1) Vorrang der Auflösungsklage, § 61 GmbHG ... 152
(2) Sonderproblem: Einziehung von Geschäftsanteilen ... 153
(a) BGH Urt. v. 24.01.2012, Aktz. II ZR 109/11 ... 154
(b) BGH Urt. v. 10.05.2016, Aktz. II ZR 342/14 ... 155
(c) Zusammenfassung ... 156
(d) Dogmatische Herleitung der Ausfallhaftung ... 157
(e) Folge eines Treuepflichtverstoßes ... 164
(f) Zwischenergebnis ... 173
(g) Alternative Gestaltungsmöglichkeiten ... 174
b) Schranken der Stimmrechtsausübung durch Mehrheitskontrolle ... 177
(1) Schutzerfordernis und Herleitung ... 177
(a) Schutz der Mitgliedschaft ... 178
(b) Vermögenschutz ... 180
(c) Zwischenergebnis ... 180
(2) Sonderproblem: Übertragende Auflösung ... 181
(3) Sonderproblem: Beschlüsse die gesellschaftliche Zweckverfolgung betreffend ... 182
(4) Rechtsfolge rechtsmissbräuchlicher Beschlussfassung . 183
(a) Nicht festgestellter Beschluss ... 184
(b) Festgestellter Beschluss ... 184

(5) Beschlusskontrolle 184
(a) Rechtsprechung 185
(b) Meinungsstand in der Literatur 192
(c) Zwei-Stufen-Prüfung des Machtmissbrauchs 195
3) Beschlussfassung 198
III. Weitere in der Satzung bestimmte Auflösungsgründe 199
B. Bestellung und Abberufung von Liquidatoren 200
I. Gesetzliche Grundlagen zur Liquidatorenbestellung und -Abberufung 200
II. Taugliche Liquidatoren 201
1) Natürliche Personen 201
2) Juristische Personen 201
a) Abgrenzung des Liquidators zum Insolvenzverwalter 203
b) Praktische Relevanz juristischer Personen als Liquidatoren 204
3) Personengesellschaften und Gesamthandgemeinschaften 204
a) Mangelnde Rechtsfähigkeit der GbR? 206
b) Mangelnde Registerpublizität der GbR? 206
(1) Grundlagen zur Registerpublizität 208
(a) Formelle Publizität des Registers 209
(b) Materielle Publizität des Registers 209
(2) Eintragung nach § 105 Abs. 2 HGB 209
(3) Eintragung nach § 40 Abs. 1 GmbHG n.F. 210
(4) Eintragung nach § 67 GmbHG 213
(a) Registerfähigkeit 215
(b) Mangelnder Verkehrsschutz 218
(c) Registerpublizität durch analoge Anwendung der Vorschriften zum Grundbuch 219
(d) Registerpublizität durch analoge Anwendung der Vorschriften zum Handelsregister 224
(e) Stellungnahme 228
c) Zusammenfassung 230
d) Registerpublizität de lege ferenda 231
III. Abweichende Liquidatorenbestimmung 233

1) Bestimmung durch Staatsakt ... 234
2) Bestimmung durch Satzung ... 234
3) Bestimmung durch Beschluss ... 235
a) Grundfall Gesellschafterbeschluss ... 235
b) Möglichkeit der Satzungsdurchbrechung ... 235
(1) Abberufung der Liquidatoren ... 236
(2) Stellungnahme ... 236
c) Abweichende Bestimmungskompetenz ... 237
(1) Kompetenzübertragung in der werbenden Gesellschaft ... 237
(a) Kompetenzverlagerung zugunsten einzelner Gesellschafter oder Gesellschaftergruppen ... 238
(b) Kompetenzverlagerung zugunsten anderer Organe ... 238
(c) Kompetenzverlagerung zugunsten Dritter ... 239
(d) Mitwirkungsrechte an der Geschäftsführerbestellung ... 240
(2) Kompetenzübertragung in der aufgelösten Gesellschaft ... 241
d) Stellungnahme ... 243
C. Ergebnis ... 245

5 Auslegung und Satzungsverständnis in der Liquidation ... 247

A. Liquidatorenmerkmale und -kompetenzen ... 248
I. Qualitäts- und Quantitätsbestimmungen ... 248
II. Vertretungsbefugnis der Liquidatoren einer GmbH i.L. ... 249
1) Grundlagen zur Vertretungsmacht und Befreiung von § 181 BGB ... 250
a) Grundsatz der Gesamtvertretungsmacht ... 250
b) Beschränkung durch den Liquidationszweck ... 250
c) Beschränkungen des § 181 BGB ... 252
d) Abweichende Regelungen ... 252
(1) Vertretungsmacht ... 252

(2) Befreiung von § 181 BGB ... 254
(a) Befreiung von Geschäftsführern ... 254
(b) Befreiung von Liquidatoren ... 255
e) Abweichende Bestimmung bei gerichtlicher Bestellung des Liquidators ... 255
f) Abweichende Vertretung wegen Führungslosigkeit ... 256
2) Fortgeltung in der Liquidation ... 256
a) Fortgeltung einer konkreten Vertretungsbefugnis ... 257
(1) Keine Fortgeltung ... 258
(2) Fortgeltung nur für geborene Liquidatoren ... 260
(3) Fortgeltung nur für gekorene Liquidatoren ... 261
(4) Besonderheiten bei einer GmbH nach Musterprotokoll ... 262
b) Fortgeltung einer abstrakten Vertretungsbefugnis ... 262
(1) Keine Fortgeltung der Öffnungsklausel ... 263
(2) Fortgeltung der Öffnungsklausel ... 263
c) Satzungsdurchbrechende Wirkung eines Beschlusses ... 264
3) Stellungnahme ... 265
a) Amts- und Kompetenzkontinuität ... 265
b) Auslegung der Satzungsklausel ... 266
(1) Objektive Auslegung ... 266
(2) Subjektive Auslegung ... 267
(a) Verkehrs- und Gläubigerschutz ... 267
(b) Gesellschafterschutz ... 267
(c) Grundsatz subjektiver Auslegung ... 268
(3) Typische Klauseln zur Vertretungsmacht von Geschäftsführern und Liquidatorens ... 270
c) Ergebnis ... 272
III. Geschäftsführungsbefugnis des Liquidators ... 273
1) Grundsatz ... 273
2) Beschränkung der Geschäftsführungsbefugnis in der Liquidation ... 273
a) Beschränkung durch Satzung und Beschluss ... 273

b) Beschränkung und Erweiterung durch den Liquidationszweck ... 274
c) Beschränkung durch Gesetz ... 276
3) Ergebnis ... 276
B. Wettbewerbsverbote in der aufgelösten Gesellschaft ... 276
I. Art des Wettbewerbsverbots ... 276
1) Gesetzliches Wettbewerbsverbot ... 276
2) Vertragliches Wettbewerbsverbot ... 277
a) Vertragliche Wettbewerbsverbote in der Liquidationsgesellschaft ... 278
b) Fortwirkung bzw. Übertragung vertraglicher Wettbewerbsverbote ... 278
II. Umfang des Wettbewerbsverbots ... 279
C. Ergebnis ... 280

6 Schlussbetrachtung ... 281
A. Allgemeine Erkenntnisse ... 281
B. Gestaltungsfreiheit in der Liquidation ... 282
C. Auslegung in der Liquidation ... 286

Literaturverzeichnis ... 289

Verzeichnis sonstiger verwendeter Materialien ... 319

1 Einleitung

A. Allgemeine Einführung

„*Eine GmbH besteht nicht auf Ewigkeit.*“[1] Die Auflösung der Gesellschaft ist eine Zäsur im Leben der GmbH, denn mit ihr beginnt der Marktaustritt.[2] Wirtschaftliche Krise,[3] innergesellschaftliche Konflikte,[4] schlechte Zukunftsprognosen[5] oder fehlendes Investitionskapital sind nur einige Beispiele, warum sich die Gesellschafter zur Liquidation ihrer Gesellschaft entschließen können. So vielfältig die Motivationen zur Liquidation sind, so unterschiedlich ist auch die für die jeweilige Gesellschaft zugeschnittene individuelle Gestaltung der Liquidation, um im Ergebnis den bestmöglichen Liquidationserlös zu erzielen. Der fünfte Abschnitt des GmbHG regelt die für die GmbH geltenden zwingenden

---

1 *Wicke*, in: GmbHG, § 60 Rn. 1. So kann selbst eine als „unauflöslich“ bezeichnete Gesellschaft, jedenfalls mit einstimmigen Gesellschafterbeschluss aufgelöst werden, *Altmeppen*, in: Roth/Altmeppen, § 60 Rn. 16; *Berner*, in: MüKo GmbHG, § 60 Rn. 87; *Casper*, in: UHL, § 60 Rn. 38; *Gesell*, in: Rowedder/Schmidt-Leithoff, § 60 Rn. 16; *Haas*, in: Baumbach/Hueck, § 60 Rn. 17; *Kleindiek*, in: Lutter/Hommelhoff, § 60 Rn. 6; *K. Schmidt/Bitter*, in: Scholz, § 60 Rn. 19.

2 *Haas*, in: Baumbach/Hueck, § 60 Rn. 1.

3 Vgl. mögl. Auflösungsgründe bei *Berner*, in: MüKo GmbHG, § 60 Rn. 221: „Eintritt der Unterbilanz bei der Gesellschaft, Ertraglosigkeit bzw. Verlusterzielung der Gesellschaft“.

4 „Aus der Praxis ist bekannt, daß die Liquidation einer OHG oder KG, wenn sie sich nicht im vernünftigen Zusammenwirken der Gesellschafter, sondern im Streit vollzieht, schwierige und zweifelhafte Rechtsfragen mit sich bringt“, *Boesebeck*, JW 1938, 3180, 3185; aufgegriffen von *Hillers*, Personengesellschaft und Liquidation, S. 1 f. Jeweils bezogen auf die OHG und die KG. Sicherlich ist dieses Konfliktpotential bei Personengesellschaften besonders stark ausgeprägt. Insbesondere bei der personalistischen GmbH besteht ein solches Risiko der streitbaren und im Ergebnis für die Gesellschafter schädlichen Auseinandersetzung gleichfalls. Zudem *Berner*, in: MüKo GmbHG, § 60 Rn. 221: „Tod, Insolvenz, Ausscheiden oder Geschäftsunfähigkeit eines Gesellschafters, Pfändung in den Geschäftsanteil eines Gesellschafters“.

5 *Berner*, in: MüKo GmbHG, § 60 Rn. 221: „Verlust eines besonders wichtigen Patents oder sonstigen Schutzrechts (ggf. durch Zeitablauf) sowie Nicht-Erteilung oder Entzug von staatlichen Genehmigungen, des Status anerkannter Gemeinnützigkeit bzw. Mildtätigkeit oder privatrechtlichen Nutzungserlaubnissen“.

und abdingbaren Auflösungsgründe und die weiteren Auswirkungen der Auflösung einer Gesellschaft.[6]

Zügige oder unter Frist gesetzte Liquidationen sind regelmäßig nicht wirtschaftlich klug realisierbar, vielmehr bedarf es, sofern die Liquidation im Sinne einer Betriebsveräußerung stattfinden soll, zuvorderst regelmäßig einer Aufarbeitung von Strukturdefiziten.[7] Insoweit also gerade genau das gegensätzliche Vorgehen, wie dies im Roman „*Die Buddenbrooks*"[8] anschaulich aufgezeigt wurde:

> *„Die Dinge lagen so, daß liquidiert werden, daß die Firma verschwinden sollte und zwar binnen eines Jahres; dies war des Senators letztwillige Bestimmung. […] Die Abwicklung der Geschäfte also begann unter Leitung Herrn Kistenmakers und des alten Herrn Marcus und sie nahm einen außerordentlich kläglichen Verlauf. Die gegebene Frist war kurz, sie sollte mit buchstäblicher Genauigkeit innegehalten werden, die Zeit drängte. Die schwebenden Angelegenheiten wurden in übereilter und ungünstiger Weise erledigt. Ein überstürzter und unvorteilhafter Verkauf folgte dem anderen. Das Lager, die Speicher wurden mit großem Schaden zu Geld gemacht. […] Thomas Buddenbrook hatte auf dem Papiere ein Vermögen von sechsmalhundertundfünfzigtausend Mark hinterlassen; ein Jahr nach der Testamentseröffnung stellte sich heraus, daß mit dieser Summe im Entferntesten nicht zu rechnen war …*"[9]

Der Blick auf die Liquidation hat sich in den vergangenen Jahrzehnten erheblich verändert. Verstand der historische Gesetzgeber unter der Liquidation noch einzig die Verteilung eines möglichst hohen Erlöses unter Berücksichtigung des Gläubigerschutzes,[10] so hat sich inzwischen ein wesentlich effektiveres und dynamischeres Liquidationsverständnis herausgebildet – freilich mit neuen Herausforderungen für Praxis und Literatur. An diese Veränderung muss auch das Liquidationsrecht der GmbH angepasst werden und den notwendigen Gestaltungsrahmen für die Praxis bereitstellen. Sofern dies unter Anwendung des bestehenden Rechts nicht möglich erscheint, muss im Zweifel der Gesetzgeber das GmbHG de lege ferenda umgestalten, um der Praxis die benötigten Gestaltungsinstrumente an die Hand zu geben.

---

6 Mit Ausnahme der Insolvenz richtet sich die Liquidation nach den §§ 65–74 GmbHG.

7 So auch *Geißler*, DZWIR 2013, 1, 4.

8 Insoweit hat Thomas Mann im Roman „Die Buddenbrooks" wohl auch die Liquidation des väterlichen Unternehmens beschrieben, welche gleichfalls aufzeigt, wie ungünstig eine derartige unter Frist gesetzte Liquidation sein kann. Vgl. Internetquelle: www.thomasmann.de/thomasmann/werk/figuren/.

9 *Mann*, Buddenbrooks, S. 695 f.

10 Begr. PreußE, Bd. II, S. 70 f. (Preußischer HGB-Entwurf II von 1857).

Diesem klassischen Verständnis der Liquidation sind zahlreiche Einschränkungen der Gestaltungsfreiheiten erwachsen. Diese Beschränkungen der gesellschafterlichen Freiheit bedürfen allerdings zu ihrer weiteren Anwendung einer hinreichenden rechtlichen Notwendigkeit, die sich nicht bloß in allgemeinen Rechtsschutzgedanken oder abstrakten Prinzipien erschöpfen darf, sondern tatsächlich erforderlich sein muss. Neben Gründung und Insolvenz wird das Rechtsgebiet der Auflösung der GmbH in der juristischen Auseinandersetzung weitgehend verdrängt und erfährt nach wie vor eine ungerechtfertigte Missachtung.[11]

B. Untersuchungsgegenstand

Primär beschäftigt sich diese Arbeit mit der inneren Organisation der aufgelösten Gesellschaft. Die Gestaltung der Gesellschaft wird im Verhältnis zur werbenden GmbH oftmals restriktiv und weniger frei verstanden, zumeist begründet mit einem (vermeintlich) gesteigerten Schutzbedarf von Gläubigern und Gesellschaftern in der Liquidation.[12] Es stellt sich in concreto die Frage, ob eine Beschränkung der Gestaltungsfreiheit im Verhältnis von werbender und aufgelöster Gesellschaft zulässig und erforderlich ist, ein solches erhöhtes Schutzerfordernis besteht und die Einschränkungen zweckmäßig sind. Jedenfalls ist wohl unbestritten, dass unter Berücksichtigung der gläubigerschützenden Bestimmungen zum Liquidationsrecht die Erreichung eines höchstmöglichen Liquidationserlöses primäres Ziel ist.

Ebenso soll in kritischer Betrachtung auch die Auslegung der Satzung Gegenstand dieser Arbeit sein. Die Fortgeltung von Satzungsbestimmungen für das Abwicklungsstadium der Gesellschaft ist für die Rechtspraxis von zentraler Bedeutung, was sich bereits aus der Vielzahl von Judikaten, die sich mit ebendiesen Rechtsfragen befassen, ergibt.

C. Gang und Ziel der Untersuchung

Das Liquidationsrecht der GmbH unterlag seit der Schaffung des GmbHG nur kleineren gesetzgeberischen Abänderungen. Diese Gesetzesbeständigkeit verschleiert allerdings, dass im Normenverständnis bis heute ungeklärte

11 Bereits *T. Meyer*, Liquidatorenkompetenzen und Gesellschafterkompetenzen, S. 5.
12 *Wicke*, in: GmbHG, § 60 Rn. 1.

Rechtsfragen bestehen, oder über die Zeit, aufgrund von Umständen, die außerhalb des GmbHG liegen,[13] neue Fragen aufgeworfen werden.

Diese Arbeit wird zu Beginn die Grundlagen zum Gestaltungsrecht und zur Auslegung der werbenden GmbH aufzeigen (Kap. 2). Hierbei soll die historische Entwicklung der Rechtsprechung und die kritische Betrachtung dieser durch die Literatur besonders berücksichtigt werden. Sodann folgt eine Grundlagenarbeit zur Liquidation der GmbH (Kap. 3). Hier werden insbesondere Gemeinsamkeiten und Unterschiede zwischen werbender und aufgelöster Gesellschaft herausgearbeitet.

Im Anschluss werden Probleme zur Gestaltungsfreiheit in der Liquidation dargestellt und analysiert (Kap. 4). Hierbei fokussiert die Arbeit die Möglichkeit der Delegation von Kompetenzen auf Gesellschafter, andere Organe und Dritte sowie die Ungleichbehandlung der Gestaltungsfreiheit zwischen werbender und aufgelöster GmbH. Zentral werden Bestellung und Abberufung der Liquidatoren behandelt sowie der Auflösungsbeschluss an sich.

Folgend wird die Auslegung in der Liquidationsgesellschaft untersucht (Kap. 5), unter besonderer Würdigung der Fortwirkung von Satzungsbestimmungen in der Liquidationsgesellschaft.

Schließlich werden die wesentlichen Ergebnisse der Arbeit zusammengefasst und als Schlussthesen aufgezeigt (Kap. 6).

---

13 Insbesondere eine sich verändernde Rechtsprechung, bzw. ein sich wandelndes Rechts- und Normenverständnis tragen zur Entwicklung des Rechts bei, ohne dass der Wortlaut einer Norm gesetzgeberischen Eingriffen unterliegt.

2 Gestaltungsinstrumente in der GmbH

Im Recht der GmbH haben die Gesellschafter ein Bündel an Gestaltungsmöglichkeiten zur Hand, mittels derer sie auf die Gesellschaft Einfluss nehmen und ihre Geschicke leiten und lenken können. Primäre Quelle dieser Gestaltung ist der Gesellschaftsvertrag, der die Grundstruktur der Gesellschaft regelt, ihre Verfasstheit. Um alle Eventualitäten des Geschäftslebens flexibel berücksichtigen zu können, haben die Gesellschafter ferner die Möglichkeit durch Gesellschafterbeschlüsse oder schuldrechtliche Nebenabreden ihren Einfluss auszuüben. Diese Gestaltungsmittel spielen auch in Bezug auf die Liquidation einer Gesellschaft mit beschränkter Haftung eine erhebliche Rolle. Die Gesellschafter haben vor und während der Liquidation die Möglichkeit, durch Gestaltungsmittel auf die Gesellschaft einzuwirken.

A. Satzungsrecht der GmbH

Die Satzung bzw. der Gesellschaftsvertrag bildet *„die primäre Quelle für die interne Organisation der GmbH“*[14] und ist insoweit die Grundlage der Gesellschaft. Der Gesellschaftsvertrag ist die verbandsautonome Verfassung der Gesellschaft.[15] Damit ist die GmbH-Satzung eines der primären Gestaltungsmittel. Begriff, Auslegung, Rechtsnatur – bis heute sind viele Fragen zur GmbH-Satzung nicht abschließend geklärt. Eine über 100-jährige Rechtsprechung und eine noch ältere, stark verzweigte Literaturdiskussion verdeutlichen die Schwierigkeit im Umgang mit Gesellschaftsverträgen von GmbHs.

Nachfolgend wird die Bemühung unternommen, die verschiedenen Literaturauffassungen sowie die langjährige Rechtsprechung aufzuzeigen und kritisch zu betrachten.

I. Begriff des Gesellschaftsvertrages

Eine terminologische Differenzierung in Bezug auf das Statut ist nur insoweit nützlich und erforderlich, als diese auf sachlichen und inhaltlichen Unterschieden fußt. Andernfalls ist eine begriffliche Unterscheidung überflüssig. Der Begriff „*Satzung*“ wird im GmbHG nicht verwendet (vgl. § 53 GmbHG, der von „*Gesellschaftsvertrag*“ spricht), anders als im Aktienrecht, das sowohl den Begriff

---

14 *Fleischer*, in: MüKo GmbHG, Einl. Bd. I Rn. 21.

15 *Wicke*, in: MüKo GmbHG, § 3 Rn. 101.

der Satzung, als auch den des Gesellschaftsvertrages kennt (vgl. § 2 AktG, der die beiden Begriffe als Synonyme verwendet[16]). Im Vereinsrecht hingegen wird ausschließlich von der Verfassung oder der Vereinssatzung als Bezeichnung für das Statut Gebrauch gemacht (so u.a. in § 28 BGB). Für die im HGB geregelten Gesellschaften (OHG und KG) verwendet der Gesetzgeber – wie auch im GmbHG – den Begriff des Gesellschaftsvertrages, ebenso für die GbR in § 705 BGB.

Aus einer solchen terminologischen Ungleichbehandlung der Statuten lässt sich freilich die Frage ableiten, ob eine begriffliche Abgrenzung erforderlich oder vom Gesetzgeber gewollt ist. Hierzu haben sich unterschiedliche Ansichten herausgebildet.

1) Keine begriffliche Unterscheidung

Rechtsprechung[17] und herrschende Literatur[18] gehen davon aus, dass die Begriffe Satzung, Statut, Verfassung und Gesellschaftsvertrag in Bezug auf die GmbH gleichbedeutend verwendet werden können.

Als maßgebliches Argument wird die uneinheitliche Verwendung der Begriffe durch den Gesetzgeber ohne erkennbares System angeführt. Davon wird abgeleitet, dass eine Unterscheidung der Begriffe wohl nicht vom gesetzgeberischen Willen getragen sei.[19] Dies lasse sich besonders gut an § 2 AktG erkennen, der für das gleiche Statut die Begriffe Satzung und Gesellschaftsvertrag verwendet. Ebenso in § 53 GmbHG, dessen amtliche Überschrift „*Form der Satzungsänderung*" lautet, während die Norm selbst nur die Bezeichnung „*Gesellschaftsvertrag*" enthält. Nicht zuletzt hat sich in der langjährigen Rechtspraxis längst eine synonyme Verwendung der genannten Begriffe für das Gesellschaftsstatut etabliert.[20]

---

16 So jedenfalls die h.M., vgl. *Heider*, in: MüKo AktG, § 2 Rn. 37 m.w.N.

17 RGZ 164, 123, 140; BGHZ 14, 25, 36 f.; 18, 205, 207 f.; 48, 141, 144; 116, 359, 366; 123, 347, 350; 142, 116, 125.

18 *Fastrich*, in: Baumbach/Hueck, § 2 Rn. 3; *Harberath*, in: MüKo GmbHG, § 53 Rn. 101; *Wicke*, in: MüKo GmbHG, § 3 Rn. 101; *Priester*, in: Scholz, § 53 Rn. 4, geht davon aus, dass der Gesellschaftsvertrag im GmbHG und die Satzung im AktG schon deshalb in ihrer Bedeutung identisch sind, weil beide einen „organisationsrechtlichen, von der Zusammensetzung des Mitgliederkreises losgelösten Charakter besitzen".

19 *K. Schmidt*, Gesellschaftsrecht, S. 81.

20 *Fastrich*, in: Baumbach/Hueck, § 2 Rn. 3; *Mayer*, in: MüKo GmbHG, § 2 Rn. 4; *Priester*, in: Scholz, § 53 Rn. 4; *Wicke*, in: MüKo GmbHG, § 3 Rn. 101.

Dass der Gesetzgeber bei der Unterscheidung der Begriffe selbst kein terminologisches Feingefühl hatte, zeigt sich zudem anhand des Umstandes, dass auch die Einmann-GmbH begrifflich durch einen Gesellschaftsvertrag entsteht.[21] Es wird ausgeführt, dass eine Differenzierung hier nicht nötig sei, da der „*Gesellschaftsvertrag schon nach geltendem Recht ein Vertrag besonderer Art sei*".[22] Diese Ausführungen sind zwar nicht überzeugend, lassen aber Platz für die Vermutung, dass es dem Gesetzgeber auf die konkrete Bezeichnung nicht ankommt. Vielmehr wird der Begriff „*Gesellschaftsvertrag für die Urkunde über die Errichtung der Gesellschaft mit beschränkter Haftung und ihre Grundlagen verwendet*"[23], also als Verfasstheit der Gesellschaft zur Regelung ihrer Grundordnung – wie auch beispielsweise die Satzung der AG oder des Vereins. Eine Unterscheidung der Begriffe erscheine sachlich nicht erforderlich.

2) Unterscheidung anhand der Art der Gesellschaft

Entgegen den angeführten Argumenten vertritt insbesondere *Reuter*[24], dass Satzung und Gesellschaftsvertrag nicht gleichbedeutend seien, sondern vielmehr zwischen den einzelnen Gesellschaftsformen unterschieden werden müsse. Begrifflich unterschieden werden dabei sog. Satzungs- (so auch die überpersonelle GmbH) und Vertragsgesellschaften (so auch die personalistische GmbH). Richtigerweise wird dem entgegengehalten, dass es nicht sinnvoll erscheint, begrifflich und inhaltlich zwischen verschiedenen Gesellschaftsarten, sondern besser zwischen „*Organisationsregeln*" und reinen „*Vertragsregeln*" als Teilkomponenten der Satzung zu unterscheiden.[25]

Zudem übersieht diese Ansicht, dass die GmbH durchaus eine kapitalistische – an die AG erinnernde – Grundstruktur aufweist. Diese kann aber insbesondere durch Nebenleistungspflichten, die auch individuell ausgearbeitet sein können, an personalistische Strukturen angepasst werden.[26] Eine begriffliche Unterscheidung ist daher aus diesem Grund keinesfalls erforderlich.

---

21 So in der Beschlussempfehlung des Rechtsausschusses, BT-Drucks. 8/3908, S. 68; anders noch § 2 II RegE GmbHG, BT-Drucks. 8/1347, S. 29. Tatsächlich entsteht die Einmann-GmbH nach vorzugswürdiger Ansicht durch einseitige nicht empfangsbedürftige Willenserklärung, vgl. *Roth*, in: Roth/Altmeppen, § 2 Rn. 11.

22 BT-Drucks. 8/3908, S. 68.

23 BT-Drucks. 8/3908, S. 68.

24 *Reuter*, Privatrechtliche Schranken, S. 62; dazu kritisch: *Wiedemann*, DNotZ Sonderheft 1977, 99, 100; *K. Schmidt*, Gesellschaftsrecht, S. 82 f.

25 *K. Schmidt*, Gesellschaftsrecht, S. 82 f.

26 *Wicke*, in: MüKo GmbHG, § 3 Rn. 65.

3) Unterscheidung anhand der Gesellschafter

Ferner wird vertreten, dass der Gesellschaftsvertrag stets die Phase meine, zu der ausschließlich die Gründungsmitglieder Gesellschafter der GmbH sind. Maßgeblich sei das Einstimmigkeitsprinzip in der Gründungsphase. Das spätere Statut sei hingegen die Satzung.[27]

Diese Ansicht ist allerdings nicht mit dem Wortlaut des Gesetzes vereinbar, da §§ 53 ff. GmbHG unstreitig nicht einzig auf die GmbH in Gründung anzuwenden sind.

4) Begriffsverwendung in dieser Arbeit

Fortan werden die Begriffe Satzung, Gesellschaftsvertrag, Verfassung und Statut in Bezug auf die GmbH im Einklang mit der herrschenden Meinung synonym verwendet.

Unabhängig von einer Strukturähnlichkeit der kapitalistischen GmbH mit der „*kleinen AG*“[28] und daher mit einer Anlehnung an das Recht der Aktiengesellschaften oder als mehrheitlich personalistisch ausgestaltete Gesellschaft an das Recht der Personengesellschaften ergibt eine begriffliche Unterscheidung keinen Sinn. Vielmehr muss der Fokus auf die Rechtsnatur und deren Folgeprobleme gerichtet werden, eine Festlegung bereits durch eine begriffliche Unterscheidung bringt keinen Mehrwert. Nicht zuletzt überzeugt, dass in der Rechtspraxis ohnehin eine Gleichbehandlung der Begriffe etabliert ist. Eine Abweichung hiervon ist weder notwendig noch sinnvoll, da sich dadurch, wie oben bereits dargestellt, kein inhaltlicher Vorteil ergibt. Sachliche Gründe zur Unterscheidung der Begriffe sind nicht ersichtlich oder vermögen nicht zu überzeugen.

II. Rechtsnatur der GmbH-Satzung

Eine unendliche Geschichte an der Wurzel des Gesellschaftsrechts schreibt sich zur Rechtsnatur und Auslegung von Gesellschaftsverträgen. Eine über

---

27 *Hofmann*, in: Michalski, § 53 Rn. 1-1d.

28 „Der Begriff „kleine AG” wurde bereits im Vorfeld des Gesetzesvorhabens geprägt und bezeichnet nicht etwa eine in Größenkriterien gemessene ‚kleine AG‘ oder eine neue Rechtsform, sondern stellt ein rechtspolitisches Schlagwort für den teilweisen Verzicht auf Formalien des Aktienrechts dar. Diese Erleichterungen kommen insbesondere den AG mit überschaubarem und namentlich bekanntem Aktionärskreis zugute“, *Hölters/Buchta*, DStR 2003, 79. Gemeint ist das Gesetz für kleine Aktiengesellschaften und zur Deregulierung des Aktienrechts, in Kraft getreten am 10. August 1994, BGBl. I 1994, S. 1961.

100-jährige Rechtsprechung und eine noch längere Auseinandersetzung in der juristischen Literatur lassen die Problematik kaum mehr übersichtlich darstellbar erscheinen. Zuvorderst soll die Rechtsnatur der Satzung dargestellt werden, die Auslegung von Satzungen ist im weiteren Verlauf der Arbeit Gegenstand der Untersuchung.

1) *Rechtsprechung*

Schon frühzeitig durch die Rechtsprechung des RG hat sich die Annahme einer vertraglichen Rechtsnatur der Satzung in der Rechtspraxis durchgesetzt.[29] Im Kern erkennt der BGH, in Fortsetzung zur Rechtsprechung des RG, die grundsätzlich vertragliche Natur des Gesellschaftsvertrages an.[30]

2) *Literaturauffassungen*

Zum Verständnis zur Rechtsnatur der GmbH-Satzung haben sich zahlreiche Literaturmeinungen herausgebildet. Historisch prägend waren insbesondere die Normtheorie und die Vertragstheorie, die inzwischen in vermittelnde Ansichten aufgegangen sind.

a) *Vertragstheorie nach v. Tuhr*

Nach der auf *v. Tuhr* zurückgehenden Vertragstheorie stellt der Gesellschaftsvertrag einen auf dem Willen der Gründer beruhenden Vertrag dar, Neumitglieder werden durch einen Beitrittsvertrag an die Einhaltung der Satzung und Mehrheitsbeschlüsse gebunden.[31]

b) *Normentheorie nach v. Gierke*

Als völlige Umkehrung der Vertragstheorie steht dieser die auf *v. Gierke* zurückgehende Normentheorie gegenüber. Ihr eigen ist die strenge Auffassung, dass die Satzung rein objektiviertes Recht sei und auf Grundlage der Gesellschaftsautonomie gelte.[32] Insoweit handle es sich bei der Satzung um einen „*sozialrechtlichen*

---

29 RGZ 141, 204, 206; 159, 321, 326; 164, 129, 140; 165, 68, 73 f.; 170, 358, 366.

30 BGHZ 21, 370, 373 ff.; 47, 172, 179 f.; OLG Frankfurt WM 1985, 1466, 1468.

31 *v. Tuhr*, Allgemeiner Teil BGB, Bd. I, S. 481 f.; *ders.*, Allgemeiner Teil BGB, Bd. II, S. 224; aber auch *van Look*, Vereinsstrafen und Vertragsstrafen, S. 72 ff.; *Lutter*, AcP 1980, 84, 95 ff.

32 *v. Gierke*, Genossenschaftstheorie, S. 133; *ders.*, Wesen der menschlichen Verbände, S. 29 ff.; so auch *Larenz*, in: GS Dietz, 1973, S. 45, 49; *Meyer-Cording*, Die Vereinsstrafe,

Konstitutivakt“[33], der fern von Rechtsgeschäften einzuordnen sei. Vielmehr sei die Gesellschaftsautonomie eine selbstständige Rechtsquelle.

c) Erweitertes Meinungsspektrum

Die Rechtsliteratur hat von diesen markanten Polen Abstand genommen und ist – insoweit einhellig – um einen vermittelnden Weg bemüht. Wie dieser Mittelweg im Detail aussieht, bleibt aber weiterhin stark umstritten. Hierzu haben sich im Wesentlichen zwei Ansichten herausgebildet, die zum einen verstärkt auf die Idee der Normentheorie bzw. zum anderen auf den Gedanken der Vertragstheorie setzen.

Beide Ansichten vereint, dass sie – jedenfalls überwiegend – im Sinne der Rechtsprechung des BGH eine Unterscheidung zwischen körperschaftlichen und individualrechtlichen Bestimmungen vornehmen. Diese Zustimmung der Literatur basiert weitgehend auf der Anerkennung einer Doppelwirkung der Satzung.[34] Gleichsam wohl mit dem Gesetzgeber[35] wird angenommen, dass das Gesellschaftsstatut aufgrund seiner Doppelwirkung – schuldrechtlicher Vertrag zum einen und normative Grundordnung der Gesellschaft zum anderen – ein Vertrag sui generis sei.

3) Zwischenfazit

Unter der Prämisse, dass die Satzung sowohl Elemente eines schuldrechtlichen Vertrages, wie auch körperschaftlicher Organstruktur aufweist, geht die heute h.M. davon aus, dass es sich bei der Satzung um einen Vertrag sui generis handelt.[36] Berücksichtigt werden „*neben den subjektiven Rechten und Pflichten der Gründer auch objektive Normen.*“[37] So ist heute der rechtsgeschäftliche Charakter des Gesellschaftsvertrages, der durch privatrechtliche Vereinbarungen der Gründer entsteht, anerkannt. Allerdings ist nunmehr auch ein objektivierter und verselbstständigter Ordnungsgehalt der Satzung nahezu einhellig

---

S. 43, 46 ff.; *ders.*, Rechtsnormen, S. 70 ff.; weniger weitgehend: *Reuter*, in: MüKo BGB, § 25 Rn. 18 f.

33 *v. Gierke*, Deutsches Privatrecht, S. 486.

34 *K. Schmidt*, Gesellschaftsrecht, 75 f.; *Mayer*, in: MüKo GmbHG, § 2 Rn. 4; *Michalski*, in: Michalski, § 2 Rn. 4.

35 BT-Drucks. 8/3908, S. 68.

36 *Arnold*, in: KK-AktG, § 23 Rn. 9; *Koch*, in: Hüffer/Koch, § 23 Rn. 7; *Körber*, in: HK-AktG, § 23 Rn. 4, 18 ff.; *Limmer*, in: Spindler/Stilz, § 23 Rn 3; *Seibt*, in: Schmidt/Lutter, § 23 Rn. 3; *Wachter*, in: AktG § 23 Rn. 5; *Ulmer*, in: FS Werner, 1984, S. 711, 712.

37 *Limmer*, in: Spindler/Stilz, § 23 Rn 3.

anerkannt. Diese Doppelfunktion des Gesellschaftsstatuts stellt die Rechtswissenschaft vor schwer lösbare Probleme hinsichtlich Rechtsnatur und Auslegung der Satzung.

III. Satzungsautonomie in der GmbH

Die GmbH ist geprägt von einer weitreichenden Satzungsautonomie der Gesellschafter, die normativ in den §§ 3 II, 45 ff. GmbHG ihren durchaus wenig aufdringlichen Niederschlag findet.[38] Satzungsautonomie bedeutet, *„dass die Gesellschafter grds. privatautonom frei über die Ausgestaltung der Rechte der Gesellschafter in allen Angelegenheiten der Gesellschaft entscheiden können; niederzulegen ist diese privatautonom zu bestimmende Organisationsverfassung im Gesellschaftsvertrag“*.[39] Dieser Grundsatz – der i.Ü. auch weitgehend bei Personengesellschaften gilt – lässt sich auch in Ermangelung einer mit § 23 Abs. 5 AktG vergleichbaren Regelung im GmbHG begründen.[40] So stellt sie für ihre Gesellschafter im Grunde eine flexible und gut gestaltbare Gesellschaftsform dar. Diese Gestaltungsfreiheit wird beengt durch zwingendes Gesetzesrecht, Verbotsnormen (§ 134 BGB), Verstoß gegen die guten Sitten (§ 138 BGB) und Grundprinzipien des Gesellschaftsrechts[41] – insoweit ist das Satzungsrecht der GmbH *„nicht schrankenlos gewährt“*. [42] Diesbezüglich gilt zwar der Grundsatz des Vorrangs der Privatautonomie, verstößt eine satzungsrechtliche Ausgestaltung gegen zwingendes Gesetzesrecht oder Prinzipien des (Kapital-) Gesellschaftsrechts, so ist

38 Das System des GmbHG ist diesbezüglich inkonsequent. Einerseits weist das GmbHG auf den zwingenden Charakter einer Vorschrift hin (§§ 3, 4, 5, 6, 15, 17 GmbHG etc.), andererseits benennt es auch die Dispositivität einer Norm (§§ 46–51, 52 GmbHG). Schwierig ist damit die Einordnung solcher Bestimmungen, die keinen gesetzgeberischen Hinweis enthalten. Doch lässt sich dem Gesamtwesen der GmbH (auch aus den Gründen ihrer Entstehung) wohl eine liberale Grundausrichtung entnehmen. Insoweit ist der Hinweis auf die dispositive Natur einer Norm redundant – besser und deutlicher wäre deswegen eine umgekehrte Regelung zu § 23 Abs. 5 AktG gewesen. Einschränkend können aber neben zwingendem Gesetzesrecht auch andere Gründe wirken, vgl. *Zöllner*, in: FS 100 Jahre GmbHG, 1992, S. 85, 89 f.

39 *Schindler*, in: BeckOK GmbHG, § 45 Rn. 1.

40 *Schindler*, in: BeckOK GmbHG, § 45 Rn. 1: „da im Aktienrecht das Prinzip der limitierten Satzungsautonomie gilt (§ 23 Abs. 5 AktG)“.

41 *Liebscher*, in: MüKo GmbHG, § 45 Rn. 57.

42 *Liebscher*, in: MüKo GmbHG, § 45 Rn. 57.

eine Beschränkung dieser Gestaltungsmöglichkeit als Ausnahme dennoch möglich oder gar geboten.[43]

1) Historische Entstehung der Satzungsfreiheit im GmbH-Recht

Zeitlich nah an der Entstehung des GmbHG im Jahr 1870 wurde die aktienrechtliche Gestaltungsfreiheit in erheblichem Maße dadurch beschnitten, dass der historische Gesetzgeber sich für die Implementierung eines Systems der Normativbestimmungen entschied.[44] Diese strengere Regelung ist freilich nicht kritiklos geblieben.[45]

Wohl auch aus der Verärgerung vieler Juristen und Politiker über diese strenge Reglementierung der AG heraus, entstand die Grundlage für die GmbH. Das Bedürfnis nach einer einfach zu gründenden, unkomplizierten und liberalen Kapitalgesellschaft wuchs. Mit dem in Kraft treten des Gesetzes über die Gesellschaft mit beschränkter Haftung wurde dieser am 19.05.1892 Leben eingehaucht.

---

43 *Zöllner*, in: Baumbach/Hueck, § 45 Rn. 1, 9; Das GmbHG bestimmt diesen Grundsatz negativ, indem es in § 45 Abs. 2 GmbHG den Subsidiaritätsgrundsatz für die §§ 46–51 GmbHG bestimmt.

44 *Schubert*, ZGR 1981, 285, 313: „Es ging primär darum, das Aktienrecht im Norddeutschen Bunde zu vereinheitlichen und das Konzessionssystem abzuschaffen. Damit wollte man mit dem englischen und französischen Recht, sowie mit dem Recht einiger süddeutscher Staaten gleichziehen. Obwohl das Gesetz von 1870 erklärtermaßen kein Reformgesetz war, sollte es für die Zukunft nachhaltige Wirkung haben. Während das Konzessionssystem des ADHGB den Parteien einen weiten Spielraum beließ, versuchte man nun, nach dem Muster des französischen Rechts, sein Heil in einem System strenger Normativbestimmungen, die mit jeder Novelle zum Aktienrecht erweitert wurden. Obwohl die Normativbestimmungen der Novelle von 1870 insgesamt kaum über das ausländische Recht hinausgingen, so engten sie doch in einigen Punkten die Privatautonomie stark ein." – Die Novelle von 1870 wurde in der Aktienrechtsreform von 1884 nochmals bestärkt, ebda.

45 Die ablehnende Minorität gibt zu Protokoll: „Gehe man im Wege des Gesetzes mit allgemeinen Vorschriften vor, so sei die Gefahr, daß man – da die Gesellschaften, nach Beschaffenheit des Gegenstandes, selbst nach Persönlichkeit der Gründe sehr verschieden seien – Vorschriften gebe, die in vielen Fällen unnötig, in anderen sogar lästige und drückende Fessel seien. Die Möglichkeit von Missbräuchen und Vereitelungen der Absicht des Gesetzgebers werde durch neue Detailvorschriften kaum ausgeschlossen. […] Auch die Artikel 405 und 419 des Code pénal hätten Mißbräuche nicht verhindert.", Drucks. des Bundesrats Nr. 18/1877, S. 3 f. (Bericht der Ausschüsse für Handel und Verkehr und für Justizwesen des Bundesrates v. 12.02.1877).

Besondere Begeisterung fanden die Befürworter einer solchen Gesellschaft für die weitreichende und kaum beschnittene Satzungsfreiheit[46] – die Gesellschaft wurde insoweit größter Konkurrent und Verdränger der normativ stark eingebetteten AG.

Verstärkte Kritik hat die GmbH in ihrer über 100-jährigen Geschichte nur in Bezug auf die Haftungsbeschränkung erfahren.[47] Im Übrigen kann sie auf eine beispiellose Erfolgsgeschichte zurückblicken, unabhängig von den Windungen und Wirrungen insbesondere des 20. Jahrhunderts. Denn – und das ist dann wohl doch besonders außergewöhnlich – das GmbHG hat in der Zeit seit seiner Verabschiedung mit dem MoMiG[48] 2008 bloß eine wesentliche Veränderung durchgemacht.

Nur, vom „*Geist der Freiheit*"[49] ist nicht mehr so viel übrig geblieben, wie sich wohl einst der Gesetzgeber erhoffte, da sich Rechtsprechung und Literatur im Laufe der Zeit zu allerhand Beschränkungen der Gestaltungsfreiheit hinreißen ließen.

---

46 So äußerte sich der Abgeordnete *Oechelhäuser* während der Verhandlung des Reichstages: „Ich glaube nicht, daß wir in irgendeinem Lande handelsrechtliche Gesetze finden, worin der autonomen Regelung durch den Gesellschaftsvertrag ein gleich weiter Spielraum eingeräumt ist wie gerade hier. Das zwingende Recht ist in dem Gesetzentwurf aufs äußerste Maß beschränkt, und es sind insbesondere keine unnötigen Beschränkungen eingeführt worden, wodurch die Anziehungskraft der neuen Gesellschaftsform für das Kapital vermindert werden könnte.", Protokoll des Reichstages, 8. Leg., 177. Sitzung, 1890/1892, S. 4304 B); ebenfalls einige Jahre danach schwärmend *Fränkel*, Die Gesellschaft mit beschränkter Haftung, S. 252: „[Die GmbH] ist eine offene Handelsgesellschaft mit beschränkter Haftung, eine Kommanditgesellschaft ohne Komplementär, eine Aktiengesellschaft ohne Aktie, eine Gesellschaft mit einem Gesellschafter." Dies zeigt, dass die GmbH sich in beeindruckender Weise den sich in der Praxis stellenden Problemen anpassen kann und die individuellen Bedürfnisse und Vorstellungen der Gesellschafter und des Marktes Berücksichtigung finden.

47 *Ballerstedt*, GmbHR 1967, 66 f., m.w.N.

48 Gesetz zur Modernisierung des GmbH-Rechts und zur Bekämpfung von Missbräuchen (MoMiG), in Kraft getreten am 01. November 2008, BGBl. I 2008, S. 2026. Ziele dieses Gesetzes waren insbesondere die einfachere Unternehmensgründung, die Sicherung der Bedeutung der GmbH in der europäischen Konkurrenz der Gesellschaftsformen und die Missbrauchsbekämpfung.

49 *Teichmann*, RNotZ 2013, 346.

2) Abgrenzung von Innen- und Außenverhältnis

Bei der Gestaltungsfreiheit im Satzungsrecht der GmbH wird zumeist zwischen dem Innen- und dem Außenverhältnis der Gesellschaft unterschieden, was sich insbesondere aus der Haftungsbeschränkung ergibt.[50]

Treffend analysiert *Zöllner* die besondere Stellung der GmbH – im Außenverhältnis die Nähe zur AG, im Innenverhältnis zu den Personengesellschaften.[51] Daher ist es nicht überraschend, dass zwingendes Gesetzesrecht in weitem Maße das Außenverhältnis der Gesellschaft betrifft, während die Reichweite dispositiver Normen wohl eher eine Frage das Innenverhältnis betreffend ist. So gelte eingeschränkt der Grundsatz: *„im Außenverhältnis keine, im Innenverhältnis volle Privatautonomie.“*[52] Im Laufe der Jahre haben sich zu diesem Grundsatz zahlreiche Ausnahmen (insbesondere durch die Rechtsprechung) herausgebildet, die in verschiedener Weise Grenzen dieser Satzungsfreiheit setzen und begründen.

3) Grenzen der Vertragsfreiheit

Aus der Natur der Privatautonomie[53] – also der völligen Vertragsfreiheit der Parteien – ergibt sich, dass eine Einschränkung der Gestaltungsfreiheit nur dann

---

50 *Zöllner*, in: FS 100 Jahre GmbHG, 1992, S. 85, 88, so jedenfalls bei der deutschen GmbH – kritische Anmerkungen diesbezüglich auch zum amerikanischen Recht.

51 *Zöllner*, in: FS 100 Jahre GmbHG, 1992, S. 85, 88.

52 *Zöllner*, in: FS 100 Jahre GmbHG, 1992, S. 85, 88, der sogleich in Abweichung zu diesem Grundsatz als Ausnahme die Höhe der Kapitalkennziffer über dem Mindestkapital, die erst mit Verlautbarung bindend wird, nennt. Auch im Innenverhältnis werden zwingende bzw. einseitig zwingende Normen diskutiert, wie beispielsweise § 47 Abs. 4 GmbHG, den die h.M. als einseitig zwingend betrachtet.

53 Nach h.M. ergibt sich dies aus einer Institutsgarantie des Grundgesetzes, u.a. sehr ausführlich *Höfling*, Vertragsfreiheit, S. 25 ff. So konkret die Ausführungen auf S. 29: „Wer nämlich das gegenseitige Versprechen von zwei Personen als Vertragsschluß deutet, der setzt Regeln voraus, die die beobachteten natürlichen Handlungen erst zu Rechtsgrundlagen machen. Diese Regeln sind Gegenstand der Institutsgarantie, als welche die Vertragsfreiheit bereits unter Geltung der Weimarer Verfassung charakterisiert worden ist. [...] Zu den geläufigen Charakterisierungen der Vertragsfreiheit gehört etwa ihre Kennzeichnung als ‚Befugnis, nach freiem Belieben Rechtsverhältnisse ins Leben zu rufen und auch ihren Inhalt so zu gestalten, wie es dem einzelnen gefällt‘(*Ehrenberg*, Freiheit und Zwang auf dem Gebiet des Verkehrsrechts, S. 301 f.). Damit soll offensichtlich das Spezifikum umschrieben werden, das der einzelne kraft Anerkennung durch die Rechtsordnung befähigt sein soll, mit rechtsverbindlicher Wirkung private Abmachungen zu treffen.“

rechtlich gestattet ist, sofern sich diese auch hinreichend begründen lässt.[54] Insbesondere bleibt zu berücksichtigen, dass zwingendes Recht nur im erforderlichen Maß eine Rechtfertigung findet, also stets auch der Umfang zwingenden Rechts erforscht werden muss.[55] Eine pauschale Regelung mag regelmäßig zwar praktisch und verständlich sein, steht aber im unmittelbaren Konflikt zur verfassungsrechtlich garantierten Vertragsfreiheit.[56]

Mit dem in Kraft treten des GmbHG wurde (im Rahmen des Außenverhältnisses) hinreichend Rücksicht auf die Gläubigerinteressen genommen. Ausdrücklich sind gläubigerschützende Normen, insbesondere zur Kapitalaufbringung und -erhaltung nicht dispositiv.

Doch auch im Innenverhältnis haben sich Begrenzungen entwickelt, die es im weiteren Verlauf näher zu betrachten gilt, denn letztlich ist jede Abweichung vom liberalen Geist des GmbHG auch eine Abkehr vom (gesetzgeberischen) Willen des historischen Gesetzgebers und bedarf einer besonderen Begründung.

a) Zwingendes Gesetzesrecht

Das Bestehen zwingenden Gesetzesrechts ergibt sich aus dem GmbHG selbst, das in § 45 I bestimmt: „*[...]bestimmen sich, soweit nicht gesetzliche Vorschriften entgegenstehen, nach dem Gesellschaftsvertrag.*“ Demnach nimmt § 45 GmbHG eine zentrale Rolle für die Weite autonomer Satzungsfassung ein. Zum einen enthält § 45 GmbHG den Grundsatz subsidiären Gesetzesrechts[57], zum anderen beschränkt er diesen Grundsatz durch den Verweis auf zwingendes Gesetzesrecht. Überwiegend seien solche Bestimmungen zwingend, die im Interesse

54 Exemplarisch: *Hey*, Gesellschaftsverträge, S. 87; *Kuntz*, Gestaltung von Kapitalgesellschaften, S. 23; *Zöllner*, AcP 176 (1976), 221, 223; *Bachmann*, JZ 2008, 11; *Grunewald*, NZG 2009, 967, 969 (zur Lockerung der Satzungsstrenge in der AG, § 23 Abs. 5 AktG).

55 *Möslein*, Dispositives Recht, S. 188, bejahend *Kuntz*, Gestaltung von Kapitalgesellschaften, S. 25.

56 So führt *Bachmann*, JZ 2008, 11 ff. aus, dass gerade zwingendes Recht in Ausnahme zur verfassungsrechtlich garantierten (Art. 2 Abs. 1 GG) Vertragsfreiheit in *ob* und *wie* einer konkreten Erklärung bedarf. Andernfalls drohe „die Gefahr einer Überregulierung“. Rechtfertigung finden gesetzliche Eingriffe in die Vertragsautonomie zwar regelmäßig in diversen Schutzzwecken, doch versperren diese regelmäßig die Findung alternativer Optionsmodelle.

57 Zugunsten abweichender Satzungsregeln bestimmt § 45 II GmbHG, dass die Bestimmungen der §§ 46–51 GmbHG nur insoweit gelten, als der Gesellschaftsvertrag keine Regelung dazu trifft. Dadurch wird das Gesetzesrecht als dispositiv erklärt und den individuellen Festsetzungen im Gesellschaftsvertrag Vorrang gegeben.

eines effektiven Verkehrs-, Gläubiger- oder Minderheitenschutzes oder im öffentlichen Interesse eine Beschränkung der Gestaltbarkeit der GmbH-Satzung erforderlich machten.[58] In der Rechtsprechung hat sich eine Praxis eingebürgert, die als dispositiv erklärte Gesetze teilweise doch als (einseitig) zwingend wertet.[59] Dies führt entgegen dem eindeutigen Wortlaut des GmbHG zu einer Ausweitung des zwingenden Normbestands. Besonders sofern die Rechtsprechung bewusst und gewollt dem Gesetzeswortlaut zuwider urteilt, bedarf es einer hinreichend vertieften Begründung.

b) Verstoß gegen Verbotsnormen und die guten Sitten

Aufgrund der ausführlich dargestellten Rechtsnatur des Gesellschaftsstatuts der GmbH sind freilich auch die Vorschriften §§ 134, 138 BGB anwendbar. Kein Verstoß liegt jedenfalls vor, wenn eine anfängliche oder später eingefügte und von allen Gesellschaftern gebilligte Ungleichbehandlung vorliegt.[60]

c) Schutz von außerhalb des Vertrages liegenden Interessen

Neben zwingendem Gesetzesrecht können sich auch Schutzzwecke und ungeschriebene Prinzipien des Gesellschaftsrechts beschränkend auf die gestalterische Freiheit der Satzungsgeber auswirken, dieser also Grenzen setzen.

(1) Gläubigerschutzinteresse

Das Gläubigerschutzinteresse als Prinzip des Kapitalgesellschaftsrechts findet seinen Ursprung in der Haftungsbeschränkung.[61] Dieses Modell lässt das Ausfallrisiko nicht verschwinden, sondern wälzt es in Teilen auf die Gesellschaftsgläubiger ab.[62] Normativ betrachtet ist die Haftungsbeschränkung zwar eine Ausnahme vom Grundsatz persönlicher Haftung, heute aber insbesondere aufgrund der praktischen Bedeutung der GmbH zur Regel im „*statistischen*" Sinne geworden.[63]

---

58 *Liebscher*, in: MüKo GmbHG, § 45 Rn. 60.

59 Vgl. S. 41 ff.

60 *Zöllner*, in: Baumbach/Hueck, § 45 Rn. 7.

61 *Teichmann*, NJW 2006, 2444 ff.

62 *J. Meyer*, Haftungsbeschränkung im Recht der Handelsgesellschaften, S. 952 ff.; *Teichmann*, NJW 2006, 2444.

63 *K. Schmidt*, Gesellschaftsrecht, S. 540; so auch BGHZ 142, 315, 322: „Das Gesetz ermöglicht nämlich denjenigen, die unabhängig von einer Zustimmung ihrer jeweiligen Vertragspartner einen Ausschluß der persönlichen Haftung erreichen möchten,

Ein derartiges Gläubigerschutzinteresse besteht in solchen Fällen, in denen das natürliche wirtschaftliche Interesse der Gesellschafter nicht gleichlaufend mit dem Interesse der Gesellschaftsgläubiger ist.[64] Nach der hier vertretenen Auffassung bedarf es keiner weiteren Auflockerung dieses Grundsatzes.[65] Die gläubigerschützenden Einschränkungen der Gestaltungsfreiheit im GmbHG sind richtig und sinnvoll und übersteigen das erforderliche Maß nicht. Die für das GmbHG ungewöhnlich hohe Regelungsdichte zum Gläubigerschutz zeigt, dass dieses Schutzprinzip bereits dem historischen Gesetzgeber als „*Preis*" für die Haftungsbeschränkung im Sinn war.[66] Betroffen sind vor allem die Bestimmungen des Gläubigerschutzes in den §§ 19, 22, 24, 30–34, 58 GmbHG.

---

dies durch Wahl der Rechtsform der GmbH zu erreichen. [...] Für das Privileg der fehlenden persönlichen Gesellschafterhaftung ist bei der Wahl der Rechtsform der GmbH aber der im Gesetz vorgesehene ‚Preis' in Form der Pflichten zur Aufbringung und Erhaltung eines Mindestkapitals und der Registerpublizität zu zahlen. [...] All diese speziellen Haftungsbeschränkungsmöglichkeiten, die das Gesetz jeweils nur unter spezifischen Voraussetzungen und Auflagen gestattet, würden unterlaufen, wenn man es den Gesellschaftern einer Gesellschaft bürgerlichen Rechts ermöglichen würde, einseitig die Haftung auf das Gesellschaftsvermögen zu beschränken [...]". Diesem Urteil des BGH ist deutlich zu entnehmen, dass eine Haftungsprivilegierung nach deutschem Recht nur aufgrund der zusätzlichen – gläubigerschützenden – Gesetzesbestimmungen möglich ist. Gegenteiliges würde dem deutschen Verständnis der interessengerechten Risikoverteilung widersprechen.

64 So weist *Teichmann*, NJW 2006, 2444, 2446 darauf hin, dass ein Gläubigerschutzinteresse dann bestünde, wenn die Gesellschafter verstärkt dazu neigen würden, die Gläubigerinteressen den ihren unterzuordnen, so insbesondere iRd Gesellschaftsgründung (Kapitalaufbringung), bei der Ausschüttung von Gesellschaftsvermögen (Kapitalerhaltung) und in der unternehmerischen Krise. So bereits *Kuhner*, ZGR 2005, 753, 765 f.

65 Durch die Implementierung der Unternehmergesellschaft (UG) haftungsbeschränkt hat der Gesetzgeber bereits die Gläubigerschutzbestimmungen gelockert. Durch die vorgeschriebene Firmierung als UG und die zwingende Kapitalanhäufung durch die Unternehmensgewinne wird auch weiterhin ein ausreichender Schutz für die Gläubiger gewährleistet. So können Gesellschaftsgläubiger selbst entscheiden, ob sie das im Vergleich zur GmbH höhere Ausfallrisiko einer UG tragen wollen, oder eben nicht.

66 Im Umkehrschluss auch zu den BGH-Entscheidungen über die persönliche Haftung von GbR-Gesellschaftern, BGH VersR 1999, 1425 ff.; VersR 2003, 771 ff., jew. mit zustimmenden Anm. *Reiff*.

(2) Allgemeinheit

Vertragsexterne Interessen der Allgemeinheit sind – abgrenzend zu den Gläubigerschutzinteressen – solche, die unabhängig von konkreten Rechtsbeziehungen zwischen Parteien bestimmbar sind.[67]

Solche Einschränkungen sind zahlreich und für die weitere Arbeit hier nicht näher zu bestimmen. Sie können sich aus Steuer- und Bilanzrecht, der Mitbestimmung oder anderen Rechtsbereichen ergeben.[68]

d) Schutz von innerhalb des Vertrages liegenden Interessen

Besonderer Begründung bedarf allerdings die Einschränkung gesellschaftsinterner Interessen. Hier greift der Grundsatz weitreichender Vertragsfreiheit im Innenverhältnis, Ausnahmen müssen eine hinreichende Rechtfertigung darbieten.

(1) Grundsatz der Verbandssouveränität

Für das Satzungsrecht von besonderer Bedeutung ist der Grundsatz der Verbandssouveränität. Dieser Grundsatz ist nach h.M. für das GmbH-Recht zwingend.[69] Demnach darf ein Verband Fremdeinflüsse in einem Maße nicht zulassen, das dazu führt, dass die Mitglieder die Geschicke der Gesellschaft nicht mehr selbst lenken und leiten können.[70] Davon wird abgeleitet, dass Dritten kein Stimmrecht in Bezug auf Grundlagen- und Strukturentscheidungen eingeräumt werden darf.[71] Dieser Grundsatz bedeutet indes nicht, dass die Einflussnahme Dritter zur Gänze unmöglich ist. So kann Dritten eine beratende Funktion in der Gesellschaft zukommen. Auch andere Rechte Dritter können bestehen, wie z.B. das Recht auf Gewinnausschüttung, wenn dies in der Satzung bestimmt wird.

---

67 *Hey*, Gesellschaftsverträge, S. 95.

68 *Hey*, Gesellschaftsverträge, S. 96 m.w.N.

69 *Liebscher*, in: MüKo GmbHG, § 45 Rn. 40; *Römermann*, in: Michalski, § 45 Rn. 19; *Schindler*, in: BeckOK GmbHG, § 45 Rn. 24; *K. Schmidt*, in: Scholz, § 45 Rn. 8; *Zöllner*, in: Baumbach/Hueck, § 45 Rn. 7; *Wiedemann*, FS Schilling, 1973, S. 105, 111; *Teubner* ZGR 1986, 565, 567 f.

70 BVerfG NJW 1991, 2623, 2626; KG Urt. v. 10.12.1973 – 1 W 1332/71, OLGZ 1974, 385, 390; *Hey*, Gesellschaftsverträge, S. 193 f.; *Hüffer/Schürenbrand*, in: UHL, § 45 Rn. 14; *Römermann*, in: Michalski, § 45 Rn. 19 ff.; *Dütz*, in: FS Herschel, 1982, S. 55, 57; *Zöllner*, in: FS 100 Jahre GmbHG, 1992, S. 85, 119 f.; *K. J. Müller/Wolff*, GmbHR 2003, 810, 815.

71 *Liebscher*, in: MüKo GmbHG, § 45 Rn. 41; *Wiedemann*, FS Schilling, 1973, S. 105, 111; *Teubner* ZGR 1986, 565, 567 f.

Ungeklärt ist bisweilen die Reichweite dieses Prinzips. Problematisch und für die weitere Arbeit erheblich sind dahin gehende Fragen zur Möglichkeit der Verlagerung von Kompetenzen verschiedener Verbandsorgane auf Dritte oder auf mit Dritten besetzte Organe, sowie das Einräumen von Sonderrechten zugunsten Dritter.

Als „*Schranken-Schranke*" findet der Grundsatz der Verbandssouveränität seine Grenze bei schuldrechtlichen Verträgen einzelner Gesellschafter mit Dritten.[72] So kann ein Gesellschafter im Rahmen eines Stimmbindungsvertrages sich einem Dritten gegenüber verpflichten.[73] Dies tangiert die Unabhängigkeit der Gesellschaft selbst nicht.

(2) Mitgliedschaftsrecht der Gesellschafter

Das GmbHG spricht den Gesellschaftern einer GmbH zahlreiche Rechte zu, deren Einschränkbarkeit oder Entziehbarkeit es regelmäßig aber nicht bestimmt. § 45 GmbHG ist unterdessen Ausdruck weitgehender Gestaltungsfreiheit im Recht der GmbH, so nach richtiger Auffassung auch der Mitgliedsrechte.[74] Jedenfalls im Rahmen ihres mitgliedschaftlichen Kernbereichs – den unentziehbaren Mitgliedsrechten – findet die Abdingbarkeit der Rechte eine starre Grenze.[75] Erforderlich bleibt für Gesellschafter zumindest „*die Teilnahme am Gesellschaftsleben*".[76]

(3) Kernbereichslehre

So muss die Stellung der Gesellschafter in der Gesellschaft als oberstes und damit grundlegend bestimmendes Organ erhalten bleiben.[77] Unzulässig sind

---

72 *Liebscher*, in: MüKo GmbHG, § 45 Rn. 44.

73 OLG Celle GmbHR 1991, 580; *Römermann*, in: Michalski, § 47 Rn. 506; *Zöllner/Noack*, in: Baumbach/Hueck, § 47 Rn. 113; *Flume*, Juristische Person, S. 242 befürwortend in Bezug auf juristische Personen und ablehnend in Bezug auf Personengesellschaften; zweifelnd *Arnold*, in: MüKo BGB, § 32 Rn. 35 (für das Vereinsrecht).

74 *Liebscher*, in: MüKo GmbHG, § 45 Rn. 129.

75 *Liebscher*, in: MüKo GmbHG, § 45 Rn. 130.

76 *Liebscher*, in: MüKo GmbHG, § 45 Rn. 130.

77 Gesellschafterversammlung als oberstes Organ der Gesellschaft: RGZ 169, 65, 80 f.; *Hüffer*, FS 100 Jahre GmbHG, 1992, S. 521, 523 f.; *Liebscher*, in: MüKo GmbHG, § 45, Rn. 11, 13; Zöllner/Noack, in: Baumbach/Hueck, § 45 Rn. 4; Gesamtheit der Gesellschafter als oberstes Organ der Gesellschaft: *Vogel*, Gesellschafterbeschlüsse und Gesellschafterversammlung, S. 10; *Bayer*, in: Lutter/Hommelhoff, § 45 Rn. 10 ff.; *Römermann*, in: Michalski, § 45 Rn. 12; *Roth*, in: Roth/Altmeppen, § 45 Rn. 2; *K. Schmidt*, in: Scholz, § 45 Rn. 5; *ders.*, Gesellschaftsrecht, S. 1068. In dieser Arbeit

daher massive Einbußen der Gesellschafterkompetenz, insbesondere in Grundlagenfragen. Daher ist es beispielsweise nicht möglich, im Rahmen einer Satzungsbestimmung den Gesellschaftern die Kompetenz zur Satzungsänderung zu entziehen.[78] Eine ähnliche Rechtsprechung zur Auflösung der Gesellschaft wurde bereits vom RG vertreten.[79]

(4) Rechtsformzwang

Seit jeher umstritten ist die Reichweite zulässiger Kautelargestaltung. Dadurch entsteht allerdings auch das Risiko undefinierbarer Gesellschaftsformen.[80] Auch wenn die Rechtsprechung stets ein liberales Verhältnis zu den Praxisentwicklungen hatte,[81] ist es womöglich im Sinne des Rechtsformzwangs erforderlich, eine Gestaltungsgrenze zu ziehen, die einerseits die Praxisinteressen hinreichend berücksichtigt und andererseits Grundprinzipien des Gesellschaftsrechts nicht völlig aufgibt und der freien Gestaltung Tür und Tor öffnet.[82] Richtig ist aber anzunehmen, dass der Rechtsformzwang des Gesellschaftsrechts keinen eigenen materiell-rechtlich einschränkenden Charakter in Bezug auf die Gestaltungsfreiheit hat, sondern vielmehr selbst eine Grundlage benötigt, aufgrund dessen er gelten soll.[83] Zur Begründung des Rechtsformzwangs genügt indes nicht die bloße Definition der Gesellschaftstypen durch den Gesetzgeber, sondern dies benötigt vielmehr ein tatsächliches Erfordernis wie beispielweise den Gläubigerschutz.[84]

---

wird auf die Unterscheidung – die im Wesentlichen rein terminologischer Natur ist – nicht näher eingegangen.

78 BGHZ 43, 264; zustimmend auch *Zöllner*, in: Baumbach/Hueck, § 45 Rn. 7.

79 RGZ 137, 308.

80 Noch spezieller die Theorie vom Typenzwang, die in Abgrenzung zum Rechtsformzwang nicht die Auswahl der Gesellschaftsformen, sondern die Gestaltungsmöglichkeiten innerhalb einer gewählten Gesellschaftsform zum Erhalt des Wesens dieser Gesellschaftsform begrenzt. Kritische Auseinandersetzung *Fey*, Freie Gestaltung in Gesellschaftsverträgen und ihre Schranken, S. 227 ff.

81 Vgl. BGHZ 20, 363, 364; 134, 392 ff.

82 *Hey*, Gesellschaftsverträge, S. 89.

83 *Hey*, Gesellschaftsverträge, S. 101.

84 Die bloße Vorgabe von Rechtsformen durch den Gesetzgeber kann nicht deren Absolutheit bedeuten. So ist die Vertragsgestaltung auch nicht auf die Typenverträge des BGB und anderer Rechtsquellen begrenzt, vielmehr dienen diese nur als besonders relevante Vertragsbeispiele. Insoweit ist die Privatautonomie nicht durch die normativen Vorgaben beschnitten. Für das Gesellschaftsrecht kann nichts anderes gelten. Der Rechtsformzwang basiert daher auf anderen schützenden Grundsätzen des Gesellschaftsrechts, bietet selbst aber keine hinreichende Grundlage zur Beschneidung der Gestaltungsfreiheit.

So darf eine Gesellschaft i.S.d. Typuslehre nicht erheblich von den spezifizierten Typusmerkmalen des konkreten Gesellschaftstypus abweichen.[85]

(5) Inhaltskontrolle

Auch muss die Satzung der GmbH in ihrer Gesamtheit ein „*ausgewogenes*" Bild abgeben.[86] Dies bedeutend indes nicht, dass alle Gesellschafter gleich behandelt werden müssen (die Zubilligung von Sonderrechten ist grundsätzlich möglich), sondern vielmehr muss die Gesellschaft durch ihre Satzung auf Dauer funktionsfähig sein.[87]

(6) Minderheitenschutz

In Abgrenzung von den Personengesellschaften ist die GmbH normativ vom Mehrheitsprinzip geprägt.[88] Das kann freilich dazu führen, dass die Minderheitsgesellschafter im Konfliktfall unbeachtet bleiben – ihre Interessen also nicht im Wege ihrer Stimmrechtsausübung durchzusetzen vermögen.

Dieses Schutzprinzip ist indes wohl im GmbH-Recht auch das umstrittenste. Rechtsprechung und Literatur versuchen dem Minderheitsschutz Rechnung zu tragen, indem sie wider dem Gesetzestext eine teils zwingende Natur bestimmter Gesetzesregelungen annehmen,[89] was von Teilen der Literatur wiederum

---

85 *Weber*, Privatautonomie, S. 152 f. m.w.N.

86 *Liebscher*, in: MüKo GmbHG, § 45 Rn. 66; *Zöllner*, in: FS 100 Jahre GmbHG, 1992, S. 85, 100 ff.

87 *Zöllner*, in: Baumbach/Hueck, § 45 Rn. 7.

88 Für Personengesellschaften gilt grundsätzlich das Einstimmigkeitsprinzip, das von der Gleichberechtigung und -verpflichtung der Gesellschafter in Haftung und Abstimmung geprägt ist (vgl. *Enzinger*, in: MüKo HGB, § 119, Rn. 3). Dieses Prinzip hat der Gesetzgeber für die GmbH nicht gewählt, sondern sich bewusst für das Mehrheitsprinzip ausgesprochen (so z.B. konkret in § 53 Abs. 2 GmbHG zur Satzungsänderung, aber auch an vielen anderen Stellen). Das hat im Wesentlichen zwei Gründe, zum einen ging der historische Gesetzgeber davon aus, dass die GmbH typischerweise eine Vielzahl an Gesellschaftern haben wird (vgl. die Ausführungen bei *Martens*, in: FS 100 Jahre GmbHG, 1992, S. 607) und zum anderen dass der GmbH-Gesellschafter nur in Höhe seiner Einlage haftet, und daher ein der Einlage entsprechendes Stimmrecht sinnvoll ist.

89 So ist eine für Minderheitsgesellschafter negativ von § 47 Abs. 4 GmbHG oder § 50 GmbHG abweichende Klausel nach h.M. unwirksam, vgl. zu § 47 Abs. 4 GmbHG: BGHZ 92, 386, 395 = BGH NJW 1985, 2592, 2595; BGHZ 108, 21, 27 = BGH NJW 1989, 2694; BGH WM 1977, 192; OLG Stuttgart GmbHR 1992, 48 f.; *Hillmann*, in: Henssler/Strohn § 47 Rn. 84; *Hüffer/Schürnbrand*, in: UHL, § 47 Rn. 201 f.; *Römermann*, in: Michalski, § 47 Rn. 342; *Schindler*, in: BeckOK GmbHG,

kritisiert wird.[90] Teilweise wird sogar vertreten, im Sinne des Minderheitenschutzes für Satzungsänderungen eine Einstimmigkeit aller Gesellschafter vorauszusetzen, was zur Aushöhlung des Mehrheitsprinzips führt.[91] Richtigerweise darf allenfalls eine begründete Ausnahme die Satzungsänderung derart verschärfen.[92]

Grundsätzlich gilt es durchaus anzuerkennen, dass für den Minderheitsgesellschafter, der wegen seiner schwachen Position in der Gesellschaft diese verlassen will, in der Praxis wohl eher keine Nachfrage zur Veräußerung besteht.[93] Je weiter ein Minderheitsgesellschafter in Abweichung zur normativen Regel in seinen Schutzrechten begrenzt wird, desto eher ist ihm wohl ein außerordentliches Austrittsrecht zuzubilligen.[94] Die Schaffung immer weitreichenderen

---

§ 47 Rn. 154 ff.; *K. Schmidt*, in: Scholz, § 47 Rn. 173; *Zöllner*, in: Baumbach/Hueck, § 47 Rn. 106; *Lohr*, NZG 2002, 551, 561; vermittelnd: *Drescher*, in: MüKo GmbHG, § 47 Rn. 205, 209 ff.; zu § 50 GmbHG: OLG Stuttgart NJW 1974, 1568 = GmbHR 1974, 257, 260; LG Bonn AG 1991, 115; *Bayer*, in: Lutter/Hommelhoff, § 50 Rn. 4; *Ganzer*, in: Rowedder/Schmidt-Leithoff, § 50 Rn. 2; *Hillmann*, in: Henssler/Strohn § 50 Rn. 23; *Hüffer/Schürnbrand*, in: UHL, § 50 Rn. 35; *Römermann*, in: Michalski, § 50 Rn. 194; *Roth*, in: Roth/Altmeppen, § 50 Rn. 4; *Schindler*, in: BeckOK GmbHG, § 50 Rn. 3; *Seibt*, in: Scholz, § 50 Rn. 6; *Zöllner*, in: Baumbach/Hueck, § 50 Rn. 2; In Bezug auf § 49 Abs. 3 GmbHG für einen zwingenden Charakter: *Bayer*, in: Lutter/Hommelhoff, § 47 Rn. 8; *Zöllner*, in: Baumbach/Hueck § 49 Rn. 18; *ders.*, in: FS 100 Jahre GmbHG, 1992, S. 85, 90.

90 Zu § 47 Abs. 4 GmbHG: ältere Rechtsprechung RGZ 89, 367, 383; 122, 159, 162; sowie *Meyer-Landrut*, in: Meyer-Landrut/Miller/Niehus, § 47 Rn. 33; *Schneider*, ZHR 150 (1986), 609, 614; wohl auch *Teichmann*, RNotZ 2013, 346, 351, der im Wege eines Drei-Stufen-Plans zumindest die Anforderungen an eine Satzungsbeschneidung erheblich erhöht; zu § 50 GmbHG: ältere Rechtsprechung RGZ 68, 212; *Meyer-Landrut*, in: Meyer-Landrut/Miller/Niehus, § 50 Rn 14; *Liebscher*, in: MüKo GmbHG, § 50 Rn. 73, sofern diese nicht den Gehalt der Norm verdrängen; *Schopp*, GmbHR 1976, 126.

91 *Martens*, in: FS 100 Jahre GmbHG, 1992, S. 607, 616 f. Für eine Abdingbarkeit von § 49 Abs. 3 GmbHG *Koppensteiner/Gruber*, in: Rowedder/Schmidt-Leithoff, 5. Aufl., § 49 Rn. 15; *Kipper*, Interessenkonflikte, S. 58.

92 *Kallrath*, MittRhNotK 1999, 325, 332, beispielsweise bei der Beseitigung von Minderheitsschutzrechten die bereits in der Satzung enthalten sind.

93 *Kallrath*, MittRhNotK 1999, 325, 336.

94 So schreibt *H.-F. Müller*, Austrittsrecht, S. 52: „Es erscheint unmittelbar einsehbar, daß die Gesellschaft den Austritt insbesondere dann ermöglichen muß, wenn die Ursachen für die Unzumutbarkeit eines weiteren Verbleibs gerade in ihrer Sphäre liegen.“, ebda. S. 63: „Mißbraucht die Mehrheit aber beständig ihre Machtposition, so ist dies letztlich ein zur Sphäre der Gesellschaft gehöriger wichtiger Grund für den Minderheitsgesellschafter zum Ausscheiden.“

Satzungszwangs ist gewiss keine befriedigende Lösung. Unberücksichtigt bleibt in der Diskussion zumeist die Position des Notars, der eine Aufklärungspflicht den Minderheitsgesellschaftern gegenüber hat. Entscheiden diese sich dennoch für einen solchen – sie benachteiligenden – Gesellschaftsvertrag, so ist nicht erkennbar, warum eine solche Klausel generell unwirksam sein soll.[95] Nicht zuletzt der Schutz von Gesellschaftern (jenen, die in einer schlechteren Vertragsposition stehen) prägt das Bild der Gestaltungsbeschneidung.[96] Es gibt in der GmbH aber grundsätzlich kein Recht auf vollständige Gleichbehandlung, vielmehr lebt die Gesellschaft von der Mehrheitsfindung. Eine verpflichtende Gleichbehandlung vermag nur als Schranke der Mehrheitsherrschaft, im Einzelfall bestehen. Folglich müssen Minderheitsgesellschafter auch für sie (vermeintlich) ungünstige Entscheidungen hinnehmen.

Ausnahmen zugunsten eines effektiven Minderheitenschutzes können im Einzelfall freilich bestehen. Richtigerweise betont *Teichmann* in diesem Kontext: „*[...] eine Begründung muss nicht derjenige liefern, der eine vom Gesetzgeber als dispositiv gewollte Norm für abdingbar hält – unter Argumentationszwang steht derjenige, der sie für zwingend hält. [...] So wie es dem historischen Gesetzgeber vor Augen stand, sollten wir es auch halten: In dubio pro libertate*“.[97]

4) Eigene Stellungnahme

Die Beschränkung der Vertragsgestaltung bedarf einer konkreten Legitimierung. Freilich ist es besonders schwierig zu skizzieren, welche Schutzzwecke nun tatsächlich materiell-rechtlich derart gewichtig sind, dass sie eine Einschränkung des zentralen Grundsatzes gestalterischer Freiheit in der GmbH bewirken. Hierbei sollte die Unterscheidung zwischen vertragsinternen und -externen Interessen Ausgangspunkt der Untersuchung sein. Solche außerhalb der Satzung

95 Insoweit auch *Teichmann*, RNotZ 2013, 346, 351; *Schollen*, DNotZ Sonderheft, Dt. Notartag 1969, 51, 68 f.: „Hier gewinnt nämlich der Gesetzesbefehl an den Notar, darauf zu achten, daß Irrtümer und Zweifel vermieden werden sowie unerfahrene und ungewandte Beteiligte nicht benachteiligt werden, in unserer Zeit seine rechtspolitische Bedeutung, und wir sehen in diesem Zusammenhang die besondere Begründung nicht nur der sachlichen, sondern auch der wirtschaftlichen Unabhängigkeit des Notars.“

96 BGHZ 64, 238, 241 ff.: „Diese Auswirkungen des § 18 machen deutlich, daß der Gesellschaftsvertrag die in dem Aufsichtsrat tätigen Gesellschafter einseitig und derart unausgewogen begünstigt, daß der erforderliche Schutz der Anlagegesellschafter auch nicht annähernd angemessen gewährleistet ist.“; BGHZ 69, 207, 220 f.

97 *Teichmann*, RNotZ 2013, 346, 353.

liegenden Interessen begründen zweifellos häufig ein legitimes Schutzinteresse.[98] Ob aber im Wege einer gestalterischen Entmündigung der Gesellschafter auch eine weitreichende interne Beschneidung sinnvoll ist, lässt jedenfalls nicht bloß unerhebliche Zweifel aufkommen. Der bisweilen unverändert eindeutige Wortlaut des § 45 GmbHG lässt an dem dispositiven Charakter der benannten Paragraphen eigentlich keinen Zweifel. Aufgabe der Rechtsprechung ist es, im Sinne des Gesetzgebers Gesetze anzuwenden und auszulegen, nicht aber – sofern diese nicht gegen höherrangiges Recht verstoßen – ihnen einen völlig neuen Inhalt zu geben, der im Konkurrenzverhältnis zum Wortlaut steht. Letztlich bleibt stets festzustellen, dass bei aller vermeintlich sinnvollen Kritik, eine Mitgliedschaft in der GmbH durch Übertragung oder Kündigung beendet werden kann, ein Festhalten ist nicht zwingend, ebenso wie der Beitritt.

Es erscheint daher zwingend, auf den Einzelfall bezogen abzuwägen, ob die konkrete Satzungsbestimmung nun wegen eines unzumutbaren Widerspruchs und einer völligen Unvereinbarkeit mit (kapital-)gesellschaftsrechtlichen Prinzipien entgegen dem Wortlaut des Gesetzes oder aus anderen Gründen unanwendbar ist.

IV. Delegation von Kompetenzen

Ergänzend zu den gesetzlichen Organen – der Geschäftsführung und der Gesellschafterversammlung – kann die GmbH aufgrund der Satzungsfreiheit weitere Organe in ihre Binnenstruktur einbinden.[99] Die Dispositivität des Innenrechts der GmbH-Gesellschafter erlaubt diesen grundsätzlich auch die Regelung der Verbandsstrukturen, -kompetenzen, -rechte und -pflichten. In der Rechtspraxis sind unzählige Gestaltungsmöglichkeiten für die innere Struktur, Willensbildung und Organisation denkbar, deren rechtliche Zulässigkeit näher zu ergründen ist. Eine Beschränkung dieser inneren Gestaltungsfreiheit bedarf einer Notwendigkeit und Rechtfertigung, da sie dem freiheitlichen Gestaltungsgedanken der GmbH entgegensteht, die bloße Unausgeglichenheit der Gesellschafter untereinander oder eine einfache Besser- bzw. Schlechterstellung einzelner genügt dabei nicht.[100]

---

98 Vgl. oben unter S. 36 ff.

99 Ausführlich *Hofbauer*, Die Kompetenzen des (GmbH-)Beirats, S. 9 ff.

100 Vgl. *Harbarth*, in: MüKo GmbHG, § 53 Rn. 179; *Pentz*, in: Rowedder/Schmidt-Leithoff, § 14 Rn. 28. Wegen der Missachtung des Gleichbehandlungsgrundsatzes bedarf die nachträgliche Zubilligung von Sonderrechten der Einstimmigkeit aller Gesellschafter, bei der Gründung wird die Zustimmung impliziert durch die Beteiligung an der Gründung.

1) *Kompetenzübertragung zur Gestaltung der inneren Organisation der Gesellschaft*

Die Rechte einzelner Personen, Personengruppen und Organe werden hier allgemein unter dem Begriff der Kompetenz zusammengefasst, als Gegenstand der Delegation. Davon zu unterscheiden ist die Art der Delegation, ob statutarisch – also organschaftlich – oder durch schuldrechtliche Vereinbarung. Statutarische Arten der Übertragung können beispielsweise Sonderzuständigkeiten bei Organen oder Sonderrechte bei Personen und Personengruppen sein. Auch im Umfang variieren die Kompetenzen. So kann einerseits die volle Kompetenzübertragung vorgesehen sein oder aber nur Mitwirkungsrechte. Zu unterscheiden sind ebenso die Begriffe der verdrängenden und der konkurrierenden Kompetenzverlagerung sowie der einfachen und qualifizierten Mitwirkungsrechte. Letztlich bedarf es auch einer Unterscheidung zwischen entziehbarer und unentziehbarer Kompetenzdelegation, also ob ohne Zustimmung des Begünstigten oder ohne Vorliegen eines wichtigen Grundes eine Veränderung des gesellschaftsinternen Kompetenzgefüges möglich ist.

Sollen Kompetenzen in der Gesellschaft verlagert werden, so bleibt zuvorderst immer die Frage, ob diese Übertragung eine verdrängende (= ersetzende) oder eine ergänzende (= konkurrierende) Wirkung haben soll.[101] Insoweit gilt es also, die Reichweite der Kompetenzverlagerung festzulegen. Das Ausmaß der Kompetenzdelegation ist durch Auslegung zu bestimmen.[102] Bestehen Zweifel über diese Verlagerungsreichweite, ist davon auszugehen, dass im Zweifel – sofern möglich – eine verdrängende Kompetenzübertragung gewollt ist, da eine Organkonkurrenz zur Vermeidung von innergesellschaftlichen Kompetenzstreitigkeit regelmäßig konkretisierender Satzungsbestimmungen bedarf.[103] Ferner könnte die Zuständigkeit auch kumulativ bestimmt werden, also der Mitwirkung mehrerer Organe bedürfen.

---

101 *Semrau*, Dritteinflussnahme, S. 138 ff.; *Vogel*, Gesellschafterbeschlüsse und Gesellschafterversammlung, S. 11; *Hüffer/Schürnbrand*, in: UHL, § 45 Rn. 23; *Ganzer*, in: Rowedder/Schmidt-Leithoff, § 45 Rn. 17; *Liebscher*, in: MüKo GmbHG, § 45 Rn. 93; *Römermann*, in: Michalski, § 45 Rn. 50; *Hölters*, BB 1977, 105, 106, 112; *Spindler/Kepper*, DStR 2005, 1738, 1741; *Thümmel*, DB 1995, 2461, 2462.

102 *Hölters*, Der Beirat, S. 22.

103 *Hofbauer*, Die Kompetenzen des (GmbH)-Beirats, S. 113; *Rohleder*, Übertragbarkeit von Kompetenzen, S. 160; *Ganzer*, in: Rowedder/Schmidt-Leithoff, § 45 Rn. 17; *Hüffer/Schürnbrand*, in: UHL, § 45 Rn. 23; *Römermann*, in: Michalski, § 45 Rn. 51; a.A. *Hölters*, Der Beirat, S. 22, der im Zweifel von einer konkurrierenden Zuständigkeit ausgeht.

a) Verdrängende Zuständigkeit

Die Entscheidungskompetenz bei verdrängender Zuständigkeit obliegt ausschließlich dem begünstigten Organ.[104] Die Aufhebung eines Beschlusses des begünstigten Organs innerhalb seiner Zuständigkeit durch einfachen Gesellschafterbeschluss ist nach einh.M. nicht möglich.[105] Anders als Sonderrechte der Gesellschafter ist die Kompetenzübertragung auf Organe aufgrund der Rückholkompetenz (= Rückfallkompetenz) der Gesellschafterversammlung grundsätzlich jederzeit auf andere Organe delegierbar oder wieder zurück auf das originär zuständige Organ übertragbar.[106] Dies beruht darauf, dass die Gesellschafterversammlung für die innere Organisation der Gesellschaft zuständig ist und auch über eine Reorganisation bestimmen soll, insoweit also oberstes Organ der Gesellschaft ist. Dies ergibt sich aus der Kompetenz-Kompetenz der Gesellschafterversammlung, d.h. der Kompetenz über die Verfügung der inneren Struktur und Ordnung der Gesellschaft.[107]

Auch im Falle der Funktions- bzw. Handlungsunfähigkeit des begünstigten Organs verbleibt die Auffangkompetenz bei der Gesellschafterversammlung.[108] Etwas anderes ergibt sich dann, wenn einem Organ unentziehbar eine Kompetenz übertragen wurde, also ein *„Zurückholen“* nur aus wichtigem Grund oder mit Zustimmung des begünstigten Organs möglich ist. Ein solches *„Sonderrecht“* für Organe kann aber nur Organen konzediert werden, die statutarisch zwingend ausschließlich mit Gesellschaftern besetzt sind.[109]

Uneinigkeit besteht darüber, wie die Gesellschafterversammlung einem Beschluss des begünstigten Entscheidungsorgans entgegenwirken kann. Einerseits soll ein Gesellschafterbeschluss mit satzungsändernder Mehrheit

104 *Liebscher*, in: MüKo GmbHG, § 45 Rn. 99.

105 *Römermann*, in: Michalski, § 45 Rn 56.

106 *Wiedemann*, ZGR 1996, 286, 293: bei Änderungen im Mitgliederkreis – so auch die Geschäftsführerbestellung – besteht zwingend eine Rückholkompetenz der Gesellschafterversammlung. Eine verdrängende Delegation unter Ausschluss der Rückholkompetenz ist insoweit nicht möglich.

107 *Liebscher*, in: MüKo GmbHG, § 45 Rn. 49.

108 BGHZ 12, 337, 340; WM 1970, 249, 251; *Altmeppen*, in: Roth/Altmeppen, § 38 Rn. 13; *Zöllner/Noack*, in: Baumbach/Hueck, § 46 Rn. 34a.

109 Nach *Liebscher*, in: MüKo GmbHG, § 45 Rn. 101 genügt es für eine unentziehbare Kompetenzübertragung, dass das begünstigte Organ mit „gewählten und abwählbaren Vertretern besetzt ist.“

genügen.[110] Die Gesellschafterversammlung als oberstes Organ der Gesellschaft könne dann aufgrund ihrer Organstellung den Beschluss aufheben.[111]

Überwiegend wird allerdings vertreten, dass neben einem Beschluss mit satzungsändernder Mehrheit auch die übrigen formellen Satzungsänderungsvoraussetzungen eingehalten werden müssen.[112] Diese Auffassung fußt auf der Annahme, dass die organschaftliche Stellung der Gesellschafterversammlung als oberstes Organ keine Verletzung der statutarischen Organisation und Struktur der Gesellschaft rechtfertigen könne, sondern bloß ermögliche die Struktur – unter den Voraussetzungen einer förmlichen Satzungsänderung – wieder neu zu gestalten. Zu berücksichtigen sind die Grundsätze über satzungsdurchbrechende Beschlüsse. Diese strenge Auffassung unterstützt einzig die Kompetenz der Gesellschafterversammlung über die statutarische Kompetenzdelegation.[113] Würde ein Gesellschafterbeschluss mit satzungsändernder Mehrheit zur außer Kraft Setzung eines Beschlusses des begünstigten Entscheidungsorgans führen,

---

110 BGH BB 1970, 226 (bei Beschlüssen des Beirats einer Personenhandelsgesellschaft); *Vogel*, Gesellschafterbeschlüsse und Gesellschafterversammlungen, S. 11; *Salje*, ZIP 1989, 1526, 1527.

111 Insoweit wird regelmäßig von der Gesellschafterversammlung als „Quell-Organ" gesprochen, vgl. *Vogel*, Gesellschafterbeschlüsse und Gesellschafterversammlungen, S. 11.

112 *Hofbauer*, Die Kompetenzen des (GmbH-) Beirats, S. 105; *Hüffer/Schürnbrand*, in: UHL, § 45 Rn. 24; *Liebscher*, in: MüKo GmbHG, § 45 Rn. 102; *Römermann*, in: Michalski, § 45 Rn. 59; *K. Schmidt*, in: Scholz, § 45 Rn. 9.

113 Insoweit sind die Ausführungen von *Vogel*, Gesellschafterbeschlüsse und Gesellschafterversammlungen, S. 11 widersprüchlich: „Soweit Kompetenzen derart auf ein anderes Organ verlagert werden, daß dieses an Stelle der Gesellschafter eine Entscheidung zu treffen hat, so kann diese verdrängende Zuständigkeit nur durch die Satzung wieder geändert werden. Fraglich ist, ob für die Abänderung der Zuständigkeit ein Gesellschafterbeschluß mit satzungsändernder Mehrheit ausreicht, ohne daß die Förmlichkeiten einer Satzungsänderung beachtet zu werden brauchen." Die Feststellung, dass die innere Organisation der Gesellschaft statutarisch bestimmt wurde und dass eine Abänderung der inneren Kompetenzordnung nur über die Satzung möglich ist steht in Widerspruch zu den nachstehenden Ausführungen *Vogels,* Die Konstruktion eines „Quell-Organs" vermag nicht zu erklären, warum eine satzungsändernde Maßnahme insoweit keiner Berücksichtigung der formalen Voraussetzungen bedarf. Die Einhaltung der Formalregeln zur Satzungsänderung – und dahin gehend bleibt *Vogel* eine Erklärung schuldig – steht zudem nicht im Konflikt mit dem Verständnis der Gesellschafterversammlung als oberstes Organ der GmbH, wird ihr doch dadurch die Kompetenz zur Änderung der inneren Struktur und Organisation der Gesellschaft nicht genommen.

entfiele faktisch der Anwendungsbereich verdrängender Zuständigkeitsübertragungen.[114] Auch überzeugend ist, dass eine Handhabe strengerer Voraussetzungen zur Aufhebung eines Beschlusses des begünstigten Organs bei konkurrierenden Zuständigkeitsübertragungen, wie auch bei verdrängenden, inkonsequent wäre.[115]

Überzeugend ist, dass einzig unter Berücksichtigung der formalen Vorgaben zur Satzungsänderung, entsprechend §§ 53, 54 GmbHG, die Aufhebung eines Beschlusses bei verdrängender Kompetenzverlagerung wirksam ist, ein bloß qualifizierter Beschluss der Gesellschafterversammlung genügt hingegen nicht.

b) Konkurrierende Zuständigkeit

Das Kompetenzgefüge im Rahmen konkurrierender Zuständigkeiten ist umstritten. Ausgangspunkt ist, dass die Gesellschafterversammlung weiterhin ihre Entscheidungskompetenz behält – insoweit bleibt die Zuständigkeit der Gesellschafter intakt[116] – ein weiteres Organ allerdings im gleichen Maße zur Entscheidung berechtigt wird. Zweifelsohne besteht im Rahmen der konkurrierenden Zuständigkeitsübertragung eine Rückholkompetenz der Gesellschafterversammlung.[117] Sie kann durch Satzungsänderung, §§ 53, 54 GmbHG, das Kompetenzgefüge in seinen ursprünglichen oder grundsätzlich jeden beliebigen Zustand versetzen.[118] Fraglich ist, ob die Gesellschafterversammlung Beschlüsse ermächtigter (fakultativer) Organe ohne weiteres durch einfachen Gesellschafterbeschluss überlagern oder verdrängen kann. Es gilt nach überwiegender Auffassung grundsätzlich das Prioritätsprinzip, sodass die erstgetroffene Entscheidung eines Organs bindend ist.[119]

---

114 *Liebscher*, in: MüKo GmbHG, § 45 Rn. 102.

115 *Hofbauer*, Die Kompetenzen des (GmbH-) Beirats, S. 105; *Liebscher*, in: MüKo GmbHG, § 45 Rn. 102.

116 *Ganzer*, in: Rowedder/Schmidt-Leithoff, § 45 Rn. 19.

117 *Hofbauer*, Die Kompetenzen des (GmbH-) Beirats, S. 107.

118 *Härer*, Kompetenzen des Beirats, S. 54 f.; *Hofbauer*, Die Kompetenzen des (GmbH-) Beirats, S. 107; *Vogel*, Gesellschafterbeschlüsse und Gesellschafterversammlung, S. 10 f.

119 *Ganzer*, in: Rowedder/Schmidt-Leithoff, § 45 Rn. 17; *Hüffer/Schürnbrand*, in: UHL, § 45 Rn. 23; *Liebscher*, in: MüKo GmbHG, § 45 Rn. 95; *Römermann*, in: Michalski, § 45 Rn. 52; a.A. *Hölters*, Der Beirat, S. 22 konkret bezogen auf eine konkurrierende Zuständigkeit: „Bei widersprechenden Entscheidungen und Beschlüssen geht dann die Entscheidung der Gesellschafterversammlung als des obersten Beschlußorgans der Gesellschaft vor."

(1) Zuständigkeit der Gesellschafterversammlung vor Beschlussfassung eines anderen Organs

Wurde bei konkurrierender Zuständigkeit noch kein Beschluss des begünstigen Organs gefasst, so verbleibt der Gesellschafterversammlung freilich die Möglichkeit dazu. Ihre Kompetenzausübung ist, sofern sich aus der Satzung nicht etwas anderes ergibt, nicht subsidiär gegenüber dem anderen begünstigten Organ. Trifft die Gesellschafterversammlung zuerst eine Sachentscheidung, so wäre ein Beschluss zur selben Sachfrage eines anderen begünstigten Organs nichtig.[120]

Ob die Gesellschafterversammlung in Einzelfragen durch einfachen Gesellschafterbeschluss die alleinige Zuständigkeit gegenüber einem statutarisch begünstigten Organ feststellen kann, ist umstritten. Dann wäre sie dem anderen Organ gegenüber in der Zuständigkeit privilegiert.[121] Ob die Gesellschafterversammlung die Entscheidung direkt trifft, oder erklärt, die Entscheidung künftig treffen zu wollen – im Sinne einer Beschlussvorbereitung – soll unerheblich sein.[122]

Die Ansicht, dass eine Heranziehung der Zuständigkeit durch die Gesellschafterversammlung möglich sei, kann im Ergebnis aber nicht überzeugen. Es ist nicht sinnvoll, wenn die konkurrierende Beschlusskompetenz einen Wettlauf der zuständigen Organe begründet. Die Beschränkung der Zuständigkeit des begünstigten Organs bedarf einer formalen Satzungsänderung, ob die Zuständigkeit ganz oder teilweise entzogen wird ändert dieses Erfordernis nicht. Eine Möglichkeit der Gesellschafterversammlung, die Entscheidung vorab durch einfachen Beschluss an sich zu binden,[123] missachtet den Satzungsinhalt.

---

120 *Hofbauer*, Die Kompetenzen des (GmbH-) Beirats, S. 107 f.; *Rohleder*, Übertragbarkeit von Kompetenzen, S. 158 f.; generell zur Nichtigkeit von Organbeschlüssen, denen die notwendige Kompetenz fehlt *Baums*, ZGR 1983, 300, 325.

121 *Rohleder*, Übertragbarkeit von Kompetenzen, S. 159, wozu die Gesellschafterversammlung „qua höherer Organstellung" befähigt sei *Voormann*, Der Beirat im Gesellschaftsrecht, S. 172; unter dem Einwand, dass das vorab an sich heranziehen der Sachentscheidung durch die Gesellschafterversammlung nicht zur faktischen Verdrängung der konkurrierenden Kompetenz des begünstigten Organs führen darf. Folglich sei eine Aufhebung des Beiratsbeschlusses grundsätzlich nur mit satzungsändernder Mehrheit möglich, außer, im Falle einer mit der Gesellschafterversammlung konkurrierenden Zuständigkeit; *Hofbauer*, Die Kompetenzen des (GmbH-) Beirats, S. 108.

122 *Hofbauer*, Die Kompetenzen des (GmbH-) Beirats, S. 108.

123 Mit der Wirkung, dass ein Beschluss des in der Zuständigkeit konkurrierenden Organs nichtig sein soll, *Rohleder*, Übertragbarkeit von Kompetenzen, S. 159.

Folgerichtig bedarf es eines Beschlusses der Gesellschafterversammlung, der die Voraussetzungen einer formalen Satzungsänderung erfüllt (§§ 53, 54 GmbHG).

(2) Zuständigkeit der Gesellschafterversammlung nach Beschlussfassung eines anderen Organs

Teilweise wird vertreten, dass sich die Gesellschafterversammlung nicht ohne Änderung der Zuständigkeiten qua Satzungsänderung über eine Sachentscheidung eines begünstigten Organs hinwegsetzen kann.[124] Andernfalls könne die Gesellschafterversammlung die statutarische Binnenstruktur der Gesellschaft mittels einfachen Gesellschafterbeschlusses aushebeln. Ohne Entmachtung des ermächtigten Entscheidungsorgans kann die Gesellschafterversammlung insoweit auf das Schicksal des Beschlusses keinen Einfluss nehmen. Hierzu bedarf es also zwingend einer Berücksichtigung der Satzungsänderungsvorschriften.[125]

Die Möglichkeit eines Beschlusses der Gesellschafterversammlung als actus contrarius zum actus primus soll allerdings nach anderer Auffassung bestehen.[126] Diese Auffassung vermag allerdings nicht zu überzeugen, da sie gleichfalls die Gefahr eines Hin und Her zwischen Beschluss und Gegenbeschluss in sich birgt. So kann ein von einem begünstigten Organ bestellter Geschäftsführer nicht durch einfachen Beschluss der Gesellschafterversammlung abberufen werden.[127] Außerdem gleicht der actus contrarius in seiner Wirkung einer Aufhebung des Organbeschlusses.[128]

Ferner wird zur Begründung einer erweiterten Kompetenz der Gesellschafterversammlung vertreten, dass dieser stets das Recht der letzten Entscheidung verbleibe, insoweit sie jederzeit Beschlüsse anderer Organe aufheben oder durch einen actus contrarius beseitigen könne.[129] Mit Wirkung ex nunc entfalle der

---

124 *Hüffer/Schürnbrand*, in: UHL, § 45 Rn. 23; *Liebscher*, in: MüKo GmbHG, § 45 Rn. 97; eingeschränkt *Römermann*, in: Michalski, § 45 Rn. 55.

125 *Hüffer/Schürnbrand*, in: UHL, § 45 Rn. 23; *Liebscher*, in: MüKo GmbHG, § 45 Rn. 98.

126 *Koppensteiner/Gruber*, in: Rowedder/Schmidt-Leithoff, 5. Aufl., § 45 Rn. 12; *K. Schmidt*, in: Scholz, 6. Aufl., § 45 Rn. 9, inzwischen aber wohl eher für das Prioritätsprinzip.

127 Beispiel *Koppensteiner/Gruber*, in: Rowedder/Schmidt-Leithoff, 5. Aufl., § 45 Rn. 12, allerdings mit anderem Ergebnis.

128 Eine ausführliche Widerlegung der Sinnhaftigkeit dieser Auffassung bei *Rohleder*, Übertragbarkeit von Kompetenzen, S. 159 f.

129 BGHZ 12, 337, 340; *Härer*, Kompetenzen des Beirats, S. 54 f.; *Rohleder*, Übertragbarkeit von Kompetenzen, S. 160; *Wessing/Max*, in: FS Werner, 1984, S. 975, 980; *Heermann*, in: UHL, § 52 Rn. 356; einschränkend *Hölters*, Der Beirat, S. 23 f., der

Beschluss des konkurrierenden Organs.[130] Die Möglichkeit zur eigenen „*Sachentscheidung*" ergebe sich aus der „*subsidiären Zuständigkeit*" der Gesellschafterversammlung.[131] Eine vermittelnde Ansicht, wonach bloß durch actus contrarius dem Beschluss eines anderen Organs entgegengewirkt werden kann, überzeugt nicht, da dieser materiell-rechtlich gleichbedeutend mit der Aufhebung des Beschlusses ist. Insoweit gilt ganz oder gar nicht.[132] Auch sei die Gesellschafterversammlung bei konkurrierenden Zuständigkeiten aufgrund ihrer höheren Organstellung zur Aufhebung befugt.[133] Die Gesellschafterversammlung nutze nach *Hofbauer* das Instrument der konkurrierenden Organkompetenz ohnehin bloß, sofern sie letztentscheidend bestimmen kann, andernfalls bediene sie sich der verdrängenden Zuständigkeitsübertragung.[134] Eine Unterscheidung zwischen konkurrierender und verdrängender Kompetenzverlagerung sei nicht mehr erkennbar, sofern die Voraussetzungen einer Satzungsänderung beachtet werden müssten.[135] Die Entscheidungsbefugnis sei vielmehr „*Wesensmerkmal der Stellung der Gesellschafterversammlung innerhalb der GmbH.*"[136]

Die letzte Ansicht kann im Ergebnis nicht überzeugen, degradiert sie die konkurrierende Zuständigkeit anderer Organe zur Auffangzuständigkeit, deren Beschlüssen trotz der statutarisch eingeräumten Kompetenz de facto keine Bedeutung mehr zukommt.[137] Der Gesellschafterversammlung obliegt die Satzungshoheit, damit verbunden die Möglichkeit der Gestaltung der inneren Ordnung der Gesellschaft. Beschließt sie eine konkurrierende Zuständigkeit, ohne nähere Ausführungen darüber, ob ihr im Zweifel die letzte Entscheidung obliegt, so muss sie das Risiko tragen, dass ein anderes begünstigtes Organ gegen ihren Willen zuerst entscheidet. Eine schützenswerte Position kommt den Gesellschaftern daher nicht zu, sodass nicht erkennbar wäre, warum die

---

jedenfalls eine Andeutung des Willens einer subsidiären Zuständigkeit in der Satzung zum Erfordernis macht.

130 *Rohleder*, Übertragbarkeit von Kompetenzen, S. 160.

131 *Rohleder*, Übertragbarkeit von Kompetenzen, S. 160.

132 Ausführlich dazu *Rohleder*, Übertragbarkeit von Kompetenzen, S. 159 f.; zustimmend *Hofbauer*, Die Kompetenzen des (GmbH-) Beirats, S. 110.

133 *Härer*, Kompetenzen des Beirats, S. 54 f.; *Wessing/Max*, in: FS Werner, 1984, S. 975, 978.

134 Dies ergebe sich aus dem mutmaßlichen Willen der Gesellschafter, *Hofbauer*, Die Kompetenzen des (GmbH-) Beirats, S. 110.

135 *Hofbauer*, Die Kompetenzen des (GmbH-) Beirats, S. 111.

136 *Hofbauer*, Die Kompetenzen des (GmbH-) Beirats, S. 111.

137 Diese Auffassung wird deutlich bei *Hofbauer*, Die Kompetenzen des (GmbH-) Beirats, S. 110.

Gesellschafterversammlung nach Belieben gegen die von ihr statutarisch festgelegte innere Ordnung verstoßen können sollte. Dass sich aus der Organstellung der Gesellschafterversammlung ergebe, sie behielte ihre Berechtigung einen Aufhebungsbeschluss zu fassen, ist wohl mit dem Verständnis der freien Bestimmung über die innere Ordnung der Gesellschaft nicht vereinbar. Obgleich es richtig ist, dass die Gesellschafterversammlung oberstes Organ der Gesellschaft ist,[138] bezieht sich dieses gesellschaftsrechtliche Prinzip auf wesentliche Organkompetenzen, die bei der Gesellschafterversammlung verbleiben müssen. Gewahrt bleibt dieses Prinzip, wenn den Gesellschaftern das Recht zur statutarischen Strukturänderung verbleibt, sodass diese per Satzungsänderung die Kompetenzen eines begünstigten Organs wieder an sich nehmen können. Eine Privilegierung der Beschlussqualität dem konkurrierenden Organ gegenüber überdehnt das Prinzip der Verbandssouveränität, konkreter der Gesellschafterversammlung als oberstes Organ, so dass eine Durchbrechung des Satzungstextes nicht gerechtfertigt wäre.

Auch verfehlt ist der Ansatz, dass sich aus der Stellung der Gesellschafterversammlung ein generelles Letztentscheidungsrecht bei konkurrierender Zuständigkeit ableiten ließe, welches ein „*Wesensmerkmal*“ des inneren Zuständigkeitsgefüges markiere. Bei solchen Kompetenzen, die jedenfalls auch verdrängend auf andere Organe delegiert werden können, muss die Gesellschafterversammlung auch bei der konkurrierenden Delegation auf ihr Letztentscheidungsrecht verzichten können. Dass eine solche Delegation trotz eines konkurrierenden Kompetenzverbleibs bei der Gesellschafterversammlung nicht möglich wäre, ist nicht überzeugend.

Die Beschlussaufhebung durch einfachen Gesellschafterbeschluss aufgrund der subsidiären Zuständigkeit der Gesellschafterversammlung ist ein Zirkelschluss.[139] Warum eine solche subsidiäre Zuständigkeit gleichbedeutend mit einer dominanten Entscheidungszuständigkeit sein soll, bleibt leider unbegründet. Wie *Liebscher* richtigerweise feststellt, führte dies faktisch zu einer formlosen Satzungsänderung mittels einfachen Gesellschafterbeschlusses.[140]

Nicht zuletzt muss die Gesellschaft davor bewahrt werden, dass ein Kompetenzstreit zwischen den Organen zu einem hin und her von Beschluss und Aufhebung ausartet. Eine solche Binnenstreitigkeit kann zur Destabilisierung des gesamten Unternehmens führen.[141]

---

138 Vgl. oben bereits S. 39 f.

139 *Liebscher*, in: MüKo GmbHG, § 45 Rn. 97.

140 *Liebscher*, in: MüKo GmbHG, § 45 Rn. 97.

141 *Liebscher*, in: MüKo GmbHG, § 45 Rn. 97.

Das Prioritätsprinzip ist dafür maßgeblich, welches Organ einen Beschluss wieder aufheben kann. Einzig das konkrete Entscheidungsorgan ist berechtigt, den Beschluss aufzuheben, sofern die Kompetenzen statutarisch nicht zugunsten der Gesellschafterversammlung verschoben wurden. Wohl aber kann im Einzelfall ein satzungsdurchbrechender Beschluss der Gesellschafterversammlung zu einem anderen Ergebnis führen.[142]

c) Kumulative Zuständigkeit

Statt einer konkurrierenden oder einer ersetzenden Zuständigkeit kann der Gesellschaftsvertrag auch das Zusammenwirken mehrerer Organe zur Beschlussfassung vorsehen, also den Beschluss von der Mitwirkung mehrerer Organe abhängig machen. Regelmäßig gestaltet sich die Mitwirkung als Initiativrecht eines Organs verbunden mit einem Zustimmungserfordernis eines anderen.[143]

(1) Einfache Mitwirkung

Verbleibt die Entscheidungshoheit einzig bei der Gesellschafterversammlung, ein wirksamer Beschluss ist also nicht zwingend abhängig von der Mitwirkung eines anderen begünstigten Organs, so handelt es sich um ein einfaches Mitwirkungsrecht.[144] Die Mitwirkung kann in Beratungs-, Vorschlags-, Initiativ- oder Anhörungsrechten Ausdruck finden. Die Einräumung solcher einfachen Mitwirkungsrechte ist unproblematisch möglich.

(2) Qualifizierte Mitwirkung

Werden Entscheidungen der Mitgliederversammlung abhängig gemacht von der Zustimmung oder Initiative eines anderen Organs, Gesellschafters oder Dritten, handelt es sich um qualifizierte Mitwirkungsrechte.[145]

Derartige Mitwirkungsrechte unterliegen der Satzungsfreiheit und sind grundsätzlich als Bestimmungen über die innere Organisation der Gesellschaft möglich. Gesellschaftern kann ein Sonderrecht zur qualifizierten Mitwirkung eingeräumt werden, wie auch zwingend ausschließlich mit Gesellschaftern besetzten Organen. Sonstigen Organen kann ein durch Satzungsänderung ohne Zustimmung entziehbares qualifiziertes Mitwirkungsrecht eingeräumt

---

142 *Liebscher*, in: MüKo GmbHG, § 45 Rn. 98 mit Verweis auf § 53 Rn. 44 ff.
143 *Liebscher*, in: MüKo GmbHG, § 45 Rn. 103.
144 *Hofbauer*, Die Kompetenzen des (GmbH-) Beirats, S. 161.
145 *Hofbauer*, Die Kompetenzen des (GmbH-) Beirats, S. 161.

werden.[146] Nicht aber abhängig gemacht werden kann die Entscheidung der Gesellschafterversammlung nach h.M. von der Mitwirkung eines Dritten.[147]

d) Sonderrechte als besondere Form der Kompetenzübertragung

Als besonderer Ausdruck bürgerlicher Freiheitsrechte wurde mit § 35 BGB die Implementierung von Sonderrechten in das BGB vollzogen.[148] Diese Sonderrechte seien allerdings keiner Definition zugänglich.[149] Der vom Gesetzgeber offen formulierte Wortlaut der Norm – insoweit hat der Gesetzgeber selbst von einer gesetzlichen Definition abgesehen – wurde seit in Kraft treten des BGB durch Rechtsprechung und Literatur ausgefüllt und umgrenzt, hinsichtlich der Reichweite zulässiger Sonderrechte. Nach h.M. sind Sonderrechte solche Sonderpositionen (Rechte, wie auch Pflichten können umfasst sein), die satzungsrechtlich Gesellschaftern oder Gesellschaftergruppen zugesprochen und ohne Zustimmung des Begünstigten vor dem Zugriff eines Körperschaftswillen geschützt sind.[150] Insoweit ergeben sich aus den Sonderrechten also *„besondere Mitgliedschaftsrechte“*, deren Begünstigung im Verhältnis zu den *„allgemeinen*

---

146 *Liebscher*, in: MüKo GmbHG, § 45 Rn. 103; *K. Schmidt*, in: Scholz, § 45 Rn. 12 f.; *Beuthien/Gätsch*, ZHR 156 (1992), 459, 477. Durch Satzung geschaffene Organe unterliegen grundsätzlich immer der inneren Gestaltungsautonomie der Gesellschafterversammlung, folglich erst recht auch die Kompetenzverteilung, vgl. *Zöllner/Noack*, in: Baumbach/Hueck, § 45 Rn. 17.

147 Dies ergibt sich insoweit aus dem Prinzip der Verbandssouveränität, *Liebscher*, in: MüKo GmbHG, § 45 Rn. 103.

148 Prot. Entw. BGB, Bd. I, S. 530.

149 Prot. Entw. BGB, Bd. I, S. 530 in höchst liberalem Verständnis: „Freilich müsse das Gesetz bei der Mannigfaltigkeit der in Betracht kommenden Rechtsverhältnisse und der Vieldeutigkeit des Wortes `Sonderrecht` sich mit dem Hinweise darauf, daß es Sonderrechte gebe, welche dem Einfluss des Körperschaftswillens entzogen seien, begnügen und die nähere Feststellung der Merkmale solcher Sonderrechte der Wissenschaft und der Praxis überlassen. Jeder Versuch einer gesetzlichen Definition oder Umgrenzung des Begriffs würde der Rechtsanwendung Fesseln anlegen.“

150 RGZ 80, 385, 389; 159, 272, 281; 170, 358, 368; BGHZ 48, 141, 143 = NJW 1967, 2159, 2160; NJW 1969, 131; NJW-RR 1989, 542, 543; *Enneccerus/Nipperdey*, BGB AT, Bd. I, Teil 1, S. 675; *Arnold*, in: MüKo BGB, § 35 Rn. 9; *Ellenberger*, in: Palandt, § 35 Rn. 5; *Harbarth*, in: MüKo GmbHG, § 53 Rn. 181; *Mansel*, in: Jauernig, § 35 Rn. 1; *Reichert/Weller*, in: MüKo GmbHG, § 14 Rn. 108; *Verse*, in: Henssler/Strohn, § 14 Rn. 54. Zweifelnd an der Anwendbarkeit von § 35 BGB auf die GmbH als Grundlage von Sonderrechten: *van Venrooy*, GmbHR 2010, 841, 842 ff. Keine Unentziehbarkeit von Sonderrechten wegen teleologischer Reduktion von §§ 35, 40 Satz 1 BGB: *Beuthien*, ZGR 2014, 24 ff.

Mitgliedschaftsrechten" sich dahingehend zeigt, dass sie diese übersteigen oder zusätzliche Rechte schaffen.[151] Sonderrechte wurzeln in der Satzung der Gesellschaft, jedenfalls deren Ermächtigung.[152] Sie können Kompetenzbegründung oder -übertragung zum Gegenstand haben.

Nach heutigem Verständnis wird die Zulässigkeit von Sonderrechten umrahmt von Prinzipien und Schutzbestimmungen des Gesellschaftsrechts, die relative oder absolute Grenzen aufzeigen. Insbesondere der Schutz vor Außeneinflüssen und daher das Verständnis rein mitgliedschaftsrechtlicher Sonderrechte unterscheidet sich evident von der ursprünglichen Vorstellung des Gesetzgebers. Nach h.M. ist § 35 BGB auch im Kapitalgesellschaftsrecht anzuwenden.[153] Eine gesetzliche Beschränkung der Zulässigkeit von Sonderrechten ist dem GmbHG oder dem BGB nicht zu entnehmen – anders in §§ 12, 101 AktG –, sodass eine Beschränkung einzig durch die Kollision mit anderen Prinzipien oder Schutzzwecken des Gesellschaftsrechts begründbar wäre.[154]

Mit gewisser Regelmäßigkeit flammt in der Literatur die Frage auf, ob Sonderrechte tatsächlich unentziehbar sein müssen.[155] Diese vorgeschlagene Lösung, welche eine Unentziehbarkeit nicht als Wesensmerkmal von Sonderrechten versteht, erscheint unter Berücksichtigung des Wortlauts von § 40 BGB zunächst offen gegen das Gesetz zu verstoßen und daher nicht sinnvoll, bedarf bei genauerer Betrachtung aber durchaus einer intensiveren Würdigung. Zum einen stellt sich die Frage nach der teleologischen Reduktion von § 40 Satz 1 BGB, zum anderen, ob § 40 Satz 1 BGB überhaupt im Satzungsrecht der GmbH Anwendung findet.

Diese Problematik erübrigt sich, sofern die Beschränkungsnorm der Satzungsfreiheit, § 40 Satz 1 BGB, im Recht der GmbH nicht zur Anwendung kommt. Das *ob* der Anwendung ist insoweit aber nicht abschließend geklärt. Freilich findet § 35 BGB mit der Möglichkeit der Einräumung von Sonderrechten Anwendung. Im Übrigen gilt aber der Grundsatz der Satzungsautonomie nach § 45 GmbHG, der durch § 40 S. 1 BGB beschränkt würde. Für die Bewertung, ob § 40 Satz 1 BGB nun tatsächlich angewendet wird, ist der Fokus darauf

151 Sehr übersichtlich *Beuthien*, ZGR 2014, 24, 25.

152 *Ellenberger*, in: Palandt, § 35 Rn. 1.

153 RGZ 80, 385, 389; 170, 358, 368; BGHZ 48, 141, 143; GmbHR 1962, 212, 213; NJW-RR 1989, 542, 543; *Fastrich*, in: Baumbach/Hueck, § 14 Rn. 19; *Seibt*, in: Scholz, § 14 Rn. 19; *Beuthien*, ZGR 2014, 24, 39.

154 RGZ 80, 289; 159, 281; 170, 368; BGHZ 48, 141, 143; BGH NJW-RR 1989, 542, 543; *Arnold*, in: MüKo BGB, § 35 Rn. 3; *Hadding*, in: Soergel, § 35 Rn. 2.

155 *Beuthien*, ZGR 2014, 24, ff.

zu richten, was mit dieser Norm bezweckt wird, also ob diese für das Vereinsrecht im Speziellen oder generell für Sonderrechte gelten soll. Den Protokollen der zweiten Kommission für einen Entwurf des BGB ist eher ein allgemein korporationsrechtlicher Wille entnehmbar.[156] Zudem lässt sich nicht von der Hand weisen, dass die Gesetzessystematik für eine Anwendung von § 40 Satz 1 BGB im GmbH-Recht spricht.

Der Begriff „*Unentziehbar*“ ist durchaus irreführend, denn auch ein Sonderrecht bleibt entziehbar, sofern der Begünstigte zustimmt oder ein wichtiger Grund vorliegt.[157] Daher ist eine Entziehbarkeit ohne Mitwirkung des Begünstigten nach überwiegender Auffassung grundsätzlich nicht möglich, auch dann nicht, wenn dies in der Satzung bestimmt wird.[158] Nach *Beuthien*[159] sei der Zeitpunkt der Mitwirkungshandlung des Gesellschafters aber nicht entscheidend. So könne der Gesellschafter bereits bei Einräumung des Sonderrechts seine Bereitschaft zur Einziehung – insoweit antizipiert – erklären, die dann mit der Beschlussfassung durch die Gesellschafterversammlung wirksam werde. Ein begünstigter Gesellschafter müsse gleichermaßen berechtigt sein vor bzw. bei Erteilung des Sonderrechts eine Bereitschaft zur Entziehung zu erklären, dies dürfe nicht nur nachträglich möglich sein. Daher empfiehlt er eine teleologische Reduktion der §§ 35, 40 Satz 1 BGB. Diese Auffassung kann allerdings nicht überzeugen. Insoweit ist der ganz h.M. zu folgen und von dem grundsätzlichen Erfordernis eines wichtigen Grundes oder der Zustimmung zu Gesellschafterbeschluss auszugehen. Das statutarische Sonderrecht eines Gesellschafters ist eine besonders qualifizierte Form der Kompetenzübertragung. Außerdem führt diese Auffassung zu erheblicher Rechtsunsicherheit, wenn die im Vorhinein stattgefundene Bereitschaft zur Entziehbarkeit des Sonderrechts später nicht

---

156 Prot. Entw. BGB, Bd. I, S. 530 „[...] daß der in den Beschlüssen der Mitglieder sich darstellende Körperschaftswille wie im Zwecke der Körperschaft, so auch in den Sonderrechten der Mitglieder [...].“

157 *Verse*, in: Henssler/Strohn, § 14 Rn. 54 m.w.N.

158 Auch schuldrechtlich – dann unproblematisch kündbar – kann ein Vorrecht zugebilligt werden, was die Frage aufwirft, ob es überhaupt ein Erfordernis für entziehbare Sonderrechte gib. Allerdings ist die Wirkung bei Missachtung der Bevorzugung eine andere. Bei Sonderrechten, entziehbar oder nicht, ist nach h.M. der missachtende Beschluss (schwebend) unwirksam (RGZ 118, 67, 72; *Arnold*, in: MüKo BGB, § 35 Rn 11; *Winter/Seibt*, in: Scholz, § 14 Rn. 28; *Beuthien*, ZGR 2014, 24, 42 f.), bei schuldrechtlichen Nebenabreden bleibt er wirksam, nur dass u.U. Schadensersatzansprüche bestehen. Insoweit besteht durchaus Bedarf für ein entziehbares Sonderrecht.

159 *Beuthien*, ZGR 2014, 24, 33.

mehr besteht. Wie auch bei der Eigentumsübertragung nach § 929 Satz 1 BGB, die ein Einigsein im Zeitpunkt der Übergabe vorsieht, würde auch hier wohl eine Bereitschaft im Zeitpunkt der Beschlussfassung erforderlich sein.

2) Grenzen der Kompetenzgestaltung

Sofern in einer Gesamtabwägung ein überragendes Erfordernis einer Beschränkung besteht, unterliegt freilich auch die Kompetenzgestaltung in der Gesellschaft einer Begrenzung. Differenzieren lässt sich insoweit zwischen einer internen und einer externen Zuständigkeitsübertragung, also ob die Kompetenzen auf Gesellschafter oder Gesellschaftsorgane oder aber auf gesellschaftsfremde Dritte übertragen werden. Ein besonderer Graubereich ist die Übertragung auf von Dritten dominierte Organe. Zwingende Kompetenzen ergeben sich nach h.M. im GmbHG sowohl für die Geschäftsführung, als auch für die Gesellschafterversammlung.[160]

a) Zwingende Kompetenzzuordnungen

Geschäftsführung und Gesellschafterversammlung haben nach h.M. zwingende Zuständigkeiten. Hinsichtlich sog. Grundlagengeschäfte ergibt sich die zwingende Beschlusskompetenz der Gesellschafterversammlung aus der Satzungsautonomie.[161] Was zunächst widersprüchlich anmutet, wird von *Rohleder* überzeugend ausgeführt: „*Gegen die Anerkennung von Zustimmungsvorbehalten bei Satzungsänderungen spricht das Prinzip der Satzungsautonomie, das den Gesellschaftern die unbeschränkte Hoheit über die vertragliche Grundlage des Verbandes zuweist.*“[162] Was insoweit für Zustimmungsvorbehalte gilt, muss erst recht für die volle Kompetenzübertragung gelten. Der Umfang dieser Grundlagengeschäfte ist zuweilen äußerst umstritten, regelmäßig vertreten werden:

- Satzungsänderungen, insbesondere solche über Kapitalerhaltung und -erhöhung,[163]
- Unternehmensverträge,[164]

---

160 Eine gelungene Übersicht hierzu bei *Liebscher*, in: MüKo GmbHG, § 45 Rn. 104 ff.

161 Übersichtliche Auflistung grundsätzlich zwingender Zuständigkeit der Gesellschafterversammlung *Rohleder*, Übertragbarkeit von Kompetenzen, S. 64 f.

162 *Rohleder*, Übertragbarkeit von Kompetenzen, S. 67.

163 Ganz h.M.: *Giedinghagen*, in: Michalski, § 52 Rn. 213; *Gummert*, in: Henssler/Strohn, § 53 Rn. 14; *Harbarth*, in: MüKo GmbHG, § 53 Rn. 55; *Zöllner/Noack*, in: Baumbach/Hueck, § 53 Rn. 55.

164 *Wicke*, in: GmbHG, § 45 Rn. 3.

- Einziehung von Geschäftsanteilen,[165]
- Ausschluss eines Gesellschafters,[166]
- Einforderung von Nachschüssen,[167]
- Strukturmaßnahmen, insbesondere Veränderungen des Gesellschaftszwecks und -gegenstands und solche nach dem Umwandlungsgesetz,[168]
- Auflösung und Fortsetzung der Gesellschaft,[169]
- Bestellung und Abberufung der Liquidatoren.[170]

Eine Untersuchung des Erfordernisses einer zwingenden Kompetenz der Gesellschafterversammlung über den Auflösungsbeschluss, wie auch die Bestellung und Abberufung der Liquidatoren folgt im weiteren Verlauf der Arbeit.

b) Begründung einer Beschränkung der Kompetenzgestaltung

Im Rahmen der praktischen Ausübung von Gestaltungsfreiheiten kommt es regelmäßig zur statutarischen Übertragung von Kompetenzen auf einzelne Gesellschafter bzw. Gesellschaftergruppen, andere Organe oder Dritte. In zahlreichen Fällen wird diese Gestaltungsfreiheit beschnitten. Eine solche

165 Str., für die Möglichkeit einer Kompetenzdelegation: LG Heilbronn GmbHR 1994, 322; *Altmeppen,* in: Roth/Altmeppen, § 34 Rn. 62; *Ulmer/Habersack,* in: UHL, § 34 Rn. 115; *Westermann,* in: Scholz, § 34 Rn. 42; einschr. *Görner,* in: Rowedder/Schmidt-Leithoff, § 34 Rn. 14, nicht bei Geschäftsführern; *Strohn*, in: MüKo GmbHG, § 34 Rn. 24, nur bei maßgeblich mit Gesellschaftern besetzte Organe; für eine zwingende Zuständigkeit der Gesellschafterversammlung: Voormann, Der Beirat, S. 105.

166 Str., für eine zwingende Zuständigkeit der Gesellschafterversammlung: BGHZ 9, 157, 177; 153, 285, 287; einschränkend *Schindler*, in: BeckOK GmbHG, § 34 Rn. 116; *Strohn*, in: MüKo GmbHG, § 34 Rn. 144, wonach das begünstigte Organ jedenfalls mehrheitlich mit Gesellschaftern besetzt sein muss.

167 Einh.M., vgl. *Mollenkopf*, in: Henssler/Strohn, § 46 Rn. 55; *Zöllner/Noack*, in: Baumbach/Hueck, § 46 Rn. 82.

168 Einh.M., vgl. *Liebscher*, in: MüKo GmbHG, § 46 Rn. 294 f.

169 Einh.M., vgl. *Liebscher*, MüKo GmbHG, § 45 Rn. 78 ff.; *Schindler*, in: BeckOK GmbHG, § 45 Rn. 26. Unwesentlich ist an dieser Stelle, ob nun die Gesamtheit der Gesellschafter (h.M.: u.a. *Bayer*, in: Lutter/Hommelhoff, § 45 Rn. 1) oder die Gesellschafterversammlung selbst (u.a. *Hüffer*, in: FS 100 Jahre GmbHG, 1992, S. 521, 524) als Willensbildungsorgan dient.

170 Str., überw. M. ist für zwingende Zuständigkeit der Gesellschafterversammlung: RGZ 145, 99, 104; *Altmeppen,* in: Roth/Altmeppen, § 66 Rn. 22; *Kleindiek,* in: Lutter/Hommelhoff, § 66 Rn. 4; *Nerlich,* in: Michalski, § 66 Rn. 26; *Gesell,* in: Rowedder/Schmidt-Leithoff, § 66 Rn. 7; a.A. *Müller*, in: MüKo GmbHG, § 66 Rn. 25 f. m.w.N.

Eingrenzung basiert auf verschiedenen Begründungen, abhängig insbesondere davon, ob die Kompetenz intern oder extern übertragen wurde.

(1) Interne Kompetenzübertragung

Grundsätzlich sind Kompetenzen, die vom Gesetz einem bestimmten Organ zugewiesen sind, auch auf andere statutarisch übertragbar sowie neue begründbar.[171] Diese interne Übertragbarkeit von Organkompetenzen ist einhellig anerkannt, sowohl auf einzelne Gesellschafter als auch auf andere Organe. Insbesondere ein Konflikt mit dem Prinzip der Verbandssouveränität droht hier nicht, da die Gesellschaft die Kompetenz weiterhin in sich behält, ein Außeneinfluss also nicht vorliegt, grundsätzlich auch dann nicht, wenn das begünstigte Organ mit Dritten besetzt ist.[172]

(2) Externe Kompetenzübertragung

Vertragsfreiheit und Privatautonomie garantieren die Freiheit, auch zu Lasten der eigenen Person rechtlich zu handeln. Die Übertragung eigener Kompetenzen an Dritte mit der Wirkung für und wider einen ist dem Privatrecht nicht fremd, sondern elementar, insbesondere im Vertretungsrecht.[173] Wesentlich für die Zulässigkeit solcher Geschäfte ist, dass man sich nicht unbegrenzt und unentziehbar von Dritten abhängig macht.[174] Richtig ist, dass unsere Rechts- und Werteordnung von der Freiheit des Einzelnen als oberste Maxime ausgeht und daher *„zu sich selbst in Widerspruch [geriete], wenn es mit der Handlungsfreiheit sein eigentliches Fundament für dispositiv erklärte."*[175] Gemeint ist dabei die statutarische Übertragung von Organkompetenzen auf Dritte ad personam oder auf von Dritten dominierte Verbandsorgane. Überwiegend vertritt die Literatur,

---

171 *Liebscher*, in: MüKo GmbHG, § 45 Rn. 45.

172 Mitglieder von Gesellschaftsorganen unterliegen – wenn auch eingeschränkt – der gesellschaftlichen Treuepflicht, vgl. *Ulmer*, in: FS Werner, 1984, S. 911, 919; einschränkend *Tebben*, in: Michalski, § 6 Rn. 61: nur wenn Gesellschafter über das Organ bestimmen können ist es Teil der inneren Ordnung der Gesellschaft, andernfalls sei es wie ein außenstehender Dritter zu behandeln.

173 *Weber*, Privatautonomie, S. 212.

174 So auch im Vertretungsrecht, wo die Unwiderruflichkeit beschränkt wird, wenn ein wichtiger Grund vorliegt: BGH WM 1969, 1009; 1985, 646, 647; Auch sind General- und isolierte Vollmachten stets widerruflich, BGHZ 110, 367; *Dörner*, in: NK-BGB, § 168 Rn. 5; *Mansel*, in: Jauernig, § 168 Rn. 6.

175 *Weber*, Privatautonomie, S. 212.

dass eine Verlagerung von Organkompetenzen auf Dritte nicht möglich ist.[176] Die Begrenzung bestehe, wo der Außeneinfluss für bestimmte Bereiche der gesellschaftlichen Willensbildung beherrschend ist.[177]

Die Gegenauffassung erkennt in § 6 Abs. 3 GmbHG die grundsätzliche Möglichkeit der Übernahme von Organrechten durch Dritte.[178] Die Vorschrift sieht vor, dass Dritte in der GmbH zu Geschäftsführern berufen werden können, insoweit erhalte ein Dritter durch die Satzung ein Organschaftsrecht. Die Verbandsautonomie überwiege nur in Grundlagenentscheidungen, die auf Dritte nicht übertragbar seien.[179]

Nicht zu befürworten ist die Möglichkeit der statutarischen Kompetenzübertragung ad personam auf Dritte, insbesondere nicht die Möglichkeit der Einräumung von Sonderrechten. Schwieriger erweist sich die Beurteilung der Möglichkeit statutarischer Delegation auf Organe, die ganz oder überwiegend mit Dritten besetzt sind. Es wird wohl mehrheitlich angenommen, dass eine solche Kompetenzübertragung grundsätzlich möglich ist, nicht aber bei Schlüsselkompetenzen, also Grundlagenentscheidungen.[180] Ausnahme ist einzig die vom Gesetz vorgesehene Bestellung Dritter als Geschäftsführer. Dieses Amt und die in ihm enthaltene Profession bedarf regelmäßig besonderer Qualifikationen und Erfahrungen, die von den Gesellschaftern nicht zwingend geleistet werden können. Auch in anderen Organen kann eine Besetzung mit Dritten durchaus sinnvoll sein, primär aber kontrollierend oder beratend. Eine Beschneidung der Gesellschafterkompetenzen in ihrem Kern darf dabei nicht erfolgen.[181]

V. Auslegung der GmbH-Satzung

Die Auslegung der Satzung ist für das Liquidationsrecht und folglich für die weitere Arbeit von besonderer Bedeutung. Mittels Auslegung ergibt sich letztlich, ob Fortwirkungen von Bestimmungen, die werbende Gesellschaft betreffend,

---

176 Stellvertretend für alle *K. Schmidt*, in: Scholz, § 45 Rn. 9, 15; *Ulmer*, in: FS Werner, 1984, S. 911 ff.; *ders.*, in: FS Wiedemann, 2002, S. 1297 ff.

177 *K. Schmidt*, in: Scholz, § 45 Rn. 15.

178 *Lutter/Hommelhoff*, in: Lutter/Hommelhoff, 16. Auflage, § 46 Rn. 1; *Hammen*, WM 1994, 765, 766; a.A. *Bayer*, in: Lutter/Hommelhoff, § 46 Rn. 23.

179 *Lutter/Hommelhoff*, in: Lutter/Hommelhoff, 16. Auflage, § 46 Rn. 1 f.

180 *Liebscher*, in: MüKo GmbHG, § 45 Rn. 49.

181 *Voormann*, Die Stellung des Beirates im Gesellschaftsrecht, S. 115, 123; *Liebscher*, in: MüKo GmbHG, § 45 Rn. 49; *Römermann*, in: Michalski, § 45 Rn 66; *K. J. Müller/Wolff*, GmbHR 2003, 810, 816 f.

auch in der Liquidationsgesellschaft zur Anwendung kommen. Die Auslegung von Satzungen ist stark umstritten.

Weitreichend uneinig sind sich Literatur und Rechtsprechung hinsichtlich der Art der Auslegung. Zuvorderst wird die Entwicklung der Rechtsprechung zu diesem seit Jahrzehnten anhaltenden Meinungsstreit beleuchtet. Sodann wird die Vielfalt an Literaturmeinungen ergründet und dargestellt. Unter Heranziehung der widerstreitenden Argumente wird der gesamte Meinungsstand schließlich einer kritischen Betrachtung unterzogen.

1) Allgemeine Auslegungsgrundsätze

Unter Auslegung ist das „*kunstmäßige Verstehen von dauernd fixierten Lebensäußerungen*" zu verstehen.[182] Hierbei unterscheidet die Rechtswissenschaft bereits seit dem 19. Jahrhundert zwischen der subjektiven und der objektiven Auslegungstheorie.[183] Gegenüber stehen sich insoweit die objektive Theorie,[184] deren Orientierungspunkt der sachlich, objektive Inhalt der Erklärung ist, und die subjektive Theorie,[185] die auf den in der Erklärung verkörperten subjektiven Willen abstellt.

Als Ausfluss der Privatautonomie hat der Gesetzgeber für Willenserklärungen in § 133 BGB den Grundsatz normiert, diese nach dem Willen der Vertragsparteien auszulegen. Entscheidend für die subjektive Auslegung ist die Ergründung des tatsächlichen Parteienwillens.[186] Hierbei finden alle Umstände und Tatsachen Berücksichtigung, die für die Beteiligten bei der Willensbildung erkennbar waren.[187] Entsprechend der allgemeinen Auslegung i.S.d. BGB ist grundsätzlich nach dem natürlichen Verständnis der Parteien zu forschen.

Dem entgegen stellt die objektive (alt.: normative) Auslegung darauf ab, wie die Erklärung vom Empfänger unter verständiger Würdigung verstanden werden durfte.[188] Hierbei komme dem Adressaten eine Verständnissorgfalt zu, die ihn auch zur Kenntnisnahme aller allgemein verfügbaren Umstände und Tatsachen verpflichtet (wie beispielsweise beim Handelsregister eingereichte

---

182 *Dilthey*, Ges. Schriften, Bd. V, 1957, S. 319; auch *Busche*, in: MüKo BGB, § 133 Rn. 3; *Singer*, in: Staudinger, § 133, Rn. 2.

183 *Vogenauer*, in: HKK, § 133, Rn. 34.

184 *Muthorst*, JA 2013, 721, 724.

185 *Ahrens*, in: PWW, § 133, Rn. 16.

186 *Ellenberger*, in: Palandt, § 133 Rn. 7.

187 *Peres*, in: FS Spiegelberger, 2009, S. 863, 866.

188 *Peres*, in: FS Spiegelberger, 2009, S. 863, 866.

Unterlagen).[189] Folglich rückt grundsätzlich auch die objektive Auslegung nicht vom Auslegungsziel – der Ergründung des tatsächlichen Willens – ab, sondern verengt nur die bei der Auslegung zu berücksichtigenden Umstände.[190] Im Falle der Anwendung subjektiver Auslegung sei allerdings ein Rückgriff auf objektive Maßstäbe nur eingeschränkt möglich. So ist anerkannt und üblich, dass auf die objektive Auslegung Rückgriff genommen wird, sofern der natürliche Wille der Parteien nicht ergründbar ist.[191]

Weniger eindeutig verhält es sich mit anderen Ausnahmen zu diesem Grundsatz. Insbesondere sog. Erklärungen an die Allgemeinheit – also Erklärung, die an eine unbestimmte Anzahl von Personen gerichtet sind – sollen regelmäßig objektiver Auslegung unterliegen[192] – so auch Satzungen von GmbHs. Insoweit käme es nicht mehr auf den tatsächlichen Willen als Auslegungsziel an, sondern auf das allgemein und jedermann zugängliche Verständnis.[193] Dies gilt es im Weiteren zu überprüfen.

2) Rechtsprechung

Die Entwicklung der Rechtsprechung zur Auslegung von Gesellschaftsstatuten hat eine lange Geschichte. Erstmals beschäftigte sich das RG in einem Urteil vom 23. Februar 1909[194] mit dieser Rechtsfrage. Die vom Reichsgericht aufgestellten Grundsätze sollten die Grundlage für die spätere Rechtsprechung des BGH werden.

a) Rechtsprechung des Reichsgerichts

In seinem frühen Urteil von 1909 – bestätigt in einem weiteren Urteil von 1912[195] – betonte das RG bereits: „*Es ist zwar richtig, daß auch Gründungsverträge der Auslegung nach §§ 133, 157 B.G.B. unterliegen, und daß vor Errichtung der Gesellschaft getroffene mündliche Vereinbarungen von diesem Gesichtspunkt aus beachtlich erscheinen, […]*“[196]. Es bleibt insoweit also anzuerkennen, dass

---

189 *Peres*, in: FS Spiegelberger, 2009, S. 863, 866.

190 *Peres*, in: FS Spiegelberger, 2009, S. 863, 866.

191 *Mansel*, in: Jauernig, § 157 Rn. 2 ff.; *Heinrich/Dörner*, in: NK-BGB, § 157 Rn. 3.

192 Vgl. *Mansel*, in: Jauernig, § 133 Rn. 10.

193 Konkret auch in Bezug auf Satzung: *Peres*, in: FS Spiegelberger, 2009, S. 863, 866.

194 RGZ 70, 326 ff.

195 RGZ 79, 418 – 424, hier heißt es dazu: „Nun sind Gründungsverträge einer Gesellschaft mit beschränkter Haftung an sich der Auslegung in gleicher Weise fähig wie alle gerichtlichen und notariellen Urkunden. Es finden also die §§ 133, 157 BGB Anwendung“.

196 RGZ 70, 326, 331.

das RG Gesellschaftsstatute der GmbH grundsätzlich nach den für Verträge geltenden §§ 133, 157 BGB ausgelegt hat. In beiden Urteilen findet die Auslegung nach objektiven Maßstäben keine Erwähnung. In seiner Entscheidung aus dem Jahr 1912 ging das Reichsgericht gar so weit, unter Bezugnahme auf die §§ 133, 157 BGB auszuführen: „*Zum Zwecke einer solchen Auslegung können auch die Vorverhandlungen herangezogen werden*".[197] Diesen Grundsatz der subjektiven Auslegung bestätigte das RG in ständiger Rechtsprechung.[198] Den Umfang subjektiver Auslegung weitete das RG in späteren Entscheidungen aus. So seien in Bezug auf mehrdeutige Satzungsbestimmungen „*alle Behelfe der Klärung*" heranzuziehen.[199] Allerdings dürfe Ergebnis der Auslegung nicht sein, was im Widerspruch zum Wortlaut der Urkunde stehe.[200] Das RG fasste in seinem Urteil von 1912 einschränkend zusammen, dass die wesentlichen Bestandteile einer Vereinbarung allerdings in der notariellen Urkunde enthalten sein müssten.[201] Dies war aber keineswegs Ausdruck eines objektiven Auslegungskriteriums, sondern diente vielmehr der Formwirksamkeit einer solchen Vereinbarung. Diesen Grundsatz weitete das RG in späteren Urteilen auch auf das Verhältnis der Gesellschaft zu Dritten aus.[202]

Einschränkend bestimmte das RG jedoch später, dass solche Bestimmungen, die für Gläubiger, die Allgemeinheit und spätere Anteilseigner bedeutsam sind, objektiven Kriterien unterworfen seien. Maßstab sei, ob die auszulegenden Umstände sich aus der Satzung oder den sonstigen beim Handelsregister hinterlegten Unterlagen ergeben.[203] Festzuhalten bleibt, dass das RG in seiner Rechtsprechung bereits den Grundsatz subjektiver Auslegung für Gesellschaftsverträge und die Auslegung anhand objektiver Kriterien bloß als Ausnahme

---

197 RGZ 79, 418, 422.

198 RGZ 141, 204, 206; 159, 321, 326; 164, 129, 140; 165, 68, 73 f.; 170, 358, 366.

199 RGZ 140, 303, 306; 159, 321, 326.

200 RGZ 70, 326, 331: „[...] sondern sie will an die Stelle einer notariell festgestellten Vereinbarung eine andere setzen, die der gesetzlichen Form entbehrt und in Widerspruch mit dem späteren Gesellschaftsvertrage steht."

201 RGZ 70, 326; 79, 418, 422; bestätigt in RGZ 137, 305, 309.

202 RGZ 137, 305, 309; 140, 303, 306.

203 Noch zögerlich in RGZ 79, 418, 422 f.; schon erheblich deutlicher: RGZ 140, 303, 306: „Es ist dabei nur ausgesprochen, daß dieser [subjektiven] Auslegung hier insofern engere Grenzen gezogen sind, als die Satzung der Gesellschaft mbH. Für die Allgemeinheit, also auch für Gläubiger und künftige Gesellschafter, bestimmt ist, daß deshalb die wesentlichen Bestandteile der formbedürftigen Erklärung in der Urkunde selbst niedergelegt sein müssen, weil sonst der Inhalt durch die urkundliche Form nicht gedeckt wird"; 159, 321, 326.

unter Berücksichtigung des jeweiligen Einzelfalls anerkannt hat. Entscheidend hierfür sei die Erforderlichkeit im Interesse der Allgemeinheit, eingeschlossen der Gläubiger und künftigen Gesellschafter. Das RG hat somit im Einzelfall abgewogen, ob zu Gunsten einer objektiven Betrachtung entscheidende Gründe einer subjektiven Auslegung entgegenstehen. Anders formuliert lässt sich sagen, dass eine Verengung einzig auf objektive Kriterien unstatthaft sei, wenn die in Frage stehenden Umstände nicht die Allgemeinheit, im oben dargestellten Verständnis, betreffen.[204]

b) Rechtsprechung des Bundesgerichtshofs

Obgleich der BGH im Grundsatz die vertragliche Rechtsnatur der Satzung anerkennt, geht er in weiten Teilen von einer objektiven Auslegung dieser aus. Die Rechtsprechung des BGH ist auch nicht unbedingt differenzierter als die des RG. Zwar stimmt es, dass der BGH die Satzung selbst uneinheitlich betrachtet, indem er – mit Ausnahme bei reinen Innengesellschaften – zwischen individualrechtlichen und körperschaftlichen Bestimmungen unterscheidet[205], doch nimmt er diese pauschale Einteilung zu Lasten einer Einzelfallprüfung im Sinne des RG vor. In gewisser Weise – bezogen auf den jeweiligen Einzelfall – war also die Rechtsprechung des RG differenzierter als die des BGH. Es lässt sich daher feststellen, dass der BGH durchaus – in Abgrenzung zur am Einzelfall orientierten Rechtsprechung des RG – stärker auf die Herausbildung allgemeiner Kriterien zur Anwendung objektiver Auslegung bedacht ist.[206]

Der BGH betrachtet die Satzung nicht als einheitliches Ganzes, sondern berücksichtigt, dass diese durch verschiedene Bestandteile geprägt ist. Die Rechtsprechung des RG bildet wohl die Grundlage dieser vom BGH vorgenommenen Unterscheidung zwischen körperschaftlichen und individualrechtlichen Bestimmungen. Dort heißt es: „*[…] vielmehr ist das Revisionsgericht frei in dieser Auslegung (RGZ. Bd. 137 S. 305 [309], Bd. 159 S. 321 [326]), jedenfalls soweit es sich um eine körperschaftliche Frage, wie den Gesellschaftszweck, handelt*“.[207] Auf dieser Grundlage hat der BGH in ständiger Rechtsprechung festgelegt, dass

204 RGZ 164, 129, 140.

205 BGHZ 14, 25, 36 f.; 18, 205, 207 f.; 48, 141, 144; 116, 359, 366; 123, 347, 350; 142, 116, 125.

206 *Schockenhoff*, ZGR 2013, S. 76, 82.

207 RGZ 164, 129, 140. Dass der BGH seine Rechtsprechung auf dieser Entscheidung des RG aufbaut, ergibt sich auch daraus, dass er in seiner ersten Entscheidung zu dieser Thematik (BGHZ 14, 25–39) dieses Urteil des RG zitiert. Zudem stützt er sich argumentativ auf die Entscheidung RGZ 140, 303–307.

körperschaftliche Bestimmungen stets objektiver, individualrechtliche Bestimmungen stets subjektiver Auslegung nach §§ 133, 157 BGB, unterliegen.[208] Abgelehnt hat der BGH sowohl eine unterschiedliche Auslegung für das Innen- und Außenverhältnis der Gesellschaft,[209] als auch für personalistische und kapitalistische Gesellschaften.[210]

Körperschaftliche Bestandteile der Satzung liegen nach dem BGH vor, wenn die betreffende Satzungsklausel *„nicht nur für die derzeitigen, bei Inkrafttreten der Bestimmung vorhandenen Gesellschafter oder einzelne von ihnen gilt, sondern für einen unbestimmten Personenkreis, zu dem sowohl gegenwärtige als auch künftige Gesellschafter und/oder Gläubiger der Gesellschaft gehören, von Bedeutung ist*“,[211] demnach also alle Bestimmungen, die bereits ipso iure notwendiger oder freiwilliger Vertragsinhalt sind, so insbesondere die Bestimmungen, die sich aus den §§ 3 bis 5 GmbHG ergeben.[212] So wurden von der Rechtsprechung u.a. schon Bestimmungen über die Stimmverteilung bei Gesellschafterbeschlüssen[213], zur Satzungsänderung[214], zu Gewinnverteilung[215] und Sacheinlagen[216], Sonderrechte einzelner Gesellschafter[217] und über Zuständigkeiten verschiedener Organe[218] und natürlich auch solche, die den Unternehmensgegenstand betreffen,[219] als körperschaftlich betrachtet.

Im selben Urteil konkretisiert der BGH zudem die auf solche körperschaftlichen Bestimmungen anzuwendenden Auslegungsmethoden. So müssten diese nach *„objektiven Gesichtspunkten einheitlich aus sich heraus ausgelegt werden.*“ Hierzu sind der Wortlaut der betreffenden Bestimmung im Gesellschaftsvertrag, unter Berücksichtigung ihres Sinnzusammenhangs und ihres Zwecks, sowie der *„systematische Bezug der Klausel zu anderen Satzungsvorschriften*“, zu

---

208 BGHZ 14, 25, 36 f.; 18, 205, 207 f.; 48, 141, 144; 116, 359, 366; 123, 347, 350; 142, 116, 125.

209 BGH DB 1973, 864.

210 BGH GmbHR 1982, 129, 130.

211 BGHZ 123, 347, 350 = NJW 1994, 51.

212 *Emmerich*, in: Scholz, § 2 Rn. 37.

213 BGH NJW-RR 1990, 99 f.

214 BGHZ 14, 25, 36 f.

215 OLG Düsseldorf GmbHR 1983, 124, 126; BayObLG 1987, 314, 321; OLG Köln WM 1987, 375 f.

216 BGH WM 1966, 1262; BayObLG GmbHR 1979, 139.

217 BGH NJW 1969, 131; GmbHR 1982, 129 f.

218 Gesellschafterversammlung: BGH NJW 1973, 1039; Aufsichtsrat: BGH BB 1981, 926 f; WM 1983, 835, 836.

219 BGH WM 1966, 446 f; NJW 1983, 1910 f.

berücksichtigen. Unzulässig sei die Berücksichtigung aller Umstände, die keine ausreichende Verankerung in der Satzung vorweisen. Eine Berücksichtigung von außerhalb der Satzung liegenden Sachzusammenhängen könne nur ausnahmsweise vorgenommen werden, sofern „*deren Kenntnis bei den Mitgliedern und Organen allgemein vorausgesetzt werden kann*".[220] Diese sog. Andeutungstheorie des BGH bildet die Grundlage seines objektiven Auslegungsmaßstabes. Zusammenfassend lässt sich festhalten, dass der BGH dadurch abzugrenzen versucht, ob die streitige Satzungsbestimmung nur Wirkung gegenüber den Gründern bzw. Satzungsgebern entfaltet, oder aber auch Gläubigern und künftigen Gesellschaftern. Hierbei unterscheidet der BGH nicht danach, ob Gläubiger oder eingetretene Gesellschafter tatsächlich betroffen sind – so noch das RG – sondern, ob die Möglichkeit dazu besteht. Daher gelten diese Grundsätze entsprechend auch für personalistische Gesellschaften und Familiengesellschaften.[221]

In Bezug auf körperschaftliche Bestimmungen ist die Rechtsprechung des BGH demnach weitaus gradliniger und pauschaler als noch die des RG. Der BGH verengt sich bei der Auslegung nahezu kompromisslos zwingend auf eine „*normenähnliche Auslegung*".[222] Anders als beim RG sind „*Einfallstore*" subjektiver Auslegung körperschaftlicher Bestimmungen nicht vorgesehen.[223] Da der BGH vom Grundsatz der subjektiven Auslegung ausgeht, nimmt er eine konkrete Bestimmung individualrechtlicher Regelungen nicht vor. Vielmehr fußt seine Rechtsprechung auf der Annahme, dass alles, was nicht ausnahmsweise körperschaftlich ist, individualrechtlich sei.[224] Klassisch individualrechtlich sei demnach z.B. die Aufnahme schuldrechtlicher Stimmbindungsabreden zwischen Gesellschaftern in die Satzung.[225] Bestimmungen über die Bestellung (sofern

220 BGHZ 123, 347, 350 = NJW 1994, 51.

221 Konkret jedenfalls für Familiengesellschaften: BGHZ 14, 25, 37.

222 *Emmerich*, in: Scholz, § 2 Rn. 35.

223 *Schockenhoff*, ZGR 2013, 76, 84.

224 So bspw. in BGHZ 123, 347, 350: „[…] ist eine Satzungsbestimmung dann dem körperschaftlichen – und nicht dem individualrechtlichen – Bereich zuzurechnen, wenn […]"

225 BGH DStR 1991, 1290: „Solche Nebenabreden können auch mitgliedschaftliche Rechte oder Pflichten enthalten. Dann stellen sich Abgrenzungsschwierigkeiten, weil solche Rechte nur im Gesellschaftsvertrag begründet und durch förmliche Satzungsänderung eingeschränkt, erweitert oder aufgehoben werden können, weil sie nicht individuell, sondern objektiv auszulegen sind und weil sie mit dem Gesellschaftsanteil auf den neuen Erwerber übergehen. Dagegen können rein schuldrechtliche Rechte und Pflichten formlos begründet, geändert oder aufgehoben werden; ihre Auslegung folgt den allgemeinen Regeln der §§ BGB § 133, BGB § 157 BGB und sie bestehen nur

kein dahin gehendes Sonderrecht besteht)[226] und Vergütung von Geschäftsführern oder über die Versorgung von Hinterbliebenen können allerdings sowohl individualrechtlich als auch körperschaftlich sein.[227]

Wohl aber will auch der BGH beim Handelsregister hinterlegte Unterlagen zur Auslegung heranziehen.[228] Damit schließt er sich ausdrücklich der Rechtsprechung des RG an. Insbesondere der Rückgriff auf frühere gesellschaftsvertragliche Regelungen sei zulässig. Bei der Hinzunahme solcher Unterlagen wendet der BGH zwar ausschließlich die objektive Auslegung für körperschaftliche Bestimmungen an, liberalisiert sich aber in der Frage, ob ausschließlich Umstände, die sich aus der Satzung ergeben, berücksichtigt werden dürfen. Aus dieser Rechtsprechung lässt sich wohl eine Obliegenheit neuer Gesellschafter ableiten, neben dem Studium der aktuellen Satzung auch Einsicht in die Handelsregisterunterlagen zu nehmen, andernfalls können sie sich in Ermangelung einer schutzwürdigen Position nicht auf ihre Unkenntnis berufen.

Nach dem BGH ist im Rahmen einer ergänzenden Vertragsauslegung bei körperschaftlichen Bestimmungen auch nur eine objektive Auslegung zulässig.[229] Dies bedeutet in concreto, dass sowohl die Frage, *ob* eine Regelungslücke besteht, als auch die Frage, *wie* diese zu füllen ist, allein objektiven Kriterien unterliegt. Eine für die ergänzende Vertragsauslegung notwendige planwidrige Regelungslücke im Vertrag besteht nach Ansicht des BGH nur dann *„wenn der Vertrag eine Bestimmung vermissen lässt, die erforderlich ist, um den ihm zu Grunde liegenden Regelungsplan der Parteien zu verwirklichen, mithin ohne Vervollständigung des Vertrags eine angemessene, interessengerechte Lösung nicht zu erzielen wäre“*.[230] Schließlich ist im Wege der ergänzenden Vertragsauslegung – bei aller geforderten Zurückhaltung – anhand objektiver Maßstäbe zu ermitteln, auf welche Bestimmung die Parteien sich geeinigt hätten, wenn sie vom Bestehen

zwischen den Vertragsparteien, gehen also nicht automatisch auf den Erwerber des Gesellschaftsanteils über. Wegen dieser ganz unterschiedlichen Behandlung derartiger Nebenabreden kam der rechtlichen Einordnung des § 3 a.a.O. im vorliegenden Fall besondere Bedeutung zu. Das Berufungsgericht hat sie der Sache nach als Individualabrede behandelt, die lediglich wegen ihrer besonderen Bedeutung in die Satzung aufgenommen worden ist.“

226 BGH NJW 1969, 131.

227 BGH MDR 1954, 734 versteht entsprechende Abreden individualrechtlich; anders wohl BGH GmbHR 1973, 279, 280.

228 BGHZ 116, 359, 366.

229 BGH WM 1983, 835, 837; NJW-RR 1990, 226.

230 BGH NJW-RR 2007, 687 Rn. 28.

der Regelungslücke gewusst hätten. Entscheidend sind hierfür Sinn und Zweck der lückenhaften Regelung.[231]

Die Notwendigkeit objektiver Auslegung körperschaftlicher Bestimmungen sieht der BGH aus den gleichen Gründen wie schon das RG. Es gehe hierbei im Besonderen um den Schutz der Gläubiger und der künftigen Gesellschafter oder sonstiger Dritter.[232] Da der BGH[233] – so auch schon das RG[234] – die Auffassung vertritt, dass ausschließlich im Rahmen der objektiven Auslegung für das Gericht eine uneingeschränkte Überprüfbarkeit besteht, ist durchaus zu vermuten, dass der BGH ferner ein Interesse hat, als Revisionsinstanz die Satzungsauslegung der Instanzgerichte zu überprüfen.[235] Verwirrend erscheint die Durchbrechung dieses Grundsatzes objektiver Auslegung bei körperschaftlichen Bestimmungen in einem Urteil des BGH über ein korporatives Wettbewerbsverbot.[236] In Ermangelung einer Begründung, warum der BGH in diesem einen Fall eine Auslegung unter Hinzunahme des § 157 BGB vornimmt, und dem Umstand geschuldet, dass in der weiteren Rechtsprechung des BGH eine solche Abweichung vom Grundsatz nicht mehr vorkam, ist dieses Urteil wohl als unbegründeter Einzelfall bedeutungslos.

Eine Ausnahme von dieser strengen objektiven Auslegung körperschaftlicher Bestimmungen macht der BGH, wenn sich alle Gesellschafter schuldrechtlich einigen, eine körperschaftliche Bestimmung nicht anzuwenden.[237] Hier liege *„eine Angelegenheit […] der Gesellschaft“* vor – unabhängig davon, ob dies in der Satzung Niederschlag finde. Jedenfalls seien solange die subjektiven Hintergründe der Abrede zu berücksichtigen, wie der Gesellschaft *„nur die aus der Abrede Verpflichteten angehören.“*[238]

Von Beginn an hat der BGH die Auslegung nach objektiven oder subjektiven Maßstäben nicht – wie das RG – abhängig von einer Einzelfallprüfung gemacht, sondern durch Kategorisierung bestimmt, welche Form der Auslegung zwingende Folge der Satzungsbestimmung ist. Auch wenn die Rechtsprechung des

231 *Mayer*, in: MüKo GmbHG, § 2 Rn. 156.
232 BGHZ 14, 25, 36 f.; 123, 347, 350.
233 BGHZ 14, 25, 36 f.
234 RGZ 165, 68, 73 f.
235 *Schockenhoff*, ZGR 2013, 76, 83.
236 BGH NJW-RR 1990, 226.
237 BGH ZIP 1983, 297, 298.
238 BGH ZIP 1983, 297, 298.

BGH in den dargestellten Ausnahmen nicht immer konsequent war, so ist eine Abkehr vom Grundsatz objektiver Auslegung für körperschaftliche Bestimmungen derzeit nicht ersichtlich.

3) Literaturauffassungen

In der Literatur werden verschiedene Lösungsansätze vorgeschlagen werden.

Historisch haben sich in der Literatur markante Pole subjektiver bzw. objektiver Auslegung herausgebildet, die inzwischen in zwei – so man die unzähligen Detailabweichung unberücksichtigt lässt – vermittelnde Ansichten aufgegangen sind. Diese vorwiegend in den 70er und 80er Jahren des 20. Jahrhunderts noch breit diskutierte Thematik hat erfreulicher Weise wieder Einkehr in den juristischen Meinungsaustausch gefunden.

Um zu den heute vorherrschenden Ansichten vorzudringen, werden zuvor deren historische Wurzeln dargestellt und beleuchtet. Die Vertragstheorie nach *v. Tuhr* auf der einen Seite und die auf *v. Gierke* zurückgehende Normentheorie auf der anderen sind somit Ausgangspunkt der Untersuchung.

a) Vertragstheorie nach v. Tuhr

Nach dieser Ansicht[239] seien ausschließlich die für Verträge und Rechtsgeschäfte geltenden Vorschriften – insbesondere zur Auslegung, §§ 133, 157 BGB – uneingeschränkt anwendbar. Die Vertragstheorie gelangt indes an ihre Grenzen, wenn es um Satzungsänderungen auf Grundlage von Mehrheitsbeschlüssen geht. Hier fehlt es an einer darüberstehenden organisationsrechtlichen Grundordnung.[240] Auch lässt die Vertragstheorie den Normencharakter von Satzungsregelungen gänzlich unbeachtet, was nicht überzeugen kann.[241]

b) Normentheorie nach v. Gierke

Entsprechend dieser Auffassung[242] stimmen Ziel und Funktion von Satzungen mit staatlichen Gesetzen überein, da sie überindividuell wirkten.[243] Somit müsse

239 Zur Rechtsnatur der Satzung nach der Vertragstheorie, S. 29.

240 *Schöpflin*, in: BeckOK BGB, § 21 Rn. 41: Zwar ausdrücklich in Bezug auf Vereine, doch lässt sich diese Argumentation durchaus auch auf die GmbH beziehen, da allgemein zudem allgemein von „körperschaftlicher Vereinigung" gesprochen wird.

241 *Michalski*, in: Michalski, § 2 Rn. 6.

242 Zur Rechtsnatur der Satzung nach der Normtheorie, S. 29 f.

243 *Reuter*, in: MüKo BGB, § 25 Rn. 18: Zwar in Bezug auf Vereinssatzungen, allerdings zuvor allgemein gesprochen für „die Satzung einer Körperschaft".

das Statut wie staatliche Gesetze, also objektiv, ausgelegt werden. Diese Ansicht verkennt, dass – wie *K. Schmidt* trefflich formuliert – die Gesellschaftsautonomie abzielt *„auf [die] Freiheit der Verbandsverfassung – nicht auch der des Verbandes selbst! – von rechtsverbindlichen Außeneinflüssen“*.[244]

c) Erweitertes Meinungsspektrum

Wie die Rechtsprechung unterscheidet auch die Lehre überwiegend zwischen *„materiellen“*[245] und *„formellen“*[246] Bestandteilen des Gesellschaftsvertrages. Wohl nahezu Einigkeit besteht in der Literatur, insoweit übereinstimmend mit der Rechtsprechung des BGH, dass individualrechtliche Bestimmungen uneingeschränkt der vertraglichen Auslegung i.S.d. §§ 133, 157 BGB unterliegen.[247]

Unübersichtlich ist das Meinungsbild in Bezug auf die Auslegung körperschaftlicher Bestimmungen. Als streitbare Themen dominieren die Fragestellungen, ob und unter welchen Voraussetzungen körperschaftliche Bestimmungen der objektiven Auslegung unterliegen und wie diese in der Rechtspraxis von den individualrechtlichen Bestimmungen abgegrenzt werden können.

---

244 *K. Schmidt*, Gesellschaftsrecht, S. 83; ähnlich *Michalski*, in: Michalski, § 2 Rn. 6: „Eine Delegation staatlicher Rechtssetzungsmacht liegt nicht vor und entspricht auch nicht dem Gesetzeswortlaut“.

245 *Ulmer*, in: UHL, § 2 Rn. 8; *Winkler*, DNotZ 1969, 394 ff. Inhaltlich gleichbedeutend auch folgende Bezeichnungen: „echte“ BGHZ 18, 205, 207; 38, 155, 161; BGH WM 1970, 246; ZIP 1981, 1205, 1206; *Zöllner/Noack*, in: Baumbach/Hueck, § 53 Rn. 5; *Wicke*, DNotZ 2006, 419 ff.; „körperschaftsrechtliche“ BGHZ 14, 25, 36 f.; 48, 141, 144; 116, 359 ff.; 123, 347 ff.; BGH NJW 1992, 892; „korporative“ BGH NJW-RR 1993, 607; *Priester*, DB 1979, 681.

246 *Michalski*, in: Michalski, § 2 Rn. 11; *Reuter*, in: MüKo BGB, § 25 Rn. 16; *Ulmer*, in: UHL, § 2 Rn. 8. Inhaltlich gleichbedeutend auch folgende Bezeichnungen: „unechte“ BGHZ 38, 155, 161; *Zöllner/Noack*, in: Baumbach/Hueck, § 53 Rn. 5; *Wicke*, DNotZ 2006, 419 ff.; individualrechtliche BGHZ 38, 155, 161; 116, 359, 364; „nichtkorporative“ *Priester*, DB 1979, 681.

247 *Fastrich*, in: Baumbach/Hueck, § 2 Rn. 32; *Michalski*, in: Michalski, § 2 Rn. 46; *Ulmer/Löbbe* in: UHL, § 2 Rn. 192, 194 f.; *Ostheim*, in: FS Demelius, 1973, S. 381, 392; *Grunewald* ZGR 1995, 68, 85; *Priester* DB 1979, 681, 686; einschränkend wie hier aber *Emmerich*, in: Scholz, § 2 Rn. 38; *Schäfer*, in: Bork/Schäfer, § 2 Rn. 53; anders *Bayer*, in: Lutter/Hommelhoff, § 2 Rn. 13, der generell eine Unterscheidung zwischen körperschaftlichen und individualrechtlichen Bestimmungen ablehnt.

Die Vertreter der sog. modifizierten Normentheorie pflichten dem BGH im Wesentlichen bei.[248] Sie unterstützen die grundsätzlich objektive Auslegung körperschaftlicher Satzungsbestandteile.

Auch die Vertreter einer zunehmenden Literaturmeinung, der sog. modifizierten Vertragstheorie, erkennen mehrheitlich die Doppelwirkung der Satzung an, ziehen aber, indem sie der Vertragsnatur der Satzung eine stärkere Bedeutung beimessen, andere Schlüsse.[249] Demnach soll durch Ermittlung des jeweiligen Empfängerhorizonts für den Einzelfall die Notwendigkeit objektiver Auslegung überprüft werden.

(1) Abgrenzung von individualrechtlichen und körperschaftlichen Bestimmungen

Die Rechtsprechung des BGH und die darin entwickelte Abgrenzungsformel bereiten der Rechtspraxis erhebliche Schwierigkeiten. Zu Recht führt *Fleischer* an, dass die vom BGH als individualrechtliche Bestimmungen eingestuften Regelungen über das Geschäftsführergehalt oder die Hinterbliebenenversorgung durchaus auch von nicht bloß völlig untergeordnetem Interesse für Neugesellschafter sein können.[250] Jedenfalls lässt sich wohl kaum bestreiten, dass solche Satzungsregelungen Auswirkung auf die Höhe potentieller Gewinnbeteiligungen haben und somit die Beteiligungsentscheidung von künftigen Gesellschaftern beeinflussen (können).

---

248 *Arnold*, in: KK-AktG, § 23 Rn. 19 ff.; *Bayer*, in: Lutter/Hommelhoff, § 2 Rn. 13; *Ellenberger*, in; Palandt, § 25 Rn. 3; *Fastrich*, in: Baumbach/Hueck, § 2 Rn. 31; *Füller*, in: Ensthaler/Füller/Schmidt, § 2 Rn. 23 f.; *Heider*, in: MüKo AktG, § 2 Rn. 40 f.; *Looschelders*, in: NK-BGB, § 133 Rn. 97; *Mayer*, in: MüKo GmbHG, § 2 Rn. 9; *Meyer-Landrut*, in: Meyer-Landrut/Miller/Niehus, § 2 Rn. 22 f.; *Michalski*, in: Michalski, § 2 Rn. 4, 6; *Pfeisterer*, in: Saenger/Inhester, § 2 Rn. 11; *Roth*, in: Roth/Altmeppen, § 2 Rn. 10, 16 f.; *Schmitz*, in: Gehrlein/Born/Simon, § 2 Rn. 17 ff.; *Ulmer*, in: UHL, § 2 Rn. 142; *Goette*, Die GmbH, § 1 Rn. 22; *ders.*, RWS-Forum 8: GR 1995, 113, 124 f.; *Raiser/Veil*, Recht der Kapitalgesellschaften, § 35 Rn. 16; *Wicke*, DNotZ 2006, 419 ff.; *Winkler*, DNotZ 1969, 394 ff.

249 *Flume*, Juristische Person, S. 315 ff.; *H.-F. Müller*, Austrittsrecht, S. 130 ff.; *Nitschke*, Personengesellschaft, S. 157 ff.; *Noack*, Gesellschaftervereinbarungen, S. 105 ff.; *Emmerich*, in: Scholz, § 2 Rn. 6 ff.; *Schmidt-Leithoff*, in: Rowedder/Schmidt-Leithoff, § 2 Rn. 2; wohl auch *K. Schmidt*, Gesellschaftsrecht, S. 77 f.; *Wiedemann*, Gesellschaftsrecht, Bd. I, S. 159 f.; *Weick*, in: Staudinger, § 25, Rn. 15; *Fleischer*, DB 2013, 1466 ff.; *Grunewald*, ZGR 1995, 68 ff.; *Schockenhoff*, ZGR 2013, 76 ff.

250 *Fleischer*, DB 2013, 1466, 1476.

Diese Problematik – das Ziehen einer klaren Trennlinie zwischen den verschiedenen Satzungsbestandteilen i.S.d. BGH-Rechtsprechung – blieb natürlich auch der Lehre nicht verborgen, sodass sich unterschiedliche Ansätze zu ihrer Lösung herausgebildet haben. Wie die Rechtsprechung in solchen Graubereichen letztlich dogmatisch sauber trennen möchte, bleibt wohl ihr Geheimnis. Die bisherigen Ansätze des BGH vermögen jedenfalls keinen überzeugenden Beitrag zur Rechtsklarheit leisten.

In der Literatur wird vorgeschlagen, eine weitere Fallgruppe zu bilden. Anders als der BGH erkennt diese Ansicht den benannten Graubereich zwischen körperschaftlichen und individualrechtlichen Bestimmungen an, und ergänzt die Einteilung daher um eine dritte Fallgruppe. So wird zwischen die *„zwingend korporativen"* und *„zwingend nichtkorporativen"* Satzungsbestimmungen die Fallgruppe solcher, die *„indifferent"* sind, gesetzt.[251] Notwendig korporativ seien jedenfalls die vom Gesetz zwingend vorgeschriebenen Festsetzungen über die Organisation (Satzungsmindestgehalt); ferner insbesondere die Regelungen über die Beziehung der Gesellschafter zur Gesellschaft.[252] Weitere notwendig korporative Bestimmungen können sich zudem aus ihrem organisationsrechtlichen Charakter ergeben.[253] Sie müssen also die Grundstruktur und die Organisation der Gesellschaft betreffen.[254] Notwendig nichtkorporativ hingegen seien in der Satzung enthaltene Vereinbarungen mit Dritten[255], andere aufgrund ihrer Rechtsnatur bloß schuldrechtlich ausgestaltbare Bestimmungen[256] und sonstige formelle Satzungsbestandteile[257]. Regelungen, die ihrer Art nach weder zwingend korporativ, noch zwingend nichtkorporativ sind, seien indifferent. Diese

---

251 *Arnold*, in: KK-AktG; § 23 Rn. 12; *Priester*, DB 1979, 681, 683.

252 *Priester*, DB 1979, 681 f.: so bspw. Stimmrecht; Einsichts- und Kontrollrechte; Recht auf Gewinn und Liquidationsquote; Regelungen über Veräußerung und Vererbung von Geschäftsanteilen etc.

253 *Priester*, DB 1979, 681, 682: so bspw. Dauer des Geschäftsjahres; Bestimmungen über die Geschäftsführung und die Vertretung; Regelungen über die Gesellschafterversammlung inkl. ihrer Einberufung etc.

254 *Priester*, in: Scholz, § 53 Rn. 3.

255 Ansprüche eines Dritten können zweifelsohne nicht mitgliedschaftsrechtlicher Natur sein, sondern sind stets schuldrechtlich, vgl. *Winkler*, DNotZ 1969, 394.

256 Insbesondere Regelungen über Sachübernahmen und Sondervorteile bei Gründung, da diese dem Berechtigten nur schuldrechtliche Ansprüche bringen und deren Aufnahme in die Satzung bloß dem Schutz künftiger Anteilseigner dient, vgl. *Priester*, DB 1979, 681, 682.

257 Beispielsweise die Aufnahme der Gesellschafter in den Gesellschaftsvertrag (jedenfalls nach h.M.), *Priester*, DB 1979, 681, 682.

unterlägen einer Einzelfallprüfung, ob sie konkret korporativ oder nichtkorporativ ausgestaltet wurden.[258] Betroffen sind regelmäßig in der Satzung enthaltene Rechte einzelner Gesellschafter und Nebenleistungspflichten (vgl. § 3 Abs. 2 GmbHG), die i.d.R. sowohl schuldrechtlich, als auch mitgliedschaftsrechtlich ausgestaltet sein können. Auch Pflichten der Gesellschafter untereinander fallen häufig in diese Fallgruppe, so regelmäßig Wettbewerbsverbote oder Vorkaufsrechte. In ihrer Ausgestaltung besteht Wahlfreiheit.[259]

Sinnvoll sei es, wenn bereits die Satzung bestimmt, auf welche Weise von diesem Wahlrecht Gebrauch gemacht wurde, andernfalls sei im Wege einer vorangehenden Auslegung festzustellen, ob die streitige Vertragsbestimmung formeller oder materieller Satzungsbestandteil ist. Zur Vermeidung unnötiger Abgrenzungsfragen empfiehlt es sich grundsätzlich nur materielle Satzungsbestimmungen tatsächlich in die Satzung aufzunehmen und in Ausnahmen formelle Satzungsbestandteile als solche darzustellen.[260] Nebenabreden können außerhalb der Satzung z.B. in Beschlussbüchern festgehalten werden.

So ähnlich argumentiert auch *Kraft*, der in „*notwendig*" und „*fakultativ*" körperschaftliche Bestimmungen untergliedert.[261] Notwendig korporativ seien demnach solche Bestimmungen, „*die das Leben und die Organisation der Gesellschaft betreffen*".[262] Im Übrigen sei danach zu schauen, ob die Beziehungen der Gesellschafter untereinander oder ihre Beziehung zur Gesellschaft betroffen seien.[263]

Teilweise wird schließlich angenommen, dass eine Differenzierung zwischen körperschaftlichen und individualrechtlichen Bestimmungen nicht erforderlich sei.[264] Regelmäßig sei im Zeitpunkt der Entstehung der Satzung schlicht nicht absehbar, ob diese einmal Wirkung in Bezug auf Dritte haben wird.

---

258 *Priester*, DB 1979, 681, 682.

259 *Priester*, DB 1979, 681, 682; *Arnold*, in: KK-AktG, § 23 Rn. 12; einschränkend *Gansmüller*, GmbHR 1963, 85, 86: Pflichten von Mitgliedern untereinander können einzig individualrechtlich ausgestaltet werden. Körperschaftliche Bestimmungen sind nur im Verhältnis der Mitglieder zur Gesellschaft zulässig. Diese Ansicht ist indes abzulehnen, da mit Blick auf die vorwiegend personalistisch ausgeprägte GmbH eine solche Rechtsbeziehung anerkannt ist.

260 *Michalski*, in: Michalski, § 2 Rn. 46; *Priester*, DB 1979, 681, 686; *Röll*, DNotZ 1970, 337, 343.

261 *Kraft*, in: KK-AktG, 2. Aufl., § 23 Rn. 99 – 102.

262 *Kraft*, in: KK-AktG, 2. Aufl., § 23 Rn. 99.

263 *Kraft*, in: KK-AktG, 2. Aufl., § 23 Rn. 99.

264 *Schockenhoff*, ZGR 2013, 76, 95.

(2) Umfang objektiver Auslegung

Umfangreicher und intensiver als über die Unterscheidung zwischen körperschaftlichen und individualrechtlichen Bestimmungen wird die Diskussion über die Frage der Reichweite objektiver Auslegung körperschaftlicher Bestimmungen geführt. Die breite Meinungsvielfalt verdeutlicht die hohe Bedeutung dieser Rechtsfrage. Einigkeit besteht darüber, dass die beiden Kontrastansichten – die Vertragstheorie mit ihrer uneingeschränkten subjektiven Auslegung auf der einen Seite und die Normentheorie mit der vollständigen objektiven Auslegung auf der anderen – dem Charakter der Satzung nach heutigem Verständnis nicht mehr genügen. Wie auch die Rechtsprechung bietet die Literatur ein differenzierteres Bild.

Besonders streng an objektive Auslegungsmaßstäbe gebunden, ist die Auslegung nach *Bayer*, der davon ausgeht, dass die Satzung *„aus sich heraus"* auszulegen sei, im Übrigen könnten nur *„allgemein zugängliche"* Unterlagen (so insbes. beim Handelsregister eingereichte Unterlagen und Registerakten) zur Auslegung hinzugezogen werden.[265] Weitere Differenzierungen seien nicht erforderlich, da die Satzung objektiviertes Recht darstelle. Insoweit steht diese Ansicht der vorausgehenden Normentheorie sehr nah, denn auch nach dieser Auffassung sei primär auf den objektivierten Erklärungswert der Satzung abzustellen. Nicht zu berücksichtigen seien demnach insbesondere Entstehungsgeschichte und Entwürfe der Satzung, sofern es nicht eine Streitigkeit nur unter Gründungsgesellschaftern sei und die betreffende Regel auch für künftige Gesellschafter nicht zur Geltung komme.

Entsprechend der von ihm vorgenommenen Unterscheidung zwischen notwendigen und fakultativen körperschaftlichen Bestimmungen wendet *Kraft* auf notwendig körperschaftliche Satzungsbestimmungen strengere – also verstärkt objektivierte – Auslegungsmaßstäbe an. Dies ergebe sich aus der drohenden Nichtigkeit der Gesellschaft, entsprechend § 75 GmbHG.[266]

Die h.L. hat sich der Auffassung und den Argumenten des BGH (weitgehend) angeschlossen.[267] Diese Literaturansicht ist als modifizierte Normentheorie

---

265 *Bayer*, in: Lutter/Hommelhoff, § 2 Rn. 13.

266 *Kraft*, in: KK-AktG, 2. Aufl., § 23 Rn. 99 – 102.

267 *Arnold*, in: KK-AktG, § 23 Rn. 19 ff.; *Ellenberger*, in; Palandt, § 25 Rn. 3; *Fastrich*, in: Baumbach/Hueck, § 2 Rn. 31; *Füller*, in: Ensthaler/Füller/Schmidt, § 2 Rn. 23 f.; *Heider*, in: MüKo AktG, § 2 Rn. 40 f.; *Looschelders*, in: NK-BGB, § 133 Rn. 97; *Mayer*, in: MüKo GmbHG, § 2 Rn. 9; *Meyer-Landrut*, in: Meyer-Landrut/Miller/Niehus, § 2 Rn. 22 f.; *Michalski*, in: Michalski, § 2 Rn. 4, 6; *Pfeisterer*, in: Saenger/Inhester, § 2 Rn. 11; *Roth*, in: Roth/Altmeppen, § 2 Rn. 10, 16 f.; *Schmitz*, in: Gehrlein/Born/Simon GmbHG, § 2 Rn. 17 ff.; *Ulmer*, in: UHL, § 2 Rn. 142; *Goette*, Die GmbH, § 1

zusammengefasst. Teilweise sollen diese Grundsätze allerdings erst bei tatsächlichem Hinzutreten von Neugesellschaftern angewendet werden.[268]

Wegen ihrer Hervorhebung der subjektiven Auslegung findet – zunehmend insbesondere in der jüngeren Literatur – die modifizierte Vertragstheorie großen Anklang.[269] Vertreter dieser Ansicht kritisieren die pauschale, grundsätzliche Anwendung objektiver Auslegung auf körperschaftliche Bestimmungen. H.L. und Rechtsprechung gingen zwar im Grundsatz von einer subjektiven Auslegung aus, allerdings würden sie oft voreilig auf eine objektive Auslegung abstellen. Solange der Einzelfall es nicht gebiete, von dem Grundsatz subjektiver Auslegung abzuweichen, solle daran festgehalten werden. Diese Theorie versucht einen differenzierteren Blick auf diese komplexe Thematik zu werfen und ist bestimmt von der kritischen Hinterfragung der Notwendigkeit einer Abweichung vom Grundsatz im Einzelfall.

Wiedemann ist wohl auch Vertreter der modifizierten Vertragstheorie, obgleich er zur Bestimmung der Auslegung auch verstärkt auf die Art der Gesellschaft achten will.[270] Personalistische GmbHs sollen demnach verstärkt subjektiver Auslegung, kapitalistische GmbHs eher einer objektiven Auslegung unterliegen.

(3) Zwischenfazit

Es nehmen große Teile der Literatur an, dass zwischen körperschaftlichen und nichtkörperschaftlichen Elementen unterschieden werden soll, weichen aber in der Frage, wie eine solche Differenzierung konkret aussieht, voneinander ab.[271] Teilweise wird eine solche Unterscheidung generell abgelehnt.[272]

Rn. 22; *ders.*, RWS-Forum 8: GR 1995, 113, 124 f. *Raiser/Veil*, Recht der Kapitalgesellschaften, § 35 Rn. 16. *Wicke*, DNotZ 2006, 419 ff.; *Winkler*, DNotZ 1969, 394 ff.

268 *Mayer*, in: MüKo GmbHG, § 2 Rn. 165; *Ulmer*, in: UHL, § 2 Rn. 194.

269 Konkrete Bezeichnung als modifizierte Vertragstheorie bei *Seibt*, in: Römermann, Münchener Anwaltshandbuch GmbH-Recht, § 2 Rn. 2; Zudem vertreten von: *Rudolphi*, GmbH-Satzung, S. 140 f.; *Emmerich*, in: Scholz, § 2 Rn. 38; *K. Schmidt*, in: Scholz, § 47 Rn. 25; *ders.* Gesellschaftsrecht S. 90; *Mayer*, in: MüKo GmbHG, § 2 Rn. 165; *Fleischer*, DB 2013, 1466, 1676; *Grunewald*, ZGR 1995, 68 ff.; *Schockenhoff*, ZGR 2013, 76, 102 f.

270 *Wiedemann*, DNotZ Sonderheft 1977, 99 ff.; ähnlich, aber für die österreichische GmbH: *Ostheim*, in: FS Demelius, 1973, S. 381, 394 f.

271 *Wicke*, DNotZ 2006, 419 f. m.w.N.

272 *Schockenhoff*, ZGR 2013, 76, 95.

Neben dieser Einteilung stellt sich für die Rechtsliteratur die Frage, wie einzelne Satzungsklauseln auszulegen sind. Insbesondere – unter Anerkennung dieser Fallgruppeneinteilung – sollen körperschaftliche Bestimmungen regelmäßig objektiver Auslegung unterliegen. Im Besonderen problematisch erscheint, dass sich die Satzung an einen unbestimmbaren Adressatenkreis richtet (auch Rechtswirkung gegenüber Gläubigern und potentiellen neuen Gesellschaftern).[273] Für sie sind nur der Wortlaut des Gesellschaftsvertrages und andere einsehbare Dokumente zum Verständnis der Satzungsregelung greifbar – so auch die Rechtsprechung des BGH.[274] Eine Heranziehung subjektiver Auslegung könne dazu führen, dass der Satzungsinhalt für verschiedene Personen unterschiedliche Bedeutung hätte.[275] Eine starre Anwendung objektiver Auslegung würde allerdings regelmäßig zu teils unbegründeten Benachteiligungen der Gründer oder älterer Gesellschafter führen, wenn diese subjektiv andere Ziele mit der Satzungsregelung verfolgt haben, als sich dies aus dem objektiven Erklärungsgehalt der Satzung ergibt.[276]

Weitgehende Einigkeit besteht in dem Punkt, dass körperschaftliche Satzungsbestandteile der objektiven Auslegung unterliegen, wenn neue Gesellschafter der Gesellschaft beigetreten sind und *„zusätzliche, subjektive Gesichtspunkte weder aus öffentlichen Quellen (z.B. den Handelsregisterakten) zu entnehmen noch den neu hinzugetretenen Gesellschaftern positiv bekannt sind oder bekannt sein müssten.“*[277] Das Ausmaß der Einbeziehung des Kennenmüssens von Absprachen ist allerdings weitreichend umstritten.

4) Kritische Betrachtung des Meinungsstands

Die private Ordnung einer Gesellschaft wird dadurch gewährleistet, dass im Innenverhältnis grundsätzlich Satzungsfreiheit besteht.[278] Dies betrifft freilich nicht zuletzt auch die Rechtsnatur und ein womöglich damit einhergehendes Auslegungsverständnis. Für die Gesellschafter, Gläubiger oder Dritte kann durchaus von Relevanz sein, ob der subjektive Wille der Gesellschafter Maßstab für die Auslegung der Satzungsbestimmungen ist, oder der objektive

273 *Michalski*, in: Michalski, § 2 Rn. 41; zur österreichischen GmbH *Ostheim*, in: FS Demelius, 1973, S. 381, 389.

274 BGHZ 123, 347, 350.

275 *Michalski*, in: Michalski, § 2 Rn. 41.

276 *Michalski*, in: Michalski, § 2 Rn. 41.

277 *Schockenhoff*, ZGR 2013, 76, 86.

278 *Cziupka*, in: GS Unberath, 2015, S. 51, 53.

Erklärungsgehalt. In diesem Kontext gilt es daher näher zu betrachten, welches Auslegungsverständnis zu einem partei- und sachgerechten Ergebnis führt.

a) Abgrenzung individualrechtlicher und körperschaftlicher Bestimmungen

Von der Art der Auslegung unabhängig sollte zunächst überprüft werden, ob eine solche Fallgruppeneinteilung verschiedener Satzungselemente sinnvoll ist. Fehlende Einigkeit besteht bereits über die Frage, wann körperschaftliche Bestimmungen vorliegen. Hier treffen eine zweigliedrige Einteilung des BGH und eine wohl in der Literatur favorisierte Idee dreier Fallgruppen aufeinander.

Angemerkt wird zugunsten der BGH-Ansicht, dass eine dritte Fallgruppe indifferenter Klauseln nicht existiere – entweder sei eine Regelung körperschaftlich, oder nicht.[279] Dem ist entgegenzuhalten, dass eine dreigliedrige Einteilung der Satzungsbestimmungen, wegen ihrer Differenziertheit dem Wesen der GmbH als kapitalistische, personalistische oder gemischte Gesellschaft am ehesten gerecht wird. Insbesondere bei der GmbH erscheint es nicht zielführend, besonders gradlinige und starre Einteilungen vorzunehmen, sondern eher im Interesse der Gesellschafter den hohen Grad an Gestaltungsfreiheit zu wahren. Dieser Ansicht ist Vorrang zu geben, da sie in besonderer Weise die verschiedenen Prägungen der GmbH berücksichtigt.[280] Obgleich die Kritik in Bezug auf die teils schwierige und daher auslegungsintensive Einteilung indifferenter Klauseln berechtigt ist, bietet diese Ansicht die Möglichkeit, im Graubereich liegende – also aufgrund ihrer Rechtsnatur korporativ oder schuldrechtlich ausgestaltbare Bestimmungen – hinreichend flexibel zu gestalten. Die Aufnahme einer Regelung in die Satzung hat nach h.M. grundsätzlich indizielle Wirkung zugunsten einer Einordnung als körperschaftlicher Satzungsbestandteil.[281]

Schwierig gestaltet sich die BGH-Formel für die alltägliche Rechtsanwendung. Eine klare Abgrenzung zwischen korporativen und nichtkorporativen Regelungen kann im Einzelfall problematisch sein. Eine eindeutige Zuordnung ist nur bedingt möglich und kann somit zu Unsicherheit bei der Satzungsentstehung führen. Es erscheint sinnvoll, eine dreigliedrige Unterteilung vorzunehmen, statt der starren Einteilung des BGH zu folgen. Dies eröffnet den Satzungsgebern der GmbH einen flexibleren Gestaltungsrahmen. Abgrenzungsfragen in

---

279 *Rudolphi*, GmbH-Satzung, S. 16; *Fastrich*, in: Baumbach/Hueck, § 2 Rn. 30.

280 *K. Schmidt*, Gesellschaftsrecht, S. 77 f.; *Priester*, DB 1979, 681.

281 BGH ZIP 1993, 432 f.; *Jaeger*, in: BeckOK GmbHG, § 2 Rn. 5; *Priester*, in: Scholz, § 53, Rn. 16; *Roth*, in: Roth/Altmeppen, § 3 Rn. 48; a.A.: *Fastrich*, in: Baumbach/Hueck, § 3 Rn. 53.

Graubereichen führen in jedem Fall zu Rechtsunsicherheiten. Gerade hier ist eine Einzelfallbetrachtung im Rahmen der Auslegung erforderlich. Ob eine Bestimmung im Zweifelsfall körperschaftlich ist, ergibt sich allerdings aus einer Vermutung durch die Aufnahme dieser Klausel in den Satzungstext.[282] Der Vorwurf schwieriger Abgrenzung stellt sich nach Auffassung des Verfassers in diesem Graubereich ohnehin, sodass eine starre Anwendung im Sinne des BGH auch oftmals einer Einzelfallüberprüfung bedarf. Wesentlicher Vorteil einer solchen Gruppe „*indifferenter*“ Bestimmungen ist, dass die Gesellschafter durch sinnvolle Satzungsgestaltung selbst festsetzen können, ob die streitige Klausel körperschaftlich oder individualrechtlich ist. Einer Auslegung bedarf es dann nicht, da dies auch für Dritte erkennbar ist. Das Weglassen individualrechtlicher Bestimmungen in der Satzung (diese könnten alternativ in Beschlussbüchern o.ä. gesammelt und festgehalten werden) oder die konkrete Klarstellung in der Satzung, dass eine indifferente Bestimmung individualrechtlich ist, könnten hierbei zur Klarheit der Satzung beitragen.

Nicht überzeugen kann die Idee, auf die Unterteilung in individualrechtliche und körperschaftliche Bestimmungen gänzlich zu verzichten.[283] Einer solchen Einteilung bedarf es jedenfalls zur Bestimmung von satzungsändernden Quoren.

b) Modifizierte Normentheorie unter Berücksichtigung der Rechtsprechung des BGH

Der BGH hat die Anwendung objektiver Auslegung für körperschaftliche Bestimmungen schon in einem frühen Urteil manifestiert und begründet. Dort heißt es: „*Der Grund hierfür liegt darin, daß der Gesellschaftsvertrag einer GmbH, mindestens soweit er körperschaftliche Angelegenheiten behandelt, für einen unbestimmten Personenkreis, insbesondere für Gläubiger und künftige Gesellschafter, bestimmt ist […] und nur einheitlich ausgelegt werden kann.*“[284]

Kritiker führen an, dass die Ansicht des BGH nicht ausreichend differenziert sei, da es auch bei Gesellschaften mit geschlossenem Personenkreis körperschaftliche Elemente eines Gesellschaftsvertrags gebe.[285] Ähnlich wird auch

---

282 *Priester*, in: Scholz, § 53 Rn. 15; *Ulmer*, in: UHL, § 53 Rn. 12; besonders kritisch, da die Bestimmung einer indifferenten Regelung als korporativ oder nichtkorporativ völlig subjektiv geprägt sei: *Rudolphi*, GmbH-Satzung, S. 17.

283 So u.a. bei *Fleischer*, DB 2013, 1466, 1476; ebenso *Bayer*, in: Lutter/Hommelhoff, § 2 Rn. 13.

284 BGHZ 14, 25, 36 f.; so auch in BGHZ 123, 347, 350.

285 *K. Schmidt*, Gesellschaftsrecht, S. 78 f. nennt das Beispiel einer gemeinsamen GmbH-Tochter zweier Aktiengesellschaften.

angeführt, dass auch solche, für den BGH typisch individualrechtliche Bestimmungen durchaus – zumindest mittelbare – Drittwirkung haben können.[286] Überzeugen kann die modifizierte Normentheorie vor allem dadurch, dass sie widerspruchsfrei eine Ungleichbehandlung des Statuts zwischen Gründungs- und Nachgründungszeit erklären kann.[287] Der Grundrahmen der modifizierten Normentheorie lässt ausreichend Spielraum, um die vielfältigen Gestaltungsmöglichkeiten der GmbH zu eröffnen und rechtlich einzuordnen. Festzuhalten bleibt daher, dass die modifizierte Normentheorie durch ihre differenzierte Bewertung einzelner Satzungselemente als korporativ oder nicht korporativ der Doppelwirkung der Satzung gerecht wird. Kritisch lässt sich indes anbringen, dass sie dabei die vertragliche Grundausrichtung der Satzung nicht hinreichend berücksichtigt, sondern vielmehr dominant den autonomen Regelungscharakter körperschaftlicher Bestimmungen in den Vordergrund stellt. Unzureichend geht diese Ansicht auf die Frage der Notwendigkeit im Einzelfall ein, indem sie die Frage mit Hilfe eines Grundsatzes einheitlicher Auslegung völlig übergeht.[288]

Abgestellt wird im Rahmen der modifizierten Normentheorie überwiegend auf einen abstrakten Rechtsschutz, insbesondere zugunsten der Gläubiger und Gesellschafter.

c) Modifizierte Vertragstheorie

Schnittmenge aller Vertreter der modifizierten Vertragstheorie ist, dass eine Abweichung von den allgemeinen Auslegungsgrundsätzen nur dann zulässig sei, wenn dies im Einzelfall erforderlich ist.[289] Hierzu gilt es also zunächst herauszuarbeiten, in welchen Einzelfällen eine objektive Auslegung sinnvoll und notwendig ist. Im Übrigen sei der Satzungsinhalt stets subjektiv zu ermitteln. Diese Ansicht lässt sich insbesondere auf das von *Bydlinski* entwickelte Prinzip der relativen zweiseitigen Rechtfertigung stützen, wonach es unbillig sei, auf eine *„im relativen Verhältnis der beiden Gegenbeteiligten unbegründbare Einseitigkeit*

286 *Fleischer*, DB 2013, 1466, 1476.

287 *Michalski*, in: Michalski, § 2 Rn. 6.

288 *Bayer*, in: Lutter/Hommelhoff, § 2 Rn. 13; *Fastrich*, in: Baumbach/Hueck, § 2 Rn. 31; *Füller*, in: Ensthaler/Füller/Schmidt, § 2 Rn. 23 f.; *Pfeisterer*, in: Saenger/Inhester GmbHG, § 2 Rn. 11; *Roth*, in: Roth/Altmeppen, § 2 Rn. 16; *Ulmer*, in: UHL, § 2 Rn. 142.

289 U.a. *Emmerich*, in: Scholz GmbHG, § 2 Rn. 38; *Fleischer*, DB 2013, 1466, 1473; *Grunewald*, ZGR 1995, 68, 84; *Schockenhoff*, ZGR 2013, 76, 77 f.

der Rechtsfolgen" abzustellen.[290] Vorliegend muss also berücksichtigt werden, dass eine generelle objektive Auslegung korporativer Bestimmungen im Sinne des Verkehrsschutzes – so die Rechtsprechung – den legitimen Interessen der Gründungsgesellschafter diametral gegenübersteht, bzw. diese teils zu Unrecht unberücksichtigt lässt.[291] Dieses Prinzip zu Grunde gelegt, ist es nur dann gerechtfertigt, die Interessen der Gründungsgesellschafter auszuklammern, wenn andere, vorrangige Interessen diese überlagern. Daher gilt es nun im Folgenden nachzuprüfen, in welchen Fällen eine objektive Auslegung notwendig ist, um vorrangige Interessen zu wahren.

d) Begründung objektiver Auslegung

Die allumfassende Frage ist also, ob generelle oder einzelfallbezogene Gründe eine objektive Auslegung erforderlich machen. Zur Begründung objektiver Auslegung wird eine Vielzahl an Argumenten ins Feld geführt. Nur solche, die einen rechtfertigenden Grund für eine objektive Auslegung geben, vermögen die subjektive Auslegung letztlich (partiell) zu verdrängen.

(1) Normgleicher Charakter

Körperschaftliche Bestimmungen des Gesellschaftsstatuts erlangten ein objektives Eigenleben und stünden über dem Willen der Gründer, die Satzung habe daher in Teilen einen normähnlichen Charakter und sei aus diesem Grund in solchen Fällen objektiv – so wie nach h.M. auch Gesetze[292] – auszulegen. So, mit leichten Abweichungen, ist ein verbreitetes Meinungsbild in der juristischen Lehre und Praxis.[293] Leider weitgehend unreflektiert wird diese Mär der Gesetzesähnlichkeit hingenommen, Unterschiede nicht oder unzureichend nur herausgearbeitet.

Gewiss lässt sich zunächst anführen, dass Gesetze im Verhältnis Staat-Bürger von oben herab aufoktroyiert werden. Insoweit liegt ein hoheitliches Handeln

---

290 *Bydlinski*, AcP 204 (2004), 309, 353; so wohl auch *Grunewald*, ZGR 1995, 68, 84: „Demgegenüber ist zu betonen, daß genauso wie im Recht der Personengesellschaften und des Vereins auch für die Aktiengesellschaft konkrete Interessen genannt werden müssen, die einer Berücksichtigung des Gründer bzw. Gesellschafterwillens entgegenstehen".

291 So auch *Fleischer*, DB 2013, 1466, 1474.

292 *Bitter/Rauhut*, JuS 2009, 289; a.A.: *Fleischer*, Mysterium „Gesetzesmaterialien", S. 5 ff.

293 BGHZ 14, 25, 36 f.; 18, 205, 207 f.; 48, 141, 144; 116, 359, 366; 123, 347, 350; 142, 116, 125; *Bayer*, in: Lutter/Hommelhoff, GmbHG, § 2 Rn. 13; *Michalski*, in: Michalski, § 2 Rn. 48.

vor, auf das der Bürger jedenfalls keinen unmittelbaren Einfluss hat. Anders verhält es sich bei der Entstehung von Satzungen, die als Gründervertrag oder im Wege privatautonomer Mitwirkung auf einer freien Willensentscheidung beruhen. Insoweit unterscheiden sich Gesellschaftsverträge und Gesetze bereits in der Art ihrer Entstehung. Auch hier kann es vorkommen, dass man sich dem Willen der Mehrheit beugen muss, was aber dem Privatrecht nicht unbekannt ist.[294] Identisch sind hinsichtlich der Gründungssatzung folglich Normadressat und Normgeber.[295] Dass dieses Argument bei Hinzutreten neuer Gesellschafter abgeschwächt werde[296] trifft indes nicht zu. Denn anders als Gesetze, für die man sich nicht positiv entscheidet, obliegt die Entscheidung sich der Satzung durch Beitritt zu unterwerfen einer privatautonomen Entscheidung des Neugesellschafters. Insbesondere können die Gesellschafter sich der Unterordnung durch die Satzung mittels Austritt oder Veräußerung der Geschäftsanteile wieder entziehen.[297] Auch wenn für einen solchen Normencharakter spricht, dass der Satzung eine „*gewisse Zeitlosigkeit*" anhafte, da sie für die Zukunft konzipiert ist, überzeugt das Abstellen auf die Wirkungsweise statt auf den Geltungsgrund nicht.[298]

Auch die Berücksichtigung einer ergänzenden Auslegung spricht nicht für einen solchen normähnlichen Charakter. Es erscheint schlicht unbillig, Privatpersonen (insbes. die Gründer) streng am Wortlaut zu fixieren – so bildet der denkbare Wortsinn die absolute Grenze der Gesetzesauslegung[299] – und damit ggf. ihrem tatsächlichen Willen völlig entgegen.[300] Insoweit fällt es schwer zu sagen, dass die Satzung als objektivierter, verselbstständigter Gründungsakt über der Gesellschaft schwebt. Eine objektive Auslegung erscheint nur dann sinnvoll – und damit ggf. eine Abweichung vom Gründerwillen – wenn tatsächlich die Interessen Dritter oder der Allgemeinheit tangiert werden. Die Auslegung ist insoweit abhängig von der Reichweite der streitigen Klausel; dieselbe Regelung kann richtigerweise zu verschiedenen Zeitpunkten unterschiedliche ausgelegt werden.

---

294 *Wiedemann*, Gesellschaftsrecht Bd. I, S. 162.

295 *Wiedemann*, Gesellschaftsrecht Bd. I, S. 162; *Fleischer*, DB 2013, 1466, 1472; *Schockenhoff*, ZGR 2013, 76, 87.

296 *Fleischer*, DB 2013, 1466, 1472.

297 *Wiedemann*, Gesellschaftsrecht Bd. I, S. 162.

298 Ausführlich dazu *Wiedemann*, Gesellschaftsrecht Bd. I, S. 162.

299 *Bydlinski*, Methodenlehre, S. 441; *Larenz*, Methodenlehre, S. 321; *Schockenhoff*, ZGR 2013, 76, 87.

300 *Schockenhoff*, ZGR 2013, 76, 87.

Auch wenn sich der Satzung von Kapitalgesellschaften eine gewisse Ähnlichkeit zu Gesetzen nicht völlig absprechen lässt[301] (zumindest in Bezug auf die strengen Organisationsregeln, insbesondere der Satzungsmindestgehalt), so genügt dies gewiss nicht, um dadurch eine pauschale Annahme objektiver Auslegung zu rechtfertigen. Wie bereits dargestellt bezeichnete der Gesetzgeber seinerzeit den Gesellschaftsvertrag als Vertrag sui generis.[302] Dem lässt sich eine Tendenz zugunsten einer vertraglichen Natur entnehmen, was einer verstärkten Norm-ähnlichkeit widerspräche. Zwar ergibt sich aus den Urteilen des RG und des BGH auch der Grundsatz subjektiver Auslegung, doch entspricht dies mehr einer Worthülse als der praktischen Realität. Überwiegender Bestandteil der Satzung, jedenfalls im Sinne der BGH-Rechtsprechung, sind körperschaftliche Bestimmungen, die dann objektiv ausgelegt würden. Insbesondere unter Berücksichtigung einer Vermutung, dass Satzungsbestandteile im Zweifel körperschaftlich sind, wird dieser Grundsatz rechtspraktisch ins Gegenteil verkehrt.

(2) Aus Gründen der Schutzbedürftigkeit

Unbedingt erscheint es sinnvoll, in diesem Kontext über Regelungsziele des Gesellschaftsrechts zu sprechen. Oft werden kaum bestimmbare Klangkörper wie *Minderheitenschutz*[303], *Gläubigerschutz*[304], *Vertrauensschutz*[305] oder *Verkehrsschutz*[306] als Leitbegriffe der Diskussion angeführt, die im weiteren Kontext aber nur selten eine nähere Betrachtung durch die Verfasser erfahren.[307] Dadurch laufen diese Wertungsprinzipien Gefahr, im Wege einer Verselbständigung überregulierend über das Ziel hinaus zu schießen. Es erscheint wichtig zu hinterfragen, wann wer warum schutzbedürftig sein soll und wie man diesen Schutz im Einzelfall erreicht.[308] Nicht, dass diese Wertungsmaßstäbe des Gesellschaftsrechts per se schlecht oder ungeeignet wären, doch sollten sie nicht als Worthülse oder

---

301 *Wiedemann*, Gesellschaftsrecht Bd. I, S. 357: „[…] indem er [der Gesellschafter] sich mit seiner Person und seinem Vermögen teilweise einer fremden Organisationsgewalt unterwirft. Es entsteht ein Über- Unterordnungsverhältnis, das seine Legitimation in der privatrechtlichen Gründungs- oder Beitrittserklärung findet."

302 BT-Drucks. 8/3908, S. 68.

303 *Saenger*, in: Saenger/Inhester, Einführung Rn. 32 f.

304 *Saenger*, in: Saenger/Inhester, Einführung Rn. 28 ff.

305 *Krebs*, in: MüKo HGB, § 15 Rn. 78 f.

306 *Frotz*, Verkehrsschutz, S. 12 ff.

307 So auch *Bachmann/Eidenmüller/Engert/Fleischer/Schön*, ZGR Sonderheft 18, 2012, S. 11.

308 *Fleischer*, DB 2013, 1466, 1473.

leere Phrase herhalten, um *„den Diskurs über die Wertungsgrundlagen privatrechtlicher Regelsetzung formelhaft zu beenden“*[309], sondern vielmehr in den Mittelpunkt der Debatte rücken. Konkreter: Wann wird welcher Schutz tatsächlich gebraucht und soll dieser abstrakter oder individueller Natur sein?

(a) Neugesellschafter

Eines der Kernargumente der Rechtsprechung und großer Teile der Literatur zur Begründung objektiver Auslegung ist der (vermeintliche) Schutzbedarf potentieller oder neuer Gesellschafter.[310] So beruft sich die Rechtsprechung in gebetsmühlenartiger Wiederholung auf die Schutzbedürftigkeit künftiger Gesellschafter, ungeachtet einer tatsächlichen Schutzbedürftigkeit im Einzelfall.[311] Hiermit schießt die Rechtspraxis womöglich über das Ziel hinaus, denn eine am tatsächlichen Schutzinteresse eines (künftigen) Neugesellschafters vorbeigehende Anwendung objektiver Auslegung missachtet in ungerechtfertigter Weise die Interessen der Gründungsgesellschafter.[312] Wegen ihrer unterschiedlichen Schutzbedürftigkeiten ist es sinnvoll, Fallgruppen tatsächlicher Neugesellschafter und potentieller Neugesellschafter im Einzelnen zu betrachten. Da die Rechtsprechung zur Begründung ihrer verabsolutierten Formel auch die bloße Möglichkeit eines Eintritts neuer Gesellschafter genügen lässt, erscheint ein genauerer Blick auf die Sachlage erforderlich.

Eine mögliche Schutzbedürftigkeit künftiger Gesellschafter könnte allerdings auf die objektive Auslegung der im Handelsregister hinterlegten Satzung abzielen. Dem scheint aber bereits § 16 Abs. 3 GmbHG entgegenzustehen, wonach der gute Glaube des Erwerbers eines Gesellschaftsanteils nur in Bezug auf dessen Inhaberstellung geschützt wird, nicht aber das Vertrauen auf den Inhalt der Satzung. Einzig denkbar ist eine objektive Auslegung diesbezüglich über § 15 HGB für solche Bestimmungen, die dem Handelsregisterzwang unterliegen.[313] Es lässt sich folglich festhalten, dass zum Schutz künftiger Gesellschafter kein Grundsatz objektiver Auslegung anhand der derzeitigen Gesetzeslage ersichtlich ist. Vielmehr gilt, dass ein Anteilserwerber eine beschlossene Satzungsänderung gegen

309 *Bachmann/Eidenmüller/Engert/Fleischer/Schön*, ZGR Sonderheft 18, 2012, S. 11.

310 *Grunewald*, ZGR 1995, S. 68, 77: „Allerdings gilt im allgemeinen für den Rechtsnachfolger dasselbe Vertragsverständnis wie für seinen Vorgänger“, insoweit gilt dieser Gedanke ohnehin nur für „richtige“ Neugesellschafter.

311 BGHZ 14, 25, 36 f.; 18, 205, 207 f.; 48, 141, 144; 116, 359, 366; 123, 347, 350; 142, 116, 125.

312 Vgl. S. 79 f.

313 *Schockenhoff*, ZGR 2013, 76, 90, so wohl auch *Rudolphi*, GmbH-Satzung, S. 79 ff.

sich gelten lassen muss, da er den Geschäftsanteil erwirbt *„wie er sich in der Hand des Veräußerers befunden hatte“*.[314] Dabei kommt es weder darauf an, ob der Beschluss eine Leistungspflicht enthält[315], noch ob der Erwerber Kenntnis von dem Beschluss hat[316].

Dies hat zur Konsequenz, dass Satzungsänderungsbeschlüsse auch vor der Eintragung gegenüber neuen Gesellschaftern gelten, sofern diese im Zeitraum zwischen der Beschlussfassung und der Eintragung Gesellschaftsanteile erworben haben.[317]

Gewiss lässt sich anführen, dass ein Rückschluss auf den Auslegungsmaßstab sich nicht unmittelbar daraus ergibt, dass der Gesellschafter solche Änderungen gegen sich gelten lassen muss. Allerdings kann dagegen gehalten werden, dass ein künftiger Erwerber von Gesellschaftsanteilen, der, wie gerade dargestellt, nicht darauf vertrauen kann, dass die Satzung bis zu seiner Eintragung unverändert bleibt, gewiss nicht darauf vertrauen darf (insoweit ist das Einschneiden in die Rechte des Neugesellschafters weitaus weniger stark), dass diese bloß der objektiven Auslegung unterliegt.[318] Damit wird dem Erwerber von Geschäftsanteilen durch die von der Rechtsprechung entwickelte Formel ein weitergehender Schutz zugesprochen, als dies im Gesetz verankert ist.[319] Erhält der Neugesellschafter hierüber Protokolle oder ist gar anwesend bei der Beschlussfassung und erkennt oder hätte erkennen müssen, dass das subjektive Satzungsverständnis der Gesellschafter vom konkreten Wortlaut abweicht, so muss er dies auch gegen sich gelten lassen.

Völlig unreflektiert erscheint die Vorstellung, dass Gesellschaften, die nicht einmal auf das Hinzutreten von neuen Gesellschaftern angelegt sind, objektiver Auslegung unterlägen. Das führt einen Vertrauensschutz völlig ad absurdum

---

314 *Priester* in: Scholz, § 54 Rn. 61.

315 *Priester* in: Scholz, § 54 Rn. 61.

316 *Bayer*, in: Lutter/Hommelhoff, § 54 Rn. 21; *Priester* in: Scholz, § 54 Rn. 61; *Schnorbus*, in: Rowedder/Schmidt-Leithoff, § 54 Rn. 33; *Ulmer*, in: UHL, § 54 Rn. 29; *Noack*, GmbHR 1994, 349, 351 f.

317 *Harbarth*, in: MüKo GmbHG, § 54 Rn. 115; *Priester*, in: Scholz, § 54 Rn. 61; *Noack*, GmbHR 1994, 349, 350 f.; *Schockenhoff*, ZGR 2013, 76, 90.

318 *Schockenhoff*, ZGR 2013, 76, 90.

319 *Schockenhoff*, ZGR 2013, 76, 90 f., der zu Recht darauf hinweist, dass diese Rechtsprechung offenbar seit ihrer Entstehung völlig unreflektiert geblieben ist – wohl auch weil es in höchster Rechtsprechung auf die Frage des hinzukommenden Gesellschafters (Erwerbers) bisweilen nie ankam.

und lässt sich gewiss auch nicht mit einem Grundsatz einheitlicher Rechtsauslegung begründen.

Auch wenn eine Schutzbedürftigkeit im Streit unter Gründungsgesellschaftern nicht besteht, kann diese dennoch bei Hinzutreten von Neugesellschaftern begründet werden. Auch in diesem Kontext bedient sich die Literatur überwiegend keiner allgemeingültigen Antwort, sondern bemüht sich um ein differenzierteres Bild. Kernfrage bleibt aber auch hier, ob die Interessen des Neugesellschafters derart überwiegen, dass die Vorstellungen der Gründer – und damit ihre Interessen – unberücksichtigt bleiben.

Hatte der Neugesellschafter positive Kenntnis von den Vorstellungen und dem Auslegungsverständnis der Gründer oder das gleiche Satzungsverständnis, so kann er sich in Ermangelung einer schützenswerten Position entsprechend der modifizierten Vertragstheorie nicht auf eine objektive Auslegung berufen.[320] Wohl nicht erforderlich ist, dass der Neugesellschafter den Vorstellungen der Gründer zustimmt, er kann diesen jedenfalls ausdrücklich widersprechen.[321] Für die subjektive Auslegung ist der *„größte gemeinsame Empfängerhorizont“* maßgeblich.[322] Demnach besteht freilich die Möglichkeit, den Auslegungsmaßstab anzuheben, indem die Gründergesellschafter die Neugesellschafter über ihr Satzungsverständnis, über die allgemein zugänglichen Quellen hinaus, aufklären.[323] Strenger noch soll der Neugesellschafter auch dann nicht schutzwürdig sein, wenn er zwar in Unkenntnis über den Gründerhorizont war, diesen aber hätte

320 *H.-F. Müller*, Austrittsrecht, S. 132; *Noack*, Gesellschaftervereinbarungen bei Kapitalgesellschaften, S. 83; *Westermann*, Satzung und Nebenordnung, S. 25, 44; *Mayer*, in: MüKo GmbHG, § 2 Rn. 165; *Fleischer*, DB 2013, 1466, 1474; *Grunewald*, ZGR 1995, 68, 77 ff.; *Oppenländer*, DStR 1996, 922; *Schockenhoff*, ZGR 2013, 76, 102; a.A.: *Goette*, RWS-Forum 8: GR 1995, 113, 125.

321 *Fleischer*, DB 2013, 1466, 1474; *Grunewald*, ZGR 1995, 68, 78; *Schockenhoff*, ZGR 2013, 76, 103.

322 *Zwanzger*, Der mehrseitige Vertrag, S. 183 ff.: „Seine sachliche Berechtigung hat der ‚größte gemeinsame Empfängerhorizont‘ als Auslegungsmaßstab darin, dass er Informationsasymmetrien einebnet und damit diejenigen Parteien schützt, die sich über auslegungsrelevante Punkte nicht informieren können. Damit setzt er interessengerechte Verhaltensanreize: Wenn die Parteien ein bestimmtes Sonderverständnis ‚erhalten‘ wollen, müssen sie dies den übrigen Parteien aufdecken (und die damit sachlich einhergehenden Folgen zum Verhandlungsgegenstand machen), andernfalls laufen sie Gefahr, dass dieses Wissen unberücksichtigt bleibt. Diese Lastenverteilung trägt insbesondere dem Prinzip der Privatautonomie Rechnung […]“.

323 Allgemein: *Zwanzger*, Der mehrseitige Vertrag, S. 188; konkreter auf die Satzung bezogen: *Fleischer*, DB 2013, 1466, 1475; *Schockenhoff*, ZGR 2013, 76, 102.

erkennen müssen.[324] Hier ist wohl eher anzunehmen, dass es zum Pflichtenkreis der Gründergesellschafter gehört, den Wissensstand der Neugesellschafter durch das Offerieren von Informationen anzuheben. Unbillig erscheint die Erwartung, Neugesellschafter müssten sich alle Hintergrundinformationen über das Auslegungsverständnis oder gar schuldrechtliche Nebenabreden der Gründergesellschafter erfragen.[325] Es genügt aber wohl das Bereitstellen der Informationen durch die Gründer. Nicht erforderlich ist indes die tatsächliche Kenntnisnahme durch die Neugesellschafter. Sollten den Neugesellschaftern die dargereichten Informationen unklar erscheinen oder mehrdeutig sein, so obliegt es ihnen, bei den Gründern nachzufragen, sie tragen dann das Risiko einer unzureichenden Aufklärung.[326] Für die Gründer ist es oft nicht erkennbar, welche Teile für den Neugesellschafter nicht eindeutig sind.

Letztlich bleibt den Neugesellschaftern immer noch die Option, der Gesellschaft schlicht nicht beizutreten. Die Gegenauffassung vertritt, dass die Gründergesellschafter für alle Missverständnisse in den Unterlagen verantwortlich seien, da sie „*näher dran*" seien.[327] Dem ist zu widersprechen. Nur in solchen Fällen, in denen die Gründer vorsätzlich, rechtsmissbräuchlich oder grob fahrlässig Unklarheiten schaffen, sind die Neugesellschafter schutzwürdig. Ansonsten kann durchaus erwartet werden, dass die Neugesellschafter ein Interesse daran haben, Missverständnisse, Mehrdeutigkeiten und Interpretationsfragen, die ihnen auffallen oder hätten auffallen müssen, auszuräumen.

Insgesamt ist daher im Einzelfall konkret festzulegen, in welchem Maße bei Eintreten der Neugesellschafter auf eine objektive Auslegung zurückgegriffen werden muss.

---

324 *Mayer*, in: MüKo GmbHG, § 2 Rn. 165; *Singer*, in: Staudinger, § 133 Rn. 74; *Oppenländer*, DStR 1996, 922; nur bei grober Fahrlässigkeit: *Torggler*, in: FS Aicher, 2012, S. 781, 809; *Schockenhoff*, ZGR 2013, 76, 104; sehr weitgehend als Erkundigungsobliegenheit: *Ostheim*, in: FS Demelius, 1973, S. 381, 394; *Wiedemann*, DNotZ Sonderheft 1977, 99, 105 f.; *H.-F. Müller*, Austrittsrecht, S. 132: zumindest bei Familien-GmbHs und personalistischen Gesellschaften; *Grunewald*, ZGR 1995, 68, 78.

325 Zustimmend *Fleischer*, DB 2013, 1466, 1475: „Für Publikumsgesellschaften kommt sie [Erkundigungsobliegenheit] nicht ernsthaft in Betracht, weil der Verifikationsaufwand schlicht zu hoch wäre. Bei geschlossenen Gesellschaften sind die Informationskosten zwar niedriger, doch wird man auch hier dem Neugesellschafter nicht zumuten können, sich nach etwaigen Nebenabreden der Gründungsgesellschafter zu erkundigen."; so auch *Grunewald*, ZGR 1995, 68, 87.

326 *Ostheim*, in: FS Demelius, 1973, S. 381, 395; *Wiedemann*, DNotZ Sonderheft 1977, 99, 105 f.

327 *Singer*, in: Staudinger, § 133 Rn. 74; *Fleischer*, DB 2013, 1466, 1475.

(b) Gläubiger

Von den meisten Vertretern der modifizierten Normtheorie wird angenommen, dass ein potentielles Gläubigerinteresse jedenfalls ein geeigneter Schutzzweck sei zur Begründung objektiver Auslegung. So entfalte die Satzung als objektiviertes Dokument auch stets Dritten gegenüber Wirkung, da sie i.d.R. auch Bestimmungen über die Rechtsbeziehung der GmbH zu Gläubigern beinhalte.[328]

Bezogen auf individualrechtliche Bestimmungen sei angemerkt, dass die bloße Aufnahme einer schuldrechtlichen Vereinbarung in die Satzung nicht dazu führen darf, dass Auslegungsmaßstäbe sich erschweren.[329] In der Tat lässt sich nicht sachlich begründen, warum vor diesem Hintergrund sonstige schuldrechtliche Vereinbarungen irregulär behandelt werden sollen. Diese gelten auch fortan nur inter partes, betreffen daher die Belange Dritter nicht.

Offen bleibt insoweit, ob ein Gläubigerschutzinteresse denn zumindest bei körperschaftlichen Satzungsbestimmungen besteht, eine objektive Auslegung insoweit also gerechtfertigt wäre. Dies hängt davon ab, *„ob den Gläubigern aus einer Enttäuschung ihres Vertrauens in die Beachtung des objektiven Satzungsinhalts durch die Gesellschafter Rechte erwachsen können, und, sofern dies nicht der Fall ist, inwieweit die Gläubiger auch ohne eigene rechtliche Handhabe auf die Geltung des objektiven Satzungsgehalts vertrauen dürfen“*.[330]

Von der Rechtsprechung[331] und Teilen der Literatur[332] wird angenommen, aus Gründen des Gläubigerinteresses sei generell auf den objektiven Satzungsinhalt abzustellen. Hierbei bleibt weitgehend unberücksichtigt, ob denn tatsächlich ein legitimes Schutzinteresse von Dritten besteht.

Richtigerweise müssen Gläubiger der Gesellschaft mit Wirkung in die Zukunft jede Satzungsänderung hinnehmen, sie haben insoweit keinen Einfluss auf Satzungsänderungen oder Gesellschafterbeschlüsse.[333] In diesem Kontext erscheint es daher auch wenig einleuchtend, dass sich Gläubiger im Übrigen auf den objektiven Satzungsgehalt berufen können, da für sie immer das Risiko einer

---

328 *Roth*, in: Roth/Altmeppen, § 2 Rn. 16.

329 *Priester*, DB 1979, 681, 686; *Ulmer*, in: UHL, § 2 Rn. 126.

330 *Rudolphi*, Die Auslegung der Satzung der GmbH, S. 79.

331 BGHZ 14, 25, 36 f.; 18, 205, 207 f.; 48, 141, 144; 116, 359, 366; 123, 347, 350; 142, 116, 125.

332 *Michalski*, in: Michalski, § 2 Rn. 117; *Roth*, in: Roth/Altmeppen, § 2 Rn. 16; *Schäfer*, in: Bork/Schäfer § 2 Rn. 52; *Wicke*, in: GmbHG, § 2 Rn. 4; *ders.*, DNotZ 2006, 419; a.A. übrigens *Ulmer*, in: UHL, § 2 Rn. 194, obwohl er im Übrigen die Argumente des BGH stützt und einer objektiven Auslegung körperschaftlicher Bestimmungen beipflichtet.

333 *Emmerich*, in: Scholz, § 2 Rn. 39.

Veränderung besteht. Ferner stellt die Satzung der GmbH keine nennenswerte Informationsquelle für potentielle Kreditgeber oder Geschäftspartner dar.[334] Dies untergräbt in nicht unerheblicher Weise das teils angeführte Argument, dass die Satzung für Gläubiger eine wichtige Entscheidungshilfe darstelle.[335] Gegen diese Auffassung spricht zudem, dass es bisweilen keine höchstrichterliche Entscheidung zum auf den materiellen Satzungsinhalt gestützten Begehren eines GmbH-Gläubigers gibt.[336]

Ebenfalls weitreichenden Gläubigerschutz gewähren *Wiedemann*[337] und *Noack*[338], die einen allgemeinen Rechtschein- und Vertrauensschutz herleiten wollen. Für die Begründung einer über die gesetzliche Haftung hinausgehenden Rechtsscheinhaftung gibt es allerdings kein Erfordernis.[339] Sinnvoll erscheint daher bloß die Annahme einer Rechtsscheinhaftung gem. § 15 Abs. 1, 3 HGB für die ins Handelsregister einzutragenden Umstände.[340] Die ins Handelsregister einzutragenden Tatsachen ergeben sich insoweit – nicht abschließend – aus § 10 GmbHG. Zudem sind die Auflösung der GmbH (§ 65 Abs. 1 GmbHG), die Liquidatoren als Gesellschaftsvertreter (§ 67 Abs. 4 GmbHG), sowie die Löschung nach Beendigung (§ 74 Abs. 1 GmbHG) einzutragen.

Nicht ersichtlich ist, warum in Bezug auf den Auslegungsmaßstab dem gesamten Satzungsdokument Publizitätswirkung zugesprochen wird, obgleich das Gesetz (insbesondere im Rahmen von § 10 GmbHG) dies nur für publizitätspflichtige Tatsachen vorsieht.[341] Einen umfassenden Gläubigerschutz, wie ihn u.a. der BGH annimmt, oder auch eine über § 15 HGB hinausgehende

---

334 So bereits *Rudolphi*, Die Auslegung der Satzung der GmbH, S. 88 f., der darauf verweist, dass 95 % der Informationen bei Konkurrenten, Banken, Mitbewerbern, Lieferanten und der IHK eingeholt werden, vgl. *Klose-Mokroß*, Gläubigerschutz im Kapitalgesellschaftsrecht, S. 77 f. mit Bezügen zu *Drukarczyk/Duttle/Rieger*, Mobiliarsicherheiten, S. 79; ebenfalls *Fleischer*, DB 2013, 1466, 1475; *Schockenhoff*, ZGR 2013, 76, 92.

335 *Michalski*, in: Michalski, § 2 Rn. 48.

336 Erstmals *Rudolphi*, Die Auslegung der Satzung der GmbH, S. 82.

337 *Wiedemann*, DNotZ 1977, 99, 107; *ders.* Gesellschaftsrecht Bd. I, S. 170.

338 *Noack*, Gesellschaftervereinbarungen, S. 83.

339 *Rudolphi*, Die Auslegung der Satzung der GmbH, S. 80 f.

340 *Rudolphi*, Die Auslegung der Satzung der GmbH, S. 80 ff.; *Emmerich*, in: Scholz GmbHG, § 2 Rn. 39; *Fleischer*, DB 2013, 1466, 1475; *Grunewald*, ZGR 1995, 68, 88; *Schockenhoff*, ZGR 2013, 76, 92; diese Auffassung genießt sogar bei Befürwortern objektiver Auslegung Zustimmung: *Mayer*, in: MüKo GmbHG, § 2 Rn. 165 f.; *Ulmer*, in: UHL, § 2 Rn. 194.

341 *Mayer*, in: MüKo GmbHG, § 2 Rn. 166; *Fleischer*, DB 2013, 1466, 1475.

Rechtsscheinhaftung bedürfen einer sachlichen Erklärung, die bisweilen bei allen Vertretern ausgeblieben ist.

Entscheidend bleibt daher, wie eng man den Schutzkreis um die Gläubiger herumziehen möchte und welche Bedeutung man der Satzung für die Gläubiger beimisst. Ob die Gläubiger wirklich – insbesondere bei der heutigen Bedeutung von schuldrechtlichen Nebenabreden – ein legitimes und schützenwertes Interesse am objektiven Satzungsgehalt haben, ist wohl eher zweifelhaft.

Im Ergebnis lässt sich festhalten, dass eine objektive Auslegung der Satzung aufgrund eines vermeintlichen Gläubigerinteresses keiner vertieften Argumentation standhält. Im Rahmen von § 15 Abs. 1, 3 HGB kommt den Gläubigern ein Rechtsscheinschutz in Bezug auf eintragungspflichtige Tatsachen zu. Ein darüber hinausgehender, strengerer Haftungsmaßstab ergibt sich weder aus dem Gesetz, noch erscheint er geboten.

(c) Allgemeinheit

Vereinzelt sollen auch Interessen der Allgemeinheit einer subjektiven Auslegungsmethode entgegenstehen.[342] Allerdings hat weder das RG noch der BGH in ihrer Rechtsprechung ausgeführt, was unter die Belange der Allgemeinheit zu fassen ist. Zwar konkretisierten beide Gerichte, dass das Interesse der Gläubiger und der Neugesellschafter hierunter falle, nicht aber, welche übrigen Interessen der Allgemeinheit bestehen, daher bleibt leider offen, ob und wenn ja, welche weiteren Interessen der Allgemeinheit bestehen. Nicht unmittelbar formuliert, aber aus dem Kontext abgeleitet, lassen sich der BGH-Rechtsprechung auch prozessökonomische Gründe entnehmen. So konstatiert der BGH, dass nur solche Umstände und Tatsachen, die allgemein erkennbar waren, dem Sachvortrag zugänglich seien.[343] Unberücksichtigt bleibt aber, dass die weitaus aufwendigere Ermittlung des tatsächlichen Parteiwillens und des entsprechenden Empfängerhorizonts kein satzungs- oder gesellschaftsrechtliches Sonderproblem darstellen, sondern vielmehr grundsätzlich jedes Rechtsgeschäft betreffen und der Idee der Rechtsgeschäftslehre des BGB entspricht. Auch wenn eine objektive Auslegung tatsächlich oftmals prozessökonomische Vorteile hat – insoweit darf man den Fürsprechern entgegenkommen – rechtfertigen diese keinesfalls das Ausklammern eines rechtsgeschäftlichen Grundkonzepts.

Auch der Einwand, die bloße Behauptung der Vermittlung subjektiver Vorstellungen an Neugesellschafter zur Anhebung ihres Empfängerhorizonts führe

342 So bereits RGZ 79, 418, 422 f.; 140, 303, 306; später auch BGHZ 14, 25, 36.
343 BGHZ 14, 25, 36 f.

dazu, dass über mehrere Instanzen zunächst zu ermitteln sei, welcher Auslegungsmaßstab zu beachten sei, bevor dann erst die eigentliche Rechtsfrage geklärt werden könne,[344] kann nicht überzeugen.[345]

(d) Aufsichtsrat

Zuletzt könnte dem Aufsichtsrat einer GmbH eine schutzwürdige Position erwachsen. Das GmbHG kennt ausschließlich den fakultativen Aufsichtsrat, geregelt in § 52. Allerdings kann unter Heranziehung weiterer Rechtsquellen auch ein obligatorischer Aufsichtsrat für die GmbH zu bilden sein. Dies kann sich aus § 1 Abs. 1 Nr. 3 Satz 2 DrittelbG, § 25 Abs. 1 Nr. 2 MitbestG, oder eher unbedeutend § 3 Abs. 2 MontanMitbestG ergeben. Hier gilt zwingendes Gesetzesrecht, das widersprechende Satzungsbestimmungen verdrängt.[346]

Etwas anderes zeichnet sich ab, wenn der fakultative Aufsichtsrat im Kollektiv oder einzelne Mitglieder, ein anderes Auslegungsverständnis haben, als die Gesellschafterversammlung. Grundsätzlich dann, wenn Kompetenzen des Aufsichtsrats tangiert werden und die Vorstellungen der Gesellschafterversammlung und des Aufsichtsrats nicht deckungsgleich sind, erscheint das Abstellen auf den objektiven Satzungsinhalt angebracht.[347] Letztlich können die Gesellschafter den Kenntnisstand des Aufsichtsrats anheben. Dem Aufsichtsrat, in seiner besonderen Position, kann durchaus eine Erkundigungsobliegenheit zugemutet werden, sofern er nur geringste Zweifel am Satzungsverständnis hat, auch dann, wenn nur ein einziges Mitglied des Aufsichtsrats zweifelt. Kommt er dem nicht nach, so kann er sich auch im Zweifel nicht auf ein objektives Satzungsverständnis berufen.

Im Einzelfall können sich durchaus Gründe für eine objektive Auslegung bei Betroffenheit des Aufsichtsrats finden. Es verbietet sich aber die Annahme einer generellen objektiven Auslegung ab Bestehen eines Aufsichtsrats, da so eine ungerechtfertigte Benachteiligung der Gesellschafter einherginge, auch wenn diese sich redlich verhielten.

---

344 *Goette*, RWS-Forum 8: GR 1995, 113, 125.

345 So auch *Rudolphi,* Die Auslegung der Satzung der GmbH, S. 141 f.

346 Vgl. *Schockenhoff*, ZGR 2013, 76, 93.

347 Strenger *Schockenhoff*, ZGR 2013, 76, 93 f., der grundsätzlich nur bei Bezug zu zwingenden Zuständigkeiten auf den objektiven Satzungsinhalt abstellt, dann aber zum Ergebnis kommt, dass dies nicht notwendig sei, da zwingende Gesetzesbestimmungen widerstreitende Satzungsregeln ohnehin verdrängen.

(3) Wegen gesellschaftsrechtlicher Sonderbestimmungen

Weitere Gründe gesellschaftsrechtlicher Besonderheiten vermögen womöglich eine objektive Auslegung zu rechtfertigen. Besonderes Augenmerk sei hierzu auf den Gesellschaftsvertrag als formbedürftiges Rechtsgeschäft gerichtet. Hierzu hat sich eine traditionelle Rechtsprechung entwickelt, die es zu betrachten gilt. Nicht zu knapp ist die Diskussion über den Grundsatz einheitlicher Auslegung, die ebenfalls näherer Betrachtung bedarf.

(a) Formerfordernisse

Richtigerweise sind Form- und Auslegungsfragen voneinander unabhängig.[348] Anerkannt und wohl nahezu einh.M. ist, dass auch außerhalb einer Urkunde liegende Umstände zur Auslegung herangezogen werden können.[349] Nach dem BGH sind auch solche Rechtsgeschäfte, die formbedürftig sind, grundsätzlich entsprechend den §§ 133, 157 BGB auszulegen, begrenzt durch die sog. Andeutungstheorie. So führt der BGH diesbezüglich aus: „*Anerkanntermaßen sind auch Urkunden über formbedürftige Rechtsgeschäfte nach allgemeinen Grundsätzen (§§ 133, 157 BGB) auszulegen; das Formerfordernis ist erfüllt für denjenigen Vertragsinhalt, den die Auslegung ergibt (vgl. RGZ 109, 334, 336). Bei der Auslegung ist das Gesamtverhalten der Erklärenden einschließlich aller Nebenumstände, etwaiger Vorbesprechungen sowie des Zwecks der Erklärungen zu berücksichtigen […]. Auch bei formbedürftigen Erklärungen können Umstände, die außerhalb der Urkunde liegen, berücksichtigt werden, wenn der einschlägige rechtsgeschäftliche Wille der Parteien in der formgerechten Urkunde einen wenn auch nur unvollkommenen Ausdruck gefunden hat […]. Daß nicht alle Einzelheiten des Vereinbarten unmittelbar aus der notariellen Urkunde zu entnehmen sind, ist also dann unschädlich, wenn sie sich aus der Auslegung des formgerecht Beurkundeten ergeben (Urteil vom 15. Februar 1974 – V ZR 73/72). […] Die Zulässigkeitsgrenze ist sicher dort überschritten, wo der beurkundete Text die Richtung des rechtsgeschäftlichen Willens nicht einmal im Grunde nach erkennen läßt […].*“[350] Die Andeutungstheorie des BGH ist erheblicher Kritik ausgesetzt.[351] Allerdings kann auch aus der Andeutungstheorie nicht abgeleitet werden, dass eine objektive Auslegung formbedürftiger Gesellschaftsverträge zwingend erforderlich sei, denn bei

---

348 *Busche*, in: MüKo BGB, § 133 Rn. 30; *Grunewald*, ZGR 1995, 68, 76 f.

349 *Köhler*, BGB AT § 9 Rn. 15; *Busche*, in: MüKo BGB, § 133 Rn. 30; *Peres*, in: FS Spiegelberger, 2009, S. 863, 873; *Grunewald*, ZGR 1995, 68, 76 f.; *Wieling* AcP 172 (1972), 297, 307 ff.; *Wieser* JZ 1985, 407, 408.

350 BGHZ 63, 359, 362; ferner BGHZ 80, 245, 250; BGH NJW-RR 2010, 812.

351 Vgl. *Busche*, in: MüKo BGB, § 133 Rn. 60; *Einsele*, in: MüKo BGB, § 125 Rn. 37 f.

„entsprechenden Interpretationsbemühungen wohl stets eine Andeutung im Vertragstext“ finden ließe.[352]

(b) Grundsatz einheitlicher Auslegung der Satzung

Der Gesellschaftsvertrag richte sich an die Allgemeinheit – zumindest an einen unbestimmten Personenkreis – und müsse in dieser Folge nach dem Grundsatz einheitlicher Auslegung stets objektiv betrachtet werden, mit Ausnahme allgemeinzugänglicher Tatsachen.[353] Dem liegt der (verfehlte) Gedanke zugrunde, dass Satzungen – sei es als verselbstständigter Sozialakt[354] oder die Satzung erlange ein vom Gründerwillen unabhängiges Eigenleben[355] – ihrer Art und Wirkung nach mit Gesetzen vergleichbar seien. Bei der Auslegung von Gesetzen sind Rechtsprechung und Verwaltung in besonderer Weise an den Gleichheitsgrundsatz gebunden.[356] Richtig ist, dass sich mitunter solche Bestimmungen finden lassen, auf die sich Dritte berufen können, doch erklärt dies nicht, warum bei einer privaten Kapitalgesellschaft Auslegungsmaßstäbe verzerrt werden sollen, unabhängig davon, ob tatsächlich Dritte betroffen sind.[357] Für die streitige Rechtsfrage kann immer nur entscheidend sein, welcher Wissenskonsens unter den Streitparteien besteht, nicht aber welches Wissen im konkreten Einzelfall unbeteiligte Dritte haben würden. Selbst wenn – bis heute wohl entscheidungspraktisch nie vorgekommen – die gleiche Streitigkeit einmal als Binnenstreit der Gesellschafter geführt wird und zu einem späteren Zeitpunkt als Rechtsstreit zwischen der Gesellschaft und einem Gläubiger oder Neugesellschafter, so erscheint es völlig unproblematisch die Auslegungsmaßstäbe in der zweiten Entscheidung zu verschieben.[358] Nicht aber angemessen erscheint, dass die Gesellschafter in der ersten Entscheidung – einer reinen Binnenstreitigkeit – bereits entgegen ihrem konkreten Willen und ohne Bestehen eines Schutzgrundes benachteiligt werden.

Nicht unerheblich sind auch die Unterschiede von Satzungen und Gesetzen, die in der Argumentation oft unzureichende Berücksichtigung finden. Entstehen Satzungen, wie dargestellt, als privater Vertrag (sui generis)[359] haben sie

352 *Grunewald*, ZGR 1995, 68, 77.

353 BGHZ 14, 25, 36 f.; OLG Düsseldorf, ZIP 1987, 227, 230; *Füller*, in: Ensthaler/Füller/Schmidt, § 2 Rn. 12 ff.; *Roth*, in: Roth/Altmeppen, § 2 Rn. 16; *Ulmer*, in: UHL, § 2 Rn. 142.

354 *v. Gierke*, Deutsches Privatrecht, S. 486.

355 *Bayer*, in: Lutter/Hommelhoff § 2 Rn. 13.

356 BVerfGE 58, 369, 373 ff.; 70 230, 239 ff.; *Kischel*, in: BeckOK GG, Art. 3 Rn. 94.

357 *Schockenhoff*, ZGR 2013, 76, 88.

358 Dem entgegen *Ulmer*, in: UHL, § 2 Rn. 195 m.w.N.

359 Vgl. oben unter S. 81 f.

unbestreitbar einen vertraglichen Ursprung. Noch deutlicher wird dies bei Einpersonengesellschaften, bei denen es auf den Willen einer Person ankommt. Auch bleibt die Unterwerfung unter die Satzung freiwillig. Es ist zwar richtig, dass sich die Satzung regelmäßig an einen unbestimmten Personenkreis wendet – wie dies auch bei Gesetzen der Fall ist – doch das „*ob*" der Beziehung mit bzw. zur Gesellschaft bleibt eine autonome Entscheidung der betroffenen Gläubiger und Neugesellschafter; Gründe die die Allgemeinheit als Ganze betreffen bestehen nicht. Dem gegenüber haben Gesetze zumeist eine aufoktroyierende Wirkung. Dieser fundamentale Unterschied darf nicht einfach hinweggedacht werden, um zu einem gewünschten Ergebnis objektiver Auslegung zu gelangen.

Dieser besonders dogmatische Ansatz soll letztlich nicht Anlass sein, dass im Sinne eines abstrakten Rundumschutzes auch dann auf den objektiven Satzungsinhalt abgestellt wird, wenn Dritte gar nicht betroffen sind.[360] Insbesondere in Familien-GmbHs und geschlossenen, personalistischen GmbHs führt dies zu völlig unbilligen Ergebnissen.[361]

Überzeugen kann auch nicht, dass die subjektive Auslegung dazu führen könne, dass zu unterschiedlichen Zeitpunkten der Gesellschaft verschiedene Satzungsinhalte bestünden.[362] Dies sei beispielsweise möglich, wenn nach dem Abschluss des Gesellschaftsvertrages unter den Gründern (subjektive Auslegung) ein Neugesellschafter hinzu käme (objektive Auslegung), der später wieder ausscheidet (wieder subjektive Auslegung).[363] Wird durch den Austritt des zwischenzeitlich hinzugekommenen Gesellschafters wieder ein Verständniskonsens geschaffen, gibt es bei Binnenstreitigkeiten nun wahrlich keinen Grund, warum fortan weiter auf eine Beschränkung auf den objektiven Satzungsinhalt bestanden werden sollte. Wie einerseits durch die Gründergesellschafter vor Eintritt eines Neugesellschafters dessen Satzungswissen angehoben werden kann, so kann freilich auch das Satzungsverständnis durch Austritt eines zwischenzeitlichen Neugesellschafters wieder angehoben werden.

(4) Erklärungen an die Allgemeinheit

Nach h.M. handelt es sich bei dem Gesellschaftsvertrag um eine Erklärung an die Allgemeinheit, also eine solche Erklärung, die an eine Vielzahl von Personen gerichtet ist.[364] Im unmittelbaren Vergleich zu anderen Erklärungen an

---

360 *Schockenhoff*, ZGR 2013, 76, 88 f.
361 *H.-F. Müller*, Austrittsrecht, S. 132.
362 *Goette*, RWS-Forum 8: GR 1995, 113, 125.
363 *Goette*, RWS-Forum 8: GR 1995, 113, 125.
364 *Ellenberger*, in: Palandt, § 133 Rn. 12.

die Allgemeinheit und die für sie geltenden Auslegungsmaßstäbe lassen sich womöglich Rückschlüsse und Erkenntnisse für die GmbH ziehen.

Unklar ist, ob die §§ 133, 157 BGB auf Erklärungen an die Allgemeinheit anzuwenden sind.[365] Gemeint sind vor allem allgemeine Geschäftsbedingungen, Inhaberschuldverschreibungen, Auslobungen, Patronatserklärungen, Vollmachtsurkunden, Beschlüsse in WEGs und Gesellschaftsverträge.[366]

Anders als Allgemeine Geschäftsbedingungen oder die Auslobung beruht der Gesellschaftsvertrag allerdings nicht auf den Vorstellungen nur einer Partei, sondern auf dem konkret ausgehandelten Gründerwillen. Da die allgemeinen Geschäftsbedingungen allenfalls dem Willen des Verwenders entsprechen und nicht individuell ausgehandelt wurden lässt sich hier schon unter Anwendung der allgemeinen Auslegungsregeln kein subjektives Verständnis berücksichtigen.[367] Ähnlich verhält es sich bei der Auslobung. Diese – nicht einmal empfangsbedürftige – Willenserklärung beruht auf den Vorstellungen des Auslobers allein.

Richtig ist zwar, dass beim Gesellschaftsvertrag in Bezug auf Dritte – also Gläubiger und Neugesellschafter – ebenfalls keine Einflussnahme besteht. Doch besteht zugunsten der Gläubiger – wie dargelegt – ein Rechtsscheinschutz gem. § 15 Abs. 1, 3 HGB und für die Neugesellschafter kommt es auf ihren tatsächlichen Kenntnishorizont im Zeitpunkt der Betroffenheit an. Hieraus erneut den Versuch zu unternehmen einen allgemeingültigen Grund für umfassenden Schutz Dritter zu kreieren, wird den Gründerinteressen nicht gerecht.

Im Übrigen erweist sich die Rechtsprung ohnehin nicht als sonderlich stringent, lässt sie doch mittels des Rechtsinstituts falsa demonstratio non nocet, de facto eine subjektive Auslegung auch bei Erklärungen an die Allgemeinheit zu, sofern sich die beteiligten Kreise einig sind, die Erklärung gleichermaßen falsch verstanden zu haben.[368]

---

365 Für die Anwendung der §§ 133, 157 BGB mit Einschränkungen *Singer*, in: Staudinger BGB, § 133, Rn. 72; für eine rein objektive Auslegung BGHZ 28, 259, 264 f.; *Muthorst*, JA 2013, 721, 727.

366 *Ellenberger*, in: Palandt, § 133 Rn. 12.

367 *Schockenhoff*, ZGR 2013, 76, 100.

368 BGH NJW 2002, 2102, 2103; NJW-RR 2010, 63, 64: „Auch bei Allgemeinen Geschäftsbedingungen, die grundsätzlich nach ihrem objektiven Inhalt und typischen Sinn so auszulegen sind, wie sie von verständigen und redlichen Vertragspartnern unter Abwägung der Interessen der beteiligten Kreise verstanden werden [...], ist der Auslegung die Prüfung vorgeschaltet, ob die Vertragsklausel von den Parteien übereinstimmend in einem bestimmten Sinn verstanden worden ist [...]. Ist das der Fall, geht der übereinstimmende Wille der objektiven Auslegung vor."

Auch Vollmachterklärungen sind, soweit es sich um eine Vollmachturkunde handelt, nach vorherrschender Meinung objektiv als Erklärung an die Allgemeinheit auszulegen.[369] Reine Innenvollmachten hingegen richten sich freilich nach §§ 133, 157 BGB.[370] Dies wird dahin gehend begründet, dass Vollmachturkunden sich an eine unbestimmte Zahl von Adressaten richten. Dem ist nicht zu widersprechen, nur lässt diese Rechtspraxis die Frage offen, warum bei einer Innenvollmacht die allgemeinen Auslegungsregeln gelten sollen, nicht aber bei Binnenstreitigkeiten von GmbH-Gründern, obgleich in beiden Fällen keine schutzbedürftigen Dritten involviert sind. Im Verhältnis zum Vollmachtgeber, kann sich der Vollmachtnehmer auch nicht auf die Vollmachturkunde berufen, wenn zudem eine individuelle Innenvollmacht erteilt wurde.[371] Eine einheitliche Auslegung wäre hier ebenso unsinnig, wie dies in solchen Fällen bei GmbH-Gründern wäre.

e) Zwischenergebnis

Wie dargestellt besteht zwischen den Vertretern der beiden großen Ansichten Uneinigkeit insbesondere dahingehend, ob ein abstrakter Rechtsschutz über der Satzung schwebt, der bereits die bloße Möglichkeit einer Schutzbedürftigkeit berücksichtigt, oder ob es im Einzelfall auf die tatsächliche Notwendigkeit eines individuellen Rechtsschutzes ankommt.

Gewiss haben beide Positionen vertretbare Argumente auf ihrer Seite, doch lässt sich kaum bestreiten, dass der Erklärungsbedarf, als Ausnahme zum Grundsatz subjektiver Auslegung von Rechtsgeschäften, bei einem abstrakten Rechtsschutz wohl größer ist.

5) Eigene Stellungnahme

Wie eingangs bereits ausgemacht, ist zu hinterfragen, ob es Gründe gibt, die einen abstrakten Rechtsschutz und damit eine einheitlich objektive Auslegung körperschaftlicher Satzungsbestimmungen rechtfertigen. Letztlich bleibt festzustellen, dass alle dargestellten Gründe höchstens im Einzelfall eine objektive Auslegung begründen können, nicht aber, wie vielfach vertreten, generell. Ausschlaggebend ist dabei nicht zuletzt, dass die Satzung in erster Linie ein Vertrag ist, dem nur bedingt organisationsrechtliches Eigenleben zukommt. Ein über

369 *Busche*, in: MüKo BGB, § 133 Rn. 34.
370 *Busche*, in: MüKo BGB, § 133 Rn. 34.
371 So wohl auch BGH NJW 1991, 3141.

§ 15 Abs. 1, 3 HGB hinausgehendes objektives Verständnis missachtet die normative Wertung der publizitätspflichtigen Tatsachen.

Gewiss kann man sagen, dass die Gründer näher an der Satzung sind und daher das Risiko unklarer Bestimmungen selbst tragen müssen – uneingeschränkt. Doch lässt sich auch nicht bestreiten, dass mögliche Missdeutungen des Gesellschaftsvertrages den Gründern womöglich unbekannt sind und die gelebte Praxis – einvernehmlich – an dem objektiven Satzungsgehalt regelmäßig vorbei geht.

Auch besteht in der Rechtspraxis gehäuft Interesse daran, die Satzung nicht zu konkret auszugestalten und Details lieber als Geheimnis im Wege von schuldrechtlichen Nebenabreden zu regeln. In diesen Fällen wäre es zumeist völlig unverhältnismäßig, wenn in einer geschlossenen Gesellschaft, die auch nicht auf Mitgliederzuwachs angelegt ist, solche Bestimmungen teils unbedeutsam würden. Insbesondere, da die Nebenabrede wirksames und gängiges Instrument zur Satzungskonkretisierung ist. Insoweit gibt es durchaus legitime Gründe zur „*Publizitätsscheue*".[372]

Abzulehnen ist eine Obliegenheit zur Erkundigung über alle Umstände außerhalb des Satzungstextes. Das Grundrisiko einer unzureichenden Ausformulierung und Mehrdeutigkeit müssen zu Recht die Satzungsgeber tragen, zumal sie auch die Möglichkeit haben den Empfängerhorizont der Beitretenden anzuheben. Dennoch können sich Neugesellschafter richtigerweise dann nicht auf den objektiven Inhalt berufen, wenn sie Zweifel an ihrem Auslegungsverständnis haben und diesen nicht den Gründern gegenüber zwecks Aufklärung zum Ausdruck bringen. Neugesellschafter sind deshalb grundsätzlich nicht an das subjektive Verständnis der Gründer gebunden, weil „*niemand an vertragliche Absprachen gebunden sein kann, an denen er nicht beteiligt war*".[373] Richtigerweise kann sich daraus kein allgemeiner Grundsatz objektiver Auslegung ableiten.

Auch aus dem Grundsatz von Treu und Glauben kann sich ergeben, dass ein Neugesellschafter subjektive Vorstellungen der Gründer gegen sich gelten lassen muss. Wird er beispielsweise zunächst Teil der gelebten Praxis (ohne konkrete Kenntnis, dass diese sich nicht objektiv aus dem Satzungstext ergibt), kann er sich zu einem späteren Zeitpunkt nicht mehr auf den objektiven Satzungsinhalt berufen.

---

372 A.A. *Zöllner*, in: RWS-Forum 8: GR, Diskussionsbeitrag, zusammengefasst von *Schöne*, S. 141, 143.

373 *Schockenhoff*, ZGR 2013, 76, 103.

Jedenfalls kein umfassender Schutz kann aus einem Schutzinteresse von Gläubigern der Gesellschaft abgeleitet werden. Diese können sich allenfalls auf drittschützende Normen berufen und sind ansonsten durch gesetzliche Regelungen geschützt. Ein weitreichenderer Schutz belastet die Gründergesellschaft in ungerechtfertigter Weise.[374]

Dem Vorwurf, dies würde stets unvorhersehbare Urteile mit sich bringen,[375] ist entgegenzuhalten, dass die Auslegung an sich eine Einzelfallbetrachtung darstellt, aus der primär für den Einzelfall bezogen entschieden und allenfalls sekundär Grundsätze abgeleitet werden sollen. Dies stellt zweifellos kein Sonderproblem des Gesellschaftsrechts dar, mit der Folge, dass auch eine Ausnahme für Gesellschaftsverträge keine hinreichende Grundlage hat.

Es ist daher im Ergebnis entschieden abzulehnen, dass ein abstrakter Rechtsschutz den Grundgedanken liberaler und freier Vertragsgestaltung aushebelt bzw. gar ins Gegenteil verkehrt. Es muss im Grundsatz dabei bleiben, dass die Ausnahme einer Begründung bedarf, nicht die Regel. Wichtiger ist, auf den konkreten Schutzbedarf zu achten. Demzufolge kann nur in folgenden Konstellationen ein Rückgriff auf den objektiven Satzungsgehalt gerechtfertigt werden:

- Eintreten eines Neugesellschafters, der von dem Satzungsverständnis keine Kenntnis hatte und dieses auch nicht hätte haben müssen,
- bei fakultativen Aufsichtsräten, sofern diesen in der Satzung Kompetenzen oder Rechte eingeräumt wurden,
- die subjektive Auslegung den tatsächlichen Willen nicht ermitteln kann.

Im Sinne der Rechtsklarheit erscheint es ratsam, dass die Gesellschafter einzig materielle Bestimmungen in die Satzung aufnehmen, bzw. die bestehende Satzung von redundanten Altlasten befreien. Nebenabreden müssen im Beitrittsprozess von Neugesellschaftern an diese weitergeleitet werden, sodass ihr Satzungsverständnis letztlich deckungsgleich mit dem der Gründer ist. Auch sollte die Satzung immer aktuell gehalten, also insbesondere an eine gelebte Praxis angepasst werden. Dies ist zwar unter Berücksichtigung der subjektiven Auslegung nicht zwingend erforderlich, dient aber der Rechtssicherheit in der Gesellschaft. Bei unbestimmten Rechtsbegriffen (z.B. „*wichtiger Grund*“) erscheint es ratsam, auf außerhalb des Satzungstextes bestehende Erläuterungen hinzuweisen (z.B. „*Näheres regelt das Beschlussbuch*“ oder „*Genaueres bestimmt die Gesellschafterversammlung*“).

374 So auch *H.-F. Müller*, Austrittsrecht, S. 131 f.

375 *Michalski*, in: Michalski, § 2 Rn. 49.

Im Ergebnis bedeutet dies, dass das subjektive Satzungsverständnis in der Regel vorrangig auch bei Gesellschaftsverträgen der GmbH zu berücksichtigen ist. Nur in Ausnahmefällen, wenn ein konkreter Schutz dies erforderlich macht, kann eine Abweichung hiervon rechtfertigt werden.

6) Statutarische Festlegung des Auslegungsmaßstabs

Unklar ist, ob die Satzung der Gesellschaft den Auslegungsmaßstab womöglich selbst festsetzen kann. So könnte die Satzung eine Klausel beinhalten, die beispielsweise immer eine subjektive Auslegung der Satzung vorschreibt. Nach *Zwanzger* können die Parteien den Auslegungsmaßstab bei einem vertraglichen Beitritt selbst regeln.[376] Wenn - wie hier angenommen - der Beitritt eines Neugesellschafters einen Beitrittsvertrag darstellt, so wäre demnach eine Festsetzung des Auslegungsmaßstabes in der Satzung möglich. Demnach *„kauft [der Beitretende] die Katze im Sack, aber er weiß zumindest um das Risiko“*.[377] Der Beitritt ist eine autonome Entscheidung des Beitretenden, sodass die rechtliche Möglichkeit einer vertraglichen Risikoverschiebung durchaus sinnvoll erscheint. Dies würde die Gründergesellschafter von der Angst eines wechselnden Satzungsverständnisses bei Eintritt neuer Gesellschafter befreien und Rechtssicherheit schaffen.

Die Gründergesellschafter könnten sich allerdings dann nicht mehr auf eine solche Bestimmung stützen, wenn sie rechtmissbräuchlich Auskünfte verweigern oder unvollständige bzw. unrichtige Auskünfte erteilen. Die Rechtsprechung hat sich bisweilen mit einer solchen Frage nicht beschäftigt.

B. Gesellschafterbeschlüsse

Im Recht der Gesellschaften und Verbände findet die innere Willensbildung durch ihre Organe statt. Im Wesentlichen handelt es sich dabei um Kollektivorgane – so für gewöhnlich auch die Gesellschafterversammlung bei der GmbH – die durch Beschluss entscheiden.[378] Begriff, Rechtsnatur und Wirkung solcher Gesellschafterbeschlüsse sind bis heute - wenn auch die Meinungsdichte abgenommen hat – nicht abschließend geklärt. Wohl einh.M. ist heute, dass hinsichtlich der Beurteilung der Rechtsnatur von Gesellschafterbeschlüssen zwischen der einzelnen Stimmabgabe durch die Gesellschafter und dem Beschluss in seiner Gesamtheit zu differenzieren ist.[379] Das Einwirken auf die Gesellschaft durch

---

376 *Zwanzger*, Der mehrseitige Vertrag, S. 189.

377 *Zwanzger*, Der mehrseitige Vertrag, S. 189.

378 *K. Schmidt*, Gesellschaftsrecht, S. 434.

379 *Hüffer/Schürenbrand*, in: UHL, § 47 Rn. 44, m.w.N.

Gesellschafterbeschluss ist auch im Stadium der Liquidation üblich und zulässig, sodass eine nähere Betrachtung des Gesellschafterbeschlusses sinnvoll ist.

I. Begriff und Rechtsnatur

Entsprechend § 46 GmbHG hat die Gesellschafterversammlung jedenfalls über die dort aufgelisteten Aufgaben zu befinden.[380] Die Gesellschafterversammlung ist als oberstes Organ der GmbH – im Gegensatz zur Hauptversammlung der AG – grundsätzlich berechtigt Beschlüsse zu allen Angelegenheiten, die die Belange der Gesellschaft betreffen, zu fassen.[381] Das GmbHG regelt vorwiegend in § 47 Abs. 1 den Beschluss der Gesellschafter, ohne eine nähere Definition darzubieten. Sinn und Regelungszweck eines solchen (Gesellschafter-) Beschlusses ist die Entscheidungsfindung durch Mehrheiten der Gesellschafter.[382] Die begriffliche Einordnung des Gesellschafterbeschlusses ist weitgehend einheitlich: Der Gesellschafterbeschluss ist Mittel der Gesellschafter zur Willensbildung durch Mehrheitsfindung und ersetzt in dieser Funktion, durch Zurechnung dieses Willens zur Gesellschaft, den bei Verbänden fehlenden natürlichen Handlungswillen.[383]

Eine auf dieser Grundlage bestehende Rechtsnatur wird allerdings nicht einheitlich hergeleitet. So gibt es unterschiedliche Ansätze, die den Gesellschafterbeschluss als Sozialakt, einfaches oder mehrseitiges Rechtsgeschäft (sui generis) oder als Vertrag verstehen. Diese Einordnung wirkt sich dabei unmittelbar auf das Folgeproblem der Anwendbarkeit von Gesetzesrecht aus, insbesondere, ob auf den Gesellschafterbeschluss die §§ 104 ff. bzw. §§ 145 ff. BGB Anwendung finden.

380 Ergänzend hat die Rechtsprechung weitere Aufgaben zwingend der Gesellschafterversammlung zugesprochen, so u.a. in BGHZ 132, 263, 266; 83, 122; BGH Urt. v. 26.04.2004, Az.: II ZR 154/02.

381 *Hagenloch*, in: FS Stilz, 2014, S. 205.

382 Die Definition des Gesellschafterbeschlusses ist weitgehend unumstritten: *K. Schmidt*, Gesellschaftsrecht, S. 434; *Hüffer/Schürnbrand*, in: UHL, § 47 Rn. 1: Hierzu wird ferner angeführt, dass diese Beschlussform gerade wegen des Mehrheitsprinzips eine Abweichung von dem Beschluss im Sinne des § 119 HGB darstellt und ferner einzig die Stimmen der Gesellschafter bedeutsam sind, die sich an der Abstimmung beteiligen.

383 OLG Celle NZG 1999, 447; *Hüffer/Schürnbrand*, in: UHL, § 47 Rn. 2; *Römermann*, in: Michalski, § 47 Rn. 7; *Zöllner/Noack*, in: Baumbach/Hueck, § 47 Rn. 2.

1) Einzelne Stimmabgabe

Die einzelne Stimmabgabe ist als empfangsbedürftige Willenserklärung zu verstehen, die aber freilich noch kein Rechtsgeschäft oder Vertrag ist.[384] Auf sie sind insbesondere die §§ 119 ff. BGB anzuwenden.[385] Dieser Ansicht wird kritiklos gefolgt.

2) Gesellschafterbeschluss

Die rechtsdogmatische Einordnung des Gesellschafterbeschlusses in die Rechtsgeschäftslehre ist – anders als die einzelne Stimmabgabe – uneinheitlich und umstritten.[386]

a) Lehre vom Sozialakt

Die frühere Rechtsprechung des RG und zunächst auch des BGH haben den Gesellschafterbeschluss nicht als Rechtsgeschäft betrachtet, sondern vielmehr als „*Sozialakt körperschaftlicher Willensbildung*".[387] Der Fokus wurde wohl auf

---

384 RGZ 118, 67, 69; BGHZ 14, 267; 48, 163, 173; BGH NJW 1952, 98, 99; OLG Düsseldorf, GmbHR 2012, 1363; OLG Jena, GmbHR 2006, 985, 986; OLG München, ZIP 2011, 772; OLG Stuttgart, GmbHR 2013, 472, 474; LG Hamburg, GmbHR 1998, 987; *Lindemann*, Die Beschlussfassung in der Einmann-GmbH, S. 141 f.; *Hüffer/Schürenbrand*, in: UHL, § 47 Rn. 44; *K. Schmidt*, in: Scholz GmbHG, § 45 Rn. 22; *Zöllner/Noack*, in: Baumbach/Hueck, § 47 Rn. 7; *ders.*, in: FS Lutter, 2000, S. 821, 824; *Busche*, in: FS Säcker, 2011, S. 45, 48; *Winnefeld*, DB 1972, 1053, 1054; a.A. *Medicus/Petersen*, BGB AT, Rn. 1129, wonach bereits die Stimmabgaben rechtsgeschäftlichen Charakter haben.

385 *Hüffer/Schürenbrand*, in: UHL, § 47 Rn. 44.

386 So bereits im Überblick *K. Schmidt*, Gesellschaftsrecht, S. 436; *Zöllner*, Stimmrechtsmacht, S. 10; *ders.*, in: FS Lutter, 2000, S. 821; *Bork*, in: Staudinger, vor § 145 Rn. 6, ohne aber die jüngere Lehre zu Berücksichtigen. Aktueller: *Hüffer/Schürnbrand*, in: UHL, § 47 Rn. 2 ff.

387 RGZ 122, 367, 369 noch ohne nähere Begründung; BGHZ 33, 189, 191 „Denn die Satzungsänderung ist, auch wenn vom Alleingesellschafter vorgenommen, ein Sozialakt und unterliegt deshalb nicht dem § 181 BGB."; ebenso BGHZ 48, 163, 167; 51, 209, 217; 52, 316, 318 sehr deutlich „Hierin liegt kein Insichgeschäft im Sinne des § 181 BGB. Denn es handelt sich nicht um einen Vertragsabschluß oder ein sonstiges Rechtsgeschäft der Gesellschafter untereinander, sondern um den Sozialakt der körperschaftlichen Willensbildung durch Mehrheitsentscheid, bei dem jeder Gesellschafter sein Recht auf Mitverwaltung und -gestaltung der gesellschaftlichen Angelegenheiten wahrnimmt."

das Ziel der Unanwendbarkeit des Dritten Abschnitts des ersten Buchs des BGB gerichtet.[388] Dogmatisch wurde diese Rechtsprechung allerdings nicht begründet, weder durch das RG noch den BGH.

Auch in der Literatur finden sich Befürworter dieser Ansicht, der Ablehnung eines rechtsgeschäftlichen Charakters des Gesellschafterbeschlusses.[389] So sei der Gesellschafterbeschluss unter Berücksichtigung sozialrechtlicher Gesichtspunkte *„die Darstellung eines Gemeinwillens"*.[390] Dass der Gesellschafterbeschluss kein Rechtsgeschäft sei, ließe sich damit begründen, dass der Beschluss zunächst keine Außenwirkung entfalte. [391]

b) Der Gesellschafterbeschluss als Vertrag

Teilweise wird in der Literatur angenommen, bei Gesellschafterbeschlüssen handle es sich um Verträge, mit der Folge der weitgehenden Anwendbarkeit der §§ 104 ff., sowie auch §§ 145 ff. BGB.[392]

c) Beschluss als mehrseitiges Rechtsgeschäft

Die heute wohl vorherrschende Ansicht vertritt, dass der Beschluss ein mehrseitiges Rechtsgeschäft sui generis (kein Vertrag) sei, hergeleitet und gebildet durch die Bündelung der einzelnen Stimmabgaben.[393] Somit stellen die einzelnen Stimmabgaben bereits Teilakte des späteren Beschlusses dar. Diese auf

---

388 Diese Rechtsprechung des BGH wurde in der juristischen Lit. bereits früh stark kritisiert. So federführend: *Klamroth*, BB 1974, 160, 161; *Wiedemann*, JZ 1970, 291 ff.; *Winkler*, ZGR 1973, 177, 213.

389 *Stürner*, in: Jauernig, Anm. zu §§ 709–713; Rn. 19.

390 *v. Gierke*, Deutsches Privatrecht Bd. I, S. 501, m.w.N.

391 Über die fehlende Außenwirkung des nicht ausgeführten Gesellschafterbeschluss besteht insoweit Konsens, vgl. u.a. *Roth*, in: Roth/Altmeppen, § 47 Rn. 2; *Wicke*, in: GmbHG, § 47 Rn. 2.

392 *Ulmer*, in: FS Niederländer, 1991, S. 415, 424 ff.; der wohl zumindest bei Satzungsänderungen, die Gesellschafter untereinander betreffenden und einstimmigen Gesellschafterbeschlüssen Vertragsqualität annimmt; zustimmend *Kramer*, in: MüKo BGB, 5. Aufl. 2006, vor § 145 Rn. 25 jedenfalls bei einstimmigen Beschlüssen in Personengesellschaften; *Schäfer*, in: MüKo BGB, § 709 Rn. 51; beschränkt auf satzungsändernde Beschlüsse; *Heymann/Horn*, in: Heymann, § 119 Rn. 2.

393 *Larenz/Wolf, BGB* AT, S. 320; *Schindler*, in: BeckOK GmbHG, § 47 Rn. 10; *K. Schmidt*, Gesellschaftsrecht, S. 436; *Wiedemann*, Gesellschaftsrecht Bd. I, S. 178 ff.; *ders.*, Gesellschaftsrecht Bd. II, S. 297; eingehend schon *Bartholomeyczik*, ZHR 105 (1938), 293 ff., 300 f.

v. Tuhr[394] zurückgehende Ansicht ist durch die Rechtsprechung des BGH rechtspraktisch bestätigt worden.[395]

Mittelpunkt privatrechtlicher Willensbildung ist die Willenserklärung, zu deren Auslegung das Gesetz eine Vielzahl an Vorschriften bereithält. Die Willenserklärung ist das Instrument, mit dem der Einzelne seinen Willen kundtun kann.[396] Eine Unterscheidung findet somit zwischen Beschlüssen und der einzelnen Stimmabgabe statt, wobei der Beschluss – also das Ergebnis aus der Gesamtheit der abgegebenen Stimmen – ein Rechtsgeschäft eigener Art, nicht aber Vertrag sei.[397]

d) Beschluss als eigenständiger Rechtsakt

Der h.M. entgegen vertritt *Ernst*, dass es sich bei dem Gesellschafterbeschluss um einen von den einzelnen Stimmabgaben losgelösten eigenständigen Organakt handele, der erst durch den *„unverzichtbaren Endakt"* einer Feststellung des Beschlusses, Bestandskraft erhalte.[398]

Insoweit handele es sich bei dem Beschluss nicht um ein mehrseitiges Rechtsgeschäft, bestehend aus den Bruchteilen der jeweiligen Einzelstimmen, sondern um einen Rechtsakt der Gesellschafterversammlung selbst, vielmehr seien *„die Stimmabgaben und die Beschlussfassung von wesentlich verschiedener Rechtsnatur"*.[399] Dabei handele es sich also um eine Transformation der einzelnen Stimmen in einen Gesamtakt der Zurechnung des Beschlusses durch Feststellung.[400]

---

394 *v. Tuhr*, Allgemeiner Teil BGB, Bd. I, S. 514 f.; *ders.*, Allgemeiner Teil BGB, Bd. II, S. 234 f.

395 BGHZ 65, 93, 96 f. = NJW 1976, 49; 112, 339, 341 f. = NJW 1991, 691, ohne weitere Verwendung des Begriffs „Sozialakt".

396 *Busche*, in: FS Säcker, 2011, S. 45.

397 *Römermann*, in: Michalski, § 47 Rn. 9 m.w.N.

398 *Ernst*, in: FS Leenen, 2012, S. 1 ff.; Zustimmend *Maier-Reimer/Flume*, KSzW 2013, 30, 34; Anders wohl *Zöllner*, in: FS Lutter, 2000, S. 821, 826 f.: „Folgt das Beschlußergebnis durch Subsumtion des Abstimmungsergebnisses unter die einschlägigen rechtlichen Regeln, so bedeutet dies, daß die förmliche Feststellung des Beschlußergebnisses (durch wen auch immer) kein von der Natur der Sache her notwendiger Bestandteil der kollektiven Willensbildung und damit des Beschlusses ist."

399 *Ernst*, in: FS Leenen, 2012, S. 41.

400 So zusammenfassend *Hüffer/Schürenbrand*, UHL, § 47 Rn. 4, die zugleich feststellen, dass ein solches Verständnis indes nicht zwingend im Widerspruch zur Einordnung des Gesellschafterbeschlusses als mehrseitiges Rechtsgeschäft steht.

e) *Kritik und Stellungnahme*

Die Lehre vom Sozialakt berücksichtigt den tatsächlich ureigenen Charakter von Rechtsgeschäften, das privatautonome Bestimmen der Regeln durch die Parteien, nicht hinreichend.[401] Zudem hat der BGH selbst festgestellt, dass „*nicht allein formalrechtliche und konstruktive Überlegungen, sondern auch wertende Gesichtspunkte maßgebend*" sind.[402] Vertraglicher Natur ist jedenfalls ein dem Mehrheitsprinzip untergeordneter Beschluss nicht, da er nicht auf Konsensbildung abzielt und nicht auf korrespondierenden Willenserklärungen beruht.[403] Es erscheint darüber hinaus nicht sinnvoll, wenn die Rechtsnatur der Satzung abhängig vom Quorum ist (also die Frage, ob der Beschluss einstimmig zu fassen ist oder nicht).[404] Obgleich vieles für die von *Ernst* entwickelte Theorie eines Organaktes als eigenständiger Akt spricht, bedarf es hier jedenfalls dann keiner Entscheidung, wenn man davon ausgeht, dass es sich dabei auch um ein Rechtsgeschäft handelt. Folglich begründet diese Ansicht für den weiteren Verlauf dieser Arbeit keine folgenreiche Abweichung zur herrschenden Meinung, sodass eine vertiefte Auseinandersetzung mit den beiden Ansichten ausbleiben kann.

Nach zutreffender Auffassung handelt es sich bei dem Gesellschafterbeschluss um ein Rechtsgeschäft eigener Art, das unabhängig davon, ob es nun unmittelbar auf der Gesamtheit der abgegebenen Einzelstimmen beruht, wenigstens eng mit diesen Willenserklärungen verwoben ist.

II. Grenzen freier Beschlussfassung

Obgleich die Gesellschafter der GmbH grundsätzlich in allen die Gesellschaft betreffenden Belangen Beschlüsse fassen dürfen, findet auch die Beschlussfassung Grenzen. Wann ein Gesellschafterbeschluss unter Mängeln leidet und welche Auswirkung solche Beschlussmängel haben, ist nicht im GmbHG geregelt. Nach herrschender Auffassung bestimmt sich die Nichtigkeit und Anfechtung

---

401 *Hüffer/Schürenbrand*, in: UHL, § 47 Rn. 3.

402 BGHZ 65, 93, 97.

403 Völlig h.M.: *Hüffer/Schürenbrand*, in: UHL, § 47 Rn. 3; *K. Schmidt*, in: Scholz, § 45 Rn. 18 m.w.N.

404 *Bork*, in: Staudinger, vor § 145 Rn. 6: „Beschlüsse können nicht selten mit Stimmenmehrheit gefaßt werden, und das paßt nicht zur Vertragsstruktur, die einen allseitigen Rechtsfolgenwillen voraussetzt. Die Rechtsnatur der Beschlüsse kann aber nicht davon abhängen, ob der Beschluss einstimmig gefaßt werden muß oder nicht."

von Gesellschafterbeschlüssen nicht nach dem BGB, sondern in analoger Anwendung der §§ 241 ff. AktG.[405]

1) *Nichtigkeit von Gesellschafterbeschlüssen*

Demnach ist ein Beschluss u.a. dann nichtig, wenn er an inhaltlichen Mängeln leidet. Inhaltliche Mängel dieser Art liegen vor, wenn der Beschluss

- Unvereinbar mit dem Wesen der Gesellschaft,
- im Widerspruch zu gläubigerschützenden oder im öffentlichen Interesse befindlichen Vorschriften,
- sittenwidrig schädigend für Gesellschaftsdritte oder
- als Verstoß gegen die guten Sitten zu verstehen ist.[406]

2) *Anfechtbarkeit von Gesellschafterbeschlüssen*

Bei Nichtvorliegen eines Nichtigkeitsgrundes kann ein mangelhafter Beschluss angefochten werden durch Anfechtungsklage nach § 243 AktG analog.

Neben der Nichtigkeit, die entsprechend § 241 AktG die restriktive Ausnahme bei Beschlussmängeln darstellt, kommt ferner die Anfechtung von Gesellschafterbeschlüssen in Betracht. Anfechtbar sind daher grundsätzlich alle Gesellschafterbeschlüsse, die gegen höheres Recht verstoßen, das nicht Gesetzesrang haben muss.[407] Demnach können auch Verstöße gegen die Satzung zur Reversibilität des Beschlusses führen.[408] Hierbei ist allerdings der Vorrang der Auslegung zu berücksichtigen und das eventuelle Vorliegen der Voraussetzungen zur Satzungsdurchbrechung.

---

405 Noch grundlegend ohne konkreten Gesetzesbezug zur Nichtigkeit und Anfechtung: RGZ 85, 311, 313; Feststellung der analogen Anwendung der aktienrechtlichen Bestimmungen: BGHZ 11, 231, 235; 101, 113, 117; 104, 66, 69; *Römermann*, in: Michalski, § 47 Anh. Rn. 12 ff.; *Roth*, in: Roth/Altmeppen, § 47 Rn. 91; *K. Schmidt*, in: Scholz, § 45 Rn. 35 ff.; *Hüffer*, ZGR 2001, 833, 864; a.A. *Noack*, Fehlerhafte Beschlüsse, S. 46; *Zöllner/ders.*, ZGR 1989, 525, 542 ff.; *Raiser*, in: UHL, § 47 Anh. Rn. 10 f.; *ders.*, in: FS Heinsius, 1991, S. 645 ff.; *ders.*, in: FS 100 Jahre GmbHG, 1992, S. 587, 599 ff.; einschränkend; *Casper*, ZHR 163 (1999), 58, 76, der allgemein eine stärkere innere Lösung des Verbandes präferieren. So sei eine Übertragung der aktienrechtlichen Anfechtungsregelungen nur für eintragungspflichtige oder sonstige Strukturänderungsbeschlüsse geeignet.

406 *Roth*, in: Roth/Altmeppen, § 47 Rn. 95–100.

407 *Roth*, in: Roth/Altmeppen, § 47 Rn. 120; *Wicke*, in: GmbHG, Anh. § 47 Rn. 13.

408 *Roth*, in: Roth/Altmeppen, § 47 Rn. 123; *Wicke*, in: GmbHG, Anh. § 47 Rn. 13.

C. Schuldrechtliche Nebenabreden

Den Gesellschaftern steht es grundsätzlich frei, auch außerhalb der Satzung Vereinbarungen zu treffen.[409] Sie entfalten nur Wirkung unter den sich bindenden Gesellschaftern oder der Gesellschaft gegenüber (entsprechend § 328 BGB).[410] Nach umstrittener Rechtsprechung des BGH soll jedoch ausnahmsweise ein Gesellschafterbeschluss anfechtbar sein, wenn dieser gegen eine Nebenabrede verstößt, an der alle Gesellschafter beteiligt waren.[411]

Schuldrechtliche Nebenabreden können in der Satzungsurkunde enthalten sein, insbesondere die Formvorschriften entsprechend § 2 Abs. 2, § 53 Abs. 2 GmbHG finden auf sie aber keine Anwendung.[412]

---

409 Vgl. u.a. *Schäfer*, in: Henssler/Strohn, § 3 Rn. 32. Auch die Rechtsprechung geht von der Zulässigkeit schuldrechtlicher Nebenabreden aus, so BGHZ 123, 15, 20 = NJW 1993, 2246.

410 *Schnorbus*, in: Rowedder/Schmidt-Leithoff, § 53 Rn. 7.

411 BGHZ 29, 385, BGH NJW 1983, 1910; BGH NJW 1987, 1890; so auch OLG Hamm GmbHR 2000, 673; a.A. *Wicke*, in: GmbHG, § 3 Rn. 27.

412 *Grotheer*, RNotZ 2015, 4, 6.

3 Grundlagen des Liquidationsrechts

Fassen die Gesellschafter einer GmbH den Entschluss, die unternehmerische Tätigkeit ihrer Gesellschaft zu beenden und diese abzuwickeln, so erfolgt dies für gewöhnlich im Rahmen des förmlichen Liquidationsverfahrens, entsprechend §§ 60 ff. GmbHG.[413] Ziel der Liquidation ist die Vollbeendigung der Gesellschaft. Im Gesamten bedarf es zur endgültigen Löschung der Gesellschaft im Handelsregister grundsätzlich das durchlaufen dreier Phasen, der Auflösung, der Abwicklung und der Vollbeendigung.[414] Die Vollbeendigung der Gesellschaft ist in der Regel der Abwicklung zeitlich nachgehend. Für die Vollbeendigung unschädlich ist, ob danach noch unbefriedigte Gläubiger vorhanden sind.[415] Insoweit sind Beendigung der Liquidation (= Abwicklung) und Vollbeendigung der Gesellschaft nicht synonym, sondern beziehen sich regelmäßig auf verschiedene Zeitpunkte.[416] Primärer Zweck der Liquidation ist das Abziehen des in der Gesellschaft gebundenen Kapitals.[417] Daher sind auch grundsätzlich – anders als im Insolvenzrecht, dessen Ziel die Befriedigung der Gesellschaftsgläubiger ist – die Gesellschafter selbst die Initiatoren der Liquidation.[418]

A. Auflösung

Die Liquidation der Gesellschaft beginnt mit dem Auflösungsbeschluss der Gesellschafter. Die Gründe und Motive zur Auflösung einer Gesellschaft sind verschieden und in § 60 GmbHG nicht abschließend aufgelistet.[419] Die Auflösung

---

413 In Ausnahmefällen ist eine Beendigung auch ohne Durchführung eines Liquidationsverfahrens möglich. Bei der sogenannten masselosen Gesellschaft und im Falle einer Gesamtrechtsnachfolge kommt es i.d.R. auf eine Liquidation der Gesellschaft nicht an. In diesen Fällen ist kein Vermögen vorhanden oder das Vermögensschicksal ist bereits bestimmt, vgl. *H.-F. Müller*, MüKo GmbHG, § 74 Rn. 3.

414 *Passarge/Torwegge*, in: Die GmbH in der Liquidation, S. 14; anders noch die frühere Literatur, die von der synonymen Bedeutung von Auflösung und Beendigung ausging, vgl. *v. Gierke*, Genossenschaftstheorie, S. 885 f.

415 *K. Schmidt*, Gesellschaftsrecht, S. 312.

416 *Paura*, Liquidation und Liquidationspflichten, S. 4.; *H.-F. Müller*, MüKo GmbHG, § 74 Rn. 5.

417 *Passarge/Torwegge*, Die GmbH in der Liquidation, S. 115.

418 *Passarge/Torwegge*, Die GmbH in der Liquidation, S. 115.

419 *Haas*, in: Baumbach/Hueck, § 60 Rn. 1, 71 ff.

der Gesellschaft zeichnet den Übergang zwischen der werbenden Gesellschaft und der Abwicklungsgesellschaft zwecks Vollbeendigung.[420]

I. Registereintragung der Auflösung

Insbesondere muss die Auflösung der Gesellschaft ins Handelsregister eingetragen werden. Die Auflösung der Gesellschaft ist unverzüglich gem. § 65 GmbHG in öffentlich beglaubigter Form beim Handelsregister anzumelden. Zur Anmeldung verpflichtet sind die Liquidatoren bzw. Geschäftsführer der Gesellschaft.[421] Die Wirkung der Eintragung ist grundsätzlich deklaratorisch und daher keine Voraussetzung für die Auflösung, kann aber, sofern die Auflösung mit einer Satzungsänderung einhergeht, wegen § 54 Abs. 3 GmbHG auch konstitutive Wirkung haben.[422] Die Eintragung im Handelsregister kann auch ohne Angabe des Auflösungsgrundes erfolgen.[423]

II. Wirkung der Auflösung

Näherer Betrachtung bedarf die Wirkung der Auflösung, konkret das Verhältnis von Gesellschafts- und Liquidationszweck, wie auch die Kontinuität in der Liquidation.

1) Gesellschafts- und Liquidationszweck

Das Verhältnis von Gesellschafts- und Liquidationszweck wird nicht einheitlich verstanden. Die Auswirkung der Auflösung in Bezug auf den Zweck der Gesellschaft gilt es daher näher zu betrachten. Einigkeit besteht bloß insoweit, dass mit dem Auflösungsbeschluss ipso iure eine Zweckänderung eintritt.[424]

a) Gesellschaftszweck

Dem Begriff des Gesellschaftszwecks liegt keine einheitliche Definition zugrunde. Das GmbHG verwendet in § 1 („*Zweck*"), § 61 Abs. 1 („*Gesellschaftszweck*") und §§ 3 Abs. 1 Nr. 2, 10 Abs. 1, 75, 76, („*Gegenstand des Unternehmens*")

---

420 RGZ 77, 152, 154: „Vom Augenblick der Konkurseröffnung besteht die Gesellschaft m.b.H. nur noch zum Zweck der Liquidation im Konkursverfahren fort"; ebenso *Gesell*, in: Rowedder/Schmidt-Leithoff, § 60 Rn. 2 m.w.N.

421 *Gesell*, in: Rowedder/Schmidt-Leithoff, § 65 Rn. 2.

422 *Gesell*, in: Rowedder/Schmidt-Leithoff, § 65 Rn. 6.

423 *K. Schmidt*, in: Scholz, § 65 Rn. 4, 9.

424 *T. Meyer*, Liquidatorenkompetenzen und Gesellschafterkompetenzen, S. 26.

verschiedene Begriffe. Ob und wie diese Bezeichnungen voneinander abzugrenzen sind ist bisweilen höchst umstritten.[425] Wohl Einigkeit besteht insoweit, dass zwischen Gesellschaftszweck und Gegenstand des Unternehmens unterschieden werden muss.[426] Das Verhältnis zueinander ist bis heutig streitig.[427]

(1) Frühere Rechtsprechung und frühere Literatur

Die Rechtsprechung des Reichsgerichts[428] und die frühe Literatur[429] gingen von der Gleichbedeutung von Unternehmenszweck und -gegenstand aus. Diese Ansicht wird heute – zu Recht – nicht mehr vertreten.[430]

(2) Neuere Rechtsprechung

In der neueren Rechtsprechung hat die diffizile Abgrenzung von Gesellschaftszweck und Gegenstand des Unternehmens bislang keine größere Beachtung erfahren.[431] Ohne nähere Ausführungen versteht der BGH unter dem Unternehmenszweck das *„formale Unternehmensziel“* und unter dem Gegenstand des Unternehmens das *„sachliche Unternehmensziel“*.[432] Obgleich der BGH in

---

425 Übersichtlich: *Fleischer*, in: MüKo GmbHG, § 1 Rn. 7 f. m.w.N.

426 LG Köln Urt. v. 10.4.2007 – 87 O 26/07, BeckRS 2009, 11118; *Bayer*, in: Lutter/Hommelhoff, § 1 Rn. 2; *Emmerich*, in: Scholz, § 1 Rn. 2; *Fastrich*, in: Baumbach/Hueck, § 1 Rn. 5; *J. Schmidt*, in: Michalski, § 1 Rn. 2; *Schäfer*, in: Bork/Schäfer, § 1 Rn. 4; *Schmidt-Leithoff*, in: Rowedder/Schmidt-Leithoff, § 1 Rn. 5; *Schmitz*, in: Gehrlein/Born/Simon, § 1 Rn. 5; *Ulmer/Löbbe*, in: UHL, § 1 Rn. 5; *Kübler/Assmann*, Gesellschaftsrecht, S. 35; *Wilhelm*, Kapitalgesellschaftsrecht, Rn. 185.

427 Zur Übersicht: *Tieves*, Unternehmensgegenstand, S. 15 ff.; *Brandner*, in: FS Rowedder, 1994, S. 41, 42 ff.

428 RG DR 1939, 720, 721.

429 Vgl. *Brodmann*, in: GmbHG, § 3 Anm. 4a; *Flume*, Juristische Person, S. 323 ff.

430 Mit einer grundlegenden Arbeit hat *Rudolf Fischer* bedeutsam herausgearbeitet, dass Unternehmensgegenstand und -zweck nicht identisch, sondern verschieden sind. Hierzu führt er aus: „Wer, wie herkömmlich, keinen Unterschied zwischen Gegenstand des Unternehmens und Zweck der Gesellschaft macht, nimmt keinen Anstoß daran, wenn eine Aktiengesellschaft, mit der ausnahmsweise die Mitglieder ursprünglich nicht den Zweck des Verdienstes, sondern einen geselligen oder sonstigen idealen Zweck anstrebten, später eine echte Dividendengesellschaft zu werden beschließt“, in: Hdb. des ges. Handelsrechts, Bd. III/1 S. 89 f.

431 Die teilweise erhobene Behauptung, die Rechtsprechung unterscheide überhaupt nicht zwischen den Begriffen trifft unterdessen nicht zu, vgl. *Wicke*, in: GmbHG, § 1 Rn. 2. Mit Hinweis auf die unkonkrete Unterscheidung von Gesellschaftszweck und Unternehmensgegenstand in der Rechtsprechung, *Goette*, Die GmbH, Rn. 2, 6.

432 BGHZ 127, 176, 180.

dieser Entscheidung nicht näher auf eine Unterscheidung der Begriffe eingeht, so schließt er sich mittels Verweis der Literaturauffassung *Wiedemanns*[433] und *Raisers*[434] an. Folglich unterscheidet der BGH offenbar zwischen Tätigkeitsbereich (= Sachziel) und Zweckbestimmung (= Formalziel).[435] Außerdem ergänzt der BGH, der Unternehmensgegenstand sei *„der Wirtschaftsbereich, in dem die Gesellschaft nach der bei Abschluß des Gesellschaftsvertrages von den Gesellschaftern erzielten Übereinkunft ihre Tätigkeit entfalten soll“*.[436]

Neben dem BGH hat sich insbesondere das LG Köln in der Abgrenzungsfrage positioniert.[437] Demnach gebe der Gegenstand das *„Tätigkeitsfeld der Gesellschaft“*, der Zweck *„das mit der Gesellschaft verfolgte Ziel“* an.

(3) Neuere Literatur

Der Meinungsstand in der Literatur ist diesbezüglich nicht einheitlich. Eine breite Literaturauffassung versteht das Verhältnis von Zweck und Gegenstand des Unternehmens im Sinne einer Zweck-Mittel-Relation.[438] Insoweit handle es sich bei dem Gegenstand des Unternehmens um das Mittel zur Erreichung des mit dem Zweck gesetzten Unternehmensziels.[439] Ein Teil der Literatur bevorzugt eine Unterscheidung in funktionaler Hinsicht.[440] Das Innenverhältnis der Gesellschaft sei durch den Zweck, das Außenverhältnis der Gesellschaft durch den Gegenstand des Unternehmens bestimmt.[441] Nach anderer Auffassung seien Unternehmensgegenstand und -zweck jedenfalls dann identisch, wenn die Gesellschaft zu erwerbswirtschaftlichen Gründen besteht.[442] Entsprechend einer

---

433 *Wiedemann*, Gesellschaftsrecht, Bd. I, S. 326 ff.

434 *Raiser*, Recht der Kapitalgesellschaften, 2. Aufl., § 7 Rn. 11 f., § 14 Rn. 11.

435 Vgl. *Raiser/Veil*, Recht der Kapitalgesellschaften, § 4 Rn. 10.

436 BGHZ 127, 176, 179, mit Verweis auf *Wiedemann*, Gesellschaftsrecht, Bd. I, S. 326 ff.; *K. Schmidt*, Gesellschaftsrecht, S. 58; *Raiser*, Recht der Kapitalgesellschaften, 2. Aufl., § 7 Rn. 11 f., § 14 Rn. 11.

437 LG Köln Urt. v. 10.04.2007 – Aktz. 87 O 26/07 = BeckRS 2009, 11118.

438 *Emmerich*, in: Scholz, § 1 Rn. 2a; *Priester*, in: Scholz, § 53 Rn. 182; *Roth*, in: Roth/Altmeppen, § 1 Anm. 3.1; *J. Schmidt*, in: Michalski, § 1 Rn. 4; *Wicke*, in: GmbHG, § 1 Rn. 2; *Kübler/Assmann*, Gesellschaftsrecht, S. 35.

439 *Bayer*, in: Lutter/Hommelhoff, § 1 Rn. 3; *J. Schmidt*, in: Michalski, § 1 Rn. 4; *Roth*, in: Roth/Altmeppen, § 1 Rn. 4; *Emmerich*, in: Scholz, § 1 Rn. 2b; *Kübler/Assmann* Gesellschaftsrecht, S. 35.

440 *Fastrich*, in: Baumbach/Hueck, § 1 Rn. 5; *Jager*, in: BeckOK GmbHG, § 1 Rn. 2; *Ulmer/Löbbe*, in: UHL, § 1 Rn. 8.

441 *Jager*, in: BeckOK GmbHG, § 1 Rn. 2.

442 *Meyer-Landrut*, in: Meyer-Landrut/Miller/Niehus, § 1 Rn. 4.

vierten Meinung im Schrifttum sei der Gesellschaftszweck Oberbegriff für den Gegenstand des Unternehmens und das Formalziel.[443]

(4) Stellungnahme

Obgleich das Verhältnis zwischen Unternehmensgegenstand und Gesellschaftszweck – wie dargestellt – im Detail verschieden betrachtet wird, so lässt sich, wie *Meyer* passend zusammenfasst, letztlich sagen, dass alle Ansichten in die gleiche gedankliche Richtung deuten.[444] Demnach ist der Gegenstand des Unternehmens Beleg für die Ausrichtung der Gesellschaft, hinsichtlich Branche, Sparte, etc. und mittels qualifizierter Mehrheit im Wege einer formalen Satzungsänderung abänderbar.[445] Der Zweck der Gesellschaft hingegen lässt sich wohl trefflich als konkrete Ausrichtung der Korporation verstehen, hinsichtlich ihrer Erwerbstätigkeit, idealer Zwecke, Gemeinnützigkeit etc.[446] Nach überwiegender Auffassung ist eine Änderung des Gesellschaftszwecks bloß mit der Zustimmung aller Gesellschafter möglich, entsprechend § 33 Abs. 1 Satz 2 BGB.[447]

b) Liquidationszweck

Die Schwierigkeiten in Bezug auf die dogmatische Einordnung des Gesellschaftszwecks gehen einher mit der mangelhaften Fixierung des Begriffs im GmbHG. Hinsichtlich des Liquidationszwecks gibt es indes keine Definitionsprobleme, § 70 GmbHG regelt diesen ausdrücklich. Demnach liegt der Zweck der Liquidation in der Beendigung der laufenden Geschäfte, Erfüllung der Verpflichtungen der aufgelösten Gesellschaft, Einziehung der Forderungen und Umsetzung des Gesellschaftsvermögens in Geld – letztlich zur Ausschüttung eines höchst möglichen Liquidationsertrages. Dieser Pflichtenrahmen ist zwingend.[448]

---

443 *K. Schmidt*, Gesellschaftsrecht, S. 65 f.; *Zöllner*, Die Schranken mitgliedschaftlicher Stimmrechtsmacht bei privatrechtlichen Personenverbänden, S. 27.

444 *T. Meyer*, Liquidatorenkompetenzen und Gesellschafterkompetenzen, S. 26.

445 *T. Meyer*, Liquidatorenkompetenzen und Gesellschafterkompetenzen, S. 26; *K. Schmidt*, Gesellschaftsrecht, S. 64 ff.; *Zöllner*, Die Schranken mitgliedschaftlicher Stimmrechtsmacht bei privatrechtlichen Personenverbänden, S. 30; *Bayer*, in: Lutter/Hommelhoff, § 1 Rn. 3 f.

446 Trefflich bezeichnet von *Wiedemann* als „Lebensgesetz des Verbandes", Gesellschaftsrecht, Bd. I, S. 10 f.

447 *Emmerich*, in: Scholz, § 1 Rn. 3a; *Ulmer*, in: UHL, § 1 Rn. 7; *K. Schmidt*, Gesellschaftsrecht, S. 64 ff.; a.A. *Wiedemann*, Gesellschaftsrecht, Bd. I, S. 155 f.

448 *T. Meyer*, Liquidatorenkompetenzen und Gesellschafterkompetenzen, S. 26.

c) *Verhältnis von Gesellschafts- und Liquidationszweck*

Das Verhältnis von Gesellschafts- und Liquidationszweck wird mithin uneinheitlich verstanden.[449] Hervorgetan haben sich im Wesentlichen zwei Ansichten. Ausgangspunkt der Streitfrage ist, ob der Liquidationszweck den Gesellschaftszweck ersetzt[450] oder punktuell überlagert[451].

Geht man mit der Auffassung, dass der Liquidationszweck den Gesellschaftszweck vollständig verdrängt, so lässt sich dies mit dem Wandel der Gesellschaft von der lebendigen, werbenden Gesellschaft, hin zur aufgelösten begründen.[452] Insoweit würden die beiden Zwecke einander ausschließen, mit dem Liquidationsbeschluss wäre der Gesellschaftszweck verdrängt.

Diese Ausschließlichkeit der Zwecke, die vordergründig Sinn ergibt, ist die Gegenauffassung bemüht, zu widerlegen.[453] Demnach überlagere der Liquidationszweck bloß partiell den Gesellschaftszweck, bei grundsätzlich gleicher Ausrichtung: Auch fortan bestehe ein Verband mit dem Ziel der Gewinnmaximierung, allerdings mit dem Fokus auf den Liquidationserlös.

Jedenfalls Einigkeit besteht heute wohl darüber, dass – unabhängig davon, ob der Liquidationszweck nun den Gesellschaftszweck überlagert oder ersetzt – kein Ausverkauf mit dem „*Zweck der Selbstvernichtung*" gemeint sein kann.[454] Dies gilt freilich, so führt *Paura* aus, auch für karitative oder sonst nicht

449 Vgl. *K. Schmidt*, Gesellschaftsrecht, S. 313.

450 *Altmeppen*, in: Roth/Altmeppen § 69 Rn. 3; *Servatius*, in: Bork/Schäfer, § 69 Rn. 2; wohl auch BGHZ 103, 184, 192. „Die Beendigung des Gesellschaftszweckes durch Herbeiführung eines mit der gesetzlichen oder satzungsgemäßen Mehrheit gefaßten Auflösungsbeschlusses ist grundsätzlich jederzeit und ohne weitergehende Voraussetzungen möglich".

451 *K. Schmidt*, Gesellschaftsrecht, S. 313.

452 RGZ 123, 151, 155: „Die Erreichung dieses Vertragswillens ist aber nach den Ausführungen des Berufungsrichters unmöglich geworden, weil nach der Auflösung der offenen Handelsgesellschaft die Liquidation eingetreten und damit die Abwicklung [...] das alleinige Ziel eines dem Gesetz [...] entsprechenden Verhaltens der Teilhaber geworden sei. Sie dürften – sagt das Urteil – insbesondere neue Waren nicht mehr einkaufen[...].".

453 Insbesondere *K. Schmidt*, Liquidationsbilanzen und Konkursbilanzen, S. 28; *ders.*, Wege zum Insolvenzrecht der Unternehmen, S. 99 f.; *ders.*, ZHR 153 (1989), 270, 281 ff.; *ders.*, in: Scholz, § 69 Rn. 3; *ders.*, Gesellschaftsrecht, S. 313; zustimmend: *Gesell*, in: Rowedder/Schmidt-Leithoff, § 60 Rn. 4; *Haas*, in: Baumbach/Hueck, § 60 Rn. 9; *Kleindiek*, in: Lutter/Hommelhoff, § 69 Rn. 2; *H.-F. Müller*, in: MüKo GmbHG, § 69 Rn. 5; *Paura*, Liquidation und Liquidationspflichten, S. 23; *ders.*, in: UHL, § 69 Rn. 7.

454 *K. Schmidt*, in: Scholz, § 69 Rn. 3.

wirtschaftlich ausgerichtete Gesellschaften.[455] Wegen der bloßen Überlagerung des Gesellschaftszwecks seien diese Gesellschaften nicht von ihren karitativen Aufgaben und der damit einhergehenden Mittelbindung befreit. Vielmehr sei ein Liquidationsüberschuss nicht einfach den Mitgliedern auszuzahlen, sondern im Sinne des karitativen Gesellschaftszwecks zu verwenden. Auch auf diesen Argumenten aufbauend überzeugt der Gedanke, dass mit dem Liquidationsbeschluss die Gesellschaft nicht schon ihren letzten Atemzug getan hat, sondern schrittweise, vom Liquidationszweck zunehmend überlagert, sich von einer lebendigen Gesellschaft in eine aufgelöste wandelt. Anschaulich dargestellt wird diese Problematik durch *Meyer*, der einige praktische Beispiele nennt, die einer Ersetzung des Gesellschaftszwecks durch die Liquidation widersprechen.[456]

Es muss auch zugestanden werden, dass eine Verengung durch den Liquidationszweck weitere Fragen aufwirft, so z.B., dass ein Schrumpfen der Rechtsfähigkeit durch den Liquidationszweck den Fortsetzungsbeschluss der Gesellschafter – der nunmal für die Liquidation gerade nicht erforderlich ist – immer ultra vires setzen würden.[457]

Letztlich vermögen die dargelegten Gründe deutlich aufzuzeigen, dass eine partielle Überlagerung des Gesellschaftszwecks durch den Liquidationszweck sinnvoll und richtig ist. Die Ersetzung des Gesellschaftszwecks zeichnet ein falsches Bild vom modernen Verständnis der Liquidation, wo die baldige Versilberung der Gesellschaft gerade nicht mehr oberste und einzige Prämisse ist. Insoweit handelt es sich beim Liquidationszweck, nach vorzugswürdigem Verständnis, um einen Verfahrenszweck.[458]

2) Kontinuität der Gesellschaft

§ 69 Abs. 1 GmbHG regelt die Rechtsnatur und die Existenz der Gesellschaft in Liquidation. Die Gesellschaft bleibt, weitgehend unverändert, auch während

---

455 *Paura*, Liquidation und Liquidationspflichten, S. 23.

456 *T. Meyer*, Liquidatorenkompetenzen und Gesellschafterkompetenzen, S. 30 ff.: So sei eine Abkehr von der werbenden Ausrichtung einer Gesellschaft regelmäßig nicht gewollt, wenn eine Auflösung nach Ablauf einer im Gesellschaftsvertrag bestimmten Zeit (§ 60 Abs. 1 Nr. 1 GmbHG) oder bei Tod eines Gesellschafters, wenn dies als Auflösungsgrund im Gesellschaftsvertrag festgehalten ist (§ 60 Abs. 2 GmbHG), allerdings von Rechts wegen eintritt.

457 *Frotz*, Verkehrsschutz, S. 164.

458 *K. Schmidt*, Gesellschaftsrecht, S. 313, 1519 ff.; *ders.*, ZHR 153 (1989), 270, 281 ff.; zustimmend *T. Meyer*, Liquidatorenkompetenzen und Gesellschafterkompetenzen, S. 36 f.; *Paura*, Liquidation und Liquidationspflichten, S. 23 ff.

der Liquidation bestehen, sie ist insoweit identisch mit der werbenden Gesellschaft.[459]

Mit Außenwirkung gilt für Liquidationsgesellschaften: Die Firmierung der Gesellschaft bleibt zunächst unverändert, anerkannt ist allerdings die Möglichkeit zur Änderung der Firma durch die Liquidationsgesellschaft.[460] Bei der Firmierung ist sie zur Angabe des Zusatzes *„i.L."* oder *„in Liquidation"* verpflichtet, entsprechend § 68 Abs. 2 GmbHG. Ferner bleibt die GmbH i.L. partei-[461], rechts-[462], insolvenz-[463], grundbuch-[464], delikts-[465] und prozessfähig[466]. Ihre Rechtsverhältnisse bleiben von der Auflösung unberührt (insbesondere Schutzrechte und Vertragsverhältnisse).[467] Die Gesellschaft bleibt weiterhin Formkaufmann und unterliegt den Sonderbestimmungen für Kaufleute im Sinne des HGB.

Nach innen bleibt die Liquidationsgesellschaft ebenfalls identisch. Insbesondere gilt die Satzung der Gesellschaft fort.[468] Auch die innere Verbandsordnung bleibt weitgehend von der Auflösung unberührt. Diskontinuität besteht im Wesentlichen nur bei der Geschäftsführung, die fortan von den Liquidatoren übernommen wird, und einer weitreichenden Ausschüttungssperre während des Sperrjahres.[469] Im Übrigen bleibt die Gesellschafterversammlung oberstes Organ der Gesellschaft, auch ein etwaiger Aufsichtsrat bleibt unverändert bestehen, ebenso erteilte Prokura und Vollmachten.[470]

---

459 RGZ 78, 93; OLG Köln, GmbHR 1985, 23, 24; *Büteröwe*, in: Henssler/Strohn, § 69 GmbHG Rn. 1; *Kleindiek*, in: Lutter/Hommelhoff, § 69 Rn. 1; *H.-F. Müller*, in: MüKo GmbHG, § 69 Rn. 1; *Nerlich*, in: Michalski, § 69 Rn. 1; *Paura*, in: UHL, § 69 Rn. 1; *K. Schmidt*, in: Scholz, § 69 Rn. 1; *Geißler*, DZWIR 2013, 1.

460 *Paura*, in: UHL, § 69 Rn. 12.

461 RGZ 82, 84; 134, 94; BGH ZInsO 2006, 260, 261; OLG Koblenz GmbHR 1991, 315; ferner *Paura*, in: UHL, § 69 Rn. 2 m.w.N.

462 U.a. *Kolmann*, in: Saenger/Inhester, § 69 Rn. 1; *Kleindiek*, in: Lutter/Hommelhoff; § 69 Rn. 1; *Hofmann*, GmbHR 1975, 217, 225.

463 Vgl. § 11 Abs. 3 InsO.

464 *K. Schmidt*, in: Scholz, § 69 Rn. 2.

465 U.a. *Kolmann*, in: Saenger/Inhester, § 69 Rn. 1; *Kleindiek*, in: Lutter/Hommelhoff; §69 Rn. 1.

466 *Paura*, in: UHL, § 69 Rn. 1.

467 *Kolmann*, in: Saenger/Inhester, § 69 Rn. 1.

468 *Kleindiek*, in: Lutter/Hommelhoff, § 69 Rn. 2.

469 BGH NZG 2003, 813; OLG Brandenburg BB 2002, 1610.

470 *Kleindiek*, in: Lutter/Hommelhoff, § 69 Rn. 2.

B. Abwicklung

Auf die Auflösung der Gesellschaft folgt die Abwicklung bzw. Liquidation. In der Regel liegt der Kern der Beendigung in der Liquidationsphase. In dieser Zeit sind insbesondere die Geschäftstätigkeiten der Gesellschaft (sog. Operatives Geschäft) einzustellen, Verbindlichkeiten zu befriedigen und offene Forderungen einzuziehen. Während dieser Phase sind Jahresabschlüsse durch die Liquidatoren zu erstellen.

C. Vollbeendigung

Ziel der Liquidation ist die Vollbeendigung der Gesellschaft. Die Vollbeendigung der Gesellschaft ist insoweit allerdings zu unterscheiden von der Beendigung der Liquidation. Letztere meint den Abschluss des förmlichen Liquidationsverfahrens, insbes. die §§ 70–73 GmbHG.[471]

Die konkreten Voraussetzungen der Vollbeendigung sind umstritten. Uneinigkeit besteht über die Frage, ob die Beendigung der Gesellschaft mit ihrer Vermögenslosigkeit ipso iure eintritt oder ob die Beendigung der Gesellschaft mit konstitutiver Wirkung eingetragen werden muss.

I. Vermögenslosigkeit der Gesellschaft

Nach früherer Ansicht ist die Gesellschaft mit ihrer Vermögenslosigkeit ipso iure beendet, die Eintragung im Handelsregister ist damit bloß deklaratorisch.[472] Vermögenslos ist eine Gesellschaft dann, wenn sie kein verteilungsfähiges Vermögen mehr besitzt, also keine Aktiva mehr vorhanden sind, die bilanziert werden.[473] Das Vorliegen verwertbarer Vermögenspositionen verhindere die Vollbeendigung der Gesellschaft.

471 *K. Schmidt*, in: Scholz, § 74 Rn. 2.

472 In der Rspr.: RGZ 109, 387, 391; 149, 293, 296 f.; 155, 42, 44; 156, 23, 26; BGHZ 48, 303, 307; BAG WM 1982, 219, 220; BayObLG DNotZ 1955, 638; OLG Stuttgart NJW 1969, 1493; in der Literatur: *Meyer-Landrut*, in: Meyer-Landrut/Miller/Niehus, § 74 Rn. 5; *Hohner*, in: Hachenburg, 7. Aufl., § 74 Rn. 25; *Bokelmann*, NJW 1977, 1130 f.; *Marowski*, JW 1938, 11.

473 BayObLG GmbHR 1995, 530, 531; OLG Frankfurt GmbHR 2006, 94 = ZIP 2006, 235; KG GmbHR 2007, 659 = NZG 2007, 474; ebenso *K. Schmidt*, in: Scholz, § 60 Rn. 49. Demnach sind z.B. der GmbH-Mantel (*K. Schmidt*, in: Scholz, § 60 Rn. 49 m.w.N.) oder das know-how bzw. innere Firmenwerte (*K. Schmidt*, in: Scholz, § 60 Rn. 49 m.w.N.) keine Vermögenspositionen in diesem Sinne.

Eine Gesellschaft, die aus dem Handelsregister gelöscht wurde, obgleich sie tatsächlich nicht vermögenslos ist, sei nur zum Schein vollbeendet, es komme dann zur Nachtragsliquidation.[474] Problematisch erscheint, dass für den Rechtsverkehr regelmäßig nicht erkennbar ist, ob der Rechtsträger noch existent ist, wenn dieser noch im Handelsregister eingetragen ist.[475]

II. Löschung der Gesellschaft im Handelsregister

Eine andere Ansicht geht von der Notwendigkeit, also der konstitutiven Wirkung, der Löschungseintragung aus.[476] Nach dieser Auffassung ist die Eintragung allerdings die einzige Pflichtvoraussetzung. Offen bleibt allerdings, wie sich der Übergang des Vermögens auf eine Nachfolgegesellschaft o.ä. übertragen soll.[477]

III. Lehre vom Doppeltatbestand

Richtigerweise durchgesetzt hat sich in den letzten Jahren die auf *K. Schmidt* zurückgehende und von ihm maßgeblich geprägte Lehre vom Doppeltatbestand, die von einer konstitutiven Wirkung der Eintragung und der Vermögenslosigkeit als kumulative Voraussetzungen für die Vollbeendigung ausgeht.[478] Vertreter dieser Auffassung weisen mit Recht darauf hin, dass die automatische Vollbeendigung der Gesellschaft als Rechtsreflex bei Vermögenslosigkeit keine Rechtsklarheit schafft, insoweit „*unsicher*" ist.[479] Auch die Eintragung der Löschung im Handelsregister ist für sich allein nicht ausreichend für die Vollbeendigung. Vielmehr bietet die Lehre vom Doppeltatbestand eine hinreichende Würdigung

---

474 Vgl. *Meyer-Landrut*, in: Meyer-Landrut/Miller/Niehus, § 74 Rn. 5.

475 *Paura*, in: UHL, § 74 Rn. 32 m.w.N.

476 *Heller*, Die vermögenslose GmbH, S. 54 ff.; *Hüffer*, in: GS Schultz, 1987, S. 103 ff.; *Herbig*, DNotZ 1935, 787, 789; *Hönn*, ZHR 138 (1974), 50, 52.

477 *Berner*, in: MüKo GmbHG, § 60 Rn. 33.

478 Grundlegend *K. Schmidt*, GmbHR 1988, 209, 210; *Winnefeld*, BB 1975, 70, 72; ebenso *Berner*, in: MüKo GmbHG, § 60 Rn. 38; *Casper*, in: UHL, § 60 Rn. 97 f.; *Haas*, in: Baumbach/Hueck, § 74 Rn. 2; *Kohlmann*, in: Saenger/Inhester, § 74 Rn. 35; *Kleindiek*, in: Lutter/Hommelhoff, § 60, Rn. 17, § 74 Rn. 7; *H.-F. Müller*, in: MüKo GmbHG, § 74 Rn. 32; *Paura*, in: UHL, § 74 Rn. 32; *Servatius*, in: Schäfer/Bork, § 74 Rn. 8 f.; *Erle*, GmbHR 1997, 973, 981; *Schmelz*, NZG 2007, 135, 137; ebenfalls in der Rspr.: BAG GmbHR 1989, 123; GmbHR 2003, 1009, 1010; OLG Celle GmbHR 2008, 211; OLG Stuttgart NZG 1999, 31, 32; OLG Saarbrücken, GmbHR 1992, 311; OLG Koblenz NZG 1998, 637, 638; OLG Naumburg, ZIP 2002, 1529.

479 *K. Schmidt*, in: Scholz, § 74 Rn. 14.

der Rechtslage (vgl. § 66 Abs. 5 GmbHG; § 273 Abs. 4 AktG), indem sie das Fortbestehen der Gesellschaft, die (unerkannt) nicht vermögenslos ist, rechtsdogmatisch berücksichtigt. Solange die Vermögenswerte unerkannt sind, ist die „*unerkannte Fortexistenz unschädlich*", wird diese – wie dargestellt fortbestehende – Gesellschaft ferner als Rechtssubjekt erneut benötigt, so rückt sie erst dann, und nur dann, wieder in den Fokus.[480]

IV. Erweiterter Doppeltatbestand

In Anerkennung der Lehre vom Doppeltatbestand soll weitergehend erforderlich sein, dass keine zusätzlichen Abwicklungsmaßnahmen mehr erforderlich sind, um die Gesellschaft final zu beenden.[481] Unter den erweiterten Abwicklungsbedarf sind zahlreiche weitere Tätigkeiten und Pflichten zu fassen.[482] Obgleich diese „*nachwirkenden Handlungspflichten*" freilich geeignet sind eine Nachtragsabwicklung zu rechtfertigen, so vermögen sie nicht Bestandteil der Vollbeendigungsvoraussetzung zu sein, sofern tatsächlich kein Vermögen mehr vorhanden ist.[483] Nicht nur, dass das Gesetz in § 394 FamFG die Löschung bei Vorliegen der Vermögenslosigkeit und nicht unter erweiterten Umständen bestimmt, sondern vielmehr besteht keine Notwendigkeit für das Fortbestehen des Rechtsträgers,[484] da nachwirkende Handlungspflichten nach vorzugswürdiger Auffassung entsprechend § 72 Abs. 2 Satz 2 GmbHG analog von demjenigen zu erfüllen sind, der ohnehin mit der Verwahrung der Bücher und Schriften betraut wurde.[485] Die Liquidation als solche wird schließlich durch diese Formalaufgaben nicht tangiert.[486]

---

480 *K. Schmidt*, in: Scholz, § 74 Rn. 14.

481 *Gesell*, in: Rowedder/Schmidt-Leithoff, § 74 Rn. 12, 14, 21; *Haas*, in: Baumbach/Hueck, § 74 Rn. 16; *Bork*, JZ 1991, 841, 844; *Galla*, GmbHR 2006, 635, 637; *Saenger*, GmbHR 1994, 300, 302.

482 Vergleiche hierzu *H.-F. Müller*, in: MüKo GmbHG, § 74 Rn. 45 mit zahlreichen Beispielen und Nachweisen. Insbesondere erfasst sind Abgaben von Erklärungen an das Grundbuchamt, Registeranmeldungen, Erledigung unterbliebener Steuer- und Liquidationsrechnungslegungspflichten.

483 *H.-F. Müller*, in: MüKo GmbHG, § 74 Rn. 46 f.

484 *Paura*, in: UHL, § 74 Rn. 32.

485 Vgl. *Casper*, in: UHL, § 60 Rn. 98; *H.-F. Müller*, in: MüKo GmbHG, § 74 Rn. 47; *Paura*, in: UHL, § 66 Rn. 81, § 74 Rn. 43; *K. Schmidt*, in: Scholz, § 74 Rn. 20a; *ders.* GmbHR 1988, 209, 212 f.

486 *Paura*, in: UHL, § 66 Rn. 81.

V. Lehre von der Nachgesellschaft

Ferner wird vertreten, dass mit der Löschung der Gesellschaft diese nicht tatsächlich erlischt, sondern vielmehr als sog. „*Nachgesellschaft*" weiterbesteht.[487]

Auch wenn man dieser Ansicht zubilligen muss, dass sie dogmatisch feiner vorgeht, als die Lehre vom Doppeltatbestand, indem sie sich des Rechtsinstituts der „*Nachgesellschaft*" bedient, so erscheint die Lehre vom Doppeltatbestand aber einfacher und klarer und in der Folge praktisch besser umsetzbar. Insbesondere leben so alle Gesellschaften als Nachgesellschaften fort, ohne einen echten Abschluss zu finden.

VI. Stellungnahme

Das weite Meinungsspektrum zur Vollbeendigung der Gesellschaft spiegelt die hohe Bedeutung für die Rechtspraxis wider. Richtigerweise bedarf es, wie dargelegt, einer konstitutiven Eintragung der Löschung, verbunden mit der Vermögenlosigkeit. Auf dieser Annahme fußt die heute herrschende Meinung. Dass es der negativen Feststellung des Nichtvorliegens weiterer Abwicklungsvoraussetzungen bedarf oder die formal gelöschte Gesellschaft zur Nachtragsgesellschaft wird, kann nicht überzeugen und vermag im Ergebnis nicht die Lehre vom Doppeltatbestand zu verdrängen bzw. zu erweitern.

Für die Vollbeendigung ist demnach der Liquidationserlös an die Gesellschafter auszuschütten, der Abschluss der Liquidation zur Anmeldung im Handelsregister anzumelden und die Löschung im Handelsregister vorzunehmen.

D. Liquidatoren

Mit der Auflösung der Gesellschaft werden die Geschicke dieser fortan nicht mehr von den Geschäftsführern, sondern von den Liquidatoren, gem. §§ 66 GmbHG, gelenkt. Zweck dieser Vorschrift ist die Sicherstellung der Handlungsfähigkeit der aufgelösten Gesellschaft.[488] Die Leitung der Gesellschaft obliegt insoweit also den Abwicklern.

---

487 *Buchner*, Amtslöschung, Nachtragsliquidation und masselose Insolvenz von Kapitalgesellschaften, S. 115 ff.; *Heller*, Die vermögenslose GmbH, S. 141 f., 202; *Lindacher*, in: FS Henckel, 1995, S. 549 ff.

488 *H.-F. Müller*, in: MüKo GmbHG, § 66 Rn. 1; *Paura*, in: UHL, § 66 Rn. 2.

I. Bestellung der Liquidatoren

§ 66 GmbHG behandelt die verschiedenen Benennungsmöglichkeiten für Liquidatoren. Allen gemein ist zunächst, dass die Anwendung der Norm das Vorliegen eines Auflösungsgrundes nach § 60 GmbHG (nicht aber § 60 Abs. 1 Nr. 4, wonach die Abwicklung der Gesellschaft insolvenzrechtlichen Bestimmungen unterliegt) bedarf. Nach inzwischen h.M. finden die §§ 66 ff. GmbHG – sofern eine Eintragung nicht erforderlich ist – auch Anwendung auf die Vor-GmbH.[489]

1) Der „geborene" Liquidator

Das GmbHG sieht für den Regelfall – sofern eine andere Bestimmung sich aus der Satzung nicht ergibt – vor, dass die bisherigen Geschäftsführer als *„geborene"* Liquidatoren fortan die Gesellschaft leiten, gem. § 66 Abs. 1 Hs. 1. Eine gesonderte Bestellung der Geschäftsführer zu Liquidatoren oder eine Annahme ist nicht erforderlich, vielmehr werden diese mit Eintritt des Auflösungsgrundes ipse iure zu Liquidatoren.[490] Geborene Liquidatoren sind zur Amtsübernahme für gewöhnlich aus dem Anstellungsvertrag verpflichtet.[491] Eine Amtsübernahme

489 Nach früherer Rspr. des BGH waren die Gesellschafter unter Heranziehung der §§ 730 ff. BGB für die Auflösung der Gesellschaft zuständiges Vertretungsorgan, vgl. BGHZ 51, 30, 34; 86 122, 126 f.; ebenfalls OLG Dresden GmbHR 1998, 1182. Früher bereits für eine Anwendung der GmbH-Vorschriften BAG NJW 1963, 680, 681; OLG Hamm WM 1985, 658. Nach heutiger Rspr. sind die §§ 66 ff. GmbHG richtigerweise anwendbar, BGHZ 134, 333 ff.; BGH NJW 2008, 2441; so auch die h.L., u.a. *Altmeppen*, in: Roth/Altmeppen, § 66 Rn. 2; *Haas*, in: Baumbach/Hueck, § 66 Rn. 3; *Kleindiek*, in: Lutter/Hommelhoff, § 66 Rn. 1, 5; *H.-F. Müller*, in: MüKo GmbHG, § 66 Rn. 6; *Nerlich*, in: Michalski, § 66 Rn. 6; *Paura*, in: UHL, § 66 Rn. 6; *Grziwotz*, DStR 1992, 1404, 1406; *Wallner*, GmbHR 1998, 1168, 1170 ff.

490 *H.-F. Müller*, MüKo GmbHG, § 66 Rn. 12 f. m.w.N.

491 *H.-F. Müller*, MüKo GmbHG, § 66 Rn. 14, ebenso *Passarge/Torwegge*, Die GmbH in der Liquidation, S. 91 f.: „Das bisher mit der Gesellschaft bestehende Dienstverhältnis setzt sich auch nach der Auflösung der Gesellschaft fort und beinhaltet nun die Aufgaben als Liquidator. [...] Allein die Auflösung der Gesellschaft stellt weder für die Gesellschaft, noch für den Geschäftsführer einen wichtigen Grund für eine fristlose Kündigung dar. Dies ergibt sich zum einen aus dem Grundsatz der Amtskontinuität aus § 66 Abs. 1, 1. Hs. GmbHG, wonach die Geschäftsführer geborene Liquidatoren der Gesellschaft sind. Darüber hinaus ist zu beachten, dass die Gesellschaft nach der Auflösung fortbesteht und die bisher bestehenden vertraglichen Verhältnisse von ihrer Auflösung nicht berührt werden, was auch für das Dienstverhältnis mit dem Geschäftsführer gilt."

der Geschäftsführer als geborene Liquidatoren würde auch dann eintreten, wenn eine in der Satzung getroffene, abweichende Klausel unwirksam ist.[492]

2) Der „gekorene" Liquidator

Für die Gesellschafter einer GmbH besteht die Möglichkeit auch andere Personen als die bisherigen Geschäftsführer als Liquidatoren mittels Gesellschafterbeschluss oder Satzungsbestimmung zu bestellen. Diese Möglichkeit eröffnet § 66 Abs. 2 Hs. 2 GmbHG.

a) Bestellung durch die Satzung

Die Satzung kann vorsehen, dass an Stelle der bisherigen Geschäftsführer andere bestimmte oder bestimmbare Personen zum Liquidator bestellt werden, § 66 Abs. 2 Hs. 2 Var. 1 GmbHG.[493] Obgleich ihre Bestellung wirksam wird mit Eintritt des Auflösungsgrundes,[494] so bedarf dieses Amt – im Gegensatz zum geborenen Liquidator – der Annahme.[495]

Der Gesellschaftsvertrag kann nach h.M. auch einzelnen oder mehreren Gesellschaftern ein Sonderrecht auf für das Liquidatorenamt einräumen.[496] Zweck eines solchen Sonderrechtes ist, dass dieses nur bei Vorliegen eines

---

492 RGZ 145, 99, 104; *Büteröwe*, in: Henssler/Strohn, § 66 Rn. 8; *Hohner*, in: Hachenburg, 7. Aufl., § 66 Rn. 9; *Paura*, in: UHL, § 66 Rn. 19; *K. Schmidt*, in: Scholz, § 66 Rn. 31.

493 Nach h.M. ist für die durch Satzung bestimmten Liquidatoren der Begriff „gekorener Liquidator" zu verwenden, vgl.: *Altmeppen*, in: Roth/Altmeppen, § 66 Rn. 21; *Büteröwe*, in: Henssler/Strohn, § 66 Rn. 6; *Gesell*, in: Rowedder/Schmidt-Leithoff, § 66 Rn. 5; *Haas*, in: Baumbach/Hueck, § 66 Rn. 13; *Kolmann*, in: Saenger/Inhester, § 66 Rn. 21; *H.-F. Müller*, MüKo GmbHG, § 66 Rn. 16; *Passarge/Torwegge*, Die GmbH in der Liquidation, S. 85 f.; nach a.A. sollen die durch Satzung bestimmten Personen auch „geborene Liquidatoren" sein, da ihre Bestellung ebenfalls mit Eintritt des Auflösungsgrundes wirksam wird, so: *Kleindiek*, in: Lutter/Hommelhoff, § 66 Rn. 3, vermutlich auch *Wicke*, in: GmbHG, § 66 Rn. 3. Die zweite Auffassung übersieht indessen, dass es bei den durch Satzung bestimmten Personen gerade auch auf deren Annahme als gesonderten Akt ankommt, sodass eine Bezeichnung als gekorene Liquidatoren wohl trefflicher ist.

494 *H.-F. Müller*, MüKo GmbHG, § 66 Rn. 16.

495 *H.-F. Müller*, MüKo GmbHG, § 66 Rn. 16.

496 *Altmeppen*, in: Roth/Altmeppen, § 66 Rn. 21; *Haas*, in: Baumbach/Hueck, § 66 Rn. 13; *H.-F. Müller*, MüKo GmbHG, § 66 Rn. 17; *Paura*, in: UHL, § 66 Rn. 22; *K. Schmidt*, in: Scholz, § 66 Rn. 8; *Servatius*, in: Bork/Schäfer, § 66 Rn. 7; a.A. *Meyer-Landrut*, in: Meyer-Landrut/Miller/Niehus, § 66 Rn. 8, 15.

wichtigen Grundes wieder entzogen werden kann.[497] Hierzu ist beachtlich, dass nach h.M. § 38 Abs. 2 GmbHG, zur Konkretisierung eines wichtigen Grundes, Anwendung findet, obgleich sich dies der Auflistung des § 71 Abs. 4 GmbHG nicht entnehmen lässt.[498] Die Anwendung erklärt sich unter Berücksichtigung von § 69 GmbHG.[499]

b) Bestellung per Beschlussfassung

Ist eine Bestellung der Liquidatoren nicht durch den Gesellschaftsvertrag vorgesehen, so kann die Gesellschafterversammlung einen Bestellungsbeschluss fassen qua diesem bestimmte Personen zu Liquidatoren ernannt werden, entsprechend § 66 Abs. 2 Hs. 2 Var. 2 GmbHG. Hierzu bedarf es keiner Ermächtigung in der Satzung.

Nach heute wohl einh. Meinung ist ein Gesellschafterbeschluss auch entgegen einer anders lautenden Satzungsbestimmung möglich.[500] Gestützt auf die Abberufungskompetenz der Gesellschafterversammlung entsprechend § 66 Abs. 3 Satz 2 GmbHG entfaltet der Gesellschafterbeschluss insoweit satzungsdurchbrechende Wirkung.[501] Es handelt sich bei diesem Beschluss also gerade nicht um einen Satzungsänderungsbeschluss.[502] Für die Beschlussfassung genügt für gewöhnlich eine einfache Mehrheit der Stimmen.[503] Die Satzung kann allerdings ein anderes Quorum oder von § 48 GmbHG abweichende Anforderungen vorsehen.[504] Ein ggf. zu ernennender Liquidator ist als Gesellschafter stimmberechtigt.[505]

---

497 *Gesell*, in: Henssler/Strohn, § 66 Rn. 5; *Haas*, in: Baumbach/Hueck, § 66 Rn. 13, 24; *H.-F. Müller*, in: MüKo GmbHG, § 66 Rn. 17, 63; *Paura*, in: UHL, § 66 Rn. 22; *K. Schmidt*, in: Scholz, § 66 Rn. 44; a.A. *Mayer-Landrut*, in: Mayer-Landrut/Miller/Niehus, § 66 Rn. 15.

498 A.A. *Meyer-Landrut*, in: Meyer-Landrut/Miller/Niehus, § 66 Rn. 15.

499 Vgl. *Paura*, in: UHL, § 66 Rn. 22.

500 *Haas*, in: Baumbach/Hueck, § 66 Rn. 14; *H.-F. Müller*, in: MüKo GmbHG, § 66 Rn. 18; *Nerlich*, in: Michalski, § 66 Rn. 29; *Paura*, in: UHL, § 66 Rn. 28; *K. Schmidt*, in: Scholz, § 66 Rn. 8 f.; *Hofmann*, GmbHR 1976, 229, 230.

501 *H.-F. Müller*, in: MüKo GmbHG, § 66 Rn. 18.

502 Vgl. *Paura*, in: UHL, § 66 Rn. 28.

503 Nicht aber bei einem Sonderrecht, welches wie oben dargestellt nur aus wichtigem Grund entzogen werden kann.

504 *K. Schmidt*, in: Scholz, § 66 Rn. 9.

505 *K. Schmidt*, in: Scholz, § 66 Rn. 9.

3) *Weitere Bestellungsmöglichkeiten*

Neben den genannten Bestellungsmöglichkeiten gibt es noch drei weitere. So zum einen die außerordentliche Liquidatorenbestellung durch das zuständige Gericht, entsprechend § 66 Abs. 2 GmbHG, wie auch die Bestellung eines Notliquidators nach §§ 29, 48 BGB analog. Außerdem die Bestellung eines Nachtragsliquidators.

a) *Bestellung durch das Gericht*

Außerordentlich können Liquidatoren auch durch das zuständige Registergericht bestellt werden. Eine gerichtliche Liquidatorenbestellung ist primär dem Schutz von Minderheitsgesellschaftern dienlich, aber auch der Vorbeugung von Führungslosigkeit der Liquidationsgesellschaft. Die Bestellung durch das Gericht erfolgt auf Antrag der Minderheitsgesellschafter, deren Geschäftsanteile wenigstens den zehnten Teil des Stammkapitals betragen muss, § 66 Abs. 2 GmbHG. Für eine gerichtliche Bestellung bedarf es des Vorliegens eines wichtigen Grundes, insoweit muss ein gerichtliches Eingreifen in den Bestellungsprozess zur Gewährleistung einer ordnungsgemäßen Abwicklung erforderlich sein.[506] Dies ist wohl der Fall, wenn einerseits dauerhaft eine Bestellung notwendiger Liquidatoren nicht erreicht werden kann (Schutz der Handlungsfähigkeit der Liquidationsgesellschaft)[507] oder andererseits die vorhandenen Liquidatoren unzumutbar sind für die Minderheitsgesellschafter bzw. deren Interesse völlig unberücksichtigt lassen (Minderheitenschutz).[508] Ferner können grobe Pflichtenverstöße, Interessenkollisionen und Misstrauen unter Berücksichtigung der Umstände des Einzelfalls einen wichtigen Grund darstellen.[509] Zusammenfassend lässt sich sagen, dass ein wichtiger Grund vorliegt, sofern die gerichtliche Bestellung für alle oder einige Gesellschafter erforderlich erscheint.[510]

Wichtig ist, dass das Gericht bei seiner Entscheidung nicht an die satzungsmäßigen Vorgaben gebunden ist, insoweit bei der Bestellung der Liquidatoren frei ist.[511]

---

506 *H.-F. Müller*, in: MüKo GmbHG, § 66 Rn. 32.
507 *H.-F. Müller*, in: MüKo GmbHG, § 66 Rn. 32.
508 *H.-F. Müller*, in: MüKo GmbHG, § 66 Rn. 33.
509 *H.-F. Müller*, in: MüKo GmbHG, § 66 Rn. 34.
510 *Lorscheider*, in: BeckOK GmbHG, § 66 Rn. 15 m.w.N.
511 *Altmeppen*, in: Roth/Altmeppen, § 66 Rn. 37; *Haas*, in: Baumbach/Hueck, § 66 Rn. 21; *K. Schmidt*, in: Scholz, § 66 Rn. 22.

b) *Bestellung eines Notliquidators*

Auf Antrag kann das zuständige Registergericht bei Fehlen notwendiger Liquidatoren analog §§ 29, 48 BGB Notliquidatoren bestellen, um die Handlungsfähigkeit der Gesellschaft sicherzustellen.[512] Antragsberechtigt sind alle Personen, die ein schutzwürdiges Interesse an einer Notbestellung haben, primär also Gesellschafter, Gläubiger wie auch Schuldner der Liquidationsgesellschaft, frühere Geschäftsführer und Liquidatoren.[513] Der Notliquidator ist nur bis zur Behebung des dringenden Falls im Amt und wird durch die ordnungsmäßige Bestellung der notwendigen Liquidatoren ersetzt.[514]

c) *Bestellung von Nachtragsliquidatoren*

Auch bei der sog. Nachtragsliquidation – also im Falle einer zu Unrecht gelöschten Gesellschaft oder sofern sich nach der Löschung der Gesellschaft herausstellt, dass noch Vermögen vorhanden ist – werden die Liquidatoren durch Gerichtsbeschluss bestellt.[515]

II. Abberufung der Liquidatoren und Amtsniederlegung

Wie auch die Bestellung des Liquidators, kann die Abberufung ordentlich oder außerordentlich erfolgen. Sein Amt endet mit der wirksamen Abberufung. Das Gesetz regelt die Abberufung in § 66 Abs. 3 GmbHG. Auch durch Niederlegung kann der Liquidator sein Amt beenden.

1) *Amtsniederlegung des Liquidators*

Liquidatoren können ihre organschaftliche Stellung mittels einseitiger Erklärung durch Amtsniederlegung aufgeben.[516] Die Amtsniederlegung bedarf keines wichtigen Grundes und gilt für ordentlich und außerordentlich bestellte Liquidatoren gleichermaßen.[517]

---

512 *Haas*, in: Baumbach/Hueck, § 66 Rn. 32; *Lutter/Kleindiek*, in: Lutter/Hommelhoff, § 66 Rn. 7.

513 *H.-F. Müller*, in: MüKo GmbHG, § 66 Rn. 54.

514 BayObLG GmbHR 1987, 306, 307; OLG Köln GmbHR 2008, 103; *Passarge/Torwegge*, Die GmbH in der Liquidation, S. 91; *Haas*, in: Baumbach/Hueck, § 66 Rn. 33; *H.-F. Müller*, in: MüKo GmbHG, § 66 Rn. 60; *Paura*, in: UHL, § 66 Rn. 53; *K. Schmidt*, in: Scholz, § 66 Rn. 40.

515 *H.-F. Müller*, in: MüKo GmbHG, § 66 Rn. 52.

516 BGH NJW 1980, 2415; *Passarge/Torwegge*, Die GmbH in der Liquidation, S. 102 m.w.N.

517 *Passarge/Torwegge*, Die GmbH in der Liquidation, S. 102.

Die Berechtigung zur Amtsniederlegung ist in ihrer Wirksamkeit nicht an die wirksame Kündigung des Dienstvertrages geknüpft – kann bei unwirksamer Kündigung aber zur Schadensersatzpflicht führen.[518] Eine Schadensersatzpflicht kann auch dann begründet werden, wenn die Niederlegung zur Unzeit i.S.d. § 627 Abs. 2 Satz 2 BGB erfolgt.[519]

2) Ordentliche Abberufung

Die ordentliche Abberufung von Liquidatoren per Gesellschafterbeschluss – auch ohne Vorliegen eines wichtigen Grundes – ist möglich für alle nach § 66 Abs. 1 GmbHG berufenen Liquidatoren. Dies ergibt sich aus der Abberufungskompetenz der Gesellschafterversammlung nach § 66 Abs. 3 Satz 2 GmbHG. Hiervon ausgenommen sind gerichtlich bestellte Liquidatoren.[520] Liquidatoren qua Sonderrecht sind, wie oben bereits erörtert, nur bei Vorliegen eines wichtigen Grundes bzw. mit ihrer Zustimmung abberufbar.[521] Sofern die Satzung keine andere Mehrheit vorschreibt erfolgt die Abberufung mit einfacher Mehrheit.

3) Außerordentliche Abberufung durch das Gericht

Liquidatoren, die nach § 66 Abs. 2 GmbHG durch gerichtlichen Beschluss bestellt wurden, können ferner nicht durch Gesellschafterbeschluss abberufen werden. Die Abberufung erfolgt vielmehr durch das zuständige Registergericht, § 66 Abs. 3 Satz 1 GmbHG. Die Abberufungskompetenz des Gerichts erstreckt sich allerdings auf alle Liquidatoren und gerade nicht bloß auf jene, die von ihm bestellt wurden, selbst bei Vorliegen eines Sonderrechts.[522] Die Abberufung der Liquidatoren bedarf der gleichen Voraussetzungen – in concreto einen Antrag der Minderheitsgesellschafter, die wenigstens den zehnten Teil des Stammkapitals halten und das Vorliegen eines wichtigen Grundes. Ein solcher wichtiger Grund kann insbesondere die Erledigung des Bestellungsgrundes sein.[523]

---

518 *Passarge/Torwegge*, Die GmbH in der Liquidation, S. 103.

519 *Passarge/Torwegge*, Die GmbH in der Liquidation, S. 103.

520 Gerichtlich bestellte Liquidatoren i.S.d. § 66 Abs. 2 GmbHG, wie auch Notliquidatoren oder Nachtragliquidatoren, vgl. *K. Schmidt*, in: Scholz, § 66 Rn. 42 ff.

521 *K. Schmidt*, in: Scholz, § 66 Rn. 42.

522 *Altmeppen*, in: Roth/Altmeppen, § 66 Rn. 45; *Gesell*, in: Rowedder/Schmidt-Leithoff; § 66 Rn. 27; *Haas*, in: Baumbach/Hueck, § 66 Rn. 26; *K. Schmidt*, in: Scholz, § 66 Rn. 45.

523 *Passarge/Torwegge*, Die GmbH in der Liquidation, S. 100 m.w.N. Weitere Abberufungsgründe in der Rspr: OLG Köln GmbHR 2003, 360, 362; OLG München NZG 2005, 934 f. (unrechtmäßige Bestellung eines Liquidators nach § 66 V GmbHG).

4 Gestaltungsfreiheit und Satzungsautonomie in der Liquidation

In der werbenden GmbH ist die freie Gestaltung der inneren Ordnung der Gesellschaft von zentraler Bedeutung, für viele Gründer gar ausschlaggebend für die positive Entscheidung zugunsten dieser Gesellschaftsform. Gleichfalls in der Liquidation besteht ein großes Interesse an der Gestaltbarkeit des Struktur- und Kompetenzgefüges der aufgelösten GmbH. Dieses Problemfeld wird allerdings – zu Unrecht – seit jeher stiefmütterlich behandelt. Ob die Auflösung eine differente Gestaltungsreichweite begründet, gilt es zu analysieren und kritisch zu bewerten und ist insoweit Gegenstand dieses Kapitels. Insbesondere die Reichweite möglicher Satzungs- und Beschlusskompetenzen soll untersucht werden.

Ausgehend von den Grundlagen der vorangegangenen Kapitel sollen die Streitfragen zur Gestaltungsfreiheit in der Liquidation – aus Literatur und Praxis gleichermaßen – untersucht werden.

A. Auflösung der Gesellschaft

Zahlreiche Gründe können zur Auflösung einer Gesellschaft führen. Im fünften Abschnitt des GmbHG ist die Auflösung der Gesellschaft – zentral ausgehend von § 60 GmbHG – geregelt. Der Übergang von der werbenden zur aufgelösten Gesellschaft ist für die Gesellschaft von größter Bedeutung, da damit ihre eigene Beendigung beginnt.

§ 60 Abs. 1 GmbHG enthält insoweit abdingbare (Nr. 1 und 2), wie zwingende (Nr. 3 bis 7) Auflösungsgründe.[524] Abs. 2 bietet die Möglichkeit der Ergänzung bzw. Erweiterung der Auflösungsgründe durch die Satzung. Insoweit wird den Satzungsgebern ein gesellschaftsrechtlicher Gestaltungsspielraum gegeben.

Es lässt sich also mit der Ratio des § 60 GmbHG sagen, dass die Auflösung auf dem Willen der Gesellschafter (Abs. 1 Nr. 1–2, Abs. 2) bzw. auf anderen, durch die Gesellschafter nicht beeinflussbaren Gründen (Abs. 1 Nr. 3–7) beruhen kann. Die in § 60 GmbHG aufgeführten Auflösungsgründe – auch unter Beachtung von Abs. 2 – sind nicht abschließend. So ergeben sich weitere Auflösungsgründe

---

524 *Arnold*, in: Henssler/Strohn, § 60 Rn. 2.

aus Spezialgesetzen oder nach Rechtsprechung und Literatur aus der weiteren Gesetzesanwendung.[525]

I. Auflösung durch Zeitablauf, § 60 Abs. 1 Nr. 1 GmbHG

Das GmbHG enthält in § 3 Abs. 2 die Möglichkeit der Befristung der Gesellschaft. Eine dieser Befristung unterliegende GmbH ist nur auf die Dauer der Befristung angelegt. Mangelt es an einer solchen Regelung ist die Gesellschaft unbefristet und damit grundsätzlich auf Dauer gegründet, gleichwohl die Möglichkeit auch einer späteren Befristung besteht.[526]

1) Eintragung der Befristung im Handelsregister

Wird die Befristung der Gesellschaft bereits in der ursprünglichen Gründung bestimmt, so ist diese nach § 10 Abs. 2 GmbHG im Handelsregister einzutragen. Die h.M. geht insoweit von einer deklaratorischen Wirkung dieser Eintragung aus – das Fehlen dieser Eintragung führt daher nicht zur Unwirksamkeit der Befristung und steht der Auflösung nicht entgegen.[527]

Anders verhält es sich wohl bei nachträglicher Befristung mittels Satzungsänderung. Hier sei die Eintragung wegen § 54 Abs. 2, 3 GmbHG konstitutiv.[528]

a) Bedeutung des § 10 GmbHG

In § 10 Abs. 1 und 2 GmbHG wird abschließend angeordnet, welchen Inhalt die Eintragung der Gesellschaftsgründung haben muss. Zwingend einzutragen sind die erforderlichen Angaben des Abs. 1. Ebenfalls zwingend einzutragen sind – sofern gesellschaftsvertraglich davon Gebrauch gemacht wurde – die Angaben

---

525 So ergeben sich zwingende gesetzliche Auflösungsgründe aus der Nichtigkeit der Gesellschaft gem. § 75 GmbHG, bei einem Verbot der Gesellschaft durch Verfügung der obersten Landesbehörde oder des Bundesministers des Innern nach §§ 3, 17 VereinsG oder im Falle einer Untersagung durch die Bundesanstalt für Finanzdienstleistungsaufsicht nach § 38 KWG. Sonstige Auflösungsgründe sind zudem nach h.M. der Erwerb aller Geschäftsanteile durch die Gesellschaft (sog. Keinmann-GmbH), wie auch regelmäßig die Kündigung eines Gesellschafters. Weitere Auflösungsgründe sind möglich, vgl. *Berner*, in: MüKo GmbHG, § 60 Rn. 205 ff.

526 *K. Schmidt*, in: Scholz, § 60 Rn. 9.

527 OLG Hamm GmbHR 1971, 57, 59; *Altmeppen*, in: Roth/Altmeppen, § 60 Rn. 9; *Berner*, in: MüKo GmbHG, § 60 Rn. 79; *Haas*, in: Baumbach/Hueck, § 60 Rn. 16; *Kleindiek*, in: Lutter/Hommelhoff, § 60 Rn. 2.

528 *Frank*, in: Saenger/Inhester, § 60 Rn. 20; *Kleindiek*, in: Lutter/Hommelhoff, § 60 Rn. 2; *K. Schmidt/Bitter*, in: Scholz, § 60 Rn. 9.

des Abs. 2 Satz 1 (Bestimmungen über die Befristung der Gesellschaft, wie zum genehmigten Kapital). Freiwilliger Eintragung unterliegen die Angaben in Abs. 2 Satz 2. Mit Ausnahmen ist ein erweiterter Eintragungsinhalt unzulässig.[529]

b) *Rechtfertigung einer Andersbehandlung von Befristung bei Gründung und durch spätere Satzungsänderung?*

Wie dargestellt sei bei der von Anfang an auf Zeit gegründeten GmbH die Eintragung der Befristung nicht konstitutiv, insoweit führe das Fehlen dieser Eintragung nicht zur Unwirksamkeit. Anders sehe dies aus bei einer späteren Satzungsänderung, die eine Befristung zum Inhalt hat. Diese Auffassung wird von Rechtsprechung und Literatur gleichermaßen geteilt. Diese – regelmäßig unkritische – Annahme der Ungleichbehandlung bedarf einer näheren Betrachtung.

Das OLG Hamm hat in seinem Urteil vom 13.11.1970 ausführlich dargestellt, warum eine Ungleichbehandlung richtig sei. Hierzu wurde argumentativ angeführt, dass die GmbH „*als solche mit den nach § 10 Abs. 1 GmbHG wesentlichen Erfordernissen in das Handelsregister eingetragen worden und rechtswirksam entstanden*“ sei.[530] Die fehlende Eintragung führe „*selbstverständlich*“ zur Bindung unter den Gesellschaftern, was sich bereits aus dem „*verpflichtenden Charakter*“ der Satzung ergebe.[531] Auch eine (analoge) Anwendung des § 54 Abs. 3 GmbHG sei „*abwegig*“, schließlich beziehe sich diese Norm einzig auf die Abänderung, nicht aber auf die erstmalige Entstehung der Satzung. Diese Ungleichbehandlung sei zu rechtfertigen mit dem Vertrauen der Öffentlichkeit, dass Satzungsänderungen erst mit Eintragung wirksam werden.[532]

In der Literatur wird ergänzend argumentiert, die Auflösungsgründe nach § 60 Abs. 2 GmbHG bedürften zu ihrer Wirksamkeit keiner Eintragung ins Handelsregister, dann auch nicht die Befristung.[533]

c) *Analoge Anwendung des § 54 Abs. 3 GmbHG*

Ausführlich und erfreulich kritisch hat sich das OLG Hamm mit dieser Rechtsfrage auseinandergesetzt. Dennoch vermögen im Ergebnis die dargelegten Gründe nicht zu überzeugen, dass die Eintragung bei der Gründung der

529 *Wicke*, in: GmbHG, § 10 Rn. 2.
530 OLG Hamm GmbHR 1971, 57, 59.
531 OLG Hamm GmbHR 1971, 57, 59.
532 OLG Hamm GmbHR 1971, 57, 59.
533 *Berner*, in: MüKo GmbHG, § 60 Rn. 79.

Gesellschaft eine andere Bedeutung für die Wirksamkeit der Befristung haben soll, als bei einem späteren Beschluss.

Die Gesellschaft wird wirksam bei Eintragung der in § 10 Abs. 1 GmbHG wesentlichen Erfordernisse und entsteht rechtswirksam. Dies wird auch nicht bestritten, sagt aber nichts über die Wirksamkeit der in Frage stehenden Bestimmung, also die Befristung der Gesellschaft, aus. Auch, dass ein Mangel in Bezug auf Abs. 2 keinen Einfluss auf die rechtmäßige Entstehung der Gesellschaft hat soll hier unbestritten bleiben.

Richtigerweise hat das OLG Hamm festgestellt, dass eine GmbH, deren Befristung nicht im Sinne des § 10 Abs. 2 Satz 1 GmbHG eingetragen wurde, trotzdem wirksam besteht. Allerdings kann eine Befristung grundsätzlich auch unwirksam sein, wenn die Gesellschaft selbst rechtswirksam entstanden ist. Das Versäumnis der Eintragung einer Befristung in das Handelsregister stellt keinen Nichtigkeitsgrund für die Gesellschaft an sich dar. Allerdings bedeutet dies keinesfalls, dass die Befristung dennoch trotz Nichteintragung wirksam ist. Die Gesellschaft kann wirksam entstanden sein, auch dann, wenn die in der Satzung bestimmte Befristung unwirksam ist. Die Befristung gelangt erst dann, wenn diese – nachträglich – in das Register eingetragen wurde, zur Wirksamkeit. Ist die Befristung erreicht, bevor die Eintragung erfolgt, so gelangt diese nicht zur Wirksamkeit.

Die Satzung entfaltet, wie das OLG Hamm korrekt feststellt, einen verpflichtenden Charakter nach innen. Dieser entsteht aber, entgegen der Auffassung des Gerichts, nicht bereits mit dem Satzungsänderungsbeschluss, sondern entfaltet seine Bindungswirkung gegenüber den Gesellschaftern erst mit der Eintragung.[534] Zwar ging zur Zeit des Urteils des OLG Hamm die Literatur mehrheitlich noch davon aus, dass im Innenverhältnis die Gesellschafter an den nicht eingetragenen Beschluss gebunden sind,[535] doch ist diese Rechtsauffassung heute überholt. Fraglich bleibt daher, warum überwiegend eine analoge Anwendung des § 54 Abs. 3 GmbHG auf § 10 GmbHG abgelehnt wird.

Bei einer analogen Gesetzesanwendung wird ein im Gesetz angelegter Tatbestand auf eine ähnliche bzw. vergleichbare Konstellation übertragen.[536] Dieses

534 *Inhester*, in: Saenger/Inhester, § 54 Rn. 39; *Priester*, in: Scholz, § 54 Rn. 60; *Zöllner/Noack*, in: Baumbach/Hueck, § 54 Rn. 36; eingeschränkt *Ulmer*, in: UHL, § 54 Rn. 29, sofern eine Bindung der Gesellschafter nicht schuldrechtlich vereinbart wurde. A.A. *Bayer*, in: Lutter/Hommelhoff, § 54 Rn. 20; *Schnorbus*, in: Rowedder/Schmidt-Leithoff, § 54 Rn. 31, die von einer Bindung an die Zielsetzung des Beschlusses ausgehen, sofern keine Änderung oder Aufhebung vorgenommen wird, die jederzeit möglich ist.

535 Vgl. *Schilling*, in: Hachenburg, 6. Aufl., § 54 Anm. 5.

536 *Larenz*, Methodenlehre, S. 381.

Instrument der Rechtsanwendung ist für solche Fälle bestimmt, in denen es schlicht unbillig erschiene, eine bestehende Gesetzeslücke nicht durch Anwendung einer vergleichbaren Rechtsnorm zu füllen.[537]

Vorliegend könnte der gefasste Tatbestand des § 10 Abs. 2 Satz 1 GmbHG zu eng gefasst sein, sodass es einer analogen Heranziehung von § 54 Abs. 3 GmbHG bedarf. Zweifelsohne besteht in § 10 Abs. 2 Satz 1 GmbHG eine Regelungslücke insoweit, dass unbestimmt bleibt, welche Konsequenz eine fehlende Eintragung der Befristung ins Handelsregister hat. Im Falle der Satzungsänderung ist dies, wie dargestellt, geregelt, nicht aber bei der Satzungsbegründung.

Problematisch erscheint, ob es sich – wie vom OLG Hamm negiert[538] – um vergleichbare Fälle handelt, demnach eine analoge Anwendung der Bestimmungen zur Satzungsänderung also möglich und erforderlich wäre. Das OLG Hamm hat ausgemacht, dass die Abänderung des Gesellschaftsvertrages „*wesentlich*" von dem Gründungsvertrag zu unterscheiden sei. Hierbei stützt sich das Gericht in seiner Begründung auf das besondere Vertrauen der Öffentlichkeit, sodass Änderungen des Gesellschaftsvertrages erst mit Eintragung in das Handelsregister wirksam werden. Warum ein solches Interesse der Öffentlichkeit bei der Eintragung des Gründungsvertrages nicht besteht, bleibt offen – und auch unerklärlich. Richtigerweise besteht auch im Innenverhältnis der Gesellschafter ein legitimes Interesse an der Eintragung der Satzungsbestimmungen. So geht die heute h.M. davon aus, dass eine Satzungsänderung mit dem Wortlaut des § 54 Abs. 3 GmbHG vor der Eintragung auch im Innenverhältnis nicht bindend für die Gesellschafter ist.[539] Eine Vergleichbarkeit der Eintragung im gründenden Vertrag und bei späterer Satzungsänderung ergibt sich schon aus dem Umstand, dass das Gesetz in beiden Fällen von einer Eintragungspflicht ausgeht. Richtigerweise führt die fehlende Eintragung der Befristung nicht zur Nichtigkeit der Gesellschaft. Aber es ist nicht erkennbar, warum hier nicht, auf diese konkrete Satzungsbestimmung bezogen, der in § 54 Abs. 3 GmbHG verankerte Gedanke, diese Klausel bis zu ihrer Eintragung als unwirksam – auch im Innenverhältnis – anzusehen, nicht übertragen werden soll.

---

537 *Zippelius*, Juristische Methodenlehre, S. 55.

538 OLG Hamm GmbHR 1971, 57, 59: „Wenn die Beteiligten zu 1) und 2) auf § 54 Abs. 3 GmbHG verweisen, wonach eine Abänderung des Gesellschaftsvertrages keine rechtliche Wirkung hat, bevor sie in das Handelsregister eingetragen ist, so ist das abwegig. Diese Vorschrift bezieht sich nur auf die Abänderung des Gesellschaftsvertrages, nicht aber auf den die Gesellschaft gründenden Vertrag. Beide Fälle unterscheiden sich wesentlich […]".

539 *Priester*, in: Scholz, § 54 Rn. 60 m.w.N.

Nicht zuletzt wirkt diese Bestimmung auch mittelbar nach außen, sofern eine analoge Anwendung des § 54 Abs. 3 GmbHG abgelehnt wird. Es ist für Dritte nicht ohne erschwerten Aufwand möglich,[540] ohne Publizität der Befristung zu erkennen, dass die Gesellschaft nicht auf Dauer angelehnt ist. Obgleich es richtig ist, dass Dritte auch keinen Einfluss haben auf einen von den Gesellschaftern getroffenen Auflösungsbeschluss oder auf eine gerichtlich angeordnete Auflösung haben, müssen sie dieses Risiko ertragen. Aber das Risiko, dass eine Gesellschaft ohnehin auf Zeit angelegt ist, dies aber nicht publiziert wird, kann nicht Dritten aufgebürdet werden. Diese haben regelmäßig ein Interesse am Aufbau langfristiger Geschäftsbeziehungen und sollten darüber in Kenntnis gesetzt werden, ob ihr Geschäftspartner von vornherein nur für eine bestimmte Zeit besteht, die Mühen und Risiken einer mittel- oder langfristigen Geschäftsbeziehung einzugehen es also Wert sind.

Auch die Notwendigkeit einer Ungleichbehandlung der genannten Fälle erscheint nicht plausibel. Es ist nicht billig, wenn die Wirksamkeit einer solchen Klausel bei fehlender Eintragung vom bloßen zeitlichen Zufall abhängt. Ob die Gesellschafter bereits bei der Gründung eine Befristung berücksichtigen oder den Gesellschaftern erst kurz nach der Gründung eine solche Befristung in den Sinn kommt, kann nicht ungleich in ihrer Wirksamkeit behandelt werden.

Gegen die Vergleichbarkeit wird in der Literatur vertreten, dass die anderen Auflösungsgründe des § 60 GmbHG auch keiner Eintragung ins Handelsregister bedürfen, dies bei der Befristung daher auch nicht erforderlich sei.[541] Auch nach dieser Auffassung bedarf die Befristung zu ihrer Wirksamkeit der Eintragung ins Handelsregister, wenn diese nachträglich beschlossen wird. Insoweit gibt es damit bereits ohnehin eine Ausnahme zu den anderen Auflösungsgründen des § 60 GmbHG. Diese kann also freilich auch für die Befristung im Ganzen gelten. Insbesondere da hierdurch ein Stück weit Rechtsklarheit geschaffen wird, indem eine Auflösung durch Befristung stets nur dann wirksam ist, wenn diese auch eingetragen ist. Es gäbe keine für Dritte geheime und unerkennbare Befristung im Inneren.

540 Zwar ist die Satzung mit der Befristung im Handelsregister eingereicht und folglich auch für Dritte einsehbar, doch stellt sich hier – wie auch in vergleichbaren Sachverhalten – die Frage, ob man von Geschäftspartnern das Studium der Satzung verlangen kann. Für gewöhnlich wird nur ein Hinweis über eine Satzungsänderung vermerkt, die Art der Änderung ergibt sich aber nicht unmittelbar aus dem Handelsregister, sondern eben nur aus der Satzung selbst. Nur wenige Änderungen sind dem Handelsregister direkt entnehmbar.

541 *Berner*, in: MüKo GmbHG, § 60 Rn. 79.

Die Ausführen zeigen auf, dass durchaus eine analoge Anwendung des § 54 Abs. 3 GmbHG sinnvoll und angebracht ist. Gründe, die dagegen sprechen, vermögen im Gesamten nicht zu überzeugen. Auch wenn diesem Auflösungsgrund in der Praxis keine hohe Bedeutung zukommt, so ist es nicht minder richtig im Sinne der Rechtsklarheit allgemein für die Auflösung der Gesellschaft durch Befristung von der Notwendigkeit einer konstitutiven Eintragung im Handelsregister auszugehen.

2) Wirkung des Zeitablaufs

Mit Ablauf des bestimmten oder bestimmbaren Zeitpunkts ist die Gesellschaft ipso iure aufgelöst, eines bestätigenden Beschlusses oder Urteils bedarf es nicht.[542] Die Eintragung der Auflösung ist unterdessen bloß deklaratorischer Art.[543]

II. Auflösungsbeschluss

Auch kann die Gesellschaft durch Gesellschafterbeschluss mit dreiviertel Mehrheit aufgelöst werden, sofern die Satzung keine strengeren Anforderungen daran knüpft, § 60 Abs. 1 Nr. 2 GmbHG. Die Auflösung einer Gesellschaft durch Gesellschafterbeschluss ist der in der Praxis wichtigste und häufigste Auflösungsgrund. In welchem Maße unterdessen den Gesellschaftern ein Gestaltungsspielraum hinsichtlich der Kompetenzverlagerung zukommt, ist bisweilen umstritten.

1) Auflösungskompetenz

In Lehre und Rechtspraxis stellt sich regelmäßig die Frage nach der Auflösungskompetenz, konkret wie diese mit der Gesellschafterversammlung verknüpft bzw. von den Gesellschaftern abgekoppelt und anderen Organen oder externen Dritten zugewiesen werden kann. Im selben Kontext bedarf es zudem einer näheren Betrachtung der Rechtmäßigkeit einer satzungsrechtlichen Einräumung von Mitwirkungsrechten bei einem von der Gesellschafterversammlung getroffenen Auflösungsbeschluss.

a) Auflösungskompetenz qua Gesetz

Die originäre Kompetenz zur Fassung eines Auflösungsbeschlusses liegt nach § 60 Abs. 1 Nr. 2 GmbHG bei der Gesellschafterversammlung. Auch in anderen Verbänden wird die Auflösungskompetenz per Gesetz der

542 *Frank*, in: Saenger/Inhester, § 60 Rn. 19, 23.

543 *Frank*, in: Saenger/Inhester, § 60 Rn. 23.

Mitgliederversammlung für den Verein (§ 41 Satz 1 BGB), der Hauptversammlung für die AG (§ 262 Abs. 1 Nr. 2 AktG) oder dem Beschluss der Gesellschafter bei der OHG (§ 131 Abs. 1 Nr. 2) zugewiesen. Für keinen der genannten Verbände ist im Gesetz eine originäre Auflösungskompetenz anderer Organe oder Dritter vorgesehen.

b) Übertragbarkeit der Auflösungskompetenz

Existentiell und grundlegend für den Fortbestand der Gesellschaft ist die Entscheidung über ihre Auflösung. Der Gesellschafterversammlung kommt daher nach der allgemeinen Auffassung zwingend die Auflösungskompetenz zu.[544] Es mangelt bei der Begründung allerdings zumeist an einer Differenzierung zwischen ersetzender Auflösungskompetenz - wonach einem anderen als der Gesellschafterversammlung die Auflösungskompetenz zugesprochen wird, bei gleichzeitigem Entzug dieser Kompetenz bei der Gesellschafterversammlung[545] - und konkurrierender Auflösungskompetenz - wonach zusätzlich zur bestehenden Auflösungskompetenz der Gesellschafterversammlung auch anderen zusätzlich (konkurrierend) eine solche, eigenständige Kompetenz zugesprochen wird.[546] Auch wird regelmäßig nicht oder unzureichend zwischen einer Kompetenzübertragung an Gesellschafter, Dritte oder andere Verbandsorgane unterschieden. Insoweit müssen also Übertragungsart, -gegenstand und -umfang voneinander unterschieden und separat bewertet werden.

Die Fassung neuer, über den Umfang von Abs. 1 hinausgehender, Auflösungsgründe wird in § 60 Abs. 2 GmbHG der Gesellschafterversammlung ausdrücklich zugesprochen. Insoweit hat sie die Kompetenz, weitere Auflösungsgründe statutarisch zu bestimmen, dem Gesetz ist also eine zunächst unbeschränkt anmutende Gestaltungsoption für die Gesellschafter zu entnehmen. Eine Einschränkung, dass z.B. Auflösungsbeschlüsse per Satzung auf andere Organe oder Dritte übertragen werden, ergibt sich dabei nicht unmittelbar aus dem Gesetz.[547] Sofern eine liberale Leseweise des § 60 Abs. 2 GmbHG allerdings in Konflikt tritt mit grundlegenden Prinzipien des Gesellschaftsrechts, erscheint eine

---

544 *Goette*, Die GmbH, § 10 Rn. 21; *Rohleder*, Übertragbarkeit von Kompetenzen, S. 39; *Berner*, in: MüKo GmbHG, § 60 Rn. 88; *Casper*, in: UHL, § 60 Rn. 29; *Gesell*, in: Rowedder/Schmidt-Leithoff, § 60 Rn. 17; *Haas*, in: Baumbach/Hueck, § 60 Rn. 17; *Lutter*, in: Lutter/Hommelhoff, § 60 Rn. 6; *Nerlich*, in: Michalski, § 60 Rn. 35; *K. Schmidt/Bitter*, in: Scholz, § 60 Rn. 12; *Wicke*, in: GmbHG, § 60 Rn. 4.

545 Vgl. oben unter S. 46.

546 Vgl. oben unter S. 48.

547 A.A. unbegründet wohl *Bayer*, in: Lutter/Hommelhoff, § 45 Rn. 10.

Einschränkung sinnvoll und angebracht. Eine Norm, die nicht vom Gesetz als zwingend bestimmt wird, kann nur dann zwingend sein, wenn dafür eine Rechtfertigung besteht, z.B. weil sie mit Prinzipien des Gesellschaftsrechts kollidiert und sich diesen unterordnet.[548]

(1) Delegationsermächtigung im Gesetz

Richtigerweise wird festgestellt, dass der Wortlaut des § 41 Satz 1 BGB (so auch bei § 60 Abs. 1 Nr. 2 GmbHG) nicht davon ausgeht, dass *„nur"*, sondern eher *„auch"* durch Beschluss der Gesellschafter aufgelöst werden kann.[549] Insbesondere deutet der Wortlaut auf einen dispositiven Inhalt hin, da er im Unterschied zu anderen Strukturentscheidungen wie die Satzungsänderung (§ 53 Abs. 1 GmbHG *„nur durch Beschluß der Gesellschafter"*) gerade nicht als eindeutig zwingende Zuständigkeit der Gesellschafterversammlung formuliert ist. Eine Schranke für die Gestaltungsfreiheit der Gesellschafter ergibt sich somit nicht aus dem Gesetzeswortlaut selbst.

(2) Kollision mit Prinzipien des Gesellschaftsrecht

Das Einschneiden in die Nur-Kompetenz der Gesellschafterversammlung wird – im Wesentlichen mit Blick auf ein gesellschaftsrechtliches Grundverständnis – überwiegend kritisch betrachtet. So erwachsen dem Prinzip der Verbandssouveränität[550] und den unentziehbaren Mitgliedsrechten[551] schützende Funktionen. Nur sofern das Resultat einer Abwägung ist, dass die Satzungsfreiheit unter Berücksichtigung gesellschaftsrechtlicher Strukturverständnisse den aufgezeigten Schutzzwecken nachrangig ist, kann eine Beschränkung der Satzungsautonomie und Gestaltungsfreiheit begründet werden.

Die Begrenzung des statutarischen Gestaltungsrahmens durch das Prinzip der Verbandssouveränität wird überwiegend von der Literatur anerkannt.[552] Die

---

548 Vgl. oben unter S. 34 f.

549 *Schaible*, Der Gesamtverein und seine vereinsmäßig organisierten Untergliederungen, S. 51; *Arnold*, in: MüKo BGB, § 41 Rn. 19. A.A. *Reichert*, Hdb. d. Vereins- und VerbandsR, Rn. 2056, der aber nicht hinreichend zwischen ersetzender und ergänzender Auflösungskompetenz anderer Organe oder Dritter unterscheidet. Richtigerweise widerspricht der Wortlaut des § 41 Satz 1 BGB der Entziehung des Auflösungsrechts zugunsten anderer, nicht aber der Einräumung weiterer, eigenständiger Auflosungsrechte.

550 Vgl. oben unter S. 38 f.

551 Vgl. oben unter S. 39.

552 *Schubel*, Verbandssouveränität, S. 563 ff.; *A. Teichmann*, Gestaltungsfreiheit, S. 217 ff.; *Hüffer/Schürnbrand*, in: UHL, § 45 Rn. 14; *Liebscher*, in: MüKo GmbHG, § 45 Rn. 41;

Abhängigkeit von verbandsexternen Dritten in für den Verband wesentlichen Entscheidungen sei demnach unzulässig.[553] Eine Steuerung der Gesellschaft von außen soll es nicht geben.[554] Aufbauend auf dem Prinzip der Verbandssouveränität ergibt sich auch der Grundsatz, dass die Gesellschafterversammlung oberstes Organ der Gesellschaft ist.[555] Unwirksam seien daher solche Bestimmungen, aus denen sich eine unmittelbare oder mittelbare „*Entmündigung*" der Gesellschafter ergebe.[556]

Nach wohl einh.M. ist die Gesellschafterversammlung bzw. die Gesamtheit der Gesellschafter oberstes Entscheidungsorgan der Gesellschaft, insofern Entscheidungsträger für Grundlagenentscheidungen.[557] Die Entziehbarkeit der Grundlagenkompetenz ist weder mit dem Verständnis unentziehbarer Mitgliedschaftsrechte,[558] noch mit dem „*Wesen der Gesellschaft*"[559] vereinbar.[560]

Römermann, in: Michalski, § 45 Rn. 19; *Schindler*, in: BeckOK GmbHG, § 45 Rn. 24; *K. Schmidt*, in: Scholz, § 45 Rn. 8; *Zöllner/Noack*, in: Baumbach/Hueck, § 45 Rn. 7; *Wiedemann*, in: FS Schilling, 1973, S. 105, 111 f.; *Teubner*, ZGR 1986, 565, 567 ff. Kritisch wohl *Weber*, Privatautonomie, S. 207 f., mit einem liberalen Verständnis zugunsten eines Außeneinflusses.

553 *Schindler*, in: BeckOK GmbHG, § 45 Rn. 24.

554 *Zöllner/Noack*, in: Baumbach/Hueck, § 45 Rn. 7.

555 Vgl. oben unter S. 39 f.

556 *Schindler*, in: BeckOK GmbHG, § 45 Rn. 26.

557 RGZ 137, 308 f.; BGHZ 43, 261, 264; *Bergjan*, in: Saenger/Inhester, § 45 Rn. 7; *Liebscher*, in: MüKo GmbHG, § 45 Rn. 81; *Schindler*, in: BeckOK GmbHG, § 45 Rn. 26 f.; *Wicke*, in: GmbHG, § 45 Rn. 2.

558 Aus der Gesellschafterstellung ergeben sich zwingende mitgliedschaftliche Rechte, wie das Teilnahmerecht an den Gesellschafterversammlungen und das Stimmrecht (*Verse*, in: Henssler/Strohn, § 16 Rn. 14). Obgleich die Mitgliedschaftsrechte in der GmbH nach § 45 GmbHG, in Abweichung zur aktienrechtlichen Satzungsstrenge nach § 23 Abs. 5 AktG, weitgehender Disposition unterliegen, so finden diese ihre Grenzen in den relativ und absolut unentziehbaren Mitgliedschaftsrechten (*Reichert/Weller*, in: MüKo GmbHG, § 14 Rn. 81 f.). Gemeint ist insoweit der völlige Entzug dieser Rechte, nicht aber die bloße Einschränkung (*Reichert/Weller*, in: MüKo GmbHG, § 14 Rn. 81). Untrennbar mit der Mitgliedschaft verbunden und damit unentziehbares Recht der Gesellschafter sind nach allgemeiner Auffassung solche Beschlüsse, die Struktur- und Satzungsänderungen zum Gegenstand haben (*Schindler*, in: BeckOK GmbHG, § 45 Rn. 38 m.w.N.).

559 Nach der Rechtsprechung ist die Abdingbarkeit von Mitgliedschaftsrechten, wenn es „dem Wesen der Gesellschaft" widerspricht unzulässig und stellt insoweit eine absolute Grenze der Satzungsautonomie dar (BGHZ 14, 264, 268 ff. = NJW 1954, 1563). Die Literatur ist um eine dogmatische Begründung bemüht und stützt sich Teilweise auf § 138 BGB, der den Kernbereich der Mitgliedschaftsrechte schütze, vgl. Schäfer, in: MüKo BGB, § 717 Rn. 17.

560 Hierzu ausführlich oben unter S. 57 f.

(3) Innergesellschaftliche Konflikte

Die Einräumung weiterer Kompetenzen vermag aber auch der Überwindung gesellschaftlicher Pattsituationen dienlich sein.[561] Dieser für die Rechtspraxis und damit freilich auch die Kautelarjurisprudenz praktische Ansatz vermag einer eventuell emotionalen oder intern umstrittenen Entscheidung über die Auflösung einer Gesellschaft womöglich schlichtend entgegen zu wirken. Für die Gesellschafter bietet die Auflösung erhebliches Potential für Unfrieden in der Gesellschaft, immer dann, wenn eine Gesellschaftergruppe sich bei dem Prozess übergangen fühlt, oder noch an die Sinnhaftigkeit der Fortsetzung der Gesellschaft glaubt. Das Hinzuziehen Externer in Beratungsfunktion erscheint zweifellos in solchen Situation angebracht und richtig. Eine Sinnhaftigkeit solcher Delegationen und Kompetenzverlagerungen kann also im Einzelfall durchaus bestehen. Diesem Streitpotential kann durch Delegation der Auflösung eventuell entgegengewirkt werden, ein denkbarer regelmäßig sinnvoller Ansatz lässt sich der Zuständigkeitsverlagerung insoweit entnehmen, denn es ist plausibel, dass über die Entscheidung des Fortbestands der werbenden Gesellschaft bzw. die Auflösung durchaus Meinungsverschiedenheiten unter den Gesellschaftern bestehen.

Die Möglichkeiten ausschöpfend können Externe durchaus beratend, moderierend, schlichtend oder vergleichbar, nicht aber entscheidend in den Auflösungsprozess eingebunden werden, denn eine Delegation geht freilich weit über eine bloß Beratung hinaus.

Problematisch ist die Rechtsgestaltung dann, wenn andere Organe, einzelne Gesellschafter oder Dritte in solchen Streit- und Pattsituationen über grundlegende Entscheidungskompetenzen verfügen, die letztlich den Fortbestand der werbenden Gesellschaft zum Gegenstand haben. Es obliegt der ureigenen Entscheidung der Gesellschafter – und bildet damit den tiefsten Kern aller Entscheidungsfragen in einer Gesellschaft – ob eine Gesellschaft weiterbestehen oder liquidiert werden soll.

(4) Wirkung des Auflösungsbeschlusses

Die Wirkung des Auflösungsbeschlusses bedarf auch einer Einbeziehung in diese Problemfrage. Entscheidend ist insoweit die Frage der Möglichkeit von Gegenmaßnahmen der Gesellschafterversammlung, also die Intensität der Bindung eines Auflösungsbeschlusses durch Andere als die Gesellschafterversammlung.

---

561 *Voormann*, Der Beirat im Gesellschaftsrecht, S. 37 f.; *Weber*, Privatautonomie, S. 7.

In Fällen, in denen der Beschluss unmittelbare Wirkung entfaltet, ist die Einräumung zur Auflösung berechtigender Zuständigkeit problematisch. Bei verdrängender oder konkurrierender Zuständigkeit der Gesellschafterversammlung verliert diese jedenfalls die finale Entscheidungshoheit über die Auflösung der Gesellschaft. Die Entscheidung über die Auflösung ist nach zutreffender einh.M. eine Grundlagenentscheidung der Gesellschaft,[562] über den Beginn ihrer eigenen Beendigung. Eine dahingehende Kompetenzübertragung würde Einfluss nehmen auf das Zuständigkeitsgefüge der Gesellschaft, bezogen auf die Entscheidungskompetenz in Strukturfragen. Eine so weitreichende Entmachtung muss folgerichtig ein äußerst gesteigertes Bedürfnis der Rechtspraxis haben.

Mit wirksamem Auflösungsbeschluss werden die Gesellschafter vor „*vollendete Tatsachen*“ gestellt,[563] sie können also einem solchen Beschluss nicht mehr so einfach entgegenwirken.

(5) Verdrängende Auflösungskompetenz

Unabhängig von dem Begünstigten gehen Rechtsprechung und überwiegende Teile der Literatur davon aus, dass die Gesellschafterversammlung sich nicht selbst hinsichtlich derartiger Grundlagenentscheidungen die Entscheidungskompetenz entziehen kann.[564] Die vollständige Entmündigung der Gesellschafterversammlung bei Grundlagengeschäften zugunsten Anderer sei mit dem Verständnis der GmbH schlicht unvereinbar.[565] Die statutarische Bestimmung verdrängender Auflösungskompetenz ist in dieser Folge stets unwirksam, da dies

---

562 *Zöllner/Noack*, in: Baumbach/Hueck, § 45 Rn. 7.

563 *Arnold*, in: MüKo BGB, § 41 Rn. 20.

564 Allgemeingültig: *Beuthien*, NJW 1999, 1142, 1143; Für die Mitgliederversammlung im Verein: *Edenfeld*, Rechtsbeziehungen, S. 100; *Arnold*, in: MüKo BGB, § 41 Rn. 19 f.; *Dörner*, in: NK-BGB, § 41 Rn. 2; *Schöpflin*, in: BeckOK BGB, § 41 Rn. 28; *Westermann*, Erman, § 41 Rn. 6; a.A. *Schockenhoff*, AcP 193 (1993), 35 ff.; für die Gesellschafterversammlung in der GmbH: RGZ 137, 305, 308 f.; *Goette*, Die GmbH, § 10 Rn. 21; *Raiser/Veil*, Recht der Kapitalgesellschaften, § 41 Rn. 3; *Passarge/Torwegge*, Die GmbH in der Liquidation, S. 21; *Arnold*, in: Henssler/Strohn, § 60 Rn. 21; *Casper*, in: UHL, § 60 Rn. 29; *Gesell*, in: Rowedder/Schmidt-Leithoff, § 60 Rn. 17; *Haas*, in: Baumbach/Hueck, § 60 Rn. 17; *Kleindiek*, in: Lutter/Hommelhoff, § 60 Rn. 6; *Nerlich*, in: Michalski, § 60 Rn. 35; *Schindler*, in: BeckOK GmbHG, § 45 Rn. 27; *K. Schmidt/Bitter*, in: Scholz, § 60 Rn. 12; *Wicke*, in: GmbHG, § 60 Rn. 4; *Hofmann*, GmbHR 1975, 218 f.; für die Hauptversammlung in der **AG**: *Hoffmann*, in: Spindler/Stilz, § 119 Rn. 7; *Koch*, in: Hüffer/Koch, § 119 Rn. 6; *Krenek/Pluta*, in: NK-HGB, § 119 Rn. 10, 12; *Spindler*, in: Schmidt/Lutter, § 119 Rn. 2, 10.

565 Vgl. oben unter S. 38 ff.

im eklatanten Widerspruch zu der Auffassung über die gesellschaftsrechtliche Grundstruktur der GmbH steht. Aus diesen Gründen wird angenommen, dass der Gesellschafterversammlung die Auflösungskompetenz jedenfalls nicht entzogen werden kann.[566] Insoweit ist die Vorschrift des § 60 Abs. 1 GmbHG als zwingend zu verstehen.

(6) Konkurrierende Auflösungskompetenz

Die Bestimmung einer konkurrierenden Zuständigkeit[567] Anderer als der Gesellschafterversammlung muss mit diesen Erkenntnissen nicht zwingend in Konflikt stehen. Ein erster Blick auf diese Problematik offenbart, dass die Gesellschafter selbst keine Rechte einbüßen, wenn sie anderen die gleichen Rechte zusprechen. Sie verlieren zwar die alleinige Möglichkeit Entscheidungen zu treffen, genau genommen nicht aber die Möglichkeit zur Entscheidung an sich.

(a) Auflösungskompetenz Dritter

Eine Gefährdung der Verbandssouveränität und damit verbunden der Selbstverwaltung und -organisation der Gesellschaft droht besonders bei unrechtmäßigem Außeneinfluss. Demnach also auch, wenn Gesellschaftsexternen eine Auflösungskompetenz zugewiesen werden könnte. Eine konkurrierende Auflösungskompetenz Dritter ist aus den genannten Gründen abzulehnen.[568]

566 Vgl. oben unter S. 58 mit zahlreichen Nachw.

567 Näher oben unter S. 48 ff.

568 So die h.M.: *Reichert*, Hdb. d. Vereins- und VerbandsR, Rn. 2054 f.; *Casper*, in: UHL, § 60 Rn. 29; *Ellenberger*, in: Palandt, § 41 Rn. 5; *Gesell*, in: Rowedder/Schmidt-Leithoff, § 60 Rn. 17; *Haas*, in: Baumbach/Hueck, § 60 Rn. 17; *Kleindiek*, in: Lutter/Hommelhoff, § 60 Rn. 6; *K. Schmidt*, in: Scholz, § 60 Rn. 12; *Hofmann*, GmbHR 1975, 217, 218 f.; A.A. zumindest für autoritäre Personen OLG Karlsruhe, JW 1936, 3266 f., allerdings wohl zu großen Teilen politisch motiviert: „In der Mitgliederversammlung 1935 wurde einstimmig ein neuer § 5a in die Satzung aufgenommen, der den Präsidenten der Reichstheaterkammer ermächtigt, Vorschr. der Satzungen aufzuheben oder abzuändern und alle Befugnisse der Verbandsorgane selbst auszuüben. [...] Die einstimmige Übertragung der Befugnisse der Verbandsorgane auf den Präs. der Reichstheaterkammer umfasse auch die Auflösungsbefugnis [...]. Ferner ist die Auflösungsbefugnis nicht irgendeinem beliebigen Dritten, sondern einer autoritären Person, dem Präs. der Reichstheaterkammer, übertragen worden. [...] Danach muß es auch möglich sein, daß die Satzung bestimmten Personen, z.B. dem Führer des Verbandes, oder wie hier einer autoritären Person, ein Auflösungsrecht einräumt [...].“ Diese Rechtsprechung ist freilich Zeugnis und Ausdruck des Führerprinzips und Ergebnis der Gleichschaltung der Vereine (so ausdrücklich bestätigt und gelobt

Nicht bloß, dass dies im Konflikt steht mit der Verbandssouveränität, auch die Erforderlichkeit für ein solches Recht ist wohl eher zweifelhaft.[569] Ein legitimes Interesse Dritter an der Auflösung der Gesellschaft bestünde allenfalls, wenn diese eine bevorstehende Insolvenz dadurch abwenden und ihre Forderungen umfänglich einziehen wollen. Allerdings bedarf es keines über die gesetzlichen Schutzvorschriften des Insolvenzrechts[570] und der Kapitalerhaltungsvorschriften hinausgehenden Schutzes Dritter, sodass auch hier nicht ersichtlich ist, warum die o.g. Grundsätze dem Drittschutz unterlegen sein sollten. Ferner wäre dies wohl auch wegen einer eventuellen Gläubigerbenachteiligung schwierig. Insoweit ist der h.M. zu folgen, dass Dritten kein eigenes Auflösungsrecht zugestanden werden kann.

(b) Auflösungskompetenz anderer Verbandsorgane

Teilweise wird befürwortet, dass Verbandsorganen eine zusätzliche, konkurrierende Auflösungskompetenz durch Satzungsbestimmung zugebilligt werden könne.[571] Für diese Ansicht spricht, dass die Gesellschaft weiterhin aus sich heraus die Entscheidung über die Auflösung trifft, die Gesellschaft ihre Souveränität und Selbstverwaltung also nicht an externe Dritte überträgt.[572] Problematisch ist, dass damit einhergehend die Gesellschafterversammlung ihre alleinige Entscheidungshoheit über die Gesellschaft betreffende Grundlagen einbüßt.

Sofern die Entscheidung des Gesellschaftsorgans keine abschließende Wirkung hätte, die Gesellschafterversammlung also unproblematisch entgegenwirken könnte, könnte eine solche Kompetenzverteilung durchaus in Betracht kommen. Mit Beschlussfassung des Gesellschaftsorgans wäre ein Auflösungsbeschluss

von *Ritter* in den Urteilsanmerkungen) und ist heute kein Fundament rechtlicher Begründung. Die dargebotenen Argumente des Gerichts sind daher nicht ernsthaft zu berücksichtigen. Einzig die Ausführungen über die Frage, ob § 41 BGB dispositiv ist, bedürfen einer näheren Betrachtung.

569 In der Literatur: *Dütz*, in: FS Herschel, 1982, S. 74 f.; Für eine Übertragung der Auflösungskompetenz eines Vereins auf den Hauptverband: *Kunadt*, Die Rechtsform der gewerkschaftlichen Unterorganisationen und ihre Rechtsstellung im Tarifvertragsrecht, S. 46 f.

570 Insbesondere § 15a InsO, § 64 GmbHG sind hier gläubigerschützend.

571 Jedenfalls für den Verein: KG OLGZ 1968, 200, 206 (leider unbegründet); *Hadding*, in: Soergel, § 41 Rn. 3.

572 Kein Verstoß gegen die Verbandsautonomie liegt vor, wenn eine Kompetenz verbandsintern auf andere Organe übertragen wird, sondern nur bei Einbeziehung Dritter, vgl. *Schindler*, BeckOK GmbHG, § 45 Rn. 24 f.

wirksam und die Gesellschaft müsste ihre Beendigung einleiten. Denkbar wäre hier das Entgegenwirken durch einen Fortsetzungsbeschluss.[573] Vor Vollbeendigung der Gesellschaft kann grundsätzlich ein solcher Beschluss jederzeit gefasst werden.[574] Neben der Beschlussfassung ist eine solche Fortsetzung regelmäßig nur unter Beseitigung des Auflösungsgrundes möglich.[575] Aufgrund des geltenden Prioritätsprinzips ist hier aber ein Entgegenwirken durch Fortsetzungsbeschluss nicht ohne weiteres für die Gesellschafterversammlung möglich.[576] Insoweit ist die Beschlussfassung eines anderen Organs über die Auflösung der Gesellschaft nicht wirksam.

Die Gesellschafterversammlung könnte sich fortan nicht als oberstes Organ der Gesellschaft behaupten, würde sie Grundlagenkompetenzen auch auf andere Organe der Gesellschaft delegieren. Sie ist richtigerweise *„das zur Willensbildung allein berufene Organ der Gesellschaft“*,[577] jedenfalls hinsichtlich aller Struktur und Organisationsbeschlüsse. Auch wenn die Gesellschafterversammlung keine Rechte einbüße, so stünde sie in der Hierarchie der Verbandsorganisation auch nicht mehr über den anderen Organen und verlöre so ihre innerorganisatorische Stellung als höchstes Entscheidungsorgan der GmbH.

Trotz Berücksichtigung der Bedeutung und Position in der Gesellschaft ist nicht ersichtlich, warum andere Organe als die Gesellschafterversammlung aktiv auf die Auflösung hinwirken können sollen. Den Gesellschaftsorganen ist unbenommen, eine Auflösung anzuregen.[578] Dass eine Auflösung der Gesellschaft

---

573 Die aufgelöste Gesellschaft kann durch Ausräumung des Auflösungsgrundes und Fassung des erforderlichen Beschlusses grundsätzlich fortgesetzt werden (actus contrarius), u.a. *Frank*, in: Saenger/Inhester, § 60 Rn. 68 f. Obgleich ungeschrieben, ist die Möglichkeit der Rückkehr in einen werbenden Zustand durch Beschluss des Willensbildungsorgans im Gesellschaftsrecht anerkannt (*Hadding*, in: Soergel, Vor §§ 41–53 Rn. 22; *K. Schmidt*, Gesellschaftsrecht, S. 315 f. m.w.N.). Einstimmigkeit ist aber nach h.M. nicht erforderlich (a.A. RGZ 118, 337, 341).

574 *Kleindiek*, in: Lutter/Hommelhoff, § 60 Rn. 28; *Nerlich*, in: Michalski, § 60 Rn. 331; *K. Schmidt*, in: Scholz, § 60 Rn. 43.

575 *Kleindiek*, in: Lutter/Hommelhoff, § 60 Rn. 28. Jedenfalls unter Berücksichtigung der Lehre vom Doppeltatbestand.

576 Vgl. oben unter S. 48 ff.

577 *Hüffer/Schürnbrand*, in: UHL, § 45 Rn. 19.

578 Zu Recht wird in Teilen der Literatur angenommen, dass Organen sogar eine Pflicht zur Anregung der Auflösung zukommt, sofern bestimmte Sachverhalte vorliegen, so *Berner*, in: MüKo GmbHG, § 60 Rn. 88, *Casper*, in: UHL, § 60 Rn. 29; *Gesell*, in: Rowedder/Schmidt-Leithoff, § 60 Rn. 17 (konkret bezogen auf den Aufsichtsrat); *Hofmann*, GmbHR 1975, 217, 219.

aber an den Gesellschaftern vorbei von anderen Organen beschlossen werden können soll, erscheint weder sinnvoll noch erforderlich.[579] Anders der umgekehrte Fall, dass Gesellschaftsorgane durchaus ein legitimes Interesse an der Mitwirkung an einem Auflösungsbeschluss haben können.[580]

Im Ergebnis kann es nicht überzeugen, anderen Organen Grundlagenentscheidungen, wie auch die Auflösung der Gesellschaft zu überlassen, da zum einen die Wirkung des Auflösungsbeschlusses der Gesellschafterversammlung die Möglichkeit zur Reaktion nimmt, zum anderen aber auch, weil es gerade zum Kernbereich der mitgliedschaftlichen Entscheidungsaufgaben gehört.

(c) Auflösungskompetenz eines Gesellschafters/einer Gesellschaftergruppe

Gesellschaftern und Gesellschaftergruppen kann statutarisch ein Sonderrecht eingeräumt werden.[581] Die Möglichkeit der Einräumung eines solchen Sonderrechts zur Auflösung wird allerdings abgelehnt.[582] Zum einen wird dies begründet mit der inneren Struktur der Gesellschaft. So sei die Gesellschafterversammlung als oberstes Organ der Gesellschaft aufgrund ihrer Stellung unentziehbar und alleine zuständig für Entscheidungen über die Auflösung.[583] Zum anderen führt ein Sonderrecht zur Auflösung zur erheblichen Privilegierung einzelner Gesellschafter und erhebt diese zu Schicksalsgesellschaftern. Ihrer Entscheidung obläge das Schicksal der Gesellschaft, wodurch den anderen Gesellschaftern gegenüber (missbräuchlich) eine Drohkulisse aufgebaut werden könnte. Schon allein dieser Möglichkeit der „*Erpressung*" wegen ist eine solche Kompetenzzuspitzung auf einen Gesellschafter oder eine Gesellschaftergruppe nicht begründbar. Dies könnte zu einer erheblichen Freiheitseinbuße der übrigen Gesellschafter führen.[584]

---

579 Wie auch Dritte können freilich auch andere Organe in den Auflösungsprozess eingebunden werden. Allerdings gilt auch gleichfalls, dass die Entscheidung bei den Gesellschaftern verbleiben muss.

580 Dazu näher unten unter S. 141 ff.

581 Vgl. oben unter S. 54 ff.

582 Stattdessen handelt es sich bei einer solchen Bevorrechtung um eine Kündigungsklausel nach § 60 Abs. 2 GmbHG, vgl. *Kleindiek*, in: Lutter/Hommelhoff, § 60 Rn. 6 m.w.N.

583 *Nerlich*, in: Michalski, § 60 Rn. 35 m.w.N.

584 Die begünstigten Gesellschafter würden unabhängig vom Willen der Gesellschaftermehrheit über das Schicksal der GmbH entscheiden. Diese Drohkulisse könnte stets Einfluss auch auf die Entscheidungsfreiheit in anderen Abstimmungen haben und

Zwar sind im Rahmen der Satzungsautonomie grundsätzlich Besserstellungen einzelner Gesellschafter oder Gesellschaftergruppen möglich, durch die Möglichkeit von Sonderrechten gar vorgesehen, doch überwiegt in der Interessenkollision vorliegend der Schutz der nichtbegünstigten Gesellschafter vor einer ungewollten Auflösung, vor allem aber vor der hohen Missbrauchsgefahr und der innergesellschaftlichen Schicksalsabhängigkeit. Es vermag nicht zu überzeugen, dass Gesellschaftern aus diesen Gründen ein Sonderrecht zur Auflösung zugesprochen werden kann. Kaum vereinbar mit dem Minderheitenschutz ist es, einzelnen Gesellschafter zu Schicksalsträgern zu ernennen, ihnen also ein Sonderrecht über die Auflösung der Gesellschaft zuzubilligen. Dies führe einzig zur Schaffung *„goldener Gesellschafter“* die im völligen Eigeninteresse über die weitere Existenz der Gesellschaft entscheiden könnten.[585]

(d) Zusammenfassung

Die Gesellschafterversammlung bleibt zur Auflösung exklusiv berechtigt. Eine Übertragung von Auflösungskompetenzen auf Gesellschafter, Gesellschaftsorgane und Dritte ist nicht möglich, weder ersetzend noch konkurrierend. Insoweit ist der weitgefasste Wortlaut des § 60 Abs. 2 GmbHG teleologisch zu reduzieren und auf den normierten Fall des Gesellschafterbeschlusses zu beschränken. So behält die Gesellschafterversammlung ihre Grundlagenkompetenz. Die Auflösung der Gesellschaft ist die intimste Frage des Gesellschaftsrechts, ist von ihr doch die Existenz der Gesellschaft abhängig. Eine Übertragung dieser Entscheidungskompetenz lässt sich mit dem Wesen der GmbH und im Speziellen mit der Stellung der Gesellschafterversammlung als oberstem Organ der Gesellschaft nicht vereinbaren.

c) Mitwirkung bei der Auflösung

Ungeachtet dessen, dass ein verdrängendes oder konkurrierendes Auflösungsrecht (auch *„Initiativrecht“*)[586] Gesellschaftern, Verbandsorganen oder Dritten nicht wirksam zugesprochen werden kann, bleibt bisher weitgehend ungeklärt,

---

einem möglichen Missbrauch durch die begünstigten Gesellschafter Tür und Tor öffnen. Ohne ausdrücklich mit der Auflösung zu drohen könnte bereits die bloße Möglichkeit zur Auflösung andere Gesellschafter in ihrer freien Meinungsäußerung und hinsichtlich ihres Abstimmungsverhaltens beeinflussen.

585 Eine Ausnahme hierzu bilden Mehrstimmrechte. Dadurch können Gesellschafter durchaus eine Privilegierung bei der Abstimmung erfahren.

586 *Böttcher*, Rpfleger 1988, 169, 171.

wie es sich mit Mitwirkungsrechten verhält. Eine Vielzahl von Gründen ist in der Praxis denkbar, warum andere als die Gesellschafterversammlung am Auflösungsprozess teilhaben sollen. Zu unterscheiden sind insoweit (Sonder-) Rechte von Gesellschaftern und externen Dritten, wie auch (Sonder-) Zuständigkeiten anderer Gesellschaftsorgane, die eine Mitwirkung zum Gegenstand haben.

Begrifflich lässt sich zwischen Beratungs-, starkem und schwachem Initiativ-, Veto- und Zustimmungsrechten unter dem Überbegriff Mitwirkungsrechte differenzieren. Mit dem Veto-Recht ist gemeint, dass binnen einer zu bestimmenden Frist dem Auflösungsbeschluss widersprochen werden kann.[587] Bleibt ein solcher Widerspruch aus, wird der Beschluss wirksam, ein Schweigen gilt insoweit als Zustimmung. Anders bei den Zustimmungsvorbehalten, wonach dem Beschluss aktiv zugestimmt werden muss, damit der Beschluss zur Wirksamkeit gelangt. Als Initiativrecht wird die Kompetenz zur ersten Sachentscheidung verstanden. Ein schwaches Initiativrecht bedarf zwingend der Zustimmung eines anderen Organs (i.d.R. der Gesellschafterversammlung), ein starkes Initiativrecht bedarf keiner weiteren Mitwirkung.

(1) Mitwirkung der Gesellschafter

Sonderrechte sind korporative Satzungsbestandteile, die Gesellschaftern Vorzugsrechte zubilligen.[588] Insbesondere kann ein solches Sonderrecht nicht ohne Zustimmung des Begünstigten wieder entzogen werden. Nach überzeugender Auffassung kann einem oder mehreren Gesellschaftern ein Sonderrecht zugestanden werden, dass eine Auflösung gegen oder ohne dessen Willen nicht möglich sei.[589] Sofern von diesem Sonderrecht Gebrauch gemacht wurde, muss das gesetzliche oder satzungsrechtliche Quorum zur Auflösung der Gesellschaft erreicht werden und der Gesellschafter, dem das Sonderrecht zusteht, der Auflösung zugestimmt haben.[590] Eine Überstimmung durch die übrigen Gesellschafter, auch dann wenn diese sonst einstimmig entscheiden, ist grundsätzlich nicht wirksam bzw. möglich. Insbesondere die Treuepflicht des Gesellschafters

---

587 Die Begriffe sind nicht allgemeingültig. So verwendet u.a. BayObLGZ 1975, 439 den Begriff „Vetorecht" mit der gleichen Bedeutung, wie in dieser Arbeit „Zustimmungsrecht" verwendet wird.

588 Vgl. oben unter S. 54 ff.

589 *Arnold*, in: Henssler/Strohn, § 60 Rn. 68; *Schöpflin*, in: BeckOK BGB, § 35 Rn. 7.

590 *Arnold*, in: Henssler/Strohn, § 60 Rn. 12, 68.

dient insoweit als wichtigste Beschränkung der Stimmrechtsausübung, auch bei Sonderrechten.[591] Insoweit erwächst der gesellschaftsrechtlichen Treuepflicht der Gesellschafter einer GmbH „*eine Verhaltensmaxime für die Gesellschafter, die das erfolgreiche Zusammenwirken in der Gesellschaft gewährleisten soll.*“[592] Dies stellt auch keinen Verstoß gegen den Grundsatz der Verbandssouveränität und konkreter der Gesellschafterversammlung als oberstes Organ dar, da der begünstigte Gesellschafter entsprechend Teil der Gesellschafterversammlung ist und es insoweit unwesentlich ist, ob die Auflösung nur unter Zustimmung der mit Sonderrechten ausgestatteten Gesellschafter oder bei Einstimmigkeit möglich ist.

Anders als bei einem Initiativrecht besteht bei Zustimmungsrechten grundsätzlich keine erhöhte Missbrauchsgefahr, da eben nicht ohne den Willen der übrigen Gesellschafter die Gesellschaft aufgelöst werden kann. Insoweit wird – sofern die Treuepflicht nicht zu einem gebundenen Stimmverhalten verpflichtet – die wirksame Auflösung von der Zustimmung des mit Sonderrechten ausgestatteten Gesellschafters abhängig gemacht. Als zusätzliches Sicherungsinstrument gegen willkürliche Blockade dient ferner die Auflösungsklage. Die Ausgangssituation ist insoweit eine völlig andere als bei einem Initiativ- bzw. Beschlussrecht zur Auflösung.

Als milderes Recht kann den Gesellschaftern freilich auch ein entziehbares Mitwirkungsrecht zugestanden werden.

(2) Mitwirkung anderer Gesellschaftsorgane

Die Schaffung einer (Sonder-) Zuständigkeit anderer Gesellschaftsorgane als denen, die per Gesetz originär vorgesehen sind, ist im Gesellschaftsrecht grundsätzlich zulässig und üblich.[593] Die statutarische Kompetenzordnung unterliegt für gewöhnlich der freien Dispositivität und damit der Entscheidung der Gesellschafterversammlung.[594]

Einem anderen Gesellschaftsorgan kann ein schwaches Initiativrecht eingeräumt werden, also die Möglichkeit einen Auflösungsbeschluss zu fassen, der zu seiner Wirksamkeit aber zwingend der Zustimmung der Gesellschafterversammlung

591 Zur Treuepflicht *Dreher*, DStR 1993, 1632.

592 *Dreher*, DStR 1993, 1632.

593 Speziell für den Beirat: *Robertz*, MittRhNotK 1991, 239, 241 f.

594 Vgl. oben unter S. 31 ff.

mit der zur Auflösung erforderlichen Mehrheit voraussetzt.[595] Die Übertragung eines starken Initiativrechts, bei welchem das begünstigte Organ ohne zwingende Zustimmung der Gesellschafterversammlung eine Auflösung herbeiführen könnte, ist nicht möglich. Ist ein schwaches Initiativrecht zugunsten eines Organs vorgesehen, so kann dies das originäre starke Initiativrecht der Gesellschafterversammlung nicht verdrängen, sondern kommt hinzu. Dieses kann sich die Gesellschafterversammlung nicht selber berauben. So kann einerseits die Gesellschafterversammlung durch Sachentscheidung eigenständig befinden (starkes Initiativrecht der Gesellschafterversammlung), zum anderen ist ein Initiativbeschluss des begünstigten Organs in diesen Fällen ohne Mitwirkung der Gesellschafterversammlung nicht bindend (schwaches Initiativrecht des begünstigten Organs), ein Konflikt mit der Verbandssouveränität bzw. der Gesellschafterversammlung als oberstes Organ der GmbH droht daher gerade nicht.

Problematisch ist vielmehr der umgekehrte Fall eines Veto- bzw. Zustimmungsrechts des begünstigten Organs als Mitwirkung bei einem Initiativbeschluss durch die Gesellschafterversammlung. Denkbar sind folgende Konstellationen:

- begünstigtes Organ ist zwingend ausschließlich mit Gesellschaftern besetzt,
- begünstigtes Organ ist zwingend mehrheitlich, nicht aber ausschließlich, mit Gesellschaftern besetzt,
- begünstigtes Organ ist nicht zwingend überwiegend mit Nichtgesellschaftern besetzt, bzw. die Satzung enthält keine Angaben über die Besetzung des begünstigten Organs.

Teilweise wird vertreten, dass das Abhängig machen der Gesellschafterversammlung von einem Verbandsorgan stets unwirksam wäre.[596] Die „*Wirksamkeit des Beschlusses kann jedoch nicht von der Mitwirkung anderer Organe abhängig gemacht werden*", wird dazu ausgeführt.[597] Eine solche Abhängigkeit führe zur faktischen Entmachtung der Gesellschafterversammlung, indem sie die Gesellschafter der Entscheidung über die Auflösung beraube und insoweit die Stellung der Gesellschafterversammlung als oberstes Organ der GmbH bedrohe.

595 Unverbindliches Initiativrecht, das aber nicht zugleich das Initiativrecht der Gesellschafterversammlung ausschließen darf, *Hofbauer*, Die Kompetenzen des (GmbH-) Beirats, S. 161; *Rohleder*, Übertragbarkeit von Kompetenzen, S. 65 f.

596 *Berner*, in: MüKo GmbHG, § 60 Rn. 88; *Casper*, in: UHL, § 60 Rn. 29; *Haas*, in: Baumbach/Hueck, § 60 Rn. 17.

597 *Casper*, in: UHL, § 60 Rn. 29.

Die Verbandsautonomie wäre folglich zwar nicht selbst unmittelbar bedroht, da die Entscheidung, auch unter Einbindung anderer Organe, aus dem inneren der Gesellschaft getroffen wird, aber den Gesellschaftern drohe der Verlust der Einflussnahme auf die Existenz der Gesellschaft und somit über grundlegende Entscheidungen, die Gesellschaft betreffend, zu befinden. Eine solche Auffassung vermag freilich nicht zu überzeugen, steht sie doch im nicht begründbaren Widerspruch zur Satzungsfreiheit der Gesellschaft. Es ist der Gesellschaft unbenommen – wie zuvor dargelegt – Sonderrechte zur Mitwirkung an der Auflösung Gesellschaftern einzuräumen. So muss es im Sinne der inneren Zuständigkeitsordnung der Gesellschaft natürlich ebenso möglich sein, mit Gesellschaftern (jedenfalls mit Stimmmehrheit der Gesellschafter) besetzten Organen gleichfalls eine Mitwirkung zu ermöglichen. Entscheidend ist insoweit, dass die Gesellschafter in dieser Konstellation das Zepter nicht aus der Hand geben.

Ist das begünstigte Organ zwingend und ausschließlich mit Gesellschaftern besetzt, so kann ihm ein entziehbares oder unentziehbares Mitwirkungsrecht zugesprochen werden, als (Sonder-) Zuständigkeit des Organs. Eine Einschränkung dieser Gestaltungsmöglichkeit der inneren Ordnung der Gesellschaft ist nicht zu rechtfertigen. Unter Berücksichtigung dessen, dass Gesellschaftergruppen ein vergleichbares Sonderrecht eingeräumt werden kann, ist es einzig konsequent eine entsprechende Organzuständigkeit ebenfalls anzuerkennen. Ein Verlust der Entscheidungshoheit der Gesellschafter droht gerade nicht, da diese weiterhin in ihrer Gesamtheit die Auflösung der Gesellschaft bewirken können. Insoweit liegt gerade kein Eingriff in den Kernbereich der Mitgliedschaftsrechte vor. Zudem wird die Gesellschafterversammlung als oberstes Verbandsorgan in ihrer Entscheidungskompetenz nur geringfügig – vertretbar – eingeschränkt.[598] Ändert sich die Besetzungsbestimmung über das begünstigte Organ derart, dass nicht mehr zwingend Gesellschafter in das Organ berufen werden entfällt die Zuständigkeit, unabhängig davon, ob der Satzungstext angepasst wurde.

Wohl auch möglich ist die Zubilligung ebendieser Mitwirkung für mehrheitlich mit Gesellschaftern besetzte Organe, nicht aber als unentziebare Sonderzuständigkeit. Dem liegt das Argument zugrunde, dass die Gesellschafter auch ohne bzw. gegen den Willen der übrigen Organmitglieder die Entscheidung letztlich herbeiführen können, diejenigen Organmitglieder, die nicht Gesellschafter sind, also jederzeit überstimmt werden können. Einem Organ, das nicht ausschließlich mit Gesellschaftern besetzt ist, kann ein unentziehbares Recht

598 Vergleichbar mit der Einräumung von Sonderrechten nach § 35 BGB zu Gunsten einzelner Gesellschafter oder Gesellschaftergruppen.

nicht zugesprochen werden. Dieses Privileg sieht § 35 BGB (hier ggf. in analoger Anwendung) richtigerweise nur für Gesellschafter vor. Eine Ausweitung unentziehbarer Sonderrechte auf Verbandsorgane, die nicht ausschließlich mit Gesellschaftern besetzt sind, untergräbt die besondere Stellung der Gesellschafter in der GmbH. Die Übertragung unentziehbarer Mitwirkungsrechte kann nur dann möglich sein, wenn das begünstigte Organ zwingend ausschließlich mit Gesellschaftern besetzt ist. Nur insoweit besteht eine § 35 BGB vergleichbare Interessenlage. Unentziehbare Rechte sind – das darf nicht faktisch durch einen „*Umweg*" über Organbesetzungen umgangen werden – Privileg der Gesellschafter, nicht aber Dritter. Es kommt also nicht in Betracht, eine Mitwirkung unentziehbar auf solche Organe zu übertragen, deren Besetzung durch die Satzung nicht ausschließlich mit Gesellschaftern vorgesehen ist.

Spiegelbildlich ist der Fall, dass satzungsrechtlich die beschlussfassende Mehrheit nicht zwingend mit Gesellschaftern besetzt ist.[599] Hier droht, dass Nichtgesellschafter die Auflösung dauerhaft blockieren, selbst bei einstimmigem Auflösungsinteresse der Gesellschafter. Dies entkernt die Grundlagenkompetenz der Gesellschafterversammlung. Fraglich ist, ob denn auf solche Organe entziehbare Mitwirkungsrechte übertragen werden können. Richtig ist, dass ein begünstigtes Organ ohne starkes Initiativrecht keinen nicht vom Mehrheitswillen der Gesellschafter getragenen Auflösungsbeschluss herbeiführen kann, eine von der Gesellschafterversammlung ungewollte Auflösung also nicht möglich ist. Im Rahmen einer solchen Kompetenzübertragung bestünde aber das Risiko, dass ein begünstigtes Organ die Auflösung blockiert. Dieses Risiko wird zwar von der Treuepflicht beschränkt, der grundsätzlich in abgemilderter Form auch Organmitglieder unterliegen,[600] allerdings entfällt dieses Risiko nicht gänzlich.

599 So beispielsweise die Einbindung von Kommanditisten einer GmbH & Co.KG in Organstrukturen der Komplementär-GmbH.

600 Für den Beirat: *Jaeger*, in: BeckOK GmbHG, § 52 Rn. 92; *Roth*, in: Baumbach/Hopt, § 163 Rn. 14 (zur OHG); *Wicke*, in: GmbHG, § 52 Rn. 23; Für den Aufsichtsrat: *Fleck*, in: FS Heinsius, 1991, S. 89, 90 f.; *Wiedemann*, in: FS Heinsius, 1991, S. 949, 950; *Altmeppen*, in: Roth/Altmeppen, § 52 Rn. 32; *Heermann*, in: UHL, § 52 Rn. 138; *Koch*, in: Hüffer/Koch, § 116 Rn. 7 (zur AG); *Oetker*, in: ErfK, § 116 Rn. 4 (zur AG); *Spindler*, in: MüKo GmbHG, § 52 Rn. 647; *Linker/Zinger*, NZG 2002, 497, 502; *Möllers*, NZG 2003, 697 f. (zur AG); *Mülbert/Sajnovits*, NJW 2016, 2540, 2541 (zur AG); Für die Geschäftsführung: OLG Hamm GmbHR 1997, 999, 1000; *Palzer*, Pflichten des Geschäftsführers, S. 15 f.; *Altmeppen*, in: Roth/Altmeppen, § 43 Rn. 26; *Stephan/Tieves*, in: MüKo GmbHG, § 35 Rn. 86; *Zöllner/Noack*, in: Baumbach/Hueck, § 35, Rn. 38; *Fleischer*, WM 2003, 1045, 1046 ff.; *Schmolke*, RIW 2008, 365, 369; Für einen Verwaltungsrat: BGHZ 69, 207 (zur Publikums-KG).

Es besteht insoweit bloß ein Schutz vor reinen Trotz- oder Willkür-Blockaden. Auch wenn die Zustimmungskompetenz des Organs durch Satzungsänderung entzogen oder ggf. ein satzungsdurchbrechender Beschluss der Gesellschafter zur (einmaligen) Ersetzung dieser Kompetenzverteilung gefasst werden kann,[601] so kann es dennoch zu möglichen Verzögerungen bei der Auflösung kommen. Eine dadurch verspätete Auflösung könnte sich unterdessen durchaus negativ auf den Liquidationserlös auswirken. Ausschlaggebend ist, dass die Auflösung nicht - auch nicht im Sinne einer Mitwirkung - aus der Hand der Gesellschafter genommen werden kann und darf. Keine Entscheidung der Gesellschaft ist grundlegender als die, über ihre eigene Existenz, sodass hier unter keinen Umständen eine bindende Mitwirkung Dritter möglich ist. Einzig die unverbindliche Zustimmung oder Anhörung eines begünstigten Organs kann diesem, sofern es nicht zwingend mehrheitlich mit Gesellschaftern besetzt ist, übertragen werden.

Gleiches gilt für Organe, deren Besetzung durch die Satzung nicht bestimmt ist. Selbst wenn dieses Organ mehrheitlich mit Gesellschaftern besetzt ist, so ist eine verbindliche Übertragung einer Mitwirkungskompetenz unzulässig und daher unwirksam. Dies ergibt sich aus dem Umstand, dass sich aus der Satzung ergeben muss, wie das Organ besetzt wird. Ansonsten käme es mit einem Wechsel der Organmitglieder zu einem regelmäßigen Wechsel zwischen Wirksamkeit und Unwirksamkeit der Mitwirkung und somit zu einem erheblichen Schaden für die Rechtssicherheit und Transparenz. Auch würde es regelmäßig vom Zufall abhängen, ob das begünstigte Organ im Zeitpunkt des Auflösungswillens der Gesellschafter gerade hinreichend mit Gesellschaftern besetzt ist.

Die Satzungslage hat insoweit also Einfluss auf die Wirksamkeit einer solchen Bestimmung. Nur, wenn mehrheitlich die Entscheidung durch die Gesellschafter möglich bleibt, der Einfluss Dritter also eine jedenfalls einstimmige Entscheidung der Gesellschafter, nicht zu überstimmen vermag, ist die verbindliche Mitwirkung anderer Organe wirksam. Freilich nur, sofern sich die Gesellschaftermehrheit des begünstigten Organs direkt aus der Satzung ergibt.

(3) Mitwirkung durch Dritteinfluss

Problematisch erscheint, ob auch gesellschaftsexternen Dritten ein Sonderrecht auf Zustimmung eingeräumt werden kann. Die Satzungsautonomie des GmbHG enthält dahingehend jedenfalls keine normative Einschränkung. Wenn man sich

---

601 Zur Wirksamkeit einer Satzungsdurchbrechung ausführlich *Helmke*, Satzungsdurchbrechung, S. 56 ff.

der vorherrschenden und vorzugswürdigen Meinung in Literatur und Rechtsprechung anschließt, ist das Sonderrecht ein an die Mitgliedschaft gebundenes, über die allgemeinen Mitgliedschaftsrechte aber hinausgehendes Recht einzelner Gesellschafter oder Gesellschaftergruppen.[602] Insoweit erscheint die Einräumung eines Sonderrechts auf Zustimmung zugunsten Externer in Ermangelung einer Gesellschafterstellung nicht möglich.[603]

Fraglich bleibt, ob Dritten ein entziehbares organschaftliches Mitwirkungsrecht eingeräumt werden kann. Dies wird zu Recht überwiegend abgelehnt.[604] Für den Verein vertritt *Böttcher*, dass die Auflösung durchaus auch von der Zustimmung Dritter abhängig gemacht werden kann.[605] Diese These stützt er darauf, dass beim Verein auch die Satzungsänderung von einer Zustimmung eines Dritten abhängig gemacht werden könne.[606] Dies ist für den Verein unterdessen höchst umstritten,[607] und gilt jedenfalls nicht bei anderen Körperschaften,[608] insbesondere nicht für die GmbH.[609] Mit der überzeugenden h.M. kann Dritten im GmbH-Recht kein organschaftliches Recht übertragen werden, so freilich auch nicht bei der Mitwirkung an der Auflösung.[610]

Allerdings ist ein schwächeres Recht, also ein schuldrechtlicher Stimmbindungsvertrag, auch gegenüber Gesellschaftsdritten wirksam,[611] sogar dann, wenn die Stimmbindung ganz konkret auf die Auflösung bezogen ist.[612] Die

602 RGZ 104, 253, 255; BGH NJW 1969, 131; 1974, 1996, 1997; MDR 1970, 913; *Schöpflin*, in: BeckOK BGB, § 35 Rn. 3; *Beuthien*, ZGR 2014, 24.

603 Vgl. dazu oben unter: S. 59 f.

604 Vgl. dazu oben unter: S. 59 f.

605 *Böttcher*, Rpfleger 1988, 169, 171.

606 Hierbei beruft sich *Böttcher* auf KG OLGZ 1974, 385.

607 Zu diesem Meinungsstand sehr ausführlich *Schöpflin*, in: BeckOK BGB, § 33 Rn. 5.

608 *Schöpflin*, in: BeckOK BGB, § 33 Rn. 5.

609 *Trölitzsch*, in: BeckOK GmbHG, § 53 Rn. 13.

610 Hierzu ausführlich oben unter S. 59 f.

611 So die h.M. BGHZ 48, 163, 166 ff.; BGH ZIP 1983, 432, 433; OLG Köln ZIP 1988, 1122, 1124; OLG Jena NZG 1998; 343; 344, *Weber*, Privatautonomie, S. 100 ff., 338 ff.; *Bayer*, in: Lutter/Hommelhoff, § 47 Rn. 20; *Casper*, in: UHL, § 60 Rn. 29; *ders.*, in: Bork/Schäfer, § 47 Rn. 25; *Gesell*, in: Rowedder/Schmidt-Leithoff, § 60 Rn. 17; *Römermann*, in: Michalski, § 47 Rn. 500 ff.; *Roth*, in: Roth/Altmeppen, § 47 Rn. 38; *K. Schmidt*, in: Scholz, § 47 Rn. 39 ff.; a.A. *Hüffer/Schürnbrand*, in: UHL, § 47 Rn. 80; *Schilling*, in: Hachenburg, 7. Auflage, § 47 Rn. 29.

612 Str., denn teilweise wird in der Literatur eine Wirksamkeit von Stimmbindungen bei Struktur- und Grundlagenbeschlüssen abgelehnt, vgl. *Bayer*, in: Lutter/Hommelhoff, § 47 Rn. 20 m.w.N.

Stimmbindung ist allerdings dann ausnahmsweise unzulässig, wenn der Dritte – sofern er Gesellschafter wäre – von der Stimmabgabe ausgeschlossen wäre.[613] Die Zulässigkeit dieser Stimmbindungsverträge beruht auf einer Trennung zwischen Verbands- und Vertragsebene.[614] So steht es den Gesellschaftern frei, vertraglich auf ihre freie Stimmausübung zu verzichten, denn die „*gesellschafterliche Stellung des Verbandsmitglieds werde durch seine schuldrechtliche Bindung einem Dritten gegenüber nicht tangiert, insbesondere sei der Gesellschafter rechtlich jederzeit in der Lage, eine vertragswidrige Stimme abzugeben und damit Gesellschaftsinteressen den Vorrang zu geben.*"[615] In besonderen Fällen kann der Gesellschafter sogar in seiner Stimmrechtsausübung entgegen seiner schuldrechtlichen Bindung durch die Treuepflicht gezwungen sein. Demnach ist es nur richtig und konsequent eine schuldrechtliche Stimmrechtsbindung zuzulassen. Ein unerwünschter Dritteinfluss von außen droht die Gesellschaftsinteressen nicht in erheblicher Weise zu beeinträchtigen.

d) Umdeutung unwirksamer Satzungsbestimmungen

Offen geblieben ist bisher, welches rechtliche Schicksal solche Satzungsbestimmungen haben, die unwirksam sind. Die Umdeutung nach § 140 BGB ist grundsätzlich auch bei Satzungsklauseln möglich.[616] Eine Umdeutung kommt dann in Betracht, wenn die Parteien einen legitimen Erfolg mit einem von der Rechtsordnung missbilligten bzw. unzulässigen Mittel zu erreichen versuchen, ein vergleichbarer Erfolg allerdings auch mit einem zulässigen Mittel erreicht werden kann.[617] Bei angestrebtem unzulässigem Erfolg ist eine Umdeutung nach § 140 BGB nicht möglich.[618] Die Umdeutung ist ferner nur auf Grundlage einer Auslegung des Rechtsgeschäfts möglich.[619] Entscheidend ist, dass das Ersatzgeschäft nicht den gleichen Umfang des ursprünglichen Geschäfts haben muss, insoweit also ein Minus darstellen kann, im Umfang darf die Umdeutung aber nicht über das ursprünglich Gewollte hinausgehen.[620]

---

613 *K. Schmidt*, in: Scholz, § 47 Rn. 42; *Zöllner/Noack*, in: Baumbach/Hueck, § 47 Rn. 114.
614 *Weber*, Privatautonomie, S. 101.
615 *Weber*, Privatautonomie, S. 102.
616 Vgl. *Busche*, in: MüKo BGB, § 140 Rn. 29 mit zahlreichen Einzelbeispielen und weiterführenden Verweisen.
617 *Wendtland*, BeckOK BGB, § 140 Rn. 1.
618 *Wendtland*, BeckOK BGB, § 140 Rn. 1.
619 *Wendtland*, BeckOK BGB, § 140 Rn. 2.
620 BGHZ 125, 355, 364.

Nach h.M. ist eine Satzungsbestimmung, welche die „*Unauflösbarkeit der Gesellschaft*" zum Gegenstand hat, nach § 140 BGB umzudeuten, dahingehend, dass damit das Erfordernis der Einstimmigkeit zur Auflösung gemeint sei.[621] Eine Unauflösbarkeit der Gesellschaft kann es nicht geben, da die Entscheidung über die Auflösung immer bei den Gesellschaftern verbleiben muss. Weder kann die Gesellschafterversammlung die Auflösungskompetenz delegieren, noch kann sie sich selbst dieser Entscheidung berauben.

Eine vergleichbare Situation entsteht z.B. in Fällen, in denen Mitwirkungsrechte anderer Organe als der Gesellschafterversammlung unwirksam sind. Die Gesellschafter haben durch die unwirksame Satzungsbestimmung zum Ausdruck gebracht, dass eine Mitwirkung anderer Organe gewünscht ist. Unter Berücksichtigung dieses Gesellschafterwillens bietet sich auch in diesen Konstellationen, sofern möglich, eine Umdeutung der Satzungsklausel hin zu einer wirksamen Ausgestaltung an, die eine Beteiligung des Begünstigten hinreichend – rechtlich wirksam – berücksichtigt. So kann beispielsweise ein unwirksames Zustimmungsrecht umgedeutet werden in ein Anhörungsrecht. Eine solche Anhörung würde die Beteiligung des Begünstigten berücksichtigen, ohne für die Gesellschafterversammlung in irgendeiner Weise bindend zu sein.

e) Stellungnahme

Der Auflösungsbeschluss ist die Schicksalsfrage über das Sein oder Nichtsein der werbenden Gesellschaft. Er ist eine Zäsur, fortan befindet sich die einstmals werbende Gesellschaft in der Liquidation. In Bezug auf diesen für die Gesellschaft „*lebenswichtigen*" Entschluss, muss das Entscheidungsmonopol unzweifelhaft bei den Gesellschaftern verbleiben.

Selbst die Mitwirkung an der Auflösung ist nicht möglich, sofern nicht ein Organ der Gesellschaft begünstigt ist, welches zwingend durch die Satzung mehrheitlich mit Gesellschaftern zu besetzen ist. Insoweit handelt es sich um eine besetzungsabhängige Wirksamkeit der Satzungsbestimmung. Ad personam kann Gesellschaftern ein entziehbares und unentziehbares Mitwirkungsrecht zugesprochen werden, nicht aber kann das Initiativrecht von der Gesellschafterversammlung auf einen oder mehrere Gesellschafter verschoben werden. Dritten können keine Auflösungs- bzw. Mitwirkungsrechte eingeräumt werden.

---

621 *Kleindiek*, in: Lutter/Hommelhoff, § 60 Rn. 6; *K. Schmidt/Bitter*, in: *Scholz*, § 60 Rn. 19; zusätzlich unter Beachtung von Satzungsänderungserfordernissen: *Casper*, in: UHL, § 60 Rn. 38; *Nerlich*, in: Michalski, § 60 Rn. 37.

Gesellschaftern kann ein Sonderrecht zur Mitwirkung an der Auflösung zugesprochen werden. Diese müssen dann neben der Erreichung des erforderlichen Quorums zur Auflösung durch die Gesellschafterversammlung zwingend an der Auflösung mitwirken. Gleiche Rechte sind Dritten nicht zuzusprechen. Trotz einiger Ansätze in der Literatur vermag es nicht zu überzeugen, dass Dritte in Grundlagengeschäften der Gesellschaft Entscheidungskompetenz eingeräumt werden kann.[622]

Unwirksame Mitwirkungsrechte können ggf. nach § 140 BGB umgedeutet werden, sodass sie Wirksamkeit erlangen, wenn dies mit dem hypothetischen Parteiwillen vereinbar ist.

2) Grenzen und Missbrauch der Auflösungskompetenz

Der Auflösungsbeschluss in der GmbH ist – sofern die Satzung nicht etwas anderes bestimmt – ein Mehrheitsbeschluss.[623] Folglich liegt die natürliche Grenze der Beschlussfassung zunächst in der notwendigen Mehrheitsfindung. Aber auch über dieses Korrektiv hinaus wird einhellig angenommen, dass die Auflösung nicht völlig ungehemmt geschehen kann, sondern im Sinne gesellschaftsrechtlicher Grundprinzipien und normativer Vorgaben weiteren Beschränkungen unterliegt. Die Gesellschafter sind also der Gesellschaft und den anderen Gesellschaftern gegenüber zur Rücksichtnahme verpflichtet.[624]

Maßgeblich wird die freie Stimmrechtsausübung durch das Schikaneverbot, den Gesellschaftszweck und die gesellschaftsrechtliche Treuepflicht begrenzt,[625] wobei insbesondere letzterem besondere praktische Bedeutung zukommt. Eine genaue Abgrenzung dieser Beschränkung lässt sich allerdings nicht immer vornehmen. Anerkannt ist, dass diese Beschränkungen sich auf die Wirksamkeit der Stimmrechtsausübung auswirken können.[626] Gebunden sind sowohl Minderheits-[627] als auch Mehrheitsgesellschafter[628]. Unterscheiden lassen sich einerseits

622 Insbesondere die „Selbstknebelung“ des originären und obersten Entscheidungsorgans ist unzulässig, vgl. *Beuthien/Gätsch*, ZHR 156 (1992), 459, 465.

623 Dazu oben unter S. 131 ff. Nur sofern das Gesetz ausdrücklich eine Einstimmigkeit fordert kann von diesem Erfordernis ausgegangen werden (vgl. § 53 Abs. 3 GmbHG).

624 Zur Herleitung und dogmatischen Begründung der Treuepflicht ausführlich *Dreher*, DStR 1993, 1632. Zur grundsätzlichen Freiheit der Stimmrechtsausübung *K. Schmidt*, in: Scholz, § 47 Rn. 26.

625 *K. Schmidt*, in: Scholz, § 47 Rn. 26.

626 *K. Schmidt/Bitter*, in: Scholz, § 60 Rn. 16.

627 BGHZ 129, 137 ff.

628 Insbesondere BVerfG DNotZ 2000, 868, 870 f.

Stimmpflichten der Gesellschafter und andererseits Schranken missbräuchlicher Stimmrechtsausübung.

a) Stimmpflicht der Gesellschafter

Aus der Treubindung der Gesellschafter können sich positive Stimmpflichten ergeben,[629] also eine Pflicht zur Zustimmung aufgrund gesellschaftsrechtlicher Treuebindung.[630] Eine positive Stimmpflicht besteht dann, wenn in Ausnahmefällen *„sich die Zustimmung als dringend erforderlich erweise und dem anderen Gesellschafter zumutbar sei.“*[631] Insoweit kommt es auf ein objektives (notwendig; dringend erforderlich) und ein subjektives (zumutbar) Element an.[632] Aufgrund der überragenden Bedeutung der freien Stimmrechtsausübung als mitgliedschaftliches Recht der Gesellschafter sind Stimmpflichten nur äußerst restriktiv anzunehmen, konkret nur dann, wenn eine andere Abstimmung schlicht treuwidrig wäre.

(1) Vorrang der Auflösungsklage, § 61 GmbHG

Stimmpflichten sind nach Teilen der Literatur nur in *„ganz seltenen Fällen“* denkbar, nämlich, wenn eine Ablehnung der Auflösung rechtsmissbräuchlich wäre.[633] So sei bei höchstwahrscheinlicher oder sicherer Verschlechterung des Liquidationserlöses aufgrund niedrigerer Zerschlagungswerte, im Falle des Hinauszögerns, durchaus eine Stimmpflicht begründbar.[634]

Gegenüber einem möglichen Austrittsrechts der Gesellschafter ist die Auflösungsklage allerdings subsidiär, es müssen gerade zwingende Gründe konkret für die Auflösung vorliegen.[635]

---

629 Ebenfalls anerkannt, aber praktisch eher unbedeutend, sind negative Stimmpflichten, also die Pflicht, gegen etwas zu stimmen, *Drescher*, in: MüKo GmbHG, § 47 Rn. 257. Für negative Stimmpflichten gilt das gleiche wie für positive Stimmpflichten.

630 Zur grundsätzlichen gesetzlichen Grenze der Stimmrechtsausübung durch positive Stimmpflichten *K. Schmidt*, in: Scholz, § 47 Rn. 31.

631 BGH NJW 1987, 952, 953, bestätigend BGH NJW-RR 2005, 263 (jeweils zu Personengesellschaften). Diese Rechtsprechung lässt sich aber insbesondere wegen der regelmäßigen personalistischen Struktur der GmbH auf diese übertragen.

632 *K. Schmidt*, in: Scholz, § 47 Rn. 31.

633 *Casper*; in: UHL, § 60 Rn. 44; prinzipiell zustimmend, aber etwas liberaler *K. Schmidt*, in: Scholz, § 60 Rn. 16; generell Stimmpflichten ablehnend *Hofmann* GmbHR 1975, 217, 219.

634 *Casper*; in: UHL, § 60 Rn. 44.

635 Hierzu ausführlich *H.-F. Müller*, Austrittsrecht, S. 84 f.

(2) Sonderproblem: Einziehung von Geschäftsanteilen

Die Einziehung von Geschäftsanteilen hat deren Vernichtung zur Folge,[636] dem ausgeschiedenen Gesellschafter entsteht im Gegenzug ein Abfindungsanspruch gegen die Gesellschaft.[637] Dieses besonders komplexe und umstrittene Problem des GmbH-Rechts wird zu Recht als „*Minenfeld*“ bezeichnet.[638] Besonders das Spannungsfeld zwischen der besonderen Bedeutung des Abfindungsanspruchs und den gläubigerschützenden Bestimmungen §§ 34 Abs. 3, 30 GmbHG stellen das besondere Konfliktpotential dieser Rechtsproblematik eindrücklich unter Beweis.[639] Diesem Konfliktfeld hat sich die jüngere höchstrichterliche Rechtsprechung in zwei Urteilen verstärkt zugewendet und für die Praxis jedenfalls abschließend die Ausfallhaftung der Gesellschafter als sinnvolles und notwendiges Schutzinstrument eingesetzt.[640] Mit der Fürsprache des BGH zur persönlichen Haftung der verbleibenden Gesellschafter stellen sich aber weitere Fragen, die von der Rechtsprechung bisweilen unberücksichtigt blieben oder aufgrund unklarer Formulierungen unzureichend beantwortet wurden.[641] In diesem Kontext hat der BGH zwar gleich in zwei Urteilen ausgeführt, dass die Auflösung

---

636 *Wagner*, Zwangseinziehung, S. 45 ff.; *Fastrich*, in: Baumbach/Hueck, § 34 Rn. 19; *Görner*, in: Rowedder/Schmidt-Leithoff, § 34 Rn. 69; *Habersack*, in: UHL, § 34 Rn. 1, 57; *Sosnitza*, in: Michalski, § 34 Rn. 1; *Westermann*, in: Scholz, § 34 Rn. 6; a.A. *A. Meyer*, NZG 2009, 1201, 1202 f.; *Stehmann*, GmbHR 2013, 574, 576 ff. jew. bei Verstößen gegen das Konvergenzverbot.

637 Vgl. *Sosnitza*, in: Michalski, § 34 Rn. 46; *Schockenhoff*, NZG 2012, 449, der noch einmal ausdrücklich hervorhebt, dass dies eine nominelle Aufstockung der Geschäftsanteile der verbleibenden Gesellschafter zur Folge hat, da das Stammkapital der Gesellschaft unberührt bleibt.

638 So *Römermann*, NZG 2010, 96.

639 Zur besseren Übersicht dieses Problemkreises *Markowsky*, Die Einziehung von GmbH-Geschäftsanteilen, S. 170 ff. Hier wird besonders gelungen dargestellt, warum der Abfindungsanspruch des ausscheidenden Gesellschafters – als Surrogat für die Mitgliedschaft – eines verstärkten Schutzes bedarf und warum die Ausfallhaftung trotz Kritik im Ergebnis sinnvoll ist.

640 BGHZ 192, 236; 210, 186. Insoweit hat sich der BGH zur Sicherung des Abfindungsanspruchs des ausgeschiedenen Gesellschafters vereinzelten Literaturstimmen angeschlossen, vgl. *Goette*, in: FS Lutter, 2000, S. 399, 410; *Altmeppen*, in: Roth/Altmeppen, § 34 Rn. 30; *Strohn*, in: MüKo GmbHG, § 34 Rn. 77; *Heckschen*, GmbHR 2006, 1254, 1256; *Kolb*, NZG 2007, 815, 817.

641 Aus diesem Grund wurde das Urteil des BGH als „ebenso hilfreich wie gefährlich“ bezeichnet, *Lutter*, EWiR 2012, 177.

der Gesellschaft die persönliche Haftung der Gesellschafter ausschließen könne, aber welche Bedeutung der Auflösung konkret zukommt, bleibt weiterhin offen.

(a) BGH Urt. v. 24.01.2012, Aktz. II ZR 109/11

Mit seinem Grundsatzurteil vom 24.01.2012 hat der BGH die umstrittene Behandlung von Einziehungsbeschlüssen, in concreto den Interessenausgleich zwischen ausscheidenden und verbleibenden Gesellschaftern, rechtspraktisch geklärt.[642]

Gegenstand des Urteils war nachstehender Sachverhalt. Der Kl. war Gesellschafter der beklagten GmbH, deren Gesellschafterversammlung am 19.04.2001 die Einziehung seines Geschäftsanteils, ohne seine Zustimmung, beschloss. Eine Einziehung ist nach der Satzung auch ohne Zustimmung des Betroffenen möglich, wenn ein wichtiger Grund vorliegt. Eine binnen zwei Jahren zu zahlende Abfindung erhielt der Kl. nicht. Auf der Gesellschafterversammlung am 22.02.2007, bei der auch der Kl. anwesend war, beantragte dieser, dass die GmbH den letzten verbliebenen Gesellschafter zur Zahlung der Abfindung persönlich in Anspruch nehme und den Kl. zur gerichtlichen Geltendmachung des Anspruchs zu ermächtigen. Der Vertreter des Kl. stimmte für, der Vertreter des verbliebenen Gesellschafters gegen die Anträge. Der Kl. beantragt sodann die ablehnenden Beschlüsse für nichtig zu erklären.

Trotz in Teilen berechtigter Kritik an der Systemkonformität dieser Rechtsprechung,[643] insbesondere der dogmatisch nicht (ohne weiteres) herleitbaren Ausnahme zu § 13 Abs. 2 GmbHG,[644] hat der BGH diese Rechtsfrage für die Praxis wohl abschließend geklärt, sodass eine vertiefte Auseinandersetzung über die Art der Sicherung des Abfindungsanspruchs hier unterbleiben kann.[645]

In dieser Entscheidung hat der BGH die Abkehr von der Bedingungslösung entschieden und festgesetzt, dass die Einziehung mit der Mitteilung eines wirksamen Beschlusses und nicht erst mit der Leistung der Abfindung wirksam wird.[646] Ferner haften die Gesellschafter, die den Einziehungsbeschluss gefasst

---

642 BGHZ 192, 236 = NZG 2012, 259.

643 Zum systematischen Konflikt zwischen den Haftungsregeln des GmbHG und der Außenhaftung der Mitgesellschafter siehe *H.-F. Müller*, WuB § 34 GmbHG II. C. 1.12.; *Pentz*, in: FS Ulmer, 2003, S. 451, 470 f.; *Ulmer*, in: FS Priester, 2007, S. 775, 781; *ders.*, in: FS Hoffmann-Becking, 2013, S. 1261, 1265 ff.; *Peetz*, GmbHR 2000, 749, 752.

644 Zu der Problematik *Ulmer*, in: FS Hoffmann-Becking, 2013, S. 1261, 1264 ff.; ebenfalls kritisch *H.-F. Müller*, WuB 2016, 543, 545 f.

645 Kurze Zusammenfassung *J. Schmidt*, GmbHR 2013, 953 f.

646 BGH NZG 2012, 259.

haben, zur Sicherung dieser Abfindung anteilig, sofern sie nicht für eine anderweitige Befriedigung des Anspruchs Sorge tragen.[647]

(b) BGH Urt. v. 10.05.2016, Aktz. II ZR 342/14

In seinem Urteil[648] vom 10. Mai 2016 hat der BGH über die persönliche Haftung der Gesellschafter[649] einer GmbH entschieden, für den Fall, dass die Gesellschaft aus freien Mitteln zur Befriedigung eines Abfindungsanspruchs eines ausgeschiedenen Gesellschafters außerstande ist.[650] Insoweit hat der BGH seine Rechtsprechung zur Einziehung von GmbH-Anteilen weiter gefestigt und ausgebaut.[651]

Dem Urteil lag folgender Sachverhalt zugrunde. Der Kläger war zu gleichen Teilen wie Dr. R an der e. GmbH beteiligt. Dr. R hat seinen Geschäftsanteil zu gleichen Teilen auf seine Söhne (Beklagte) übertragen. Sodann hat die Gesellschafterversammlung – was nach der Satzung erlaubt war – mit Zustimmung des Klägers beschlossen, dessen Geschäftsanteile gegen eine Abfindung in drei Raten á 300.000 € einzuziehen. Nachdem die ersten beiden Raten gezahlt wurden haben sich die wirtschaftlichen Verhältnisse der Gesellschaft verschlechtert, sodass diese zur Zahlung der dritten Rate außerstande war. Der Kläger verlangt von den Beklagten als Gesamtschuldner Zahlung von 300.000 € nebst Zinsen.

Mit Einziehung des Geschäftsanteils eines ausscheidenden Gesellschafters entsteht für diesen ein Abfindungsanspruch gegen die Gesellschaft nach § 738 Abs. 1 Satz 2 BGB analog.[652] Mit Aufgabe der Bedingungslösung wurde zum Schutz vor einem abfindungsfreien Verlust der Mitgliedschaft des ausscheidenden Gesellschafters entschieden, dass die verbleibenden Gesellschafter für die Abfindung persönlich haften, sofern die Abfindung nicht aus dem ungebundenen Vermögen der Gesellschaft leistbar ist.[653]

---

647 BGH NZG 2012, 259.

648 BGHZ 210, 186.

649 Auch bezeichnet als Außenhaftung: *Strohn*, in: MüKo GmbHG, § 34 Rn. 77; Ausfallhaftung: *J. Schmidt*, GmbHR 2013, 953, 954; *Tröger*, Gesellschaftsrecht in der Diskussion 2013, Bd. 19, S. 23, 33; *Ulmer*, in: FS Hoffmann-Becking, 2013, S. 1261, 1266; subsidiäre persönliche Zahlungspflicht: *Priester*, ZIP 2012, 658, 660.

650 BGHZ 210, 186 = NJW 2016, 2810 = NZG 2016, 742 = DNotZ 2017, 133.

651 Zur Einziehung von GmbH-Anteilen und des Interessenausgleichs zwischen ausgeschiedenem und verbleibenden Gesellschaftern erstmals BGHZ 192, 236.

652 BGHZ 192, 236; *Grunewald*, GmbHR 2012, 769, 770; *H.-F. Müller*, WuB 2016, 543, 545, mit Hinweisen zur früheren Rechtslage (sog. Bedingungslösung, erstmals in RGZ 142 286, 290).

653 BGHZ 192, 236, 240 f.: „Der Gesellschafter, dessen Geschäftsanteil eingezogen wird, muss allerdings davor geschützt werden, dass die verbleibenden Gesellschafter sich

In diesem Kontext verstärkt der BGH nun die Bedeutung der gesellschaftsrechtlichen Treuepflicht, indem er konkretisiert, dass zwar die Mitwirkung an einem Einziehungsbeschluss selbst nicht treuwidrig sei, wohl aber die „*Fortsetzung der Gesellschaft unter Verzicht auf Maßnahmen zur Befriedigung des Abfindungsanspruchs des ausgeschiedenen Gesellschafters*".[654] Anders formuliert lässt sich festhalten, dass die Gesellschafter treuwidrig handeln – insoweit also persönlich in Haftung genommen werden können – wenn sie die sofortige Einleitung der Auflösung zur Beteiligung des ausgeschlossenen Gesellschafters unterlassen,[655]

(c) Zusammenfassung

Der BGH hat sich von der bisherigen h.M. verabschiedet und sich einer kleinen Literaturmeinung angeschlossen, wonach die Einziehung bereits mit der Mitteilung an den ausscheidenden Gesellschafter wirksam wird. Zur Sicherung dieses Anspruchs sieht der BGH sodann eine – hinsichtlich § 13 GmbHG atypische – persönliche anteilige Haftung der Gesellschafter vor. Widersprüchlich erscheinen die Ausführungen des BGH über den Haftendenkreis. So sollen einerseits die „*Gesellschafter, die den Einziehungsbeschluss gefasst haben*" anteilig haften,[656] andererseits entsteht die „*persönliche Haftung der Gesellschafter [...] weder bereits mit der Fassung des Einziehungsbeschlusses [...].*"[657] Offen bleibt zudem, ob sich aus der drohenden persönlichen Haftung der Gesellschafter sodann Zustimmungspflichten zur Auflösung ergeben, wenn eine andere geeignete Maßnahme nicht unternommen wird. Auch die Andeutung des BGH zur Zulässigkeit von Alternativkonzepten und Gestaltungsmöglichkeiten zur Sicherung des Abfindungsanspruchs wird weitgehend offen gelassen.

Die Rechtsprechung hat in Bezug auf den Wirksamkeitszeitpunkt des Einziehungsbeschlusses erhebliche Rechtssicherheit gebracht. Das Aufwerfen neuer

---

mit der Fortsetzung der Gesellschaft den wirtschaftlichen Wert des Anteils des ausgeschiedenen Gesellschafters aneignen und ihn aufgrund der gläubigerschützenden Kapitalerhaltungspflicht mit seinem Abfindungsanspruch leer ausgehen lassen. Dazu genügt es aber, die verbleibenden Gesellschafter selbst in Haftung zu nehmen, wenn sie nicht auf andere Weise für die Auszahlung der Abfindung sorgen."

654 BGHZ 210, 186, 187.

655 Sofern nicht andere zur Befriedigung des Anspruchs geeignete Maßnahmen getroffen werden. Vgl. hierzu *H.-F. Müller*, WuB 2016, 543, 545. Insoweit unterscheidet der BGH richtigerweise nicht zwischen insolvenzbedingter oder freiwilliger Auflösung der Gesellschaft.

656 BGH NZG 2012, 259.

657 BGH DNotZ 2017, 133.

Rechtsfragen auf Grundlage dieser Entscheidungen des BGH wird die Rechtsprechung in den nächsten Jahren allerdings erneut vielfach in Anspruch nehmen, um auch diese weitergehenden Fragen zu klären.

Zuvorderst soll daher untersucht werden, wer überhaupt zur persönlichen Haftung verpflichtet wird, um anknüpfende Rechtsfragen beantworten zu können.

(d) Dogmatische Herleitung der Ausfallhaftung

Der BGH hat zwar, wie dargestellt, zur Sicherung des Abfindungsanspruchs die Ausfallhaftung vorgesehen, deren dogmatische Begründung bleibt er aber schuldig. In der Literatur haben sich hierzu verschiedene Ansätze hervorgetan, die verschiedene Anknüpfungspunkte aufzeigen. Von der dogmatischen Herleitung abhängig sind insbesondere Haftungsgrund und -kreis. Daher hat die Rechtsgrundlage der persönlichen Ausfallhaftung erhebliche Bedeutung.

Die Rechtsprechung des BGH diente bisher leider nur allgemeiner Verwirrung, da der BGH einerseits an treuwidriges Handeln anknüpft, andererseits mehrfach auf die den verbleibenden Gesellschaftern zuwachsende Bereicherung abstellt.

(i) Rechtsfortbildung

Teile der Literatur sehen in der persönlichen Ausfallhaftung der verbleibenden Gesellschafter in Ermangelung alternativer dogmatischer Begründbarkeit eine (freie) Rechtsfortbildung des BGH.[658]

Diese Auffassung muss jedoch mit Hinweis darauf, dass eine Rechtsfortbildung lediglich fortbilden, nicht aber völlig neu begründen kann, abgelehnt werden. Bei der Ausfallhaftung handelt es sich gerade nicht um eine Anpassung an die Lebenswirklichkeit, sondern um die Adaption eines systemfremden Konzepts.[659]

(ii) Haftung wegen Bereicherung

Zur dogmatischen Herleitung der Ausfallhaftung greift ein erheblicher Teil der Literatur auf das Bereicherungsrecht zurück.[660] Eine bereicherungsrechtliche

---

658 *J. Schmidt*, GmbHR 2013, 953, 956 f.; *Ulmer*, in: FS Hoffmann-Becking, 2013, S. 1261, 1268.

659 Ähnlich auch die Begründung bereits bei *Markowsky*, Die Einziehung von GmbH-Geschäftsanteilen, S. 173.

660 *Koppensteiner*, GesRZ 2013, 4, 7 f.; *Priester*, ZIP 2012, 658, 659; zaghaft *Schneider/Hoger*, NJW 2013, 502, 505 f.; wohl auch *Winkler*, BB 2012, 666, 667.

Rechtsgrundlage kann nur in der allgemeinen Nichtleistungskondiktion nach § 812 Abs. 1 Satz 1 Variante 2 BGB liegen.[661]

Die Voraussetzungen der Bereicherung „*in sonstiger Weise*“ liegen mit einer Ausnahme unproblematisch vor.[662] Umstritten ist allerdings, ob die Begünstigung der verbleibenden Gesellschafter rechtsgrundlos erfolgte.[663] Richtigerweise ist im Bereicherungsrecht relevant, ob im Falle der gesetzlichen Güterordnung ein zu missbilligender Zustand eingetreten ist, dem Bereicherungsrecht insoweit ausgleichende Bedeutung zukommt.[664] Gleichfalls richtig ist, dass die Auszahlungssperre nach §§ 34 Abs. 3, 30 Abs. 1 GmbHG dem Schutz der Gläubiger dienlich ist.[665] Wohl aber fehlgehend ist die Annahme, dass den verbleibenden Gesellschaftern kompensationslos ein Zuwachs auf Kosten des ausgeschiedenen Gesellschafters entstünde.[666] Eine endgültige Zuordnung erscheint gerade nicht treuwidrig, sondern allenfalls die Kompensationslosigkeit.[667] Eine vermögensrechtliche Neuordnung i.S.d. Bereicherungsrechts erscheint dahingehend unpassend, zumal er nur bei „*Unzumutbarkeit*“ (§ 275 Abs. 2 BGB) zur Ausfallhaftung – Wertersatz nach § 818 Abs. 2 BGB – führen würde.[668] Andernfalls

---

661 *Ulmer*, in: FS Hoffmann-Becking, 2013, S. 1261; 1267; *J. Schmidt*, GmbHR 2013, 953, 955; *Markowsky*, Die Einziehung von GmbH-Geschäftsanteilen, S. 186.

662 Besonders ausführlich zu der dogmatischen Begründung der Ausfallhaftung durch das Bereicherungsrecht, insbesondere zu den Voraussetzungen des § 812 Abs. 1 Satz 1 Variante 2 BGB, *Markowsky*, Die Einziehung von GmbH-Geschäftsanteilen, S. 185 ff.

663 Nach überwiegender Ansicht soll der (spezielle) Rechtsgrund in den Vorschriften der §§ 30, 34 GmbHG und somit im Gesellschaftsrecht liegen, *Ulmer*, in: FS Hoffmann-Becking, 2013, S. 1261, 1267; ebenfalls *Gubitz/Nikoleyczik*, NZG 2013, 727, 730; *J. Schmidt*, GmbHR 2013, 953, 955; a.A. *Markowsky*, Die Einziehung von GmbH-Geschäftsanteilen, S. 189 f.

664 *Markowsky*, Die Einziehung von GmbH-Geschäftsanteilen, S. 190. Zur allgemeinen Bedeutung des Bereicherungsrechts als Ausgleichsordnung *Buck-Heeb*, in: Erman, Vor § 812 Rn. 1 f.

665 *Markowsky*, Die Einziehung von GmbH-Geschäftsanteilen, S. 190.

666 So jedenfalls *Markowsky*, Die Einziehung von GmbH-Geschäftsanteilen, S. 190, der damit im Ergebnis zu einer dogmatischen Begründung der Ausfallhaftung auch über das Bereicherungsrecht gelangt: „Vielmehr ist es so, dass die Auszahlungssperre der §§ 34 Abs. 3, 30 Abs. 1 GmbHG allein dem Schutzinteresse der Gesellschaftsgläubiger zu dienen bestimmt ist. […] Die verbleibenden Gesellschafter würden sonst etwas auf Kosten des ausgeschiedenen Gesellschafters erlangen, wofür sie bei redlichem Vorgehen (indirekt) hätten bezahlen müssen.“

667 So lässt sich ja gerade der Zusammenhang von Treuwidrigkeit und Ausfallhaftung herstellen, vgl. BGH NZG 2012, 259, 260 f.

668 *Markowsky*, Die Einziehung von GmbH-Geschäftsanteilen, S. 191.

käme es zur Neuschaffung seines Geschäftsanteils. Dies wäre wohl aber immer dann zumutbar, wenn die Gesellschafter nicht im Streit auseinander gingen, also im Einvernehmen. Insoweit bestünde über den Status des Geschäftsanteils bis zur vollen Leistung der Abfindung Ungewissheit. Dies widerspräche allerdings der Ratio der jüngeren Rechtsprechung des BGH,[669] der durch die Abkehr von der Bedingungslösung gerade Klarheit über den Status des Geschäftsanteils des ausscheidenden Gesellschafters schaffen wollte. Auch widerspricht ein bereicherungsrechtlicher Bezug dem Treuwidrigkeitserfordernis, das der BGH ausgestellt hat.[670] Der bereicherungsrechtliche Ausgleich ist verschuldensunabhängig und stünde insoweit im Konflikt mit der Rechtsprechung.

Aus diesen Gründen ist mit der Mehrheitsmeinung eine Bereicherungshaftung abzulehnen. Richtigerweise dienen §§ 30, 34 GmbHG als Rechtsgrund für eine vermögensrechtliche Zuordnung des eingezogenen Geschäftsteils, sodass ein Rückgriff auf das Bereicherungsrecht versperrt bleibt. Dem Schutz des Ausgeschiedenen durch die Ausfallhaftung kann in konsequenter Anlehnung an die höchstrichterliche Rechtsprechung keine verschuldensunabhängige Rechtsbegründung zugrunde gelegt werden, wie es mit dem Bereicherungsrecht allerdings geschehen würde.

(iii) Haftung aus dem Prinzip der Anwachsung, § 738 Abs. 1 Satz 2 BGB analog

Besonders weitgehend ist das von *Altmeppen* aufgezeigte Anwachsungsmodell, wonach die verbleibenden Gesellschafter und nicht die Gesellschaft aufgrund einer analogen Anwendung von § 738 Abs. 1 Satz 2 BGB für den Abfindungsanspruch primär persönlich haften.[671] Die Übertragung des für Gesamthandspersonengesellschaften geltenden Anwachsungsprinzips auf die GmbH sei möglich, da rechtshistorisch betrachtet das Anwachsungsprinzip allgemein und nicht personengesellschaftenspezifiziert entwickelt worden sei.[672] Entscheidend seien insbesondere Art. 127 des Preußischen Entwurfs eines Handelsgesetzbuchs für die Preußischen Staaten von 1857 sowie Art. 131 ADHGB von 1861. Die Gesamthandslehre und Anwachsung seien vielmehr erst im BGB zusammengeführt worden.[673]

669 BGHZ 192, 236; 210, 186.

670 BGH NZG 2012, 259, 260 f.; DNotZ 2017, 133, 136.

671 *Altmeppen*, ZIP 2012, 1685; *ders.*, NJW 2013, 1025.

672 Hierzu verweist *Altmeppen* auf den Entwurf eines Handelsgesetzbuchs für die Preußischen Staaten nebst Motiven von 1857.

673 *Altmeppen*, ZIP 2012, 1685, 1688 f.

Auf der dogmatischen Grundlage des Anwachsungsprinzips sei der Abfindungsanspruch als Sozialanspruch zu verstehen, mit der Folge, dass der ausscheidende Gesellschafter primär einen Anspruch gegen seine früheren Mitgesellschafter habe, also gerade nicht zuvorderst die Gesellschaft Schuldner des Anspruchs sei.[674] Insoweit wird das Verständnis der Ausfallhaftung de facto umgekehrt: die Gesellschaft haftet nur für den Ausfall der persönlichen Haftung der Gesellschafter.[675]

Einzig über das Anwachsungsprinzip lasse sich ferner die pro rata Abfindung begründen.[676] Die Gesellschafter müssten gerade nicht – wie sonst – gesamtschuldnerisch haften. Ein systemwidriger Verstoß gegen § 13 Abs. 2 GmbHG sei ebenso nicht begründbar, denn im Sinne des Anwachsungsprinzips seien von Anfang an die verbleibenden Gesellschafter Schuldner des Abfindungsanspruchs.[677]

Zusammenfassend fußt die von *Altmeppen* aufgezeigte Theorie zur Sicherung des Abfindungsanspruchs auf der Annahme, dass das Anwachsungsprinzip auf die GmbH übertragbar sei und dass dieser Sozialanspruch letztlich zur primären Haftung der Gesellschafter führe, sodass § 13 Abs. 2 GmbHG letztlich keine Anwendung erlange. Allerdings blendet diese Auffassung einerseits die historisch gewachsene Ungleichbehandlung der Gesellschafterhaftung von Personen- und Kapitalgesellschaften aus, ferner ist die Annahme, dass der Sozialanspruch primär persönlicher Haftung unterliegt, überkommen.[678] Dieser ideenreiche Ansatz vermag daher im Ergebnis nicht zu überzeugen und ist nicht geeignet

674 *Altmeppen*, ZIP 2012, 1685, 1689.

675 *Altmeppen*, NJW 2013, 1025, 1026.

676 *Altmeppen*, NJW 2013, 1025, 1026.

677 *Altmeppen*, ZIP 2012, 1685, 1689: „Der Abfindungsanspruch entsteht aber gar nicht ‚nur' gegen die GmbH, geschweige denn erst mit seiner Erfüllung. Er entsteht mit dem Ausscheiden, und zwar – insofern genauso wie in der Gesamthandspersonengesellschaft – zugleich gegen alle Mitgesellschafter, weil der Abfindungsanspruch, wie sich gezeigt hat, auch in der GmbH auf dem Anwachsungsprinzip beruht. […] Denn die Abfindung ist gar keine Verbindlichkeit der GmbH i.S.d. § 13 Abs. 2 GmbHG, sondern eine Sozialverbindlichkeit als Folge einer ‚vorgezogenen' Auseinandersetzung des Gesellschaftsvermögens, weil die verbleibenden Gesellschafter anlässlich des Ausscheidens eines Mitgesellschafters die Gesellschaft nicht liquidieren, sondern fortsetzen wollen."; *ders.*, NJW 2013, 1025, 1029.

678 *Ulmer*, in: FS Hoffmann-Becking, 2013, S. 1261; 1273; zustimmend *Markowsky*, Die Einziehung von GmbH-Geschäftsanteilen, 2013, S. 175.

aufzuzeigen, wie das aufgrund von § 30 Abs. 1 GmbHG bestehende Vermögensrisiko des ausscheidenden Gesellschafters überwunden oder abgemildert werden kann.

(iv) Haftung wegen Treuepflichtverletzung

Ferner kommt eine Haftung aufgrund treuwidrigen Verhaltens der verbleibenden Gesellschafter in Betracht.[679] Umstritten,[680] im Ergebnis aber wohl nicht treuwidrig, sondern nichtig, sind solche Einziehungsbeschlüsse, bei denen bereits im Zeitpunkt der Beschlussfassung feststeht, dass der Abfindungsanspruch aus ungebundenen Mitteln der Gesellschaft nicht geleistet werden kann.[681]

Die Treuwidrigkeit selbst ist kein Rechtsgrund, sondern nur Auslöser der Ausfallhaftung. So kann eine auf Treuwidrigkeit beruhende Haftung auf den schuldrechtlichen Schadensersatzanspruch nach §§ 280 ff., 249 ff. BGB gestützt werden.[682] Entscheidend, aber umstritten, ist die Anknüpfung an die Pflichtverletzung.[683] Einerseits wird auf die Zustimmung zur Einziehung,[684] andererseits

---

679 *Gubitz/Nikoleyczik*, NZG 2013, 727, 731; *Schockenhoff*, NZG 2012, 449, 451; im Ergebnis auch *Hamberger*, MittBayNot 2017, 609, 613 ff.; offenbleibend *Priester*, ZIP 2012, 658, 659.

680 Für die Nichtigkeit des Einziehungsbeschlusses: BGH ZIP 2011, 1104; BGHZ 144, 365, 369 f.; 192, 236, 238; *Ulmer*, in: FS Hoffmann-Becking, 2013, S. 1261, 1263; *Klingsch*, in: Saenger/Inhester, § 34 Rn. 40; *Schindler*, in: BeckOK GmbHG, § 34 Rn. 57; *Thiessen*, in: Bork/Schäfer, § 34 Rn. 36 f.; *J. Schmidt*, GmbHR 2013, 953, 961 f.; *Strohn*, DB 2012, 1193, 1197. Für auch eine Anwendung der Ausfallhaftung im Falle, dass bereits im Zeitpunkt des Einziehungsbeschlusses feststeht, dass das freie Vermögen zur Leistung des Abfindungsanspruchs ungenügend sein wird: *Altmeppen*, ZIP 2012, 1685, 1691, 1694; *Blath*, GmbHR 2012, 657, 662; *Priester*, ZIP 2012, 658, 659 f.; *Schneider/Hoger*, NJW 2013, 502, 504; *Schockenhoff*, NZG 2012, 449, 452; *Stumpf/D. Müller*, GWR 2012, 143, 144; *Tröger*, Gesellschaftsrecht in der Diskussion 2013, Bd. 19, S. 23, 71 f.; wohl auch *Grunewald*, GmbHR 2012, 769, 771.

681 Überzeugend ist, dass §§ 34 Abs. 3, 30 Abs. 1 GmbHG keine Anwendung einer Ausfallhaftung aufgrund des Wirksamwerdens des Einziehungsbeschlusses zuließe, vielmehr ist der Beschluss nach § 241 Nr. 3 AktG analog nichtig, vgl. *Ulmer*, in: FS Hoffmann-Becking, 2013, S. 1261, 1263. Auch die durchaus sehr praktische Begründung, dass die „Interessen des Ausscheidenden auch ohne Nichtigkeitssanktionen" gelänge überzeugt im Ergebnis nicht, denn es schafft hinsichtlich der dogmatischen Bedenken keine Abhilfe, vgl. *Tröger*, Gesellschaftsrecht in der Diskussion 2013, Bd. 19, S. 23, 71.

682 *Markowsky*, Die Einziehung von GmbH-Geschäftsanteilen, 2013, S. 178 f.

683 Kritisch hinsichtlich der Praxistauglichkeit der Liquidationspflicht als haftungsvermeidendes Alternativverhalten *H.-F. Müller*, WuB 2016, 543, 546.

684 So wohl BGH NZG 2012, 259, jedoch ohne konkret zu werden.

auf die Fortsetzung der Gesellschaft trotz Nichtleistbarkeit des (vollständigen) Abfindungsanspruchs[685] abgestellt. Die Gegenauffassung unterdessen stellt darauf ab, dass weder die Vornahme einer grundsätzlich legitimen Einziehung, noch die Unterlassung der Auflösung als Alternative treuwidrig seien.[686] Außer Acht lässt diese Auffassung allerdings, dass sich ebendiese Treuwidrigkeit aus dem Gesamtverhalten ergeben kann, also aus einer aktiven vorangestellten Handlung (Zustimmung zum Einziehungsbeschluss) i.V.m. einem Unterlassen (Auflösung der Gesellschaft).[687] Treuwidrig ist also die Untätigkeit der Gesellschafter hinsichtlich der vollständigen Leistung der Abfindung.

Nur sofern die verbleibenden Gesellschafter treuwidrig eine Pflicht auf Rücksichtnahme gegenüber dem ausgeschiedenen Gesellschafter verletzt haben, können sie der Ausfallhaftung unterworfen werden.[688] Betrachtet man hinsichtlich der Pflichtverletzung und der möglichen Anknüpfungspunkte die Kausalkette, so lässt sich konstatieren, dass allein das Abstellen auf den Einziehungsbeschluss äußerst zweifelhaft erscheint.[689] Einzig bei Zumessung einer besonderen Bedeutung in der Kausalkette – also die Einziehung als Grundstein für die weiteren Handlungen – kann daran angeknüpft werden. Eine solche Auffassung vermag allerdings nicht zu überzeugen. Die Einziehung ist gerade nicht rechtswidrig. Ist sie es im Ausnahmefall doch – kann also im Einzelfall von vornherein der Abfindungsanspruch aus ungebundenen Mitteln der Gesellschaft nicht befriedigt werden – dann ist, wie oben bereits erläutert, der Einziehungsbeschluss nichtig. Der Einziehungsbeschluss ist für sich genommen kein greifbarer Anknüpfungspunkt für eine auf Treuwidrigkeit fußende Ausfallhaftung der verbleibenden Gesellschafter.[690] Kritisch ist, dass insoweit Gesellschafter, die mit der Ablehnung des

685 So wohl BGH DNotZ 2017, 133, jedoch ohne konkret zu werden.

686 *Ulmer*, in: FS Hoffmann-Becking, 2013, S. 1261, 1266 f.

687 So immerhin *Ulmer*, in: FS Hoffmann-Becking, 2013, S. 1261, 1267, der im Ergebnis aber generell eine persönliche Haftung der Gesellschafter ablehnt.

688 Der BGH hat in dem sog. ITT-Urteil erstmals festgestellt, dass die Gesellschafter auch untereinander aus dem gesellschaftsrechtlichen Treueverhältnis zur gegenseitigen Rücksichtnahme verpflichtet sind, BGHZ 65, 15, 18 f.

689 Unklar ist dahin gehend der Wortlaut des BGH: „[...] die Gesellschafter, die den Einziehungsbeschluss gefasst haben [...].", BGHZ 192, 236. Es ist aber im Gesamtkontext des Urteils davon auszugehen, dass der BGH trotz dieser missdeutigen Formulierung nicht auf die Einziehung als die Haftung auslösendes Ereignis abstellt, zumal er an anderer Stelle ausdrücklich angibt, dass die persönliche Haftung der Gesellschafter gerade nicht bereits „mit der Fassung des Einziehungsbeschlusses" entsteht, BGHZ 210, 186.

690 So auch u.a. *Ulmer*, in: FS Hoffmann-Becking, 2013, S. 1261, 1266.

Einziehungsbeschlusses die Ursache des Abfindungsanspruchs nicht unterstützt haben, sodann in die persönliche Haftung geraten könnten, wenn sie sich der Auflösung der Gesellschaft zur Befriedigung des Abfindungsanspruchs verschlössen. Handelt es sich bei der Einziehung allerdings um einen rechtmäßigen Geschäftsvorgang, so kann der Beschluss über die Einziehung des Geschäftsanteils nicht als Pflichtverletzung der zustimmenden Gesellschafter gewertet werden. Die Gesellschafter, die von vornherein gegen den Einziehungsbeschluss gestimmt haben, unterliegen dem Risiko eines Mehrheitsbeschlusses. Das befreit sie aber in der Folge nicht davor, die ihnen zugewachsene Verbesserung ihres Geschäftsanteils kompensationslos anzunehmen und sich aus der Verantwortung zur Leistung der vollständigen Abfindung zu entziehen.

Auch die Ablehnung eines Auflösungsantrags ist keineswegs treuwidrig. Wie der Einziehungsbeschluss der freien Entscheidung der Gesellschafter unterliegt, so unterliegt auch der Beschluss über die Auflösung der Gesellschaft einer freien Meinungs- und Beschlussbildung.

Trotzdem kann dem Verhalten der Gesellschafter im Einzelfall Treuwidrigkeit zum Vorwurf gemacht werden, nämlich dann, wenn sich aus einer Kombination aus an sich legitimem Vorverhalten und an sich legitimem Anschlussverhalten ein treuwidriger Gesamtvorgang ergibt.[691] Insoweit ergibt sich die Treuwidrigkeit also aus einem nachvertraglichen Treueverhältnis.[692] Erforderlich sei „*[...] der Gedanke, dass es der Billigkeit entspricht, die Gesellschafter, die dem ausgeschiedenen Gesellschafter einerseits eine Abfindung unter der berechtigten Berufung auf die Kapitalbindung der Gesellschaft verweigern, andererseits aber nicht anderweitig dafür sorgen, dass die Abfindung aus dem ungebundenen Vermögen der Gesellschaft geleistet werden kann [...] einen wirtschaftlichen Vorteil und einen Mehrwert für ihren Anteil erblicken [...].*“[693]

Der Hinweis, dass die gesamtschuldnerische Haftung der verbleibenden Gesellschafter unbillig ist,[694] ist zwar vom BGH eindeutig so bestimmt worden,

691 Bereits im Tenor stellt der BGH fest, dass die persönliche Haftung erst mit dem „Zeitpunkt, ab dem die Fortsetzung der Gesellschaft unter Verzicht auf Maßnahmen zur Befriedigung des Abfindungsanspruchs des ausgeschiedenen Gesellschafters als treuwidrig anzusehen ist“ entsteht, vgl. BGHZ 210, 186.

692 *Hamberger*, MittBayNot 2017, 609, 613 f.

693 BGHZ 210, 186, 193.

694 Hierzu besonders kritisch *Schockenhoff*, NZG 2012, 449, 451, der das hohe Prozess- und Ausfallrisiko bei einer möglichen Vielzahl von haftenden Gesellschaftern nicht auf den Ausscheidenden übertragen möchte.

allerdings lässt sich der Rechtsgedanke der §§ 24, 31 Abs. 3 GmbHG übertragen.[695] Insoweit haften die der Haftung unterliegenden Gesellschafter entsprechend ihrer Beteiligungsquote für den ausstehenden Abfindungsbetrag.[696]

(v) Zwischenergebnis

Die vorangehende Untersuchung hat ergeben, dass einzig ein Abstellen auf den Treuepflichtverstoß zur dogmatischen Begründung der vom BGH vorgegebenen Ausfallhaftung geeignet ist.[697] Die Haftung der Gesellschafter fußt dabei auf einem schuldrechtlichen Schadensersatzanspruch nach §§ 280 ff. BGB. Der Haftungsumfang richtet sich in entsprechender Heranziehung der §§ 24, 31 Abs. 3 GmbHG nach der jeweiligen Beteiligungsquote der Anspruchsschuldner.

Ob alle Gesellschafter oder Teile der Gesellschafter dieser Haftungspflicht unterliegen lässt sich nicht einheitlich beantworten, sondern ist abhängig vom jeweiligen Einzelfall. Hierzu sogleich.

(e) Folge eines Treuepflichtverstoßes

Wird treuwidrig abgestimmt, so ist die Stimme rechtsmissbräuchlich und daher nichtig.[698] Hinsichtlich der Stimmzählung bleibt eine treuwidrige Stimme

---

695 *Markowsky*, Die Einziehung von GmbH-Geschäftsanteilen, S. 184, 200 ff.; kritisch *Schockenhoff*, NZG 2012, 449, 451, der wohl einen Innenregress befürworten würde.

696 A.A. *Priester*, ZIP 2012, 658, 659; *Schockenhoff*, NZG 2012, 449, 451. Ebenso geht wohl *Hamberger*, MittBayNot 2017, 609, 613, 615 davon aus, dass im Falle einer schadensrechtlichen Haftung diese zwingend gesamtschuldnerisch erfolgen müsse. Daher folgt seine Annahme, dass der BGH sich noch nicht vertieft mit der Frage, ob die Haftung gesamtschuldnerisch oder anteilig sei, auseinandergesetzt habe. Der Wortlaut der BGH-Entscheidung sei daher ungenau.

697 Zur grundlegenden dogmatischen Begründung und den daraus erwachsenden dogmatischen Problemen ausführlich *Markowsky*, Die Einziehung von GmbH-Geschäftsanteilen, S. 170 ff. Insbesondere der Umstand, dass der BGH selbst keine Ausführungen zur dogmatischen Begründung der Ausfallhaftung angeboten hat, sondern diesen Themenkomplex der Literatur überlassen hat, zeigt anschaulich die Komplexität dieser Problematik.

698 BGH NJW 1991, 846; ZIP 1993, 1228; OLG Hamburg ZIP 1991, 1430; OLG Stuttgart, NZG 1998, 601, 603; OLG Düsseldorf NZG 2001, 991, 992 f.; *Drescher*, in: MüKo GmbHG, §47 Rn. 260; *Hüffer/Schürnbrand*, in: UHL, § 47 Rn. 205; *Zöllner/Noack*, in: Baumbach/Hueck, § 47 Rn. 108; *ders.*, in: FS Lutter, S. 821, 825; *K. Schmidt*, GmbHR 1992, 9, 11; a.A. *Guntz*, Treubindungen, S. 137; *Korehnke*, Treuwidrige Stimmen, S. 163 ff.; *Schwab*, Prozeßrecht, S. 336; *Koppensteiner*, ZIP 1994, 1325 ff.

unberücksichtigt.[699] Wie dargestellt sind aber gerade die Stimmen für den Einziehungs- bzw. gegen den Auflösungsantrag für sich genommen nicht rechtsmissbräuchlich und daher wirksam. Entsteht allerdings aus einem treuwidrigen Gesamtakt[700] ein Schaden, so ist der dissentierende Gesellschafter zum Ersatz verpflichtet.[701]

Treuwidrig wären die Stimmen gegen das Auflösungsbegehren nur dann, wenn ausnahmsweise eine Pflicht zur Auflösung begründbar wäre, also die Gesellschafter zur Zustimmung zur Auflösung verpflichtet wären. Daher ist fraglich, ob eine solche Stimmpflicht im Einzelfall bestehen kann.

(i) Stimmpflicht zur Auflösung

Wie zuvor dargestellt, kann den Gesellschaftern eine persönliche Haftung für den Abfindungsanspruch entstehen. Fraglich ist insoweit, ob zur Vermeidung einer solchen persönlichen Belastung und damit auch einer Haftung der übrigen Gesellschafter diesen Stimmpflichten für den Auflösungsbeschluss erwachsen.

Die Übertragung der Rechtsprechung zu Stimmpflichten in Personengesellschaften auf das Recht der GmbH ist grundsätzlich anerkannt.[702] Anknüpfungspunkt für die Ausfallhaftung nach zuvor dargestelltem Modell ist die Treuwidrigkeit der Gesellschafter. Die Stimmpflicht ist eine scharfe Beschneidung des mitgliedschaftlichen Rechts der freien Stimmrechtsausübung und daher nur ultima ratio, wenn anders ein effektiver Schutz des ausscheidenden Gesellschafters oder der verbleibenden Gesellschafter nicht erzielt werden kann. Voraussetzung einer Stimmpflicht ist, dass das den Gesellschafter bindende Abstimmungsverhalten dringlich geboten und zumutbar ist.[703] Insbesondere die Belange das Gesellschaftsverhältnis betreffend könnten vorliegend eine Stimmpflicht begründen.[704]

---

699 BGH NJW 1991, 846; ZIP 1993, 1228; *Drescher*, in: MüKo GmbHG, § 47 Rn. 260; *K. Schmidt*, in: Scholz, § 47 Rn. 32; *Zöllner/Noack*, in: Baumbach/Hueck, § 47 Anh. Rn. 121; a.A. *Korehnke*, Treuwidrige Stimmen, S. 163.

700 Ein treuwidriger Gesamtakt liegt vor, wenn mehrere Stimmabgaben jeweils für sich genommen legitim sind, aber das dadurch entstehende Ergebnis schlicht treuwidrig und somit rechtsmissbräuchlich ist.

701 *Drescher*, in: MüKo GmbHG, § 47 Rn. 260.

702 *Winter*, Mitgliedschaftliche Treuebindungen, S. 178 f.; *Schnorbus*, in: Rowedder/Schmidt-Leithoff, § 53 Rn. 82; jedenfalls bei personalistisch strukturierten GmbHs: BGHZ 98, 276, 279; *Ulmer*, in: UHL, § 53 Rn. 82 (jedenfalls bezogen auf personalistische GmbHs); *Zöllner/Noack*, in: Baumbach/Hueck, § 53 Rn. 85.

703 BGHZ 98, 276, 279 f.

704 So jedenfalls *Strohn*, in: MüKo GmbHG, § 34 Rn. 77; *Klöckner*, GmbHR 2012, 1325, 1326 f.; andeutungsweise *Grunewald*, GmbHR 2012,769, 771.

Aufgrund des tiefen Einschnitts in das mitgliedschaftliche Recht der Gesellschafter können Stimmpflichten nur höchst restriktiv angenommen werden. Die Auflösungsentscheidung ist der Mitgliedschaft in besonderer Weise inhärent. Sie ist die zentrale Meinung über den Fortbestand oder die Aufgabe des Geschäftsbetriebs. Auf dieser Grundlage lässt sich keine Pflicht zur Auflösung herleiten, insbesondere da der BGH gleichwohl auch alternative Kompensationsmöglichkeiten zur Leistung des Abfindungsanspruchs genügen lässt.[705] Zudem besteht aber für die Gesellschafter, selbst wenn ihnen das schädigende (treuwidrige) Verhalten ihrer Mitgesellschafter zugerechnet wird, ggf. die Möglichkeit der Haftungsbefreiung. Auch dies ließe die Erforderlichkeit für eine Stimmpflicht entfallen.

Weder für die verbleibenden noch den ausscheidenden Gesellschafter ist für solche Fälle die Annahme einer Stimmpflicht erforderlich. In einem anderen Zusammenhang hat der BGH jüngst erneut hervorgehoben, dass Stimmpflichten nur in besonders engen Grenzen, dann wenn erheblicher Schaden für die Gesellschaft oder die Gesellschafter droht, zulässig sein können.[706] Ein solches zwingendes Erfordernis liegt hier allerdings nicht vor.

(ii) Haftendenkreis

Die Entscheidungen des BGH zur persönlichen Haftung lassen unterdessen offen, ob generell alle verbleibenden Gesellschafter dieser Haftung ausgesetzt sind, oder nur jene dissentierenden Gesellschafter.[707]

---

705 BGH 192, 236, 240 f.

706 BGH NJW 2016, 2739: „Aufgrund der Treuepflicht muss der Gesellschafter einer Maßnahme zustimmen, wenn sie zur Erhaltung wesentlicher Werte, die die Gesellschafter geschaffen haben, oder zur Vermeidung erheblicher Verluste, die die Gesellschaft bzw. die Gesellschafter erleiden könnten, objektiv unabweisbar erforderlich ist und den Gesellschaftern unter Berücksichtigung ihrer eigenen schutzwürdigen Belange zumutbar ist, also wenn der Gesellschaftszweck und das Interesse der Gesellschaft gerade diese Maßnahme zwingend gebieten und der Gesellschafter seine Zustimmung ohne vertretbaren Grund verweigert."; ebenso OLG München NZG 2016, 1149: „Ein nicht treugebunden zur Zustimmung zu einem Beschlussantrag verpflichteter Gesellschafter kann die Zustimmung zu einer Maßnahme verweigern, mögen seine Beweggründe auch sachwidrig oder unverständlich erscheinen."

707 Den Urteilen lag jeweils der Sachverhalt zugrunde, dass die verbleibenden Gesellschafter in cumulo keine Maßnahmen zur Leistung des vollständigen Abfindungsanspruchs unternommen haben, sodass es auf eine Klärung dieser Rechtsfrage nicht angekommen ist.

Die Ansicht, welche alle verbleibenden Gesellschafter in den Haftendenkreis nimmt, fokussiert den persönlichen Vorteil der Gesellschafter, der diesen durch die Einziehung in Form der Aufwertung des eigenen Geschäftsanteils zukommt. Eine dahingehende Andeutung, also die konkrete Bezugnahme auf den Wertzuwachs der verbleibenden Gesellschafter, ist auch der Rechtsprechung des BGH entnehmbar.[708] Allerdings hat im zugrunde liegenden Sachverhalt keiner der verbleibenden Gesellschafter Maßnahmen zur Leistung des Abfindungsanspruchs eingeleitet, welche eine Haftungsbeschränkung ggf. rechtfertigen könnten. Insoweit erstreckt sich der Adressatenkreis auf alle verbleibenden Gesellschafter, nicht bloß auf einen bestimmten Teil.[709] Nicht aber haften alle Gesellschafter, weil die Haftung als solche verschuldensunabhängig sei.[710] Das Verschulden der Gesellschafter ergibt sich vielmehr aus der Treuwidrigkeit des Gesamtverhaltens der verbleibenden Gesellschafter. Innerhalb dieser Auffassung ist umstritten, ob Gesellschafter, die erst nach der wirksamen Einziehung des Geschäftsanteils in die Gesellschaft eintreten, von der persönlichen Haftung ausgenommen sind.[711] Dies ist im Ergebnis anzunehmen, da ihnen das Gesamtverhalten nicht vorgeworfen werden kann. Die Ablehnung der Auflösung als solche ist gerade nicht treuwidrig. Die Haftung der verbleibenden Gesellschafter bemisst sich pro rata, eine Ausfallhaftung nach § 31 Abs. 3 GmbHG für leistungsunfähige Gesellschafter kommt – da die Haftung sich auf den persönlichen Vermögenszuwachs bezieht – dann gerade nicht in Betracht.[712] Die Gesellschafter müssen sich grundsätzlich die Wirkungen des Mehrheitsbeschlusses zurechnen lassen und unterliegen folglich der persönlichen Haftung, unabhängig davon, welchen individuellen Beitrag sie zur Befriedigung des Abfindungsantrags geleistet haben. Eine Exkulpation kommt nicht in Betracht, denn treuwidrig ist das

---

708 BGHZ 192, 236, 243 f.: „Den verbliebenen Gesellschaftern wächst anteilig der Wert des eingezogenen Geschäftsanteils zu.[…] Wenn die Gesellschafter die Gesellschaft fortsetzen, anstatt sie aufzulösen, weil sie darin einen wirtschaftlichen Vorteil und einen Mehrwert für ihren Anteil erblicken, ist es nicht unbillig, sie zum Ausgleich für den Abfindungsanspruch persönlich haften zu lassen […].“ Diese Bezugnahme auf den Wertzuwachs wiederholt der BGH in einem späteren Urteil BGHZ 210, 186, 193.

709 Vgl. *Strohn*, in: MüKo GmbHG, § 34 Rn. 77; *Klöckner*, GmbHR 2012, 1325, 1326 f.; *J. Schmidt*, GmbHR 2013, 953, 958.

710 *Tröger*, Gesellschaftsrecht in der Diskussion 2013, Bd. 19, S. 23, 38.

711 Für eine solche Beschränkung *Strohn*, in: MüKo GmbHG, § 34 Rn. 77; *Schneider/Hoger*, NJW 2013, 502, 506; a.A. *Tröger*, Gesellschaftsrecht in der Diskussion 2013, Bd. 19, S. 23, 57.

712 *Strohn*, in: MüKo GmbHG, § 34 Rn. 77; a.A. *Schockenhoff*, NZG 2012, 449, 451; *Schneider/Hoger*, NJW 2013, 502, 506; *J. Schmidt*, GmbHR 2013, 953, 958.

Gesamtverhalten der im Mehrheitsbeschluss gebildeten Meinung der Gesellschafter, sodass diese auch im Gesamten für die Leistung der Abfindung durch die persönliche Haftung einstehen müssen.

Nach anderer Auffassung kommt die Haftung nur eines Teils der Gesellschafter in Betracht. Nicht ausschlaggebend für die Einbeziehung in den Haftendenkreis kann die Zustimmung zum Einziehungsbeschluss sein,[713] wie der Rechtsprechung des BGH entnehmbar ist: „*Die persönliche Haftung der Gesellschafter nach den Grundsätzen des Senatsurteils vom 24. Januar 2012 […] entsteht weder bereits mit der Fassung des Einziehungsbeschlusses, noch […].*“[714] Wenn die Fassung des Einziehungsbeschlusses nicht haftungsbegründend ist, so könne auch der Haftendenkreis nicht einzig auf diese Gesellschafter begrenzt werden, unabhängig davon, ob diese den Kausalverlauf, der letztlich in der persönlichen Haftung ende, ausgelöst haben. Zur Bestimmung des Haftendenkreises ist – insbesondere aufgrund zunehmender Verfestigung der Rechtsprechung zur Ausfallhaftung – eine Bezugnahme auf den Einziehungsbeschluss daher unzulässig. Wie dargestellt fußt die Ausfallhaftung auf einer Treuepflichtverletzung, sodass nur die Gesellschafter, die treuwidrig gehandelt haben letztlich persönlich für den Anspruch haften.[715] Nach Auffassung der Rechtsprechung liegt die Treuepflichtverletzung folglich in der kompensationslosen Fortsetzung der Gesellschaft: „*Die persönliche Haftung der Gesellschafter entsteht erst in dem Zeitpunkt, ab dem die Fortsetzung der Gesellschaft unter Verzicht auf Maßnahmen zur Befriedigung des Abfindungsanspruchs des ausgeschiedenen Gesellschafters als treuwidrig anzusehen ist.*“[716] Insoweit zeigt der BGH deutlich den notwendigen Anknüpfungspunkt auf. Die Gesellschafter müssen also entweder für eine Kompensation sorgen oder der Auflösung zustimmen, andernfalls ist ihr handeln treuwidrig. Hiernach sei gerichtlich der individuelle Schuldbeitrag zu bestimmen und entsprechend zu überprüfen, welche Gesellschafter durch ihr Handeln einen Schuldbeitrag zur Nichtleistung der Abfindung beigetragen haben.[717] Allerdings vermögen die Vertreter dieser Auffassung die daran anknüpfenden Fragen in keiner Weise befriedigend zu beantworten. Einerseits ist weiterhin

---

713 *Grunewald*, GmbHR 2012, 669, 771, noch vor dem zweiten Urteil des BGH von 2016.

714 BGHZ 210, 186.

715 *Altmeppen*, ZIP 2012, 1685, 1691; *J. Schmidt*, GmbHR 2013, 953, 955; *Ulmer*, in: FS Hoffmann-Becking, 2013, S. 1261, 1266.

716 BGHZ 210, 186, 187.

717 *Gubitz/Nikoleyczik*, NZG 2013, 727, 731; *Klöckner*, GmbHR 2012, 1325, 1326 f.; *Schockenhoff*, NZG 2012, 449, 451.

ungeklärt, welcher individuelle „*Tatbeitrag*“ die persönliche Haftung auslöst. Wird an den Einziehungs- oder den Auflösungsbeschluss angeknüpft? Genügt es alternativ für die Einziehung oder gegen die Auflösung zu stimmen? Oder muss ggf. kumulativ gehandelt worden sein, denn nach überzeugender Ansicht ist ja nur der Gesamtakt treuwidrig? Ferner bleibt ungeklärt, ob man sich nach dieser Ansicht aus der Haftung erst durch aktives Handeln befreien muss (z.B. durch Feststellungsklage) oder ob das Abstimmverhalten bereits den Haftendenkreis festlegt. Insgesamt ist jedenfalls feststellbar, dass diese Ansicht keineswegs Rechtssicherheit bietet und mehr Fragen aufwirft, als beantwortet. Auch ist diese Auffassung im Widerspruch zur Bindung der Gesellschafter durch Mehrheitsbeschlüsse. Diese legitimieren sich eben durch die Mehrheitsfindung und sind daher geeignet, die Gesellschafter auch gegen ihren Willen in die Pflicht zu nehmen.

Folglich sind alle Gesellschafter persönliche Schuldner des Abfindungsanspruchs, der insoweit also eine den ausscheidenden Gesellschafter hinreichend schützenden Wirkung entfaltet und zugleich Rechtssicherheit schafft. Die Rechtsprechung des BGH ist dahingehend stringent und sinnvoll, auch wenn Anschlussfragen bisweilen noch offen sind.

(iii) Beweislast

Den Beweis der Treuwidrigkeit des Verhaltens der (ehemaligen) Mitgesellschafter muss grundsätzlich der ausgeschiedene Gesellschafter erbringen.[718] Dass der Ausgetretene seine Informationsrechte verliert, ändert daran nichts,[719] da jedenfalls im Klageweg die Gesellschaft verpflichtet ist vorzutragen, warum sie zur Leistung des Abfindungsanspruchs außerstande ist.[720] Nimmt man schließlich eine Treuepflichtverletzung zur Haftungsbegründung für die persönliche Ausfallhaftung an, so bedarf es nur der Darlegung, dass die Abfindung nicht geleistet und die Auflösung nicht beschlossen wurde. Dass dies keinen Treuepflichtverstoß darstellt, muss die Gesellschaft sodann beweisen.[721]

718 *Fastrich*, in: Baumbach/Hueck, § 34 Rn. 50; *Görner*, DB 2016, 1626, 1627; *Hamberger*, MittBayNot 2017, 609, 615; *Wachter*, NZG 2016, 961, 967; *Wicke*, DNotZ 2017, 138, 139.

719 *Fastrich*, in: Baumbach/Hueck, § 34 Rn. 50; *Wachter*, NZG 2016, 961; *Wicke*, DNotZ 2017, 138.

720 *Hamberger*, MittBayNot 2017, 609, 615 f.

721 *Hamberger*, MittBayNot 2017, 609, 616.

(iv) Haftungsbefreiung

H.-F. Müller spricht Gesellschaftern, die gegen den Einziehungsbeschluss oder für die Auflösung gestimmt haben, im Ergebnis aber unterlegen sind, ein Austrittsrecht zu.[722] Wird die aufgelöste Gesellschaft auf Antrag fortgesetzt, so wird teilweise angenommen, dass den unterliegenden Gesellschaftern sodann ein Austrittsrecht zustehen müsse.[723] Zwischen diesen Sachverhalten wird eine Vergleichbarkeit gesehen, die ein Austrittsrecht der unterliegenden Gesellschafter rechtfertige.

Grundsätzlich sind Gesellschaften *„auf das Zusammenwirken ihrer Mitglieder angewiesen"*,[724] sodass ein Verbleib der Gesellschafter im Interesse der Gesellschaft steht. Scheidet ein Gesellschafter einseitig und freiwillig gegen Abfindung aus der Gesellschaft aus und die Gesellschaft besteht fort, so handelt es sich um einen Austritt.[725] Ein solches Austrittsrecht ist im GmbHG allerdings normativ nicht verankert,[726] in Rechtsprechung und Literatur aber gleichermaßen anerkannt.[727] Nach ganz h.M. ist – sofern ein Austrittsrecht nicht statutarisch vorgesehen ist – stets ein wichtiger Grund für den Austritt erforderlich.[728] Ein

722 *H.-F. Müller*, WuB § 34 GmbHG II C. 1.12.

723 *Altmeppen*, in: Roth/Altmeppen, § 60 Rn. 46; *Kleindiek*, in: Lutter/Hommelhoff, § 60 Rn. 35; *K. Schmidt/Bitter*, in: Scholz, § 60 Rn. 89; *R. Fischer*, GmbHR 1955, 165, 167 f.; *Hofmann*, GmbHR 1975, 217, 227; *Scholz*, GmbHR 1982, 228, 232 f.; a.A. *Casper*, in: UHL, § 60 Rn. 138; *Haas*, in: Baumbach/Hueck, § 60 Rn: 92; einschränkend aber eher ablehnend *Gesell*, in: Rowedder/Schmidt-Leithoff, § 60 Rn. 72.

724 *H.-F. Müller*, Austrittsrecht, S. 1.

725 Stellvertretend *K. Schmidt*, Gesellschaftsrecht, S. 552; *H.-F. Müller*, Austrittsrecht, S. 2 mit dem Hinweis, dass der Austritt sich vom Ausschluss dahingehend unterscheidet, dass beim Austritt die Initiative vom austretenden Gesellschafter ausgeht.

726 *Schindler*, in: BeckOK GmbHG, § 34 Rn. 160. Der historische Gesetzgeber ging fälschlicher Weise davon aus, dass es neben der Einziehung des Geschäftsanteils kein Bedürfnis für einen Austritt gebe, Protokoll des Reichstages, 8. Leg., 1890/1892, S. 3747.

727 Ein Gesamtüberblick zur Entwicklung des Austrittsrechts und der Anerkennung in Rechtsprechung und Literatur *H.-F. Müller*, Austrittsrecht, S. 8 ff. Eine kurze Übersicht findet sich bei *Strohn*, in: MüKo GmbHG, § 34 Rn. 102.

728 BGHZ 116, 359, 369; OLG Hamm GmbHR 1993, 656, 657; *M. Becker*, Der Austritt aus der GmbH, S. 148 ff.; *H.-F. Müller*, Austrittsrecht, S. 52 ff.; *Schindler*, Das Austrittsrecht in Kapitalgesellschaften, S. 44 ff.; *Eschenlohr*, in: FS Sigle, 2000, S. 131, 134 f.; *Röhricht*, in: FS Kellermann, 1991, S. 361, 374; *Altmeppen*, in: Roth/Altmeppen, § 60 Rn. 112; *Lutter/Kleindiek*, in: Lutter/Hommelhoff, § 34 Rn. 71; *Seibt*, in: Scholz, Anh. § 34 Rn. 9; *Strohn*, in: MüKo GmbHG, § 34 Rn. 178; *Ulmer/Habersack*, in: UHL, Anh. § 34 Rn. 48. Weniger streng BGH NJW 2010, 1206; NZG 2014, 541, wenn die Gesellschaft den Austritt annimmt. A.A. *Wiedemann*, Gesellschaftsrecht, Bd. I, S. 402, der annimmt, dass der Gesellschafter ein ordentliches Kündigungsrecht nach analog

wichtiger Grund liegt dann vor, wenn unter Abwägung der Gesamtumstände ein Verbleib des dissentierenden Gesellschafters in der Gesellschaft und damit die weitere Förderung des gemeinsamen Gesellschaftszwecks schlicht unzumutbar wäre und eine Abhilfe mit weniger intensiven Möglichkeiten nicht erreicht werden kann.[729] Folgerichtig müsste also eine drohende persönliche Haftung der in der Gesamtbetrachtung nicht treuwidrig handelnden Gesellschafter einen wichtigen Grund darstellen. Ein milderes Mittel zur Zweckerreichung ist jedenfalls nicht ersichtlich. Fraglich bleibt also, ob den dissentierenden Gesellschaftern der Verbleib in der Gesellschaft unzumutbar wird.

Die Motivation für zahlreiche Gesellschafter zur Beteiligung an einer Kapitalgesellschaft liegt in dem überschaubaren Kapitalrisiko, welches diese mit sich bringt. Gerade der Umstand, dass die persönliche Haftung im Grunde auf die Einlage beschränkt ist, vgl. § 13 Abs. 2 GmbHG, ist für viele Gesellschafter für die eigene Beteiligung evident.[730] Für solche Gesellschafter, die sich ihrem Verhalten nach nicht treuwidrig verhalten haben, denen aber aufgrund der Mehrheitsentscheidungen die Last einer persönlichen Haftung entsteht, wird insoweit – insbesondere unter Berücksichtigung der unerwarteten Abkehr des BGH von der Bedingungslösung – ein unzumutbares Haftungsrisiko auferlegt.

---

§ 723 Abs. 3 BGB habe, sofern dieser zu einer persönlichen Leistung (Geschäftsführungspflicht, Wettbewerbsverbot) verpflichtet sei und dies entsprechend § 132 HGB in angemessener Frist geltend mache. Noch weitergehend *Reuter*, Privatrechtliche Schranken, S. 390 ff.; *ders*., GmbHR 1977, 77, 79 ff.; *ders*., in: AcP 181 (1981), 1, 8 f.; *Vollmer*, ZGR 1979, 135, 169 ff.; *ders*., DB 1983, 93, 95. Zudem bestehe nach *Reuter*, Verhandlungen zum 55. DJT, S. B 66, auch dann ein ordentliches Austrittsrecht, wenn es dem Gesellschafter tatsächlich nicht gelingt seinen Geschäftsanteil zu veräußern.

729 BGHZ 9; 157, 162 f.; 116, 359, 369; OLG Karlsruhe BB 1984, 2015, 2016; OLG München GmbHR 1990, 221; OLG Hamm GmbHR 1993, 656, 657; OLG Köln GmbHR 1996, 609, 610; NZG 1999, 1222, 1223; *Balz*, Die Beendigung der Mitgliedschaft in der GmbH, S. 106; *H.-F. Müller*, Austrittsrecht, S. 52 f.; *Schindler*, Das Austrittsrecht in Kapitalgesellschaften, S. 52; *Fastrich*, in: Baumbach/Hueck, Anh. § 34 Rn. 19; *Schindler*, in: BeckOK GmbHG, § 34 Rn. 171; *Seibt*, in: Scholz, Anh. § 34 Rn. 10; *Sosnitza*, in: Michalski, Anh. § 34 Rn. 47; *Strohn*, in: MüKo GmbHG, § 34 Rn. 180; *Ulmer/Habersack*, in: UHL, Anh. § 34 Rn. 51.

730 So führt *Wilhelmi*, in: BeckOK GmbHG, § 13 Rn. 54 diesbezüglich aus: „Sinn und Zweck der Haftungsbeschränkung ist es, das Wirtschaftswachstum zu fördern; denn sie erlaubt es den Gesellschaftern, über die GmbH riskante wirtschaftliche Engagements einzugehen, während sie selbst nur begrenzt Kapital einsetzen müssen und sie nur ein kalkulierbares Risiko trifft." Weitergehend zur Motivation der Gesellschafter und zum Sinn und Zweck der Haftungsbegrenzung *Bitter*, in: Scholz, § 13 Rn. 60 ff.

Treuwidrig verhalten sich jene Gesellschafter, die trotz der wirksamen Einziehung eine Auflösung ablehnen und auch andere Maßnahmen zur Leistung des Abfindungsanspruchs nicht durchsetzen.[731] Betrachtet man die bisherigen Gründe der Rechtsprechung zur Annahme eines außerordentlichen Austrittsrechts verfestigt sich diese Annahme. So nahmen Rechtsprechung und Literatur an, dass ein wichtiger Grund dann vorliege, wenn ein erhebliches Haftungsrisiko im Falle einer Kapitalerhöhung nach § 24 GmbHG drohe.[732] Insoweit ergibt sich eine höchst ähnliche Situation. In beiden Fällen obliegt es dem Gesellschafter, ob er an den Vorteilen der Entscheidung partizipieren will – in diesem Fall muss er auch zur persönlichen Leistung bereit sein – oder sich durch einen Austritt von dieser Haftung befreit.[733] Dies gilt aber nicht bloß für ein Haftungsrisiko aufgrund einer Zustimmungspflicht, sondern gleichwohl, wenn sich die Haftung aus treuwidrigem Verhalten ergibt. Ebenso kann sich richtigerweise ein außerordentliches Austrittsrecht auch aus dem Verhalten der Mitgesellschafter ergeben. So beispielsweise, wenn die Gesellschaftermehrheit ihre Machtposition missbräuchlich einsetzt.[734] Dies ist auch dann anzunehmen, wenn die Gesamthandlung der Gesellschaftermehrheit haftungsbegründend für die persönliche Ausfallhaftung ist.

Der dissentierende Gesellschafter ist freilich um Durchsetzung einer angemessen Abfindung bemüht, die allerdings im GmbHG keine explizite Anspruchsgrundlage bereithält.[735] Problematisch erscheint in diesem Kontext allerdings, dass der Austritt eines oder mehrerer Gesellschafter die wirtschaftliche Schieflage der Gesellschaft, aufgrund der die Abfindung nicht geleistet werden kann, noch verstärkt und folglich das Risiko der verbleibenden Gesellschafter weiter erhöht. Der Abfindungsanspruch entsteht, sobald alle Voraussetzungen des Austritts vorliegen und dieser erklärt wurde.[736] Besondere Schwierigkeiten bereitet hierbei die Bestimmung der Fälligkeit, da *„die Gesellschaft zunächst ausreichend Gelegenheit haben [muss], die erforderlichen finanziellen Mittel zu aquirieren, bevor sie zur Zahlung der Abfindung verpflichtet sein kann.“*[737] Steht von Anfang

---

731 So hat es jedenfalls die jüngere Rechtsprechung befunden, BGHZ 210, 186, 187.

732 LG Mönchengladbach GmbHR 1986, 312 f.; *H.-F. Müller*, Austrittsrecht, S. 56 m.w.N.

733 Zur Kapitalerhöhung *H.-F. Müller*, Austrittsrecht, S. 56. Zudem unter Hinweis darauf, dass ebendies auch für solche Gesellschafter gilt, die durch ihre Treupflicht zur Zustimmung zur Kapitalerhöhung verpflichtet sind.

734 *H.-F. Müller*, Austrittsrecht, S. 63.

735 *H.-F. Müller*, Austrittsrecht, S. 104.

736 *H.-F. Müller*, Austrittsrecht, S. 106.

737 *H.-F. Müller*, Austrittsrecht, S. 106.

an fest, dass die Abfindung gegen § 30 GmbHG verstößt und aus freien Mitteln nicht geleistet werden kann, so kann die Einziehung des Geschäftsanteils nicht wirksam erfolgen.[738] Ist eine Leistung der Abfindung dauerhaft nicht möglich[739] und die Mitgesellschafter zur persönlichen Leistung nicht bereit, so bleibt dem dissentierenden Gesellschafter mithin die Möglichkeit der Auflösungsklage.[740]

(f) Zwischenergebnis

Die Gesellschafter einer GmbH haften für den Abfindungsanspruch des ausscheidenden Gesellschafters im Sinne der Grundsätze der Rechtsprechung zur Ausfallhaftung persönlich. Eine Pflicht zur Auflösung erwächst allerdings nicht, sondern den Gesellschaftern, die durch ihr Verhalten zur Treuwidrigkeit nicht beigetragen haben, entsteht ein außerordentliches Austrittsrecht.

(g) Alternative Gestaltungsmöglichkeiten

Im Anschluss an die zuvor dargestellte Rechtsprechung des BGH zum Abfindungsanspruch eines ausscheidenden Gesellschafters stellen sich einige Folgefragen. Zuvorderst, ob die Entscheidung des BGH zur persönlichen Haftung der verbleibenden Gesellschafter satzungsfest ist. Das ist wohl eher zweifelhaft.[741] Der ausscheidende Gesellschafter muss schließlich nicht vor seinen eigenen Entscheidungen geschützt werden. Anders ist dies nur dann, wenn treuwidrig ohne Zustimmung des ausscheidenden Gesellschafters im konkreten Zusammenhang zur Einziehung seines Geschäftsanteils ein solcher Beschluss herbeigeführt wird. Es kommt also auf die Zustimmung des betroffenen Gesellschafters an. Auch die dogmatische Einordnung der Ausfallshaftung als Schadensersatzanspruch entsprechend den §§ 280 ff. BGB erlaubt einen Ausschluss.[742]

---

738 *Fastrich*, in: Baumbach/Hueck, Anh. § 34 Rn. 25.

739 Eine Ermöglichung des Austritts durch Kapitalherabsetzung ist ebenso möglich, wenn das Stammkapital den gesetzlichen Mindestbetrag in ausreichender Höhe übersteigt, *H.-F. Müller*, Austrittsrecht, S. 117.

740 *Fastrich*, in: Baumbach/Hueck, Anh. § 34 Rn. 25.

741 *Görner*, in: Rowedder/Schmidt-Leithoff, § 34 Rn. 68 mit ausführlicher Begründung; ebenfalls *H.-F. Müller*, WuB § 34 GmbHG II C 1.12; *Trölitzsch*, KSzW 2013, 55, 58. A.A. *Rieder*, GWR 2012, 106, der mit Hinweis auf die gesellschafterliche Treuepflicht einen statutarischen Verzicht auf die Sicherung des Abfindungsanspruchs ausschließt und die Rechtsprechung des BGH insoweit als satzungsfest versteht. Zustimmend *Stumpf/D. Müller*, GWR 2012, 143, 145.

742 *Markowsky*, Die Einziehung von GmbH-Geschäftsanteilen, 2013, S. 216.

Ein von *Grunewald*[743] entwickelter Ansatz, dass der ausscheidende Gesellschafter zwar auf die persönliche Haftung verzichtet, sodann aber ein Auflösungsrecht für den Fall der Nichtleistung seiner Abfindung erhält, ist zwar durchaus elegant, aber nicht ohne weiteres möglich. Vorweg, ein Ausschluss der persönlichen Haftung ohne eine alternative Absicherung des Abfindungsanspruchs verstößt gegen § 138 Abs. 1 BGB.[744] Problematisch erscheint hier sodann, dass die Einziehung den Geschäftsanteil des ausscheidenden Gesellschafters vernichtet, er de facto mit der Wirksamkeit der Einziehung aus Sicht der Gesellschaft Dritter ist. Mit Blick auf den Auflösungsbeschluss kann einem Dritten kein Auflösungsrecht zugebilligt werden.[745] Selbst für den Fall, dass eine – letztlich wie auch immer ausgestaltete – Sonderstellung des ausgeschiedenen Gesellschafters dazu führe, ihn nicht als Dritten, sondern wegen seiner Stellung als ausscheidender Gesellschafter bis zur vollständigen Leistung des Abfindungsanspruchs weiterhin als Gesellschafter zu betrachten, ist dieser Ansatz im Ergebnis nicht überzeugend, denn eine derartige auf der Gesellschafterstellung beruhende Position eines Ausscheidenden findet weder eine hinreichende Verankerung im Gesetz noch erscheint sie erforderlich. Auch Gesellschaftern kann richtigerweise die Auflösungskompetenz nicht ad personam übertragen werden.[746] Letztlich kann man vortragen, dass dieses Damoklesschwert der Auflösungskompetenz bloß eine Drohkulisse aufbaue, um die Gesellschafter zur Aufbringung einer Kompensation für die Befriedigung des Abfindungsanspruchs zu zwingen, doch andererseits gibt es keine Drohung, wenn im Zweifelsfall nicht davon Gebrauch gemacht werden kann. Insbesondere würde dieses Vorgehen, wie der BGH es wohl vermeiden wollte, dazu führen, dass die Rechtsstellung des ausscheidenden Gesellschafters eben doch nicht endgültig von der Gesellschaft getrennt ist.[747] Folglich kann dieser innovative Gedanke im Ergebnis nicht überzeugen.

---

743 *Grunewald*, GmbHR 2012, 769, 771 f.; zustimmend wohl *H.-F. Müller*, WuB 2016, 543, 546.

744 *Grunewald*, GmbHR 2012, 769, 771. Zur Kompensation des Verlustes der Absicherung erlangt der ausscheidende Gesellschafter folglich ein Auflösungsrecht.

745 Siehe oben unter S. 137 f. Mit einer sofortigen Wirkung des Einziehungsbeschlusses ist der Geschäftsanteil des ausscheidenden Gesellschafters erloschen. Eine Weiterbehandlung, als sei er noch Gesellschafter ist nicht möglich. Eine auf der ehemaligen Gesellschafterstellung beruhende Rechtsstellung besteht nicht. Folglich ist der ausscheidende Gesellschafter Dritter im Verhältnis zur Gesellschaft.

746 Siehe oben unter S. 140 f.

747 *Strohn*, in: MüKo GmbHG, § 34 Rn. 76.

Ferner wird der Verzicht auf den Abfindungsanspruch in der Satzung, mit Hinweis auf einen damit verbundenen faktisch vollständigen Ausschluss des Abfindungsanspruches, abgelehnt.[748] Grundsätzlich nicht zulässig und nach § 138 Abs. 1 BGB sittenwidrig, ist nach vorherrschender Ansicht der vollständige Ausschluss des Abfindungsanspruchs.[749] Diese Ansicht impliziert, dass bei Ausschluss der persönlichen Haftung wegen der Auszahlungssperre nach §§ 34 Abs. 3, 30 Abs. 1 GmbHG, im Ergebnis ein vollständiger Abfindungsausschluss herbeigeführt würde.[750] Insoweit handele es sich bei der persönlichen Ausfallhaftung nicht um ein Instrument zur Sicherung und zum Erhalt des Stammkapitals, sondern des Minderheitenschutzes. Gleichfalls wird befürchtet, dass die vom BGH erarbeitete Rechtsprechung bei weitreichender Dispositivität leicht umgangen werden könnte, ein effektiver Schutz des Abfindungsanspruchs daher nicht weiter gewährleistet sei.[751] Dieser durchaus ergebnisorientierte Ansatz kann allerdings nicht nachhaltig überzeugen, denn außer Acht gelassen wird, dass tatsächlich ein vollständiger Ausschluss des Abfindungsanspruchs nicht stattfindet, sondern durch den ausscheidenden Gesellschafter auf die Ausweitung des Schuldnerkreises verzichtet wird. Allenfalls ließe sich mit Verweis auf die Verjährungsvorschriften erschließen, dass ein Ausschluss der persönlichen Haftung einem vollständigen Abfindungsanspruch gleichkäme, was von Vertretern dieser Ansicht bisher nicht vorgebracht wurde. Nach h.M. handelt es sich bei § 30 Abs. 1 GmbHG um ein gesetzliches Leistungsverweigerungsrecht der Gesellschaft.[752] Die Verjährung wird bei gesetzlichen Leistungsverweigerungsrechten

---

748 *Markowsky*, Die Einziehung von GmbH-Geschäftsanteilen, 2013, S. 217 f.; *Hamberger*, MittBayNot 2017, 609, 616.

749 BGHZ 135, 387, 390; 201, 65; OLG Karlsruhe, NZG 2013, 942, 946 f.; *Armbrüster*, in: MüKo BGB, § 138 Rn. 81; *Fastrich*, in: Baumbach/Hueck, § 34 Rn. 34a; *Mansel*, in: Jauernig, § 138 Rn. 15; *Schindler*, in: BeckOK, § 34 Rn. 156; *Sosnitza*, in: Michalski, § 34 Rn. 66; *Strohn*, in: MüKo GmbHG, § 34 Rn. 227 f.; *Ulmer/Habersack*, in: UHL, § 34 Rn. 100 ff.

750 *Markowsky*, Die Einziehung von GmbH-Geschäftsanteilen, 2013, S. 217.

751 *Markowsky*, Die Einziehung von GmbH-Geschäftsanteilen, 2013, S. 217; *J. Schmidt*, GmbHR 2013, 953, 960.

752 RGZ 168, 292, 302; BGHZ 69, 280; 81, 367; 95, 191 f.; 136, 125, 129 f.; 148, 167, 171; *Ekkenga*, in: MüKo GmbHG, § 30 Rn. 283; *Fastrich*, in: Baumbach/Hueck, § 30 Rn. 67; *Hommelhoff*; in: Lutter/Hommelhoff, § 30 Rn. 52; *Joost*, ZHR 148 (1984), 27, 30 ff.; *Perwein*, GmbHR 2006, 1149, 1150; a.A. *Altmeppen*, in: Roth/Altmeppen, § 30 Rn. 153; *Heidinger*, in: Michalski, § 30 Rn. 128, gehen wohl von einer rechtshemmenden oder rechtsvernichtenden Wirkung aus, was im Ergebnis aber nicht überzeugen kann. Vielmehr ist es sinnvoll, in § 30 Abs. 1 GmbHG ein Leistungsverweigerungsrecht zu

nicht gehemmt, vgl. § 205 BGB.[753] Folglich verjährt der Anspruch nicht mehr – wie früher – nach spätestens 30 Jahren, sondern bereits nach 3 Jahren. Eine analoge Anwendung von § 205 BGB ist daher nicht begründbar.[754] Allerdings besteht die Möglichkeit des Anspruchsinhabers auf Erhebung einer Feststellungsklage, um die Verjährung zu hemmen. Insoweit kann er – obgleich er aktiv werden muss – seinen Anspruch längerfristig sichern.[755] Andernfalls kann der ausscheidende Gesellschafter auch mit der Gesellschaft ein vertragliches Leistungsverweigerungsrecht vereinbaren, das § 30 Abs. 1 GmbHG entspricht, um die Verjährung entsprechend § 205 BGB zu hemmen.[756] Sollte die Gesellschaft wieder zu liquiden – also freien – Mitteln gelangen und die Unterbilanz überwinden, kann er seinen Abfindungsanspruch sodann geltend machen.

Die statutarische Wiedereinsetzung der Bedingungslösung soll nach Teilen der Literatur durchaus möglich sein.[757] Widersprechende Argumente lassen sich der bisherigen Rechtsprechung des BGH nicht entnehmen.

Auch Haftungsverschärfungen sind statutarisch bestimmbar, so z.B. die selbstschuldnerische Haftung aller oder einzelner Gesellschafter für den Abfindungsanspruch.[758]

(3) Zusammenfassung und Ergebnis

Im Ergebnis lässt sich festhalten, dass Stimmpflichten nur in äußerst restriktiver Betrachtung zulässig sind. Insbesondere im Rahmen der Ausfallhaftung, bei der Einziehung von Gesellschaftsanteilen, lässt sich eine solche Stimmpflicht, wie dargestellt, nicht begründen. Ebenso wenig kann sich aus einer Stimmpflicht im genannten Kontext eine Pflicht zur Auflösung der Gesellschaft ergeben. Wohl aber ist den unterliegenden Gesellschaftern ein Austrittsrecht aus wichtigem Grund einzuräumen.

---

sehen, dessen Einrede von den Geschäftsführern im Falle einer Unterbilanz geltend gemacht werden muss.

753 Vor der Schuldrechtsreform sah § 202 BGB a.F. durchaus auch die Anwendung auf gesetzliche Leistungsverweigerungsrechte vor, vgl. Ausführungen *Perwein*, GmbHR 2006, 1149, 1150; zustimmend *Ekkenga*, in: MüKo GmbHG, § 30 Rn. 283.

754 Zum Meinungsstreit *Perwein*, GmbHR 2006, 1149, 1151 m.w.N.

755 *Perwein*, GmbHR 2006, 1149, 1150.

756 *Perwein*, GmbHR 2006, 1149, 1150 f.

757 *Grunewald*, GmbHR 2012, 769, 771; wohl auch *Markowsky*, Die Einziehung von GmbH-Geschäftsanteilen, 2013, S. 218.

758 *Hamberger*, MittBayNot 2017, 609, 616; *Wachter*, NZG 2016, 961, 967; *Wicke*, DNotZ 2017, 138, 140.

Hinsichtlich alternativer Gestaltung der Abfindungssicherung ist die Rechtsprechung bisher weitgehend vage geblieben. Ob die Ausfallhaftung satzungsfest ist, ist umstritten, im Ergebnis aber wohl abzulehnen. Hieraus ergeben sich verschiedene Gestaltungsmöglichkeiten.

b) Schranken der Stimmrechtsausübung durch Mehrheitskontrolle

Aus der Treuepflicht der Gesellschafter können sich Schranken der Stimmrechtsausübung ergeben.[759] Insbesondere im Sinne eines effektiven Minderheitenschutzes sind zur Begrenzung der Mehrheitsmacht die Gesellschafter an die mitgliedschaftliche Treuepflicht gebunden.[760] Dieses Spannungsfeld zwischen der Freiheit der Stimmrechtsausübung der Mehrheitsgesellschafter und dem Schutzbedürfnis der Minderheitsgesellschafter kann allerdings aufgrund der zentralen Bedeutung des freien Stimmrechts nur in besonders wichtigen Entscheidungen – insbesondere Strukturbeschlüssen – zu Gunsten der Minderheit aufgelöst werden.[761]

(1) Schutzerfordernis und Herleitung

Mehrheitsbeschlüsse in Kapitalgesellschaften werfen stets die Frage auf, ob *„die formale Mehrheit auch die materiell richtige Mehrheit darstellt.“*[762] Dem Gesetz ist jedenfalls eine eindeutige Tendenz zugunsten des Mehrheitsprinzips entnehmbar,[763] was auch die Rechtsprechung zum Anlass nahm, eine Beschränkung nur unter strengen Voraussetzungen anzunehmen.[764] Erforderlich sind also die formelle und materielle Richtigkeit des Mehrheitsbeschlusses – somit auch des Auflösungsbeschlusses – wobei bisweilen nicht abschließend bestimmt ist, in welchem Umfang der Beschluss einer materiellen Kontrolle unterliegt und wie konkret die Überprüfung der Rechtmäßigkeit aussieht.[765]

---

759 *K. Schmidt*, in: Scholz, § 47 Rn. 29.

760 Wie sich aus BGHZ 129, 136 ergibt können allerdings auch Minderheitsgesellschafter an die Treuepflicht gebunden sein.

761 *K. Schmidt*, in: Scholz, § 47 Rn. 29; konkret zum Auflösungsbeschluss: BGHZ 76, 352, 357; 103, 184.

762 *Timm*, ZGR 1987, 403, 404.

763 *Timm*, ZGR 1987, 403, 404.

764 Zunächst noch eine schrankenlose Ausübung des Mehrheitsrechts: RGZ 68, 235, 246; später dann die Anerkennung der Notwendigkeit eines Minderheitenschutzes in RGZ 132, 149, 162.

765 In einem umfassenden Werk *Zöllner*, Die Schranken mitgliedschaftlicher Stimmrechtsmacht bei den privatrechtlichen Personenverbänden, S. 101 ff. (starre Begrenzung des Stimmrechts); S. 287 ff. (bewegliche Schranken des Stimmrechts).

Ein Schutzerfordernis kann sich sowohl aus der Mitgliedschaft, als auch aus dem in der Aktie gebundenen Vermögen ergeben.

(a) Schutz der Mitgliedschaft

Relevant ist in diesem Kontext insbesondere die in Art. 14 Abs. 1 GG verankerte Bestandsgarantie, also die Pflicht des Staates, das erworbene Privateigentum seiner Bürger vor staatlichen Eingriffen zu schützen.[766] Umfasst ist nicht bloß der Entzug des Eigentums durch den Staat, sondern vielmehr bereits schon die Verkürzung der *„bis dahin bestehenden Befugnisse von Eigentümern […].“*[767] Obgleich ein Rechtsverlust bei der Auflösung nicht unmittelbar durch das Gesetz ausgelöst wird, sondern das Handeln eines Privatrechtssubjekts erfordert (hier also der Kapitalmehrheit), liegt trotzdem ein staatlicher Eingriff vor, sofern *„der in Folge privaten Handelns realisierte Rechtsverlust zu diesem Zeitpunkt bereits angelegt“* war.[768] Art. 14 Abs. 1 Satz 2 GG enthält die Möglichkeit der Inhalts- und Schrankenbestimmung, ist also von zentraler Bedeutung für die Möglichkeit und Reichweite eigentumsentziehender bzw. -beschränkender Gesetze.[769] Wird Eigentum nun aber bereits mit einer wie dargestellten Belastung erworben,[770] so greift die Bestandsgarantie bei Eintritt des Rechtsverlusts nicht.[771]

Außerdem berücksichtigt das BVerfG – bei Aktiengesellschaften –, dass die Beteiligung von Kleinaktionären zumeist nur aus Vermögensgründen erfolgt, nicht aber aus einer, ohnehin wegen der geringen Beteiligung stark eingeschränkten, unternehmenspolitischen Ambition.[772]

In dieser Debatte wird allerdings das Mitgliedschaftsrecht des Mehrheitsgesellschafters vernachlässigt. Dieser kann – so ermöglicht es § 60 GmbHG – mit einer 75 % Mehrheit die Gesellschaft auflösen, sofern die Satzung nicht etwas anderes bestimmt. Insoweit hat der Gesetzgeber für die Auflösung der GmbH vorgesehen, dass das Missbrauchskorrektiv eine Schwelle von 75 % des Kapitals darstellt und daher ausreichenden Schutz für die Minderheitsgesellschafter bietet. Ein Minderheitsgesellschafter, der

---

766 BVerfGE 24, 367, 400; 31, 229, 239; 46, 325, 334.

767 *Mülbert/Leuschner*, ZHR 2006, 615, 627.

768 *Mülbert/Leuschner*, ZHR 2006, 615, 627.

769 *Wendt*, in: Sachs GG, Art. 14 Rn. 70.

770 Also die Möglichkeit des Verlusts der Mitgliedschaft in Folge von Auflösung und Beendigung des Unternehmens.

771 *Mülbert/Leuschner*, ZHR 2006, 615, 628.

772 BVerfG DNotZ 2000, 868, 872.

sodann einen Anteil an der Gesellschaft erwirbt kann sich nicht – obwohl ihm die Rechtslage bereits mit dem Erwerb des Gesellschaftsanteils bekannt sein müsste – bei Eintritt der Auflösung darauf berufen, dass die Mehrheit die Gesellschaft im rechtlich möglichen Rahmen gegen seinen Willen auflösen will.

Ob dieser Ansatz auch eine belastbare Begründung für die GmbH zulässt, ist unterdessen eher zweifelhaft. Auch wenn die GmbH eine Kapitalgesellschaft ist, so ist diese oftmals gerade keine Publikumsgesellschaft, deren Kleingesellschafter tatsächlich zumeist ausschließlich oder weit überwiegend Vermögensmehrung mit ihrer Beteiligung beabsichtigen, sondern regelmäßig personalistisch strukturiert.[773] Oftmals handelt es sich bei GmbH-Gesellschaftern gerade nicht um Kleinstanleger, deren Beteiligung sich in der Gewinnausschüttung erschöpft, sondern um teils sogar in der Geschäftsführung oder anders im Unternehmen aktive Gesellschafter. Die Beteiligung des GmbH-Gesellschafters stellt regelmäßig ein auch auf Mitgliedschaft angelegtes Investment dar, nicht nur das bloße Abgreifen von Gewinnen. Zudem ist der Mitgliederbestand im Unterschied zur AG oftmals überschaubar. Aufgrund dieses nicht bloß unerheblichen Unterschieds zwischen GmbH und AG lassen sich die Grundsätze zur *Moto Meter*-Entscheidung nicht ohne weiteres übertragen.[774] Dies liegt an einer stärkeren Verbundenheit der Mitglieder einer (personalistischen) Gesellschaft[775] und wohl auch an einer regelmäßig höheren Beteiligung der Kleingesellschafter als bei der AG. Ähnliche Überlegungen zur AG gehen davon aus, dass bei einer Beteiligung von 5 % oder mehr ein Hinausdrängen eines Aktionärs indiziell rechtsmissbräuchlich sei.[776]

Es lässt sich daher festhalten, dass ein Recht zur Fortführung des Unternehmens oder ein Recht auf den Fortbestand der Mitgliedschaft sich nicht zwingend aus der Wertung des Art. 14 Abs. 1 GG ergibt. Es sind durchaus legitime Gründe ersichtlich, dass die Mehrheit Maßnahmen zur Kapitalfreisetzung betreibt. Die Mitgliedschaft als grundrechtlich geschütztes Gut des Gesellschafters darf aber auch nicht der freien Dispositivität der Mehrheit ausgesetzt sein. Vielmehr ist ein

773 Stand 1992 sind wohl etwa 70 % aller GmbHs personalistisch strukturiert, vgl. *Liebscher*, in: MüKo GmbHG, § 45 Rn. 18.

774 *Berner*, in: MüKo GmbHG, § 60 Rn. 97; *Casper*, in: UHL, § 60 Rn. 42, sowie andeutungsweise *Lutter/Drygala*, in: FS Kropff, 1997, S. 191, 211.

775 *Berner*, in: MüKo GmbHG, § 60 Rn. 97.

776 *Lutter/Drygala*, in: FS Kropff, 1997, S. 191, 220. Die Hürde von 5 % ergibt sich demnach aus einer Parallelwertung zu § 320 Abs. 1 AktG.

dieses Spannungsfeld widerstreitender Interessen von Mehrheit und Minderheit gerecht werdendes Konzept auszuarbeiten. Der Mehrheit soll grundsätzlich ein Auflösungsrecht verbleiben, unter Berücksichtigung minderheitsschützender Rechte. Wie dieser Minderheitenschutz in concreto aussehen soll ist unterdessen umstritten.

(b) Vermögenschutz

Hinsichtlich des Schutzbedürfnisses der Minderheitsgesellschafter einer AG fokussiert die Rechtsprechung das Vermögensinteresse. Aufgrund der in Art. 14 Abs. 1 GG wurzelnden Eigentumsgarantie erfährt das in der Aktie verkörperte Anteilseigentum des Aktionärs grundrechtlichen Schutz.[777] Dieser Schutz erstreckt sich richtigerweise auch auf die GmbH-Beteiligung.[778]

Besonders problematisch wird der Vermögensschutz der Minderheit dann, wenn die Interessen von Mehrheit und Minderheit auseinander laufen. In dieses *„Spannungsfeld zwischen Mehrheitsherrschaft und Minderheitenschutz"* gerät die Frage nach der Zulässigkeit übertragender Auflösung, zugrundliegend der *Moto Meter*-Entscheidung des BVerfG.[779] Dieser Schutz umfasst einerseits die mitgliedschaftliche Bestandsgarantie, wie auch das in der Beteiligung enthaltene Vermögen.[780]

(c) Zwischenergebnis

Objektiv lässt sich insbesondere der in § 243 Abs. 2 AktG wurzelnde Grundsatz des Verbots der Verfolgung von Sondervorteilen, wenn dies der Gesellschaft oder den Mitgesellschaftern zum Nachteil gereicht, auch auf das Recht der GmbH übertragen.[781] Ebenso sind schädigende Beschlüsse rechtsmissbräuchlich.[782]

---

777 Bereits BVerfGE 14, 263, 276 ff.; 25, 371, 407; 50, 290, 341 ff.; 100, 289, 301; BVerfG NZG 2011, 1379, 1380: „[…] das in der Aktie verkörperte Anteilseigentum […]."

778 *Wendt*, in: Sachs GG, Art. 14 Rn. 68: „Das bedeutet u.a., dass es auch Rechtsformen des GesellschaftsR geben muss, die die nötige Akkumulierung von Kapital ermöglichen. Damit werden durch Art. 14 zugleich die Kapitalgesellschaften und das Anteilseigentum usw. garantiert […]." Folglich ist also auch der GmbH-Anteil durch Art 14 Abs. 1 GG geschützt.

779 BVerfG DNotZ 2000, 868, 876 (Anm. *Fleischer*).

780 BVerfG DNotZ 2000, 868 ff.

781 BGHZ 76, 352, 357; OLG Hamm GmbHR 1992, 802; *Raiser*, in: UHL, Anh. § 47 Rn. 126; *K. Schmidt*, in: Scholz, § 47 Rn. 29; *Vorwerk/Wimmers*, GmbHR 1998, 717, 720.

782 *K. Schmidt*, in: Scholz, § 47 Rn. 29 mit zahlreichen Beispielen zu Treuepflichtverstößen.

(2) Sonderproblem: Übertragende Auflösung

Die sog. *„übertragende Auflösung“*[783] stellt einen Sonderfall der Treuebindung dar. Gemeint ist die Übertragung des (gesamten) Gesellschaftsvermögens oder wesentlicher Vermögensteile auf eine vom Mehrheitsgesellschafter neu gegründete Gesellschaft unter Auflösung der bisherigen GmbH.[784]

Ausgangspunkt dieser Rechtsproblematik ist, dass der Mehrheitsgesellschafter seine Herrschaftsmacht zur Hinausdrängung der Minderheitsgesellschafter nutzt und insoweit in rechtsmissbräuchlicher Weise gegen seine mitgliedschaftliche Treuepflicht verstoßen könnte. Ein solcher Rechtsmissbrauch liegt vor, wenn die Gesellschaftermehrheit den Versuch unternimmt, eine sie begünstigende Situation zu schaffen, zu Lasten der Gesellschaft oder der Minderheitsgesellschafter.[785]

Die Auflösung der Gesellschaft enthält im Gesetz keinen expliziten Schutz der Minderheit. So wird gemeinhin angenommen, dass die Auflösung – sofern sie nicht im Einzelfall treuwidrig sei – grundsätzlich aufgrund jeder Motivation erfolgen kann und dass im Falle der Liquidation die Minderheit durch ein gleichläufiges Interesse mit der Mehrheit – das Erzielen eines möglichst hohen Liquidationsgewinns – hinreichend geschützt sei.[786]

Diese Grundannahme verliert an Bedeutung, wenn die Interessen von Mehrheit und Minderheit ausnahmsweise kollidieren, nämlich wenn die Auflösung der Gesellschaft der Übertragung des Unternehmens oder eines erheblichen Teils des Unternehmens auf eine im Eigentum der Mehrheit stehende neue Gesellschaft unter Ausschluss der Minderheit dient. Eine marktwirtschaftliche Kontrolle der Liquidation findet in derart gelagerten Fällen nicht statt, die Minderheit büßt ihren Schutz ein.[787] Das natürliche, gleichgerichtete Interesse an einem höchstmöglichen Liquidationserlös entfällt auf Seiten der Mehrheit, sodass die Interessen von Mehrheit und Minderheit in Abweichung zur *„echten Liquidation“* vermögensrechtlich nicht identisch sind, denn die Kostenhöhe des Mehrheitsgesellschafters basiert auf der Auslöse der Minderheit.

---

783 Der Begriff wurde geprägt durch *Lutter/Drygala*, in: FS Kropff, 1997, S. 191. Das BVerfG verwendet bedeutungsgleich die Bezeichnung „Moto Meter Methode“, BVerfG DNotZ 2000, 868, 870.

784 *Casper*, in: UHL, § 60 Rn. 42.

785 BVerfG DNotZ 2000, 868; *Casper*, in: UHL, § 60 Rn. 41. Insbesondere die Fortführung des Unternehmens unter Ausschluss der Minderheitsgesellschafter.

786 Sog. „echte Liquidation“, vgl. *Lutter/Drygala*, in: FS Kropff, 1997, S. 191, 202.

787 *Lutter/Drygala*, in: FS Kropff, 1997, S. 191, 202 f.

Problematisch erscheint in diesem Kontext, dass anders als bei der „*echten Liquidation*" faktisch bloß die Minderheitsgesellschafter ihre Mitgliedschaft verlieren. Die Mehrheitsgesellschafter verlagern ihre Mitgliedschaft hingegen auf eine andere Gesellschaft und weiten ihren unternehmerischen Einfluss und damit die Gewichtigkeit ihrer Mitgliedschaft sogar noch aus. Bei Sachverhalten übertragender Auflösung droht deswegen die Ausbootung einer Minderheit, ohne dass diese einen hinreichenden marktwirtschaftlichen oder rechtlichen Schutz genießt.

Die sich in der Liquidation entfaltende marktwirtschaftliche Kraft des Gesellschafterinteresses an einem maximal erreichbaren Liquidationserlös entfällt bei der übertragenden Auflösung und bringt ein Ungleichgewicht in die Interessen von Mehrheit und Minderheit. In dieser Konstellation droht eine missbräuchliche Verletzung der Minderheitenrechte, indem eine Gesellschafterminderheit widerrechtlich aus der Gesellschaft hinausgedrängt wird oder die in der aktienrechtlichen Beteiligung gebundenen Vermögenswerte keine hinreichende Kompensation erfahren.[788]

Die Kontrolle der Auflösung und Abfindung ist die einzige Verteidigungsmöglichkeit der Minderheit. Andernfalls wäre sie den Entscheidungen der Kapitalmehrheit völlig unterworfen, was einem effektiven Minderheitenschutz in der GmbH schlicht nicht genügen würde. Es lässt sich also für die Fälle der übertragenden Auflösung durchaus eine deutlich gesteigerte Schutzbedürftigkeit feststellen.

(3) Sonderproblem: Beschlüsse die gesellschaftliche Zweckverfolgung betreffend

Es wird wohl einhellig vertreten, dass in „*Angelegenheiten der gesellschaftlichen Zweckverfolgung*" eine Stimmrechtsbegrenzung teilweise erforderlich sei.[789] Umstritten ist allerdings das Ausmaß der der Treuepflicht unterliegenden Beschlüsse, insbesondere, ob die Gesellschafter nur in Grundlagenentscheidungen durch die Treuepflicht gebunden sind.[790] Nach anderer Auffassung

788 So droht nach der Moto Meter-Entscheidung insbesondere ein Verstoß gegen Art. 14 Abs. 1 GG, wenn die Vermögensrechte der Minderheit unzureichend berücksichtigt wurden, also ein voller Wertausgleich nicht erfolgt ist, BVerfG DNotZ 2000, 868, 871 f.

789 *Wiedemann*, Gesellschaftsrecht, Bd. I, S. 434 f.; ebenso: *Zöllner*, Stimmrechtsmacht, S. 322 ff.; *K. Schmidt*, in: Scholz, § 47 Rn. 30; *Zöllner*, in: Baumbach/Hueck, Anh. § 47 Rn. 93; *Immenga*, GmbHR 1973, 5, 8 f.; *Lutter*, ZGR 1981, 171, 178 f.

790 So *Raiser*, in: UHL, Anh. § 47 Rn. 136, 138, 140.

kommt es auf die Entziehung von Mitgliedschaftsrechten an.[791] Eine weitere Literaturauffassung unterwirft alle Mehrheitsbeschlüsse der Treuebindung der Gesellschafter.[792] Ferner solle anhand der Auslegung der betroffenen Normen ermittelt werden, ob diese bereits eine Beeinträchtigung der Minderheitenrechte zulasse.[793] Zudem ergebe sich die Notwendigkeit in Fällen der Konzernierung.[794]

Richtigerweise hebt *K. Schmidt* hervor, dass sich die jeweiligen Beschlussgegenstände *„hinsichtlich ihrer Treuepflichtrelevanz und der Verletzungsanfälligkeit"* unterscheiden.[795] Die Auflösung der Gesellschaft ist als Grundlagenentscheidung, die sowohl die mitgliedschaftliche als auch die vermögensrechtliche Stellung der Gesellschafter betrifft, jedenfalls im Sinne der meisten Ansichten betroffen. Allerdings darf das Gericht den Auflösungsbeschluss nicht schon wegen seiner Motive oder einer Unzweckmäßigkeit als rechtswidrig ansehen, sondern vielmehr können die Gesellschafter bis zur Grenze missbräuchlicher Stimmrechtsausübung frei entscheiden.[796]

(4) Rechtsfolge rechtsmissbräuchlicher Beschlussfassung

Welche Auswirkungen eine unter Verstoß gegen die Treuepflicht abgegebene Stimme auf den Beschluss hat, hängt davon ab, ob der Beschluss festgestellt wurde. Eine rechtsmissbräuchliche Stimmabgabe ist nach h.M. nichtig und wird nicht mitgezählt.[797]

---

791 *Zöllner*, Die Schranken mitgliedschaftlicher Stimmrechtsmacht bei den privatrechtlichen Personenverbänden, S. 350 f.; *ders.*, in: Baumbach/Hueck, Anh. § 47 Rn. 93 ff. Ähnlich auch *Hirte*, Bezugsrechtsausschluß und Konzernbildung, S. 138 ff., der eine Inhaltskontrolle bei Verwaltungs-, nicht aber bei Vermögensrechten für angebracht hält.

792 *Wiedemann*, Gesellschaftsrecht, Bd. I, S. 434 f.; *ders.*, ZGR 1980, 147, 156 f.; *ders.*, JZ 1989, 447, 448 f.; einschränkend, aber wohl zustimmend *Martens*, in: FS Fischer, 1979, S. 437, 445.

793 *Lutter*, ZGR 1979, 401, 402 ff.; zustimmend *Semler*, BB 1983, 1566, 1569; *Timm*, JZ 1980, 665.

794 *Timm*, ZGR 1987, 403, 421 ff.; 441 f.

795 *K. Schmidt*, in: Scholz, § 47 Rn. 30.

796 *K. Schmidt*, in: Scholz, § 47 Rn. 30.

797 BGHZ 102, 172, 176; 152, 46; BGH NJW 1991, 846; OLG Hamburg, GmbHR 1992, 43, 47; OLG Düsseldorf, NZG 2001, 991; OLG Braunschweig, GmbHR 2009, 1276, 1278; OLG München GmbHR 2012, 905; LG Düsseldorf DB 1994, 1028, 1029; *Winter*, Mitgliedschaftliche Treubindungen, S. 36; *Zöllner*, Stimmrechtsmacht, S. 366 ff.; *Drescher*, in: MüKo GmbHG, § 47 Rn. 260; *Hüffer/Schürnbrand*, in: UHL, § 47 Rn. 205; *K. Schmidt*, in: Scholz, § 47 Rn. 32; *Zöllner/Noack*, in: Baumbach/Hueck, § 47 Rn. 108; *K. Schmidt*, GmbHR 1992, 9, 11; a.A. *Korehnke*, Treuwidrige Stimmen, S. 131 ff., 163;

(a) Nicht festgestellter Beschluss

Zur Wirksamkeit eines Beschlusses einer GmbH muss dieser weder ausdrücklich noch konkludent festgestellt worden sein.[798] Dies gilt auch für einen Auflösungsbeschluss, der grundsätzlich keine Satzungsänderung darstellt und daher nicht den Erfordernissen des § 53 Abs. 2 GmbHG entsprechen muss.[799] Ist also weder eine formale, noch eine konkludente Beschlussfeststellung erfolgt, so ist dies, sofern die Satzung nicht eine Ergebnisfeststellung als zwingend erforderlich festsetzt,[800] also für den Beschluss unschädlich.[801] Prozessual erfolgt ohne Anfechtung des Beschlusses die Feststellung klageweise.[802]

(b) Festgestellter Beschluss

Durch eine (konkludente)[803] Beschlussfeststellung wird nach h.M. die vorläufige Wirksamkeit des Beschlusses hergestellt und begründet.[804] Die Beseitigung dieses Beschlusses ist im Wege der Anfechtungsklage möglich.[805]

(5) Beschlusskontrolle

Der Auflösungsbeschluss kann keiner völlig grenzenlosen Entscheidung unterliegen, sondern bedarf – wie dargestellt – einer Kontrolle, insbesondere im

---

Harrer, in: FS Roth, 2011, S. 211 ff.; *Hellgardt*, in: FS Hopt, Bd. I, 2010, S. 765 ff.; *Koppensteiner*, ZIP 1994, 1325, 1328 ff.; *ders.*, GES 2012, 488 ff.

798 *Drescher*, in: MüKo GmbHG, § 47 Rn. 54.

799 Stellvertretend *Nerlich*, in: Michalski, § 60 Rn. 40 m.w.N.

800 Hiervon abzugrenzen ist die einfache Protokollierung des Beschlusses, welche noch keiner Ergebnisfeststellung gleichkommt, vgl. OLG Stuttgart NJW-RR 1994, 811; OLG Düsseldorf GmbHR 1999, 1098, 1099; *Drescher*, in: MüKo GmbHG, § 47 Rn. 54; *Römermann*, in: Michalski, § 47 Rn. 586; *Seibt*, in: Scholz, § 48 Rn. 53.

801 *Drescher*, in: MüKo GmbHG, § 47 Rn. 54 m.w.N., aber nur, wenn die Satzung die Ergebnisfeststellung zum zwingenden Wirksamkeitserfordernis macht.

802 *K. Schmidt*, in: Scholz, § 47 Rn. 32; *ders.*, GmbHR 1992, 9, 12.

803 Nach h.M., vgl. *Zöllner/Noack*, in: Baumbach/Hueck, Anh. § 47 Rn. 120a m.w.N., wird ein Beschluss, gegen den sich erst im Nachhinein Zweifel hegen, konkludent festgestellt, mit den gleichen Folgen wie bei einem formal festgestellten Beschluss. A.A. *Römermann*, in: Michalski, § 47 Rn. 591 f.

804 BGHZ 104, 66, 69; *Bayer*, in: Lutter/Hommelhoff, Anh. § 47 Rn. 38; *Hüffer/Schürnbrand*, in: UHL, § 47 Rn. 29; *Roth*, in: Roth/Altmeppen, § 47 Rn. 131; *Zöllner/Noack*, in: Baumbach/Hueck, Anh. § 47 Rn. 118; *Zöllner*, ZGR 1982, 623, 628 f.; *ders./Noack*, ZGR 1989, 525, 527; *Noack*, DB 2014, 1851 ff.; a.A. frühere Rspr. BGHZ 14, 25, 35 f.; 51, 209, 212; 88, 320, 328; 97, 28, 30; *Niehus*, in: Meyer-Landrut/Miller/Niehus, § 47 Rn. 14; *Römermann*, in: Michalski, § 47 Rn. 599.

805 *K. Schmidt*, in: Scholz, § 47 Rn. 32.

Sinne eines effektiven Minderheitenschutzes.[806] Art und Umfang einer solchen Beschlusskontrolle werden in der Literatur verschieden diskutiert.[807]

Insoweit gilt es Überlegungen anzustrengen, den Minderheitengesellschafter zwar nicht generell vor einer Fremdbeherrschung durch das Mehrheitskapital zu bewahren, wohl aber vor der Möglichkeit des missbräuchlichen Ausnutzens dieser Mehrheit.[808]

(a) Rechtsprechung

Zahlreiche Judikate hat die (höchstrichterliche) Rechtsprechung in den vergangenen Dekaden zur Treuepflichtbindung der Gesellschafter im Kontext der Auflösung von Gesellschaften hervorgebracht.

(i) Linotype-Entscheidung, BGH Urt. v. 28.01.1980, Aktz. II ZR 124/78
Der BGH verkündete am 28. Januar 1980 seine sog. *Linotype*-Entscheidung.[809] Gegenstand des Verfahrens war die Bindung eines Mehrheitsgesellschafters einer GmbH an die gesellschaftliche Treuepflicht.

Im Wege einer übertragenden Auflösung war die Mehrheitsgesellschafterin der GmbH (Beteiligung von 90 %) um die Auflösung unter Verkauf des Betriebsvermögens an eine von ihr neu gegründete GmbH bemüht. Hiergegen hat der Minderheitsgesellschafter (Beteiligung von 10 %) geklagt. Er sah den Auflösungsbeschluss als unwirksam an. Im Ergebnis kam der BGH sodann – entgegen den Entscheidungen der beiden Vorinstanzen – zur Feststellung der Nichtigkeit des Auflösungsbeschlusses. Diese Entscheidung fußt auf der Feststellung einer rechtsmissbräuchlichen Stimmrechtsausübung durch die Mehrheitsgesellschafterin.[810]

Zuvorderst aber stellt der BGH fest, dass die Liquidation und die Zerschlagung des Unternehmens nicht zur Anfechtbarkeit eines Auflösungsbeschlusses führen können, da die Liquidation nun mal die gesetzlich vorgesehene Folge der Auflösung sei.[811]

---

806 Vgl. *Lutter*, ZGR 1981, 171 ff.; *Martens*, ZGR 1979, 493 ff.; *Timm*, ZGR 1987, 403, 405 f.

807 Die Notwendigkeit einer solchen Beschlusskontrolle ergibt sich – besonders überzeugend dargestellt – aus dem System der Satzung als bloße Grundordnung, vgl. *Hofmann*, in: FS Hopt, Bd. I, 2010, S. 833, 836: „Im Gegensatz hierzu können im Gesellschaftsvertrag nur die allgemeinen Grundlagen des künftigen Zusammenwirkens niedergelegt werden, während sich jedenfalls die Details der Rechtsbeziehung einer verbindlichen Festlegung für die Zukunft entziehen."

808 *Hofmann*, in: FS Hopt, Bd. I, 2010, S. 833, 836.

809 BGHZ 76, 352.

810 BGHZ 76, 352, 353.

811 BGHZ 76, 352, 353 f.

Auch eine ungleiche Berücksichtigung der wirtschaftlichen Interessen der Gesellschafter, ob nun ein verstärktes Interesse an der Fortsetzung oder der Auflösung der Gesellschaft besteht, sei für die Anfechtbarkeit des Auflösungsbeschlusses unwesentlich.[812] Dies liegt daran, dass entsprechend § 66 GmbHG alle Gesellschafter *„nach dem Maß ihrer jeweiligen Beteiligung"* rechtlich gleichermaßen betroffen seien.[813] Auch das verstärkte Ankaufen des Betriebsvermögens durch den die Auflösung betreibenden Gesellschafter sei noch kein sitten- oder treuwidriger Tatbestand.[814] Dies ergebe sich regelmäßig aus den ungleichen wirtschaftlichen Verhältnissen der Gesellschafter. Selbst wenn einem Minderheitsgesellschafter nach der Auflösung die Möglichkeit des Erwerbs von Teilen des Betriebsvermögens zur eventuellen alleinigen Fortsetzung der Gesellschaft versperrt wird, so löse dies zwar Schadensersatzansprüche aus, berühre die Wirksamkeit des Auflösungsbeschlusses allerdings nachträglich nicht.[815]

Wohl aber sei für die wirksame Fassung eines Auflösungsbeschlusses relevant, ob bereits ein vorgelagertes Verhalten der Mehrheitsgesellschafterin treuwidrig war.[816] Beschlussschädlich, wegen Verstoßes gegen die Treuepflicht, sei folglich insbesondere das unerlaubte Vorgreifen einer Liquidation, z.B. durch Abwerben des Fachpersonals vor Fassung des Auflösungsbeschlusses. Besonders schwer wiegt dabei ein Vorgreifen, das den Liquidator faktisch in eine Position versetzt, das Betriebsvermögen im Ganzen an die neue Gesellschaft zu verkaufen, weil diese bereits das gesamte immaterielle Betriebsvermögen – ohne Kostenbeitrag – vor dem Auflösungsbeschluss abgezogen hat. So seien derartige Vorbereitungshandlungen *„das Gepräge einer unzulässigen Verfolgung von Sondervorteilen zum Schaden der Gesellschaft und des Klägers [Anm.: Minderheitsgesellschafters]."*[817]

Letztlich bildet diese Entscheidung des BGH den Grundstein für eine Rechtsmissbräuchlichkeitskontrolle wegen des Verlusts der Mitgliedschaft und ist prägend für die Möglichkeit der Anfechtung von Auflösungsbeschlüssen durch

---

812 BGHZ 76, 352, 354.

813 BGHZ 76, 352, 354.

814 BGHZ 76, 352, 354.

815 BGHZ 76, 352, 354 f.

816 BGHZ 76, 352, 355: „Das Bild ändert sich jedoch entscheidend, wenn man hier das unstreitige, dem Auflösungsbeschluß vorangegangene Verhalten der Mehrheitsgesellschafterin, mit dem sie diesen Beschluß vorbereitet hat, in eine Gesamtabwägung einbezieht, wie die Revision es mit Recht für nötig hält."

817 BGHZ 76, 352, 357.

Mehrheitsentscheidungen, indem die treuerechtliche Verpflichtung der Mehrheitsgesellschafter deutlich aufgezeigt wird.

Offen bleibt in dieser Entscheidung des BGH die Kontrolle der Vermögensrechte.

(ii) Girmes-Entscheidung, BGH Urt. v. 20.03.1995, Aktz. II ZR 205/94

In (ausdrücklicher) Ergänzung zum *Linotype*-Urteil hat der BGH am 20. März 1995 seine *Girmes*-Entscheidung verkündet.[818] Entschieden wurde auch – in Fortsetzung zur *Linotype*-Rechtsprechung – die Bindung eines Minderheitsgesellschafters an die gesellschaftsrechtliche Treuepflicht.

Der Beklagte warb bei den Mitaktionären um Bevollmächtigung der Stimmrechtsausübung für die Hauptversammlung, um sodann gegen die Kapitalherabsetzung im Verhältnis 5:2 zu stimmen, die nach seiner Auffassung Kleinaktionäre übermäßig benachteilige. Vielmehr genüge nach Aussage des Beklagten eine Kapitalherabsetzung im Verhältnis 10:9. Mit den ihm übertragenen Stimmen blockierte der Beklagte das Sanierungskonzept der Girmes AG, wie es von der Verwaltung mit den Gesellschaftsgläubigern ausgehandelt wurde. Eine andere Einigung zur Sanierung konnte mit den Gläubigern nicht erreicht werden.

Neben der für diese Arbeit irrelevanten Haftung des Stimmrechtsvertreters beschäftigt sich das Urteil des BGH zentral mit Treuepflichten von Minderheitsaktionären in Bezug auf die Zustimmung zu einem Sanierungsverfahren der Gesellschaft. Kleinaktionäre verhalten sich nach Auffassung des BGH dann treurechtswidrig, wenn diese gegen ein mehrheitlich[819] angestrebtes Sanierungsverfahren aus eigennützigen Gründen stimmen.[820] So entstehen für Aktionäre unabhängig von der Höhe ihrer Beteiligung allgemeine Schranken der Ausübung von Mitgliedschaftsrechten.[821] So bestehe der „*Kern des Treuepflichtgedankens [...] darin, [...] daß die Möglichkeit, durch Einflußnahme die gesellschaftsbezogenen Interessen der Mitgesellschafter zu beeinträchtigen, als Gegengewicht die gesellschaftsrechtliche Pflicht verlangt, auf diese Interessen Rücksicht zu nehmen.*“[822] Für

818 BGHZ 129, 136.

819 Ob eine auf der Treuepflicht basierende Mitwirkungspflicht bloß bei einem Sanierungsbestreben der Mehrheit in Betracht kommt, wurde in einem beachtenswerten Aufsatz jüngst bestritten, vgl. *Reichert*, NZG 2018, 134 ff. Insoweit würde diese Auffassung zu einer erheblichen Aufwertung der Treuepflichten von Minderheitsaktionären führen.

820 BGHZ 129, 136.

821 BGHZ 129, 136, 143.

822 BGHZ 129, 136, 143 f. In Fortsetzung der Rechtsprechung BGHZ 65, 15, 19; 103, 184, 195.

die Tragweite der den Aktionär bindenden Treuepflicht sei in der Aktiengesellschaft für gewöhnlich der Grad der möglichen Ausübung von Herrschaftsmacht entscheidend, was häufig nur bei hinreichender Beteiligung denkbar sei. Dennoch sei im Einzelfall auch die Ausübung von Minderheitsrechten geeignet, die Interessen der übrigen Gesellschafter nachteilig zu beeinflussen.[823] Ebenfalls – und Gegenstand dieser Entscheidung – soll die Erreichung einer Antrags- oder Sperrminorität durch die Minderheitsgesellschafter, unabhängig davon, ob dieses Ergebnis zufällig oder gewollt zustande gekommen ist, eine Bindung der Kleinaktionäre an die Treuepflicht auslösen.[824] Zudem stellt der BGH fest, dass die Treue-pflicht untrennbar mit der Mitgliedschaft des Aktionärs verwoben ist und auch im Falle einer „*Stimmrechtsbündelung mit inhaltlicher Zielsetzung*" der Aktionär selbst und nicht der zur Stimmrechtsausübung Bevollmächtigte gebunden ist.[825] Insoweit habe der Beklagte im Gegensatz zu den ihn bevollmächtigenden Aktionären als Bevollmächtigter selbst keine Treuepflichtverletzung begangen.

Diese Grundsätze zur Treuepflicht der Gesellschafterminderheit lassen sich durchaus auch auf die Fassung eines Auflösungsbeschlusses übertragen und gehen über den konkreten Geltungsbereich einer möglichen Sanierung hinaus.

Der Ratio des BGH folgend hat die Gesellschaft „*keinen allgemeinen Bestandsschutz gegenüber Maßnahmen ihrer Gesellschafter. Diese sind vielmehr in der Lage, den Gesellschaftszweck jederzeit und ohne Vorliegen sachlicher Rechtfertigungsgründe zu beenden und die Auflösung der Gesellschaft zu beschließen.*"[826] Folgerichtig kann sich die Treuepflicht dahingehend nur zwischen den Gesellschaftern entfalten.[827]

Die von *Reichert*[828] entwickelten Ansätze zur *Girmes*-Entscheidung können im Ergebnis nicht überzeugen und sind insbesondere auf einen Auflösungsbeschluss

823 So beispielsweise die Störung der Hauptversammlung (BGHZ 44, 245, 252) oder Missbrauch des Rederechts (BGHZ 119, 305, 317 f.).

824 BGHZ 129, 136, 146 f.

825 BGHZ 129, 136, 148. Zur mitgliedschaftsrechtlichen Bedeutung der Treuepflicht bereits BGHZ 43, 261, 267.

826 BGHZ 129, 136, 151.

827 A.A. *Lutter*, ZHR 153 (1989), 446, 468; *Reichert*, NZG 2018, 134, 136, die jeweils von einer Treuepflicht der Gesellschafter sowohl der Gesellschaft als auch den Gesellschaftern gegenüber ausgehen. Eine Missachtung der Treuepflicht der Gesellschaft gegenüber komme insbesondere dann in Betracht, wenn die Ablehnung der Sanierung allein aus destruktiven Motiven erfolge.

828 *Reichert*, NZG 2018, 134 ff.

nicht übertragbar. Die zur Sanierung aufgeworfenen Fragen bleiben, da sie für diese Arbeit keine Relevanz haben, offen. Eine qualifizierte Minderheit kann die Gesellschaftermehrheit nicht von der Auflösung abhalten. Diesbezüglich besteht keine Treuepflicht der Gesellschaftermehrheit gegenüber der Gesellschaft. Das Gesetz nimmt eine andere Wertung vor, indem es die Auflösung der Gesellschaft zur qualifizierten Mehrheitsentscheidung macht. Die Gesellschafterminderheit kann sich allenfalls im freien Wettbewerb um einen Erwerb der Gesellschaft oder einzelner Gesellschaftsteile bemühen. Die Deinvestition des gebundenen Kapitals ist für die Gesellschafter ein besonders geschütztes Recht.

(iii) Moto Meter-Entscheidung, BVerfG Beschl. v. 23.08.2000, Aktz. 1 BvR 68/95

Mit Beschluss vom 23. August 2000 entschied das BVerfG die Verfassungsbeschwerden gegen zivilgerichtliche Entscheidungen des BGH[829] und des OLG Stuttgart[830] nicht zur Entscheidung anzunehmen.[831] Kern dieses Beschlusses war die grundsätzliche Vereinbarkeit einer übertragenden Auflösung mit Art. 14 Abs. 1 Satz 1 GG.

Die aufgelöste Moto Meter AG wurde durch den Hauptaktionär Bosch GmbH mit einer Beteiligung von ca. 99 % des Aktienvermögens im Zeitpunkt der Fassung des Auflösungsbeschlusses dominiert. Die verstreute Restbeteiligung wollte die Bosch GmbH über Marktwert der Aktien übernehmen, was letztlich scheiterte. Gegen die Stimmen der Minderheitsaktionäre – so auch des Beschwerdeführers – wurde die Moto Meter AG mit Auflösungsbeschluss vom 06.07.1992 aufgelöst und das gesamte Betriebsvermögen für 120 Mio. DM an eine neu gegründete Moto Meter GmbH veräußert. Die notwendigen Beschlüsse wurden mit einer Mehrheit von 99 % getroffen.

Das OLG Stuttgart stellte zuerst fest, dass eine solche übertragende Auflösung grundsätzlich rechtmäßig sei und keine verbotene Umgehung zu den bestehenden Möglichkeiten des Umwandelungsrechts darstelle.[832] Der Auflösungsbeschluss unterliege ferner keiner Inhalts- und Verhältnismäßigkeitskontrolle. Die dagegen gerichtete Revision wurde durch den BGH nicht zur Entscheidung angenommen.

Verfassungsrechtlich differenziert das BVerfG in Art. 14 Abs. 1 Satz 1 GG hinsichtlich des Anteilseigentums[833] zwischen dem mitgliedschaftsrechtlichen

829 BGH Urt. v. 05.12.1994, Aktz. II ZR 8/94.
830 OLG Stuttgart ZIP 1995, 1515; ZIP 1997, 362.
831 BVerfG DNotZ 2000, 868 = NZG 2000, 1117 = NJW 2001, 279.
832 OLG Stuttgart ZIP 1995, 1515.
833 Zum in der Aktie verkörperten Anteilseigentum BVerfGE 100, 289.

Bestandsinteresse und dem Vermögensinteresse.[834] Das BVerfG erkennt die verfassungsmäßige Privilegierung des Mehrheitsaktionärs, sofern dem Minderheitsaktionär Schutzrechte eingeräumt werden, durchaus an, so auch neben den gesetzlichen Bestimmungen zur Umwandlung auch die übertragende Auflösung.[835]

Diese Beeinträchtigung der mitgliedschaftlichen Stellung des Minderheitsaktionärs kann seine Rechtfertigung auch in einer konzentrierten Einräumung vermögenrechtlicher Schutzvorkehrungen zugunsten des Minderheitsaktionärs finden.[836] Denn die unternehmenspolitische Einflussnahme der Minderheitsaktionäre sei aufgrund ihrer herrschaftsrechtlich geringen Bedeutung zu vernachlässigen. Vielmehr entfalte das Aktieneigentum für Kleinaktionäre als Kapitalanlage die wesentliche Bedeutung.[837] Dieses primär vermögensrechtliche Interesse der Kleinanleger kollidiert insoweit mit den beeinträchtigten gestaltungsrechtlichen Interessen des Großaktionärs. Sofern „*im Lichte dieses Grundrechts [Anm. Art. 14 Abs. 1 Satz 1 GG]*“ eine besonders schwer wiegende Beeinträchtigung der Minderheitsaktionäre nicht befürchtet werden muss, ist insoweit ein Zurückstehen des mitgliedschaftsrechtlichen Bestandsinteresses der Minderheitsgesellschafter verfassungsrechtlich unbedenklich.[838]

Vermögensrechtlich ist als Kehrseite zum Verlust der mitgliedschaftlichen Stellung des Kleinaktionärs eine wirtschaftlich volle Entschädigung erforderlich.[839] Besonders ist hierbei zu berücksichtigen, dass bei der übertragenden Auflösung in Bezug auf den Liquidationserlös ein Interessenkonflikt zwischen Groß- und Kleinaktionär besteht. Zum Schutz des Minderheitsaktionärs

---

834 BVerfGE 100, 289, 301 f.; BVerfG DNotZ 2000, 868, 871.

835 BVerfG DNotZ 2000, 868, 871 f.: So seien „eine Vielzahl von Aktionärsrechten, etwa das Recht eine Anfechtungsklage […] zu erheben, nicht an ein Quorum gebunden […].“ Zudem sei im Sinne der sog. Holzmüller-Rechtsprechung des BGH ein Hauptversammlungsbeschluss über grundlegende Strukturänderungen erforderlich, sofern nicht alle Aktien in einer Hand lägen. Daraus können sich durchaus vertretbare Motivationen des Großaktionärs ableiten, die eine auch verfassungsmäßig gerechtfertigte „vorrangige Berücksichtigung der Interessen des Großaktionärs“ begründen.

836 BVerfG DNotZ 2000, 868, 872.

837 BVerfGE 100, 289, 305; BVerfG DNotZ 2000, 868, 872.

838 BVerfG DNotZ 2000, 868, 872 mit dem Hinweis, dass Rentabilitätsvermutungen unberücksichtigt bleiben müssen, da Art. 14 Abs. 1 Satz 1 GG keine bloßen Gewinnerwartungen oder Zukunftschancen schützt, vgl. BVerfGE 45, 142, 173; 68, 193, 222; 77, 84, 118.

839 BVerfGE 100, 289, 303; BVerfG DNotZ 2000, 868, 873.

unterliegt die Bewertung, ob die Entschädigung dem Wert der Unternehmensbeteiligung entspricht, in derart gelagerten Fällen ausnahmsweise gerichtlicher Kontrolle.[840]

Zudem bestehen keine aktienrechtlichen Bedenken dahingehend, dass eine sachliche Rechtfertigung der übertragenden Auflösung nicht gerichtlich kontrolliert wird.[841] Nicht ausgeschlossen werden könne bloß die Überprüfung einer missbräuchlichen Stimmrechtsausübung des Mehrheitsaktionärs. Ein solcher Missbrauch liegt aber nicht bereits in dem Interesse eines Großaktionärs sich der verbliebenen Kleinaktionäre zu entledigen.

(iv) Zusammenfassung der Rechtsprechung

Zusammenfassend lässt sich feststellen, dass die Rechtsprechung des BGH eine Inhaltskontrolle des Auflösungsbeschlusses nicht vorsieht, da dieser bereits in sich selbst seine Rechtfertigung trage. Gleichwohl kann im Einzelfall der Auflösungsbeschluss wegen eines Verstoßes gegen die Treuepflicht unwirksam sein, insbesondere wenn sich die Kapitalmehrheit in rechtsmissbräuchlicher Weise Sondervorteile verschafft.[842] Die – insbesondere zur AG – entwickelten Rechtsgrundsätze lassen sich überwiegend auch auf die GmbH übertragen.

Die Moto-Meter Entscheidung des BVerfG bestätigt die Rechtsprechung des BGH, wonach eine Inhaltskontrolle oder allgemein eine sachliche Rechtfertigung von Mehrheitsbeschlüssen generell nach Art. 14 Abs. 1 GG nicht erforderlich sei, wohl aber ein Schutz von Minderheitsgesellschaftern vor rechtsmissbräuchlicher Machtausübung durch die Kapitalmehrheit.[843] Insoweit unterlägen Fälle der übertragenden Auflösung einer sog. Rechtfertigungskontrolle.[844]

---

840 BVerfG DNotZ 2000, 868, 873.

841 BVerfG DNotZ 2000, 868, 874.

842 BGHZ 76, 352, 353.

843 BVerfG DNotZ 2000, 868. Hierzu kritisch *Bachmann*, ZIP 2009, 1249, 1252, der darauf hinweist, dass gerade im Fehlen einer sachlichen Rechtfertigung zumeist der Missbrauch läge.

844 BVerfG DNotZ 2000, 868, 869: „Soweit der Gesetzgeber dem Großaktionär durch aktienrechtliche Regelungen die ‚übertragende Auflösung' ermöglicht, müssen dem aber Schutzvorkehrungen zugunsten der Minderheitsaktionäre gegenüberstehen. Die vorrangige Berücksichtigung der Interessen des Großaktionärs ist verfassungsrechtlich nicht zu beanstanden, wenn dies mit hinreichenden Schutzrechten auch für die Minderheitsaktionäre verbunden ist […]. Diese dürfen allerdings auf die Vermögenskomponente der Beteiligung konzentriert werden."

(b) Meinungsstand in der Literatur

(i) Inhaltskontrolle

Ob Auflösungsbeschlüsse generell einer gerichtlichen Kontrolle unterstehen, insoweit einer sachlichen Rechtfertigung bedürfen, ist umstritten. Der hinter dieser Forderung stehende Gedanke ist der Schutz der Kapitalminderheit vor der Machtausübung der Kapitalmehrheit. Insoweit kommt es im Rahmen der Auflösung regelmäßig „*zum Konflikt zwischen dem Gedanken der Privatautonomie […] und der Pflichtenbindung des Stimmrechts […].*“[845]

Die Rechtsprechung des BGH sieht rechtlich keinen Raum und keine Notwendigkeit einer inhaltlichen Kontrolle von Auflösungsbeschlüssen.[846] Eines Grundes, eines Anlasses oder einer Rechtfertigung bedarf ein Auflösungsbeschluss zu seiner Wirksamkeit demnach nicht. Auch eine differente Betroffenheit der Gesellschafter – Gewinninteresse oder Verlustrisiko – widerspricht einer wirksamen Auflösung nicht, ebenso wenig die Liquidation als zwingende Folge der Auflösung.[847] Eine Inhaltskontrolle des Auflösungsbeschlusses durch die Gerichte wird von Rechtsprechung und überwiegender Literatur folglich abgelehnt.

Stützen lässt sich die Auffassung auf das Erfordernis einer 75 % Mehrheit zur Auflösung.[848] Dieses Quorum verdeutlicht, dass es nicht auf einen (wichtigen) Grund, sondern bloß auf die erforderliche Mehrheit zur Auflösung der Gesellschaft ankommt. Insbesondere die Motivationen, die letztlich zur Auflösung führen, können bei den einzelnen Gesellschaftern verschieden sein. So kann für einen Gesellschafter die fehlende Zuversicht in die Zukunftsfähigkeit des Unternehmens entscheidend sein, für die Auflösung der Gesellschaft zu stimmen, für einen anderen Gesellschafter hingegen der Wille, das in seinem Gesellschaftsanteil gebundene Kapital anders – ggf. renditeorientierter – anzulegen.

Ferner sind auch öffentliche Interessen nicht durch die Kapitaleigner zu berücksichtigen.[849] Sofern sich eine Mehrheit im erforderlichen gesetzlichen

---

845 *K. Schmidt/Bitter*, in: Scholz, § 60 Rn. 17.

846 BGHZ 76, 352, 353: „Auch ist es gleichgültig, welche sachlichen Gründe für die Auflösung bestehen und welcher Gesellschafter sie zu vertreten hat. Ein mit der nötigen Mehrheit gefaßter Auflösungsbeschluß bedarf keiner sachlichen Rechtfertigung; er trägt seine Rechtfertigung in sich.“

847 *Berner*, in: MüKo GmbHG, § 60 Rn. 96.

848 So besteht für die Minderheit gerade keiner Fortbestandsgarantie in Bezug auf die Gesellschaft, vgl. *K. Schmidt/Bitter*, in: Scholz, § 60 Rn. 17 m.w.N.

849 *Haas*, in: Baumbach/Hueck, § 60 Rn. 20, insbesondere der Erhalt von Unternehmen und Arbeitsplätzen.

oder satzungsrechtlichen Auflösungsquorum findet, ist eine Rechtfertigung der Auflösung nicht erforderlich. Dass in der GmbH die zur Auflösung erforderliche Stimmmehrheit dispositiv ist, steht dem nicht entgegen, da diese Satzungsbestimmung, jedenfalls in Ausnahme zum gesetzlichen Regelfall, mit satzungsändernder Mehrheit beschlossen wurde. Zudem kommt es bei der Auflösung einzig auf das Interesse der Kapitaleigner an, ihr Kapital, unabhängig von der Motivation, wieder abzuziehen.

Aus diesen Gründen ist eine Inhaltskontrolle des Auflösungsbeschlusses abzulehnen. Die Systematik des Gesetzes widerspricht einer Inhaltskontrolle, da es die Auflösung in die Hände der Kapitalmehrheit gibt, indem es eine 75 % Mehrheit genügen lässt und zugleich unterlässt, einen (wichtigen) Grund als Erfordernis zur Auflösung zu benennen. Im Gegenteil können die Gesellschafter frei in der Satzung oder durch Beschluss die Auflösung herbeiführen. Es ist bei der Auflösung als strukturändernde Maßnahme der Differenzierung der h.M. zu folgen, wonach zwischen Grundlagenbeschlüssen ohne Minderheitenschutz und Grundlagenbeschlüssen mit Minderheitenschutz[850] zu unterscheiden ist.[851] Die Auflösung trägt richtigerweise ihre Rechtfertigung in sich.

Obgleich in anderem Kontext als die Auflösung, sieht *Ulmer* für die Lehre von der Notwendigkeit sachlicher Rechtfertigung einen *„schmalen Anwendungsbereich“*.[852] Und zwar dann, wenn die Strukturänderungen zu nachteiligen Folgen für die Gesellschafter führen. Die Ausnutzung der Auflösungskompetenz durch die Kapitalmehrheit zur Ausschließung von Gesellschaftern führt allerdings gerade nicht zu nachteiligen Folgen für die ausgeschlossenen Gesellschafter, denn der Verlust der mitgliedschaftlichen Rechte wird ausgeglichen durch eine volle vermögensrechtliche Entschädigung, entsprechend der Beteiligung am Liquidationsgewinn. Die Verteilung des Liquidationserlöses spiegelt die in dem Unternehmen gebundene Beteiligung der Gesellschafter wider. Ein Schutz eventueller künftiger Gewinne bzw. Ertragschancen ist aber gerade nicht von Art. 14 Abs. 1 Satz 1 GG geschützt. Rechtlich ist die Auflösung für die Gesellschafter also grundsätzlich neutral und nicht negativ.

Folglich ist bei ordnungsgemäßer Liquidation der GmbH gerade keine rechtlich nachteilige Folge für die (Minderheits-) Gesellschafter zu befürchten. Eine Inhaltskontrolle des Auflösungsbeschlusses ist somit nicht sinnvoll. Insbesondere, da die Mehrheitsgesellschafter auch ein geschütztes Interesse an einer

---

850 So beispielsweise der Bezugsrechtsausschluss in der AG, BGHZ 71, 40.

851 Zusammenfassend dargestellt bei *Ulmer/Casper*, in: UHL, § 53 Rn. 79.

852 *Ulmer*, in: UHL, § 53 Rn. 80.

Deinvestition haben, um dieses Kapital anders – ohne Beteiligung der Minderheit – einzusetzen.[853] Folglich kann sich für die übertragende Auflösung nicht etwas anderes ergeben.

Richtigerweise lassen sich zur AG aufgestellte Grundsätze der Rechtsprechung nicht vollends auf die GmbH übertragen, zumal die GmbH regelmäßig in ihrer personalistischen Struktur den Personengesellschaften ähnelt. Eine Inhaltskontrolle des Auflösungsbeschlusses lässt sich damit aber gleichfalls nicht begründen, weil auch bei Personengesellschaften der Auflösungsbeschluss keiner generellen Inhaltskontrolle unterliegt.[854]

(ii) Übertragung der Umwandlungsbestimmungen

Alternativ zur Inhaltskontrolle wird teilweise über die Übertragung der Squeeze-Out-Bestimmungen oder verwandter minderheitenschützender Rechte des Umwandlungsrechts nachgedacht.[855]

So nimmt ein Teil der Literatur an, dass nur eine Minderheit mit einer kumulierten Beteiligung i.H.v. 5 % am Grund- bzw. Stammkapital durch die übertragende Auflösung aus der Gesellschaft ausgeschlossen werden kann.[856] Dagegen wird darauf hingewiesen, dass eine Beteiligung der Kapitalminderheit von unter 25 % wohl regelmäßig bloß anlageorientiert sei, da sie nicht mal eine Sperrminorität bilde.[857] Insoweit stellen Teile der Literatur, wie auch die Rechtsprechung, die vermögensrechtliche, nicht aber die mitgliedschaftliche Beteiligung in den Mittelpunkt der Diskussion. Dabei wird allerdings nicht ausreichend berücksichtigt, dass die Spanne zwischen 5 % und 25 % Minderheitenbeteiligung erheblich ist und das Argument der bloßen Anlageorientierung der Minderheit mit zunehmender Beteiligungshöhe abschwächt.[858]

Diese Squeeze-Out-Regeln der §§ 327a ff. AktG lassen sich aber wegen der unterschiedlichen Strukturen von GmbH und AG nicht übertragen.[859] Eine analoge Anwendung scheidet daher aus. Auch die übrigen

---

853 *Berner*, in: MüKo GmbHG, § 60 Rn. 96, so auch BGH NJW 1980, 1278.

854 *Schäfer*, in: Staub HGB, § 131 Rn. 23.

855 So schützen die umwandlungsrechtlichen Bestimmungen einerseits die Interessen der Aktionäre, nicht finanziell benachteiligt zu werden, andererseits ihr Interesse am Erhalt der Mitgliedschaft, vgl. *Lutter/Drygala*, in: FS Kropff, 1997, S. 191, 197.

856 Aufgrund der Squeeze-Out-Bestimmungen: *v. Morgen*, WM 2003, 1553, 1556 ff.; *Rühland*, WM 2002, 1957, 1962; einschränkend *Lutter/Drygala*, in: FS Kropff, 1997, S. 191, 220; *ders./Leinekugel*, ZIP 1999, 261; 263.

857 BGHZ 82, 188, 192 f.; *Mülbert*, Aktiengesellschaft, S. 348 f.; *Roth*, NZG 2003, 998, 1000.

858 *V. Morgen*, WM 2003, 1553, 1556.

859 Ausführlich hierzu *v. Morgen*, WM 2003, 1553, 1556.

Minderheitenschutzbestimmungen des Umwandlungsrechts können die Regelungen zur Auflösung der Gesellschaft nicht grundlos einengen.

(iii) Rechtsmissbrauchskontrolle

Teile der Literatur schließen sich der BGH-Entscheidung an, indem auch sie eine Rechtsmissbrauchskontrolle als sinnvoll erachten und mit dem Gesetzeswortlaut vereinbar halten.[860]

(c) Zwei-Stufen-Prüfung des Machtmissbrauchs

Die dargestellten Kontrollmöglichkeiten können im Ergebnis nicht überzeugen. Weder die Rechtsprechung, die relativ unkonkret in ihrer Ausführung ist, kann dieses Rechtsproblem zufriedenstellend lösen, noch die in Teilen wesentlich liberalere Literaturansicht.[861] Im Ergebnis lässt sich konstatieren, dass Mehrheitsbeschlüsse zunächst durch das formale Erreichen des erforderlichen Quorums hinreichend legitimiert sind und einer generellen Inhaltskontrolle nicht bedürfen. Minderheitsgesellschafter nehmen ihren grundrechtlichen Schutz bewusst

---

860 *Meyer*, Liquidatorenkompetenzen und Gesellschafterkompetenzen in der aufgelösten GmbH, S. 62 f.; *Winter*, Mitgliedschaftliche Treuebindungen, S. 156 ff.; *Berner*, in: MüKo GmbHG, § 60 Rn. 95; *Casper*, in: UHL, § 60 Rn. 40; *Haas*, in: Baumbach/Hueck, § 60 Rn. 20; *K. Schmidt*, in: Scholz, § 60 Rn. 17; *Kleindiek*, in: Lutter/Hommelhoff, § 60 Rn. 6; *Blath*, RNotZ 2017, 218, 223 ff.; *Lutter*, ZGR 1981, 171, 177 f.: „Er [der Auflösungsbeschluss] gibt der Mehrheit die Möglichkeit, das in der Gesellschaft gebundene Kapital liquide zu machen und für andere Verwendungszwecke freizustellen (Desinvestition). Denn gerade dieses,flüssig machen` ist Ergebnis der Liquidation, sei es, daß das Unternehmen im Zuge der Liquidation als Ganzes veräußert wird, sei es, daß nur seine Einzelstücke versilbert werden. Diese Möglichkeit, eine veränderte Kapitalnutzung einzuleiten, kann der Mehrheit von der Minderheit nicht mit dem Argument genommen werden, eine solche Maßnahme sei im Interesse des Verbandes nicht erforderlich: das kann sie nie sein. […] Und genauso sieht es das Gesetz, wenn es die Auflösung mit qualifizierter Mehrheit zuläßt."; *ders.*, ZHR 153 (1989), 446 ff.; a.A. *Bischoff*, BB 1987, 1055, 1061; *Martens*, ZGR 1979, 493, 496 f.; *ders.*, GmbHR 1984, 265, 269 f. (konkret in Bezug auf den Auflösungsbeschluss); einschränkend: *Wiedemann*, ZGR 1980, 147, 157: „[…] es muß nur nachgewiesen werden, daß ihr [die Mehrheit] Vorgehen im Verbands- oder Gesellschaftsinteresse sachlich vertretbar ist."; *ders.* JZ 1989, 447, 448 f.

861 Insbesondere eine Beschränkung durch die gesellschaftliche Treuepflicht wird von der ganz h.M. angenommen. Stellvertretend für viele: *Zöllner*, Die Schranken mitgliedschaftlicher Stimmrechtsmacht bei den privatrechtlichen Personenverbänden, S. 339 ff.

zurück,[862] ohne dass dies jedoch dazu führen darf, dass sie ihren grundrechtlichen Schutz gänzlich einbüßen.[863] Dies ist darauf zurückzuführen, dass das Zurückstehen des grundrechtlichen Schutzes auf der Grundidee einer *„fairen Zusammenarbeit"* fußt,[864] sodass zum Voranbringen der Gesellschaft die eigenen Interessen in einzelnen Entscheidungen nicht durchsetzbar sind – anders formuliert: Man nehme zum *„wesentlichen Ansatzpunkt"* für das *„Ausmaß der geschuldeten Treue"*, dass die Gesellschafter *„nur auf Grundlage eines echten Vertrauensverhältnisses"* entsprechende Geschäftsbindungen eingehen.[865] Die Mehrheitsgesellschafter sind in ihren Entscheidungen durchaus an diese Grundsätze eines fairen Miteinanders gebunden.[866] Fraglich ist insbesondere, ob die bloße Anknüpfung an eine vermögensrechtliche Kontrolle – wie es das BVerfG[867] für Kleinaktionäre genügen ließ – auch auf Minderheitsgesellschafter in der GmbH übertragen lässt.

Gewiss ist für zahlreiche Minderheitsgesellschafter der Geschäftsanteil primär Anlagemöglichkeit. Die zumeist personalistisch organisierte GmbH zeichnet aber auch für Minderheitsgesellschafter oftmals ein anderes Bild, nämlich auch die mitgliedschaftliche Mitwirkung im Unternehmen, auch bei geringer Beteiligungsquote. Die Rechtmäßigkeit eines Beschlusses erfordert, dass die Gesellschafter nicht treuwidrig handeln, was wiederum die Rücksichtnahme auf die Interessen der anderen Gesellschafter zur Notwendigkeit erhebt.[868] Es ist dem Mehrheitsgesellschafter nicht zugestanden *„unter Berufung auf die ihm durch Gesetz und Gesellschaftsvertrag eingeräumten Befugnisse die Belange der übrigen Gesellschafter zu ignorieren."*[869] Dieser Grundrechtsschutz der Minderheit erstreckt sich auch auf die Verwaltungsrechte, die in der Mitgliedschaft enthalten sind und kann unter hinreichender Berücksichtigung der Organisation und des Aufbaus der GmbH nicht gänzlich unbeachtet bleiben. Vielmehr erfordert die Mitgliedschaft mit zunehmender Beteiligung der Minderheitsgesellschafter

---

862 *Stumpf*, NJW 2003, 9, 10 f.; (für die AG) ebenso *Hofmann*, in: FS Hopt, Bd. I, 2010, S. 833, 836.
863 *Hofmann*, in: FS Hopt, Bd. I, 2010, S. 833, 836 f.
864 *Zöllner*, Stimmrechtsmacht, S. 339.
865 *Zöllner*, Stimmrechtsmacht, S. 339.
866 *Hofmann*, in: FS Hopt, Bd. I, 2010, S. 833, 837.
867 BVerfG, DNotZ 2000, 868, 871 f.
868 *Hofmann*, in: FS Hopt, Bd. I, 2010, S. 833, 839.
869 *Hofmann*, in: FS Hopt, Bd. I, 2010, S. 833, 839.

Schutz vor der Mehrheitsherrschaft, die Schutzbedürftigkeit wächst dahin gehend progressiv.[870]

Obgleich Ansätze, die eine Heranziehung der umwandlungsrechtlichen Schutzbestimmungen fokussieren, nicht überzeugen, so kann eine Orientierung an der dort bestimmten Unterschwelle mitgliedschaftlicher Schutzbedürftigkeit durchaus sinnvoll sein. So erscheint eine an § 327a AktG angelehnte Hürde von 5 % kumuliertem Minderheitenkapital durchaus sinnvoll, als Schwelle einer Prüfung des Schutzes der Mitgliedschaft. Es empfiehlt sich nachstehende zweigliedrige Missbrauchsprüfung, in ergänzender Fortsetzung zur Rechtsprechung.

Als Vorprüfung ist festzustellen, ob mindestens 5 % des Stammkapitals der GmbH kumuliert in der Hand von Minderheitsgesellschaftern sind, andernfalls erfolgt einzig eine Prüfung der zweiten Stufe. Diese Anlehnung begründet sich mit einer strukturellen Parallele zwischen GmbH und AG, wonach ein Einfluss auf die Unternehmenspolitik durch Kleinstbeteiligungen zu vernachlässigen ist. Es kommt bei Kapitalgesellschaften i.d.R. auf die Beschlussmehrheit an.

In einer **ersten Stufe** ist bei Erreichen der Kapitalschwelle einzelfallbezogen gerichtlich feststellbar, ob der Verlust der Mitgliedschaft der Minderheitsgesellschafter treuwidrig und somit rechtsmissbräuchlich war. Dabei ist eine sachliche Rechtfertigung prinzipiell nicht erforderlich, denn eine Legitimation des Beschlusses wird durch das Formalerfordernis von 75 % indiziert.[871] Wohl aber ist zu berücksichtigen, ob die Gesellschaftermehrheit die Minderheit in rechtsmissbräuchlicher Art aus der Gesellschaft hinausdrängt. Hier geht die Rechtsprechung davon aus, dass wenn die rechtlichen (nicht die tatsächlichen oder wirtschaftlichen) Voraussetzungen eines Übernahmeangebots im Rahmen einer übertragenden Auflösung bei Mehrheit und Minderheit gleich sind, dass keine Rechtsmissbräuchlichkeit vorliege, wohl aber wenn die Kapitalmehrheit vor Beschlussfassung über die Auflösung bereits Übernahmetätigkeiten eingeleitet habe, wie das Abwerben von Fachpersonal, etc.[872]

870 Der grundrechtliche Schutz der Mitgliedschaft mag zwar im Falle eine Minderheitsbeteiligung geschwächt sein, wird aber jedenfalls bei der GmbH nur in Fällen minimalster Beteiligung gänzlich zu vernachlässigen sein. Die dargestellte Rechtsprechung des BVerfG lässt sich wegen der Eigenheiten der GmbH nicht ohne weiteres übertragen. Insbesondere die grundrechtliche Unterordnung der Minderheitsgesellschafter macht es zum verfassungsrechtlichen Erfordernis, dass seine ohnehin geschwächte Rechtsposition wenigstens effektiv geschützt wird, vgl. *Hofmann*, in: FS Hopt, Bd. I, 2010, S. 833, 839.

871 So beispielsweise Maßnahmen des „going private" oder das Abziehen gebundener Mittel.

872 BGHZ 76, 352, 357: sog. „Sondervorteile".

Von einem ähnlichen Verständnis geht wohl auch *Bachmann* aus, der annimmt, dass jedenfalls die Mehrheit begünstigende Beschlüsse von Verfassungs wegen einer gerichtlichen Kontrolle unterliegen.[873]

Die **zweite Stufe** umfasst sodann eine Prüfung der Rechtmäßigkeit der Vermögenskompensation. Der Rechtsgedanke der §§ 8, 9 ff., 29 UmwG zeigt, dass prinzipiell auch ein ausscheidender Gesellschafter vermögensrechtlich geschützt werden soll.[874] Etwas anderes kann auch für die übertragende Auflösung im Grundsatz – also der Notwendigkeit eines vermögensrechtlichen Schutzes der Minderheitsgesellschafter – gelten.[875] Das schützenswerte Interesse des Minderheitsgesellschafters konzentriert sich daher auf die Rechtmäßigkeit und Ordnungsmäßigkeit des Liquidationsverfahrens und darin *„zu verhindern, daß der Mehrheitsgesellschafter das Unternehmen oder dessen wesentliche Teile unter Wert übernimmt"*.[876] Der Selbstschutz der Minderheit kann jedenfalls im Falle einer übertragenden Auflösung nicht mehr durch den Wettbewerb aufrechterhalten werden.[877] Daher ist es erforderlich, einen Schutz mittels Begutachtung durch einen Wirtschaftsprüfer zu implementieren.[878] So sei die *„Möglichkeit einer mittelbaren Beeinflussung des Gutachtens [Anm.: eines renommierten Wirtschaftsprüfers] durch die Mehrheitsaktionärin nur denkbarer Natur […]."*[879] Eine Unternehmensbewertung durch einen Wirtschaftsprüfer genügt insoweit den erforderlichen Ansprüchen an einen effektiven Minderheitenschutz. Die Überprüfung bedarf freilich keines Gesellschafterbeschlusses, um auch die Durchsetzung des Minderheitenschutzes zu ermöglichen. Jeder Gesellschafter kann bei begründetem Verdacht die Beauftragung eines Wirtschaftsprüfers verlangen. Die Kosten werden vom Liquidationserlös abgezogen.

3) Beschlussfassung

Der Auflösungsbeschluss bedarf einer Mehrheit von Dreivierteln, sofern der Gesellschaftsvertrag nicht ein anderes Mehrheitserfordernis bestimmt. Zulässig sind sowohl niedrigere als auch höhere Anforderungen an die erforderliche

---

873 *Bachmann*, ZIP 2009, 1249, 1252.

874 Vgl. *Lutter/Drygala*, in: FS Kropff, 1997, S. 191, 202.

875 So auch BVerfG, DNotZ 2000, 868, 871 f.

876 *Lutter/Drygala*, in: FS Kropff, 1997, S. 191, 202.

877 Dazu oben unter S. 181 ff.; ebenfalls ausführlich *Lutter/Drygala*, in: FS Kropff, 1997, S. 181 ff.

878 OLG Stuttgart ZIP 1995, 1515, 1521; kritisch *Lutter/Drygala*, in: FS Kropff, 1997, S. 191, 206 f.

879 OLG Stuttgart ZIP 1995, 1515, 1521; wohl zustimmend *Henze*, ZIP 1995, 1473, 1477 ff.

Mehrheit.[880] Unklar ist die Formulierung des § 60 Abs. 1 Nr. 2 GmbHG dahin gehend, ob die statutarischen Anforderungen geringer als eine einfache Mehrheit sein dürfen. Dies ergibt sich zwar nicht unmittelbar aus dem Wortlaut, der in seiner Fassung gerade nicht zwingend auf eine „*Mehrheit*" abstellt,[881] aber wohl aus Sinn und Zweck der Norm. Eine einfache Mehrheit erscheint unter Berücksichtigung dieser weitreichenden Entscheidung als Minimalerfordernis zwingend.

III. Weitere in der Satzung bestimmte Auflösungsgründe

Die Satzung der Gesellschaft kann auch weitere Auflösungstatbestände festsetzen. Insoweit ist § 60 GmbHG nicht abschließend, was sich insbesondere aus Abs. 2 ergibt. Dabei ist aber darauf zu achten, dass die Beschlussentscheidung – wie zuvor dargestellt – nicht aus Gesellschafterhand gegeben wird. Wann tatsächlich ein aus den Händen geben der Gesellschafter vorliegt, kann im Einzelfall allerdings schwer abgrenzbar sein. Hierbei knüpft die Auflösung an ein besonderes Ereignis an, dass objektiv[882] oder subjektiv[883] sein kann, denn grundsätzlich „*kann jeder Umstand als Auflösungsgrund definiert werden.*"[884]

So kann eine Gesellschaft liquidiert werden, wenn eine erforderliche Baugenehmigung nicht erteilt wird oder der Eigentümer eines Grundstücks, auf dem eine Fabrik errichtet werden soll, zum Verkauf nicht bereit ist. In diesen Fällen ist die Entscheidung Dritter letztlich Ursache für die Auflösung. Entscheidend ist, dass die Einflussnahme Dritter außerhalb der Handlungs- und Entscheidungsmöglichkeit der Gesellschaft bzw. der Gesellschafter liegt, damit eine indirekte Auflösungskompetenz Dritter keine Umgehung der oben dargestellten Grundsätze bewirkt. Die Entscheidung des Dritten bewirkt vielmehr wegen der

---

880 *Frank*, in: Saenger/Inhester, § 60 Rn. 25.

881 So allerdings *Hofmann*, GmbHR 1975, 217, 219.

882 Hierzu nennt *Berner*, in: MüKo GmbHG, § 60 Rn. 221 zahlreiche Beispiele: Tod, Insolvenz, Eintritt einer Unterbilanz, Ausscheiden oder Geschäftsunfähigkeit eines Gesellschafters, Pfändung eines Geschäftsanteils, Ertraglosigkeit oder Negativverträge, Verluste von Patent- oder Schutzrechten, etc. Entscheidend ist, dass der Grund hinreichend bestimmt ist

883 Auch solche Gründe nennt *Berner*, in: MüKo GmbHG, § 60 Rn. 221 ohne diese als subjektive Gründe zu bezeichnen. Gemeint sind Nichterteilung oder Entzug von staatlichen Genehmigungen oder anderer Entscheidungen Dritter wie der Verlust eines Patents oder einer Pfändung eines Geschäftsanteils.

884 *Lorscheider*, in: BeckOK GmbHG, § 60 Rn. 16.

Satzungsbestimmung der Gesellschafter die Auflösung und zielt nicht bewusst darauf ab.

Gemeint sind folglich solche statutarischen Auflösungsgründe, die eine erneute Beschlussfassung der Gesellschafter entbehrlich machen, da sie an eine hinreichend bestimmbare Bedingung anknüpfen. Mit Eintritt des Grundes bzw. der Bedingung tritt die Gestaltungswirkung ein.[885]

B. Bestellung und Abberufung von Liquidatoren

Im Falle der wirksamen Auflösung der Gesellschaft werden die Gesellschafter regelmäßig mit der Frage der Bestellung bzw. der Abberufung von Liquidatoren konfrontiert. Ausgangspunkt der Untersuchung möglicher Bestell- und Abberufungskompetenzen und -rechte ist dabei § 66 GmbHG. Mit der Auflösung der Gesellschaft werden zur Bestellung und Abberufung von Liquidatoren zahlreiche Fragen aufgeworfen. Besonders umstritten sind die Tauglichkeit zum Liquidatorenamt von Gesamthandsgemeinschaften wie auch die Delegation der Bestell- und Abberufungskompetenz auf Gesellschafter, Organe oder Dritte.

I. Gesetzliche Grundlagen zur Liquidatorenbestellung und -abberufung

Mittelpunkt des förmlichen Liquidationsverfahrens ist § 66 GmbHG. Entscheidend sorgt die Norm zugleich für einen angemessenen Gläubiger- und Minderheitengesellschafterschutz, wie auch für die Aufrechterhaltung der Handlungsfähigkeit der Gesellschaft im Abwicklungsverfahren durch Bestimmung der Liquidatoren als neues Leitungsorgan.[886] Diese treten an die Stelle der bisherigen Geschäftsführer.

Die Norm bestimmt in Abs. 1 die geborenen Liquidatoren. Zugleich enthalten ist die Möglichkeit der Bestimmung gekorener Liquidatoren durch Gesellschafterbeschluss oder Satzungsbestimmung. Abs. 2 regelt die gerichtliche Bestellung von Liquidatoren. In Abs. 3 ist die Abberufung der Liquidatoren geregelt. Abs. 4 ist entscheidend – durch Verweis auf § 6 Abs. 2 Satz 2 und 3 GmbHG – für die persönliche Qualifikation zum Liquidatorenamt. Ferner gilt nach h.M. für die Liquidatorenbestellung § 6 Abs. 1 und 3 Satz 1 entsprechend.[887]

---

885 *Berner*, in: MüKo GmbHG, § 60 Rn. 216 mit dem Hinweis, dass der Auflösungsgrund unmittelbar in der Satzung enthalten sein muss. So bereits RGZ 79, 418, 422.

886 *H.-F. Müller*, in: MüKo GmbHG, § 66 Rn. 1.

887 *Lorscheider*, in: BeckOK GmbHG, § 66 Rn. 4 m.w.N.

II. Taugliche Liquidatoren

Neben der Bestellung natürlicher Personen bestehen in der Rechtspraxis regelmäßig Wunsch und Bedürfnis nach juristischen Personen und Personengesellschaften als Liquidatoren. In der werbenden Gesellschaft können nach § 6 Abs. 1 Satz 1 GmbHG einzig natürliche Personen als Geschäftsführer berufen werden. Trotzdem hat sich in Literatur und Rechtspraxis eine weitgehende Befürwortung der Qualifikation anderer Rechtsträger als taugliche Liquidatoren hervorgetan.

1) Natürliche Personen

Die Voraussetzungen und Anforderungen an natürliche Personen als Liquidatoren ergeben sich aus § 66 i.V.m. § 6 Abs. 2 Satz 2 und 3 GmbHG. § 6 Abs. 2 GmbHG ist satzungsfest und aufgrund des Verweises aus § 66 Abs. 4 GmbHG sind die Sätze 2 und 3 ebenso im Liquidationsrecht zwingend.[888] Weitere persönliche Eignungsgründe können in der Satzung begründet werden.[889]

2) Juristische Personen

Die heute h.M. geht davon aus, dass neben natürlichen auch juristische Personen Liquidator sein können.[890] Besondere Praxisrelevanz erfährt insoweit die Einsetzung von Treuhandgesellschaften als Liquidatoren.[891] Die Bestellung juristischer Personen ist normativ nicht ausdrücklich vorgesehen. Die Möglichkeit wird auf ein Bündel verschiedener Argumente gestützt. Zum einen ist die Bestellung juristischer Personen für die AG in § 265 Abs. 2 Satz 3 AktG ausdrücklich zugelassen. Aufgrund einer bestehenden Typen- und Strukturähnlichkeit von GmbH und AG spricht vieles für die Zulässigkeit auch im Recht der GmbH.[892]

---

888 *Lorscheider*, in: BeckOK, § 66 Rn. 4.

889 *Lorscheider*, in: BeckOK, § 66 Rn. 5.

890 OLG Karlsruhe JFG 3, 210; JW 1925, 2017; KG GmbHR 1930, 669; *Altmeppen*, in: Roth/Altmeppen, § 66 Rn. 12; *Haas*, in: Baumbach/Hueck, § 66 Rn. 6; *Paura*, in: UHL, § 66 Rn. 12; *K. Schmidt*, in: Scholz, § 66 Rn. 3a. Zudem hat § 217 Abs. 2 Satz 3 GmbHG-RegE 1971/1973, BT-Drucks. 7/253, S. 60 diese Möglichkeit sogar ausdrücklich vorgesehen. Ehemals h.M. *Brodmann*, in: GmbHG, § 66 Anm. 2.

891 *H.-F. Müller*, in: MüKo GmbHG, § 66 Rn. 8; ebenfalls *K. Schmidt*, in: Scholz, § 66 Rn. 3a.

892 Eine analoge Anwendung der aktienrechtlichen Bestimmung wird z.B. im Vereinsrecht nach h.M. vorgenommen, vgl. *Arnold*, in: MüKo BGB § 48 Rn. 2 m.w.N.

Ferner verweist der durch die GmbH-Novelle 1980[893] eingefügte und durch das MoMiG 2009[894] abgeänderte § 66 Abs. 4 GmbHG ausdrücklich nicht auf den die Geschäftsführerbestellung einschränkenden § 6 Abs. 2 Satz 1 GmbHG, woraus der Rückschluss gebildet werden kann, dass ebenjene Regelung gerade nicht im Liquidationsrecht zur Anwendung gelangen soll. Dass es sich insoweit um einen redaktionellen Mangel des Gesetzgebers handelt, ist höchst unwahrscheinlich, hat der Gesetzgeber sich doch mit einer positiven Festlegung der Zulässigkeit weiterer Rechtsträger als Liquidatoren im Rahmen des RegE 1971/73 ausdrücklich auseinandergesetzt.[895] Außerdem hat er die Nichtaufnahme von § 6 Abs. 2 Satz 1 durch das MoMiG nicht geändert und somit vielmehr die bestehende Rechtslage bestärkt.

Vielmehr bedarf im Recht der GmbH grundsätzlich jede Einschränkung der gesellschaftsrechtlichen Freiheit einer gesetzlichen oder statutarischen Begründung, nicht umgekehrt. Insoweit besteht also kein Bedarf für eine positive Erlaubnis durch den Gesetzgeber, vielmehr bringt dieser durch Nichtregelung seinen Willen zum Ausdruck.[896] Eine § 265 Abs. 2 Satz 3 AktG gleichende Bestimmung ist im GmbHG folglich redundant und würde dieses ohne jeden Erkenntnisgewinn bloß aufblähen.

Neben juristischen Personen des Privatrechts können auch solche des öffentlichen Rechts, nicht aber Behörden, zu Liquidatoren bestellt werden.[897] Gleichwohl dürfen für die Gesellschaft selbst und ihre gesetzlichen Vertreter keine Hindernisgründe der insoweit zwingenden Norm des § 6 Abs. 2 Satz 2 und 3 GmbHG bestehen.[898]

---

893 Gesetz zur Änderung des Gesetzes betreffend die Gesellschaften mit beschränkter Haftung und anderer Handelsrechtlicher Vorschriften (GmbH Novelle), in Kraft getreten am 01. Januar 1981, BGBl. I 1980, S. 840, Art. 1 Nr. 26.

894 Gesetz zur Modernisierung des GmbH-Rechts und zur Bekämpfung von Missbräuchen (MoMiG), in Kraft getreten am 01. November 2008, BGBl. I 2008, S. 2031, Art. 1 Nr. 45.

895 BT-Drucks. VI/3088, § 217 Abs. 2 Satz 3: „Absatz 2 Satz 3 hebt hervor, daß auch eine juristische Person zum Abwickler bestellt werden kann. Das entspricht der schon zum geltenden GmbH-Recht anerkannten Auffassung."

896 *K. Schmidt*, in: Scholz, § 66 Rn. 3a.

897 *Büteröwe*, in: Henssler/Strohn, § 66 Rn. 16; *H.-F. Müller*, in: MüKo GmbHG, § 66 Rn. 8; *Nerlich*, in: Michalski, § 66 Rn. 17; *K. Schmidt*, in: Scholz, § 66 Rn. 3a. Behörden können aufgrund fehlender Rechtsfähigkeit selbst nicht als Liquidator fungieren, allenfalls die Angestellten bzw. Beamten der jeweiligen Behörde, vgl. *Haas*, in: Baumbach/Hueck, § 66 Rn. 6.

898 *H.-F. Müller*, in: MüKo GmbHG, § 66 Rn. 8.

a) *Abgrenzung des Liquidators zum Insolvenzverwalter*

Mit Beschluss vom 12.01.2016 hat das BVerfG[899] entschieden, dass der Ausschluss juristischer Personen vom Amt des Insolvenzverwalters verfassungsgemäß ist und damit einen langjährigen juristischen Streit geklärt. In einer ersten, voreiligen Überlegung könnte die Schlussfolgerung naheliegen, dass mitsamt den Insolvenzverwaltern auch die Liquidatoren nicht juristische, sondern einzig natürliche Personen sein können.

Nach § 58 Abs. 1 InsO gehört es zu den grundlegenden Rechten und Pflichten des zuständigen Gerichts, den Insolvenzverwalter in seinem Handeln zu überwachen. Der hinter dieser Norm stehende Zweck dient dem obersten Verfahrensziel eines *„geordneten, effektiven Insolvenzverfahrens"*.[900] Dieses restriktive Verständnis dient dem Rechtsuchenden – also den Gläubigern der insolventen Gesellschaft – zur bestmöglichen Durchsetzung ihrer Forderungen, denn den Insolvenzverwaltern wird kraft ihrer gerichtlichen Bestellung durch den Staat *„die Befugnis eingeräumt fremdes Vermögen zu verwalten."*[901] Die Bestellung juristischer Personen solle diese gerichtliche Aufsicht jedenfalls erschweren können.[902] Es fehle insoweit ein universal zuständiger Ansprechpartner für die Kontrollgerichte.[903] Dem schließt sich dem Grunde nach auch das BVerfG an, indem es anerkennt, dass die erfolgreiche Insolvenzdurchführung geprägt sei von einem vertrauensvollen Verhältnis zwischen Gericht und einer natürlichen Person als Insolvenzverwalter mit einer hinreichenden Reputation.[904] Es sei gerade der *„vom Insolvenzgericht nicht beeinflussbare Wechsel der gesetzlichen Vertreter einer juristischen Person"* die ein stabiles und vertrauensvollen Zusammenarbeiten belasten würden.[905]

An diesem Kernargument lässt sich der Unterschied zum Liquidator besonders gut verdeutlichen. Zwar ist es richtig, dass auch der Liquidator durch Beschluss der Gesellschafter ausgetauscht werden kann, doch nimmt dieser eine innergesellschaftliche Organstellung ein, verwaltet also eigenes, nicht fremdes Vermögen. Der Gläubigerschutz im Liquidationsverfahren ist daher auch

899 BVerfGE 141, 121.
900 BVerfGE 141, 121, 136.
901 BVerfGE 141, 121, 135.
902 Beschlußempfehlung und Bericht des Rechtsausschusses zum InsO-RegE, BT-Drucks. 12/7302, S. 161. Daneben drohten Haftungsprobleme und die Gefahr von Interessenkollisionen.
903 BVerfGE 141, 121, 136 f.
904 BVerfGE 141, 121, 136.
905 BVerfGE 141, 121, 137.

weniger streng ausgestaltet als im Insolvenzverfahren. Die Gesellschafter einer GmbH i.L. bestimmen frei und autonom über die Liquidation. Eine gerichtliche Bestellung ist –von § 66 Abs. 2 GmbHG abgesehen – nicht vorgesehen und ferner keine gerichtliche Kontrolle der Liquidatoren. Der Ausschluss juristischer Personen vom Amt des Liquidators ließe sich nicht rechtfertigen. Eine andere, davon abzugrenzende Frage ist, ob es ein praktisches Bedürfnis für juristische Personen als Liquidatoren gibt, was es im Folgenden zu klären gilt.

b) Praktische Relevanz juristischer Personen als Liquidatoren

Die praktische Relevanz für juristische Personen liegt vor allem in der Beständigkeit und Lastenteilung juristischer Personen. Die vom BVerfG dahingehenden Kontrollprobleme bestehen bei Liquidatoren gerade nicht. Krankheit, Tod, Zerwürfnisse, etc. können – ohne dass der Liquidator gewechselt werden muss – intern in der Liquidatorgesellschaft geklärt werden.

Handlungsberechtigt sind die Vertretungsberechtigten. Sofern mehr als eine Person vertretungsberechtigt ist, kann also die Arbeits-, Verwaltungs- und Aufgabenlast schwerpunkt-, fähigkeiten- und interessengerecht auf mehrere Schultern verteilt werden. Insoweit können die Stärken von juristischen Personen sinnvoll genutzt und eingesetzt werden.

Ob weitere praktische Gründe für die Einsetzung juristischer Personen als Liquidatoren sprechen ist allerdings insoweit unerheblich, da ein Ausschluss dieser und nicht die Zulässigkeit einer Begründung bedarf. Außerdem erscheint es sinnvoll, diese Entscheidung letztlich auch der Praxis zu überlassen, sodass individuell entschieden werden kann, ob nun natürliche Personen oder juristische Personen als Liquidator eingesetzt werden sollen. Ein staatliches Einschreiten ist nicht erforderlich und auch nicht geboten.

3) Personengesellschaften und Gesamthandgemeinschaften

Gleichfalls anerkannt ist die Bestellung von Handelspersonengesellschaften als Liquidatoren, in concreto oHG, KG und GmbH & Co. KG.[906] So können nach

---

906 *Altmeppen*, in: Roth/Altmeppen, § 66 Rn. 12; *H.-F. Müller*, in: MüKo GmbHG, § 66 Rn. 9; *Nerlich*, in: Michalski, § 66 Rn. 18; *Paura*, in: UHL, § 66 Rn. 13; *K. Schmidt*, in: Scholz, § 66 Rn. 3a; a.A. *Kraft*, in: KK-AktG, 2. Aufl., § 265 Rn. 9 f. mit dem Hinweis darauf, dass das Verständnis, § 265 Abs. 2 Satz 3 AktG bloß juristische Personen, nicht aber Personengesellschaften als Liquidatoren zuließe und daher die h.M. den Wortlaut unzulässig überdehne. In Anbetracht dessen, dass man „vom Vorliegen eines offensichtlichen Redaktionsversehens nicht wird ausgehen können." Dem wird von *Hohner*, in: Hachenburg, 7. Auflage, § 265 Rn. 12 entgegengehalten, dass

teilweise vertretener Auffassung auch aufgrund ihrer körperschaftlichen Struktur Partnerschaftsgesellschaften[907], und – sehr umstritten – GbRs[908] und nicht rechtsfähige Vereine[909] Liquidatoren sein.

Nach überwiegender Auffassung soll die GbR als Liquidator aber nicht bestimmbar sein.[910] Teilweise wird mit Hinweis auf eine fehlende Rechtsfähigkeit der GbR die Einsetzung dieser als Liquidator abgelehnt.[911] Maßgeblich stützt sich diese Ansicht aber auf den Publizitätsmangel der GbR, der in der Liquidation, die verstärkt gläubigerschützend ist, besonders schwer wiege.[912]

Personengesellschaften nicht schon deshalb „exkludiert" sein können, weil sie keine juristische Person seien, da die Bestellung natürlicher Personen sicherlich auch eine „Personenmehrheit, jedenfalls solange sie als Einheit auftrete" umfasse. Diese Begründung vermag allerdings nicht zu überzeugen, denn vom Gesetzgeber sind Personengesellschaften nicht gemeint, wenn von natürlichen Personen die Rede ist, vgl. u.a. § 105 Abs. 1 HGB „Eine Gesellschaft […]". Richtigerweise ist aber festzuhalten, dass in der Begründung zum RegE (BT-Drucks. IV/171) jedenfalls Personengesellschaften weder konkret ausgeschlossen, noch juristische Personen besonders hervorgehoben werden. Vielmehr heißt es dort: „Der Entwurf hält daran fest, daß durch die Satzung oder durch die Hauptversammlung *andere Personen* [Anm.: Hervorhebung nicht im Original] als Abwickler bestellt werden können", zu § 254, S. 209. Dies klingt wohl nicht nach einer gesetzgeberischen Entscheidung gegen Personengesellschaften. Es spricht letztlich viel für die Möglichkeit der Bestellung von Personengesellschaften als Liquidatoren. Zumal das GmbHG ohnehin weder analog noch durch direkten Verweis das AktG an dieser Stelle berücksichtigen muss und selbst eine derartige Beschränkung nicht enthält.

907 *Nerlich*, in: Michalski, § 66 Rn. 18, der auf die Vergleichbarkeit mit den Personenhandelsgesellschaften hinweist, insbesondere wegen der Anwendung von § 124 HGB aufgrund des Verweises aus § 7 Abs. 2 PartGG. Zust. *H.-F. Müller*, in: MüKo GmbHG, § 66 Rn. 9 m.w.N.

908 *H.-F. Müller*, in: MüKo GmbHG, § 66 Rn. 9; zustimmend ferner: *Altmeppen*, in: Roth/Altmeppen, § 66 Rn. 12; *Kühn*, NZG 2012, 731, 732; wohl auch *Wicke*, in: GmbHG, § 66 Rn. 4, der das Liquidatorenamt „allgemein für Personengesellschaften und Gesamthandsgemeinschaften" gelten lassen will, ohne eine Einschränkung zur GbR vorzunehmen.

909 *Nerlich*, in: Michalski, § 66 Rn. 18; *Passarge/Torwegge*, Die GmbH in der Liquidation, S. 84.

910 *Büteröwe*, in: Henssler/Strohn, § 66 Rn. 17; *Haas*, in: Baumbach/Hueck, § 66 Rn. 7; *Kolmann*, in: Saenger/Inhester, § 66 Rn. 12; *Nerlich*, in: Michalski, § 66 Rn. 18; *Paura*, in: UHL, § 66 Rn. 13; eingeschränkt unter eventueller Eintragung entsprechend § 105 Abs. 2 HGB *K. Schmidt*, in: Scholz, § 66 Rn. 3a.

911 *Nerlich*, in: Michalski, § 66 Rn. 18.

912 *Kolmann*, in: Saenger/Inhester, § 66 Rn. 12 m.w.N.

a) Mangelnde Rechtsfähigkeit der GbR?

Jedenfalls mit der Anerkennung der Rechtsfähigkeit der (Außen-) GbR durch den BGH[913] und die Lehre,[914] lässt sich eine Ablehnung der Liquidatorentauglichkeit wohl nicht mehr auf einen Mangel an Rechtspersönlichkeit stützen. Es ist wohl anzunehmen, dass die GbR eine eigene Rechtspersönlichkeit hat und daher grundsätzlich als Liquidator geeignet ist.[915]

b) Mangelnde Registerpublizität der GbR?

In der Liquidation ist, wie dargestellt, die Bestellung von juristischen Personen und Personengesellschaften überwiegend anerkannt, beruhend darauf, dass die Gesellschafter- und Vertretungsverhältnisse der Liquidatorengesellschaft erkennbar und transparent sind, aufgrund der Publizität des Handelsregisters. Diese sind im Handelsregister für die GmbH (§ 39 GmbHG), die AG (§ 81 AktG), die oHG (§ 106 HGB), die KG (§§ 161 Abs. 2, 106, 162 HGB), bzw. im Vereinsregister für den eingetragenen Verein (§§ 64, 68 BGB) anzugeben. Anders ist es insoweit aber bei der GbR, die gerade keiner Eintragung ihrer Gesellschafter oder ihrer Vertretungsverhältnisse bedarf, bzw. diese auch nicht eintragen könnte.[916] Dies belastet die Rechtspraxis mit erheblichen Unsicherheiten. Schwierigkeiten

---

913 BGHZ 146, 341 ff. = NJW 2001, 1056; NJW 2002, 1207

914 Inzwischen wohl einh.M.: *Schöne*, in: BeckOK BGB, § 705, Rn. 142; *Servatius*, in: Henssler/Strohn, § 705 BGB Rn. 67; *Armbrüster*, ZGR 2013, 366; *Dauner-Lieb*, DStR 2001, 356, 357; *Habersack*, BB 2001, 477 ff.; *Hadding*, ZGR 2001, 712 ff.; *K. Schmidt*, NJW 2001, 993 ff.; *Ulmer*, ZIP 2001, 585 ff.; *Westermann*, NZG 2001, 289 ff.; *ders.*, WM 2013, 441 ff.; *Wiedemann*, JZ 2001, 661 ff.

915 Anders wohl nur noch *Nerlich*, der den „übrigen Gesamthandgesellschaften [Anm.: so auch die GbR]" die für das Liquidatorenamt erforderliche Rechtspersönlichkeit abspricht. Allerdings sei der nichtrechtsfähige Verein geeigneter Liquidator. Dies lässt vermuten, dass *Nerlich*, sofern er die Rechtspersönlichkeit der GbR künftig anerkennt, die Liquidatorentauglichkeit nicht aufgrund unzureichender Registerpublizität ablehnt. Vgl. *Nerlich*, in: Michalski, § 66 Rn. 18.

916 Eine Literaturmeinung, die sich für die Einführung eines GbR-Registers einsetzt kann nicht überzeugen, vgl. *K. Schmidt*, NJW 2001, 993, 1002 f. Insbesondere zum 71. Deutschen Juristentag (DJT) wurde über eine mögliche Reform der GbR ausführlich auf Grundlage des Gutachtens von *C. Schäfer* diskutiert. *C. Schäfer*, Gutachten E zum 71. DJT, S. 115, als auch die Beschlüsse zum 71. DJT, S. 32 [Abstimmung: angenommen 48:1:3] (abrufbar unter www.djt.de) haben sich für die Implementierung eines fakultativen GbR-Registers ausgesprochen haben, obgleich die Meinungen über die Ausgestaltung, die Ansiedlung des Registers, die Kosten und das Verfahren im Detail weit auseinander gehen.

bereitet dahingehend regelmäßig die fehlende Transparenz der Vertretungsbefugnisse innerhalb der GbR. Besonders problematisch ist die gesetzliche Regelvertretungsmacht durch alle Gesellschafter gemeinsam, §§ 709, 714 BGB.[917] Wer tatsächlich Gesellschafter der GbR und insoweit zur Mitentscheidung befugt und erforderlich ist, ist grundsätzlich nicht ersichtlich.[918] Verschiedene Lösungen, um dem Publizitätsmangel der GbR entgegen zu wirken, sollen nachfolgend betrachtet werden.

Die zur Liquidation notwendigen Handlungen bedürfen oftmals eines Nachweises über den Gesellschafterbestand und die Vertretungsverhältnisse der GbR, welchen diese in Ermangelung eines GbR-Registers jedenfalls nicht im Sinne einer unter öffentlichem Glauben stehenden Registereinsicht darbieten kann.[919] Handeln die nur zur Gesamtvertretung befugten Gesellschafter nun ohne Einbeziehung aller (!) Gesellschafter sind die Regeln über die Vertretung ohne Vertretungsmacht, entsprechend §§ 177 ff. BGB, anzuwenden. Für den Rechtsverkehr ist allerdings in Ermangelung eines Registers nicht ersichtlich, wer Gesellschafter ist und wer nicht. Selbst für die Gesellschafter kann dies intransparent sein, denn die Übertragung der GbR-Anteile ist – bei entsprechender Gestaltung des Gesellschaftsvertrags – grundsätzlich formlos möglich (ebenso bedarf auch der Gesellschaftsvertrag nicht der Schriftform). Wer gestern noch Gesellschafter war, der muss dies heute nicht mehr sein, ohne dass die anderen Gesellschafter davon in Kenntnis gesetzt wurden. Das Schicksal der Rechtsgeschäfte hängt also von der Mitwirkung der tatsächlichen Gesellschafter ab. Eine Vermutung oder ein Vertrauensschutz durch ein öffentliches Register bestehen hier nicht. Diese Rechtslage ist zu Recht insbesondere den Gläubigern nicht zuzumuten. Die Liquidation muss jedenfalls unter hinreichender Berücksichtigung des

917 Für die Vertretungsmacht der GbR relevant ist nach § 714 BGB die Geschäftsführungsbefugnis. Diese wiederum ist geregelt in § 709 BGB, wonach – sofern nicht etwas anderes bestimmt wurde – von einer gemeinschaftlichen Geschäftsführung aller Gesellschafter ausgegangen wird, vgl. BGH NZG 2006, 500 = NJW 2006, 2191 = DNotZ 2006, 777; NJW 2007, 995; NZG 2016, 517, 520, wonach die Vertretungs- und Geschäftsführungsverhältnisse der GbR wegen der Nichteintragung in ein öffentliches Register „Interna der Gesellschaft sind."

918 *Körber/Effer-Uhe*, DNotZ 2009, 92, 100 f., weisen deutlich auf die Problematik der bestehenden Rechtsunsicherheit bei Geschäften mit GbR-Beteiligung hin. Durch das fehlende Formerfordernis des Gesellschaftsvertrages und die mangelnde Registerpflicht ist eine Feststellung der Vertretungsverhältnisse im Grunde nicht möglich. Ob Einzel- oder Gesamtvertretungsmacht besteht, bzw. wer Gesellschafter der GbR ist, kann regelmäßig nicht durch Dritte festgestellt werden.

919 *Böhringer* NotBZ 2009, 86, 88; *Böttcher*, notar 2012, 111; *Zimmer*, NZM 2009, 187.

Gläubigerinteresses geschehen. Insoweit liegt hier also eine Belastung durch Schwierigkeiten in Bezug auf den Nachweis der Vertretungsbefugnis der GbR vor. Fraglich ist, ob ein solcher Publizitätsmangel nicht bereits de lege lata behoben werden kann, oder ob es hier zwingend eines gesetzgeberischen Akts bedarf.

(1) Grundlagen zur Registerpublizität

Die Publizität von Informationen dient stets dem Zwecke der Transparenzerhöhung.[920] Soweit handelt es sich einerseits um das Publik machen als Prozess und die Publikation als Ergebnis.[921] Funktion eines öffentlichen Registers ist folglich die Bereitstellung von Informationen über Tatsachen und Rechtsverhältnisse, die für den Rechtsverkehr von wesentlichem Interesse oder wesentlicher Bedeutung sind.[922]

Im Handelsrecht wird der Publizitätsbegriff vorwiegend in einem Kontext mit den zum Register eingereichten und der Öffentlichkeit somit zugänglichen Informationen verstanden,[923] nicht zuletzt auch aufgrund der Wirkung der Publizität unrichtiger oder unterbliebener Eintragung im Handelsregister, entsprechend § 15 HGB.[924] Folgerichtig lässt sich, obgleich die Fassung der Publizität in eine starre Definition kaum möglich erscheint, jedenfalls feststellen, dass die Verbreitung von Informationen an einen unbestimmten Personenkreis umfasst ist.[925] Insbesondere bei Gesellschaften des Privatrechts besteht regelmäßig eine Publikationspflicht, in der Form, dass bestimmte Unterlagen und Informationen (= Tatsachen) beim Handelsregister eingereicht werden müssen.[926]

Immanent für das Sachenrecht ist die Erlangung einer Publizität von Rechtsänderungen an Grundstücken durch Eintragung in das Grundbuch. Dieses Erfordernis wurzelt im BGB in den §§ 873, 875, 877 und wirkt im Zusammenspiel mit der Einigung materiell rechtlich.[927] Obgleich eine konstitutive Wirkung des Grundbuches bei Auseinanderfallen von eingetragenem Inhalt und dem

---

920 *Merkt*, Unternehmenspublizität, S. 11 f.

921 *Fehrenbacher*, Registerpublizität, S. 38, der darauf Hinweist, dass vordergründig die hinter der Publikation stehende Funktion dominiert.

922 *Fehrenbacher*, Registerpublizität, S. 144.

923 *Fehrenbacher*, Registerpublizität, S. 39 f. So besteht demnach das Recht für jedermann Einsicht zu nehmen in die beim Handelsregister hinterlegten Unterlagen und Informationen.

924 *Fehrenbacher*, Registerpublizität, S. 40.

925 *Fehrenbacher*, Registerpublizität, S. 40.

926 *Krebs*, in: MüKo HGB, § 15 Rn. 24 ff.

927 *Fehrenbacher*, Registerpublizität, S. 236.

Parteiwillen nicht vorgesehen ist (bloße widerlegbare Vermutung, § 891 BGB), so konstruiert die Rechtslage einen weitreichenden Verkehrsschutz durch den Grundbuchinhalt, vgl. §§ 892, 893 BGB. Treffend formuliert lässt sich sagen: „*Die Eintragung in das Grundbuch ist auf der einen Seite Voraussetzung für die Wirksamkeit des Rechtserwerbs. Andererseits wird die eingetragene Information durch die Publizität des Grundbuchs zu einem bedeutenden Rechtsscheinträger.*"[928]

(a) Formelle Publizität des Registers

Die Ausgestaltung der formellen Publizität der verschiedenen mit öffentlichem Glauben ausgestatteten Register im Einzelnen ist different, doch gemein ist ihnen, dass sie nur eine materielle Wirkung entfalten können, wenn die Möglichkeit zur Kenntnisnahme des Registerinhalts besteht.[929] Das Register, konkret der in dem Register verankerte Verkehrsschutz, fußt auf dem öffentlichen Glauben. Kern dieses öffentlichen Glaubens ist das Einsichtnahmerecht, also der öffentliche Zugang zu den im Register enthaltenen Informationen, so in § 12 GBO für das Grundbuch und in § 9 HGB für das Handelsregister bestimmt.

Ferner ist regelmäßig auch die Bekanntgabe Teil der formellen Publizität. So ist diese für das Handelsregister nach § 10 HGB vorgesehen.

(b) Materielle Publizität des Registers

Die Ausstattung mit öffentlichem Glauben, also Verkehrs-, Gutglaubens- und Vermutungsschutz bilden aufgrund des materiellen Publizitätsprinzips das Herz des Registerrechts im Privatrecht.[930] Reichweite und Ausgestaltung dieses Schutzes variieren allerdings zwischen den verschiedenen öffentlichen Registern.

(2) Eintragung nach § 105 Abs. 2 HGB

Zögerlich unterbreitet *K. Schmidt* den Vorschlag einer Lösung des Publizitätsmangels der GbR durch § 105 Abs. 2 HGB,[931] wohlwissend, dass dieser Vorschlag letztlich keinen Beitrag zur Problemlösung bereithält, sondern allenfalls beschreibt, wie das Problem umgangen werden kann, daher wohl auch die Zurückhaltung. Dass aber die Umwandlung einer GbR durch Registereintragung

---

928 *Fehrenbacher*, Registerpublizität, S. 236.

929 *Böttcher*, in: Meikel GBO, § 12 Rn. 1.

930 *Böttcher*, in: Meikel GBO, § 12 Rn. 1.

931 *K. Schmidt*, in: Scholz, § 66 Rn. 3a; ähnlich auch *Körber/Effer-Uhe*, DNotZ 2009, 101 f., die sich verstärkt dafür aussprechen, dass es besser wäre de lege ferenda eine Pflichteintragung unternehmenstragender GbRs in öffentliche Register zu bestimmen.

in eine oHG möglich ist,[932] mit der Folge der Liquidatorentauglichkeit, wird nicht bestritten und entspricht eigentlich – ohne sonst konkret angeführt zu werden – der einhelligen Auffassung. Die vorgeschlagene fakultative Eintragung einer GbR in das Handelsregister hat aber zwingend einen Wechsel der Rechtsform zur Folge und könnte demnach unliebsam für die Gesellschafter sein.[933] Die Möglichkeit, sich nach Abschluss der Liquidation wieder aus dem Register löschen zu lassen, ändert daran letztlich auch nichts, §§ 105 Abs. 2 Satz 2, 2 Satz 3 HGB.

Eine Gesellschaft, die bei Betrieb eines Handelsgewerbes nach § 1 HGB fälschlich als GbR gegründet wurde, ist nach § 105 I HGB ohnehin eine oHG. Eine Falschbezeichnung der Gesellschaft und die damit verbundene Nichteintragung (vgl. § 108 HGB) sind für eine wirksame Entstehung unschädlich.[934]

Folglich trägt dieser Vorschlag – auch wenn er völlig richtig ist – nichts zur Problemlösung bei, sondern umgeht das Problem mittels Rechtsformwechsels. Ob nun eine GbR Liquidator sein kann oder nicht, wird dadurch keinesfalls beantwortet, tendenziell vielleicht eher abgelehnt.

(3) Eintragung nach § 40 Abs. 1 GmbHG n.F.

Jüngst hat der Gesetzgeber einen weiteren Tatbestand einer Eintragung von GbRs geschaffen.[935] Mit der Zustimmung des Bundesrats am 01. Juni 2017

---

932 Mit Ausnahme bei Freiberuflern (fehlende gewerbliche Tätigkeit), vgl. *Roth*, in: Baumbach/Hopt, § 105 Rn. 3.

933 Hier stellt sich sodann das Problem der Rechnungslegungspflicht kraft Rechtsform, die gewiss nicht immer gewollt ist, vgl. *K. Schmidt*, in: MüKo GmbHG, § 105 Rn. 11.

934 *Körber/Effer-Uhe*, DNotZ 2009, 101 f.

935 BT-Drucks. 18/11555 S. 72, so wird § 40 Abs. 1 Satz 1 GmbHG a.F. durch folgende Sätze ersetzt: „Die Geschäftsführer haben unverzüglich nach Wirksamwerden jeder Veränderung in den Personen der Gesellschafter oder des Umfangs ihrer Beteiligung eine von ihnen unterschriebene Liste der Gesellschafter zum Handelsregister einzureichen, aus welcher Name, Vorname, Geburtsdatum und Wohnort derselben sowie die Nennbeträge und die laufenden Nummern der von einem jeden derselben übernommenen Geschäftsanteile sowie die durch den jeweiligen Nennbetrag eines Geschäftsanteils vermittelte jeweilige prozentuale Beteiligung am Stammkapital zu entnehmen sind. Ist ein Gesellschafter selbst eine Gesellschaft, so sind bei eingetragenen Gesellschaften in die Liste deren Firma, Satzungssitz, zuständiges Register und Registernummer aufzunehmen, bei nicht eingetragenen Gesellschaften deren jeweilige Gesellschafter unter einer zusammenfassenden Bezeichnung mit Name, Vorname, Geburtsdatum und Wohnort. Hält ein Gesellschafter mehr als einen Geschäftsanteil,

zum vom Deutschen Bundestag am 18. Mai 2017 verabschiedeten Gesetz zur Umsetzung der Vierten EU-Geldwäscherichtlinie[936] trat dieses mit Wirkung zum 26. Juni 2017 in Kraft.[937] Zur Ermittlung der wirtschaftlich Berechtigten eines Unternehmens wurde insbesondere ein elektronisches Transparenzregister eingerichtet.[938] Im Rahmen dieser Gesetzgebung wurde die Eintragung von GbRs in die Gesellschafterliste von GmbHs geregelt.[939] Freilich bietet sich eine solche Bestimmung zur analogen Anwendung auf die Registereintragung einer Liquidator-GbR zunächst an, sofern vergleichbare Sachverhalte eine Analogie zulassen.

§ 40 GmbHG ist über die Zeit verschiedenen Änderungen unterlegen gewesen. Nach in Kraft treten des GmbHG 1892 wurde die Norm 1898 im Gesetz – ohne inhaltliche Veränderung – von § 41 GmbHG auf § 40 GmbHG verschoben.[940] In der Folge wurde § 40 GmbHG 1985 durch das Bilanzrichtliniengesetz,[941] 1998

---

ist in der Liste der Gesellschafter zudem der Gesamtumfang der Beteiligung am Stammkapital als Prozentsatz gesondert anzugeben."

936 EU-Richtlinie 2015/849 des Europäischen Rates vom 20. Mai 2015 zur Verhinderung der Nutzung des Finanzsystems zum Wecke der Geldwäsche und Terrorismusfinanzierung, zur Änderung der Verordnung (EU) Nr. 648/2012 des Europäisches Parlaments und des Rates und der Richtlinie 2006/70 der Kommission (Vierte EU-Geldwäscherichtlinie), vgl. Abl. L 141 vom 05.06.2015, S. 73. Die Richtlinie ist von den Mitgliedsstaaten bis zum 26. Juni 2017 umzusetzen.

937 Art. 23 des Gesetzes (vgl. BT-Drucks. 18/11555 S. 87).

938 BT-Drucks. 18/11555 S. 1: „Die neuen Regelungen sehen unter anderem vor [...] die Einrichtung eines elektronischen Transparenzregisters der wirtschaftlich Berechtigten: Juristische Personen des Privatrechts, eingetragene Personengesellschaften, Trusts und Rechtsgestaltungen, die in ihrer Struktur und Funktion Trusts ähneln, müssen Angaben zu ihren wirtschaftlich Berechtigten an ein zentrales Register melden [...]."

939 Die Gesellschafterliste soll später dann Daten zur „Fütterung" des Transparenzregisters liefern.

940 Einführungsgesetz zum Handelsgesetzbuch, RGBl. 1897, 437, 445. Wegen der ersatzlosen Streichung des alten § 40 GmbHG wurde der Ort der Norm verändert. Das Gesetz sah vor, dass im Januar eine aktuelle Gesellschafterliste eingereicht werden muss, bei Ausbleiben einer Änderung genügte es dies zu erklären.

941 Gesetz zur Durchführung der Vierten, Siebenten und Achten Richtlinie des Rates der Europäischen Gemeinschaft zur Koordinierung des Gesellschaftsrechts (Bilanzrichtliniengesetz – BiRiLiG), in Kraft getreten am 01. Januar 1986, BGBl. I 1985, S. 2355. Der Zeitpunkt der Einreichung wurde von Januar auf den Zeitpunkt des Jahresabschlusses verschoben.

durch das Handelsrechtsreformgesetz,[942] sowie 2008 durch das MoMiG[943] reformiert.

Die Norm dient verschiedenen Zwecken. Spätestens seit der Generalüberholung durch das MoMiG hat § 40 GmbHG erheblich an praktischer Bedeutung hinzugewonnen. Die Gesellschafterliste sei ihrer ausgeweiteten Bedeutung wegen inzwischen zum *„wichtigsten GmbH-Dokument“* neben der Satzung geworden.[944] Einerseits leistet die Gesellschafterliste einen erheblichen Anteil zur Transparenz über die hinter der Gesellschaft stehenden Personen. Dies dient der Gesellschaft selbst, wie auch den Gläubigern, indem diese Ansprüche der Gesellschaft gegen ihre Gesellschafter pfänden und überweisen lassen können.[945] Durch die Schaffung der Möglichkeit des Gutglaubenserwerbs von Gesellschafteranteilen dient die Gesellschafterliste vor allem auch Erwerbern/Neugesellschaftern als Rechtsscheingrundlage und Informationsquelle.[946] Freilich auch umgekehrt dient die Gesellschafterliste dem eingetragenen Gesellschafter zur Wahrung seiner Rechte.[947] Ferner kommt der Gesellschafterliste noch praktischer Nutzen für die Registergerichte zu, bei der formellen Prüfung der Gesellschafterbeschlüsse.[948]

Eine analoge Eintragung der GbR in das Handelsregister über § 40 Abs. 1 GmbHG n.F. setzt eine vergleichbare Interessenlage voraus. Es kommt bei der Eintragung der Liquidator-GbR insbesondere auf die Einrichtung eines Gutglaubensschutzes an. Es erscheint zweifelhaft eine Norm zur Registereintragung zur Herstellung eines Verkehrsschutzes heranzuziehen, bei der es in der

---

942 Gesetz zur Neuregelung des Kaufmanns- und Firmenrechts und zur Änderung anderer handels- und gesellschaftsrechtlicher Vorschriften (Handelsrechtsreformgesetz – HRefG), im Wesentlichen in Kraft getreten am 01. Juli 1998, BGBl. I 1998, S. 1474. Notare mussten fortan Beurkundungen über Anteilsabtretungen unverzüglich den Registergerichten anzeigen. Außerdem musste unterjährige Veränderungen in der Gesellschafterliste unverzüglich angezeigt werden. Hierzu wurde eine Geschäftsführerhaftung vorgesehen.

943 Gesetz zur Modernisierung des GmbH-Rechts und zur Bekämpfung von Missbräuchen vom 01. November 2008, BGBl. I 2008, S. 2026. Die Geschäftsführerhaftung wurde ausgebaut. Mit der Möglichkeit des Gutglaubenserwerbs eines Gesellschaftsanteils bekam § 40 GmbHG Außenwirkung. Die Notare wurden durch eine Listeneinreichungspflicht vertiefter einbezogen.

944 *Bayer*, in: Lutter/Hommelhoff, § 40 Rn. 1; zustimmend: *Heidinger*, in: MüKo GmbHG, § 40 Rn. 5; *Heilmeier*, in: BeckOK GmbHG, § 40 Rn. 8; *Paefgen*, in: UHL, § 40 Rn. 22; *Berninger*, GmbHR 2009, 679, 680; *Löbbe*, GmbHR 2012, 7; *Schneider*, GmbHR 2009, 393.

945 *Heidinger*, in: MüKo GmbHG, § 40 Rn. 8.

946 *Heidinger*, in: MüKo GmbHG, § 40 Rn. 8.

947 *Heidinger*, in: MüKo GmbHG, § 40 Rn. 8.

948 *Heidinger*, in: MüKo GmbHG, § 40 Rn. 8.

Gesetzesbegründung lautet: „*Ein Gutglaubensschutz ist mit der nunmehr vorgesehenen Angabe auch der Gesellschafter einer nicht eingetragenen Gesellschaft allerdings nicht verbunden. Ein gutgläubiger Erwerb von Gesellschaftsanteilen von den 'falschen' Gesellschaftern einer GbR ist mithin auch dann nicht möglich, wenn diese Gesellschafter in der Liste der Gesellschafter neben der GbR eingetragen sind. […] Damit kann auch die fehlende Vertretungsmacht der 'falschen' Gesellschafter nicht überwunden werden.*“[949] Ein Rückgriff auf § 15 HGB und den darin enthaltenen Verkehrsschutz ist bei ausbleibender oder falscher Eintragung in der Gesellschafterliste nicht vorgesehen, da die Beteiligungspublizität der Gesellschafterliste zum Handelsregister eingereicht, nicht aber im Register eingetragen wird.[950] Dieser Schutzmangel lässt sich auch mit Hinweis darauf, dass nach § 9 HGB die Gesellschafterliste für jedermann elektronisch einsehbar sei, nicht relativieren.[951] Insoweit ist die Eintragung einer Liquidator-GbR über § 40 Abs. 1 GmbHG n.F. nicht möglich. Somit sind die zugrundliegenden Interessenslagen evident verschieden. Richtet § 40 Abs. 1 GmbHG n.F. den Blick primär in das Innere der Gesellschaft, so bedarf es bei der Liquidator-GbR im Interesse des Verkehrsschutzes eines nach außen wirkenden Rechtsscheins. Die analoge Heranziehung einer Norm über die Eintragung in die Gesellschafterliste verbietet sich insoweit zur Erreichung einer Eintragung in das Handelsregister.

Ferner sieht § 40 Abs. 1 GmbHG n.F. ausnahmslos die Eintragung aller Gesellschafter von Publikumsgesellschaften aus Gründen der Transparenz vor.[952] Auch dieser Umstand zeigt deutlich auf, dass die Ausrichtung des § 40 Abs. 1 GmbHG n.F. völlig anders ist als bei der Liquidator-GbR. Nämlich, dass dort eine Eintragung auch bloß der vertretungsberechtigten Gesellschafter sinnvoll ist.

Insoweit ist auch § 40 Abs. 1 GmbHG n.F. ungeeignet zur Herstellung eines Verkehrs- und Registerschutzes einer Liquidator-GbR.

(4) Eintragung nach § 67 GmbHG

Eine Mindermeinung erzeugt die Registerpublizität unter Berücksichtigung von § 67 GmbHG. Demnach sei die GbR mitsamt ihrer Gesellschafter und Vertretungsverhältnisse in das Handelsregister einzutragen.[953] Dies ergibt sich

---

949 BT-Drucks. 18/11555, S. 173.

950 *Reichert/Weller*, in: Das MoMiG, Kap. 3, Rn. 3.23; *Heidinger*, in: MuKo GmbHG, § 40 Rn. 5; *Noack*, in: Baumbach/Hueck, § 40 Rn. 77; *Wicke*, in: GmbHG, § 40 Rn. 2.

951 *Reichert/Weller*, in: Das MoMiG, Kap. 3, Rn. 3.23.

952 BT-Drucks. 18/11555, S. 173.

953 *H.-F. Müller*, in: MüKo GmbHG, § 66 Rn. 9.

insoweit aber nicht unmittelbar aus § 67 GmbHG, sondern bestimmt ist nur die Eintragung der „*ersten Liquidatoren sowie ihrer Vertretungsbefugnis*". Einhellige Meinung ist allerdings, dass auch die an die Stelle der ersten Liquidatoren nachrückenden Liquidatoren, mit Ausnahme gerichtlich bestellter Liquidatoren, eingetragen werden müssen.[954] Der Wortlaut von § 67 GmbHG ist insoweit missverständlich.

Einzutragen sind alle Liquidatoren, ihre Vertretungsverhältnisse, sowie dahingehende Änderungen.[955] Aus § 67 GmbHG alleine ergibt sich allerdings nicht, dass für eine Liquidator-GbR zusätzlich auch alle ihre Gesellschafter einzutragen sind.[956] Vielmehr bedarf es einer gesetzlichen Grundlage, wie und wo eine Liquidator-GbR einzutragen ist und in welchem Umfang. § 43 HRV jedenfalls sieht bloß die Eintragung der Firma, nicht aber auch der Gesellschafter vor. Das liegt daran, dass eine Liquidator-Gesellschaft für gewöhnlich selbst mit ihren Gesellschaftern und Vertretungsverhältnissen im Handelsregister eingetragen ist und eine erneute Eintragung der Gesellschafter somit nicht vorgesehen ist.[957] Eine § 47 Abs. 2 Satz 1 GBO vergleichbare Bestimmung, nach der also gerade auch die Gesellschafter der GbR einzutragen wären, fehlt für die Liquidatorenbestellung.[958]

Insoweit bleibt herauszuarbeiten, ob und in welchem Maße de lege lata ein ausreichender Gutglaubens- und Verkehrsschutz für Liquidator-GbRs hergeleitet und begründet werden kann.

---

954 OLG Hamm BB 1987, 2183; *Haas*, in: Baumbach/Hueck, § 67 Rn. 2; *Lorscheider*, BeckOK GmbHG, § 67 Rn. 4; *H.-F. Müller*, in: MüKo GmbHG, § 67 Rn. 2.

955 *Lorscheider*, BeckOK GmbHG, § 67 Rn. 4.

956 So aber *H.-F. Müller*, in: MüKo GmbHG, § 66 Rn. 9.

957 Womöglich hat der Verordnungsgeber die Problematik zur GbR nicht erkannt, oder bewusst ausgelassen. Jedenfalls entspricht dies wohl nicht mehr dem Willen des derzeitigen Gesetzgebers, wie § 47 Abs. 2 GBO und § 162 Abs. 1 Satz 2 HGB vermuten lassen. Folglich besteht Handlungsbedarf.

958 Dort heißt es zur Eintragung einer GbR in das Grundbuch: „Soll ein Recht für eine Gesellschaft bürgerlichen Rechts eingetragen werden, so sind auch deren Gesellschafter im Grundbuch einzutragen." Abs. 2 wurde angefügt durch das Gesetz zur Einführung des elektronischen Rechtsverkehrs und der elektronischen Akte im Grundbuchverfahren sowie Änderungen weiterer grundbuch-, register- und kostenrechtlicher Vorschriften (ERVGBG), in Kraft getreten am 11. August 2009, BGBl. I 2009, S. 2713 f.

(a) Registerfähigkeit

Der Problematik einer fehlenden Registereintragung einer GbR haben sich Rechtsprechung, Literatur und Gesetzgeber in den vergangenen Jahren in Teilen angenommen und einige erste Lösungsansätze herausgearbeitet, nicht aber für die Frage, ob eine GbR Liquidator einer GmbH sein kann.

Ein vergleichbares Problem der fehlenden Registerpublizität von GbRs stellt sich bei Grundstücks- und Immobiliengeschäften. Hierzu hat der BGH in den vergangenen Jahren eine Rechtsprechung entwickelt, inzwischen gesetzgeberisch gestärkt, deren Grundsätze zur Publizität der Gesellschafter und Vertretungsverhältnisse einer GbR sich eventuell auf die Liquidatorenbestellung übertragen lassen.

Gleichfalls hat sich diese Frage bereits dahingehend gestellt, ob eine GbR Kommanditistin einer KG bzw. Gesellschafterin einer KG oder oHG sein kann. Auch hierzu haben Rechtsprechung und Gesetzgeber in den vergangenen Jahren deutlich und einheitlich Stellung bezogen.

(i) Grundbuchfähigkeit der GbR

Von der Rechtsprechung des BGH anerkannt sind inzwischen Rechtsfähigkeit,[959] Grunderwerbsfähigkeit[960] und Grundbuchfähigkeit[961] der GbR. Hierauf aufbauend hat der BGH bestätigt, dass neben der GbR auch die Gesellschafter, nunmehr nach § 47 Abs. 2 Satz 1 GBO, in das Grundbuch einzutragen sind.[962] Die

---

959 BGHZ 146, 341.

960 BGH DNotZ 2006, 777; DNotZ 2007, 118; NJW 2008, 1378

961 BGH NJW 2009, 594, 595, 597; *Behrens*, ZfIR 2008, 1, 2 ff.; *Demuth*, BB 2002, 1555, 1558 ff.; *Böttcher/Blasche*, NZG 2007, 121, 122 ff.; *Eickmann*, ZfIR 2001, 433, 436 f.; *Elsing*, BB 2003, 909, 914; *Knöfel*, AcP 205 (2005), 645, 663; *ders.* ZfIR 2006, 428, 429; *Tavakoli/Fehrenbacher*, DB 2007, 382, 284; *Ulmer*, ZIP 2001, 585, 595; a.A., die bis zum Urteil des BGH vorherrschend war und wonach die GbR nicht Eigentümerin eines Grundstücks sein kann: OLG Celle, NJW 2006, 2194 f.; OLG Schleswig, NJW 2008, 306 f.; *K. Schmidt*, NJW 2001, 993, 1002; *Wiedemann*, JZ 2001, 661.

962 BGH DNotZ 2011, 711, 712 f.: „Nach dieser […] Vorschrift [§ 47 Abs. 2 Satz 1 GBO] wird ein Recht einer GbR in der Form in das Grundbuch eingetragen, dass neben der Gesellschaft als derjenigen, der es materiell-rechtlich zusteht […], auch die Gesellschafter im Grundbuch eingetragen werden. Eine Eintragung der GbR alleine unter der gewählten Bezeichnung kommt – anders als nach der vor Inkrafttreten des ERVGBG bestehenden Rechtslage[…] – nicht in Betracht. Der Name der GbR steht somit für das Grundverfahren nicht (mehr) als taugliches Abgrenzungskriterium gegenüber anderen Gesellschaften bürgerlichen Rechts zur Verfügung. Die Identifizierung der Gesellschaft erfolgt über die *notwendige Benennung* [Anm.: Hervorhebung nicht im Original] ihrer Gesellschafter […].“ Insoweit zeigt der BGH

Eintragung der Gesellschafter ist zwingend, ihr kommt insoweit eine Doppelfunktion zu.[963] Zum einen dient die Angabe der Identifizierung der GbR, andererseits bildet die Eintragung einen materiell-rechtlichen Anknüpfungspunkt für eine Vermutung des Gesellschafterbestandes.[964] Die Implementierung des § 47 Abs. 2 GBO erfolgte in Fortführung höchstrichterlicher Rechtsprechung des BGH.[965] Nach § 899a Satz 1 BGB gilt die Vermutung, dass die nach § 47 Abs. 2 Satz 1 GBO eingetragenen Gesellschafter in Ansehung des im Grundbuch eingetragenen Rechts abschließend den Gesellschafterbestand ausmachen, also keine weiteren Gesellschafter vorhanden sind.

(ii) GbR als Verwalter nach dem WEG

Nach der Feststellung zur (Teil-) Rechtsfähigkeit der GbR hat der BGH mit einem Beschluss vom 26. Januar 2006 die Tauglichkeit einer GbR als Verwalter nach dem Wohnungseigentumsgesetz negiert.[966] Einzig noch die mangelnde Registerpublizität begründe die Negierung der Verwaltertauglichkeit, denn diese führe

---

hier die zwingende Wirkung des § 47 Abs. 2 Satz 1 GBO zur Identifizierung der GbR auf. Die Vorschrift dient insbesondere dem Publizitätsinteresse und verschafft i.V.m. §§ 832 ff. BGB Abhilfe für den Registermangel der GbR bei Grundstücks- und Immobiliengeschäften. Dieses Erfordernis hat der BGH aufgegriffen und mit seiner Rechtsprechung unterstützt. Zudem entspricht die Entscheidung des BGH dem durch Einführung von § 47 Abs. 2 GBO verdeutlichten gesetzgeberischen Willen eines „grundbuchrechtlichen Vollzugs ohne weitere Identitätsnachweise", *Reiff*, LKM 2011, 318834.

963 BT-Drucks. 16/13437, S. 24.

964 Kritik, dass eine genaue Identifizierung der GbR bloß unter Angabe der Gesellschafter nicht möglich sei, wenn es mehrere Gesellschaften mit identischem Gesellschafterbestands gibt, kann nicht überzeugen. Hierzu in BT-Drucks. 16/13437, S. 24: „Ist beispielsweise eine natürliche Person gem. § 15 Absatz 1 Buchstabe a GBV unter Angabe ihres Namens und Geburtsdatums im Grundbuch eingetragen, so kann ebenfalls eine weitere natürliche Person existieren, auf die diese Identifizierungsmerkmale zutreffen. Diese `abstrakten` Identitätszweifel werden jedoch grundbuchverfahrensrechtlich ausgeblendet. Das gleiche gilt hinsichtlich einer GbR, die durch Angabe ihrer Gesellschafter identifiziert ist."

965 BT-Drucks. 16/13437, S. 23 f. Insoweit hat sich der Gesetzgeber einer breiten Literaturauffassung, vorwiegend aus der Notarpraxis kommend, angeschlossen: *Böhringer*, BWNotZ 2006, 118, 121; *Hammer*, NotBZ 2002, 385; *Kesseler*, ZIP 2007, 421, 423; *ders.* ZNotP 2008, 231, 234; *Lautner*, MittBayNot 2005, 93, 99; *ders.* MittBayNot 2006, 37, 38.

966 BGH NJW 2006, 2189 = DNotZ 2006, 523 = NZG 2006, 305 = ZIP 2006, 560.

zu einem strukturellen Defizit der GbR gegenüber natürlichen und juristischen Personen, wie auch registerfähigen Personengesellschaften.[967]

Der BGH stellt fest – dahin gehend ist ihm in vollem Umfang beizustimmen – dass ein Gesellschaftsvertrag der GbR dieses Strukturdefizit nicht aufzuwiegen oder auszugleichen vermag. Zur Begründung führt er aus, dass der Gesellschaftsvertrag einerseits bloße Momentaufnahme der Vertretungsverhältnisse und des Gesellschafterbestandes sei und ferner entfalte er aufgrund fehlender Publizität durch ein mit öffentlichem Glauben ausgestattetes Register keinen Gutglaubens- und Verkehrsschutz.[968] Wohl aber erscheint diese Auffassung des BGH im Gesamten hier noch zu kurzsichtig. In seiner späteren – und ausgereifteren – Rechtsprechung lässt er zunächst bei fehlender Benennung der GbR die Eintragung einer GbR in das Grundbuch als „*Gesellschaft bürgerlichen Rechts bestehend aus …*" und den Namen der Gesellschafter genügen.[969] Mit Implementierung des § 47 Abs. 2 Satz 1 GBO wurde die Eintragung der Gesellschafter in das Grundbuch dann möglicher und sogar erforderlicher Grundbuchinhalt.[970] Insoweit haben Gesetzgeber und Rechtsprechung im Zusammenspiel den Beweis erbracht, dass die GbR, obwohl sie nicht eigens in einem Register geführt wird, durchaus unter Angabe der Gesellschafter in andere, bereits vorhandene Register eingetragen, identifiziert und transparent über ihre Vertretungsbefugnis wie auch den Gesellschafterbestand informieren kann. Offen bleibt also, ob und in welchem Maße diese gewonnenen Erkenntnisse bei der Bewertung der Tauglichkeit einer GbR als Liquidator berücksichtigt werden können, konkret, ob eine Registerfähigkeit, bezogen auf die Liquidatorentauglichkeit der GbR, nicht womöglich hergeleitet und begründet werden kann.

(iii) GbR als Kommanditistin und Gesellschafterin im Personengesellschaftsrecht

Wie auch bei der Grundbuchfähigkeit der GbR hat der BGH zur Eintragung einer GbR als Kommanditistin entschieden, dass diese unter Angabe ihrer Gesellschafter entsprechend § 106 Abs. 2 HGB in das Handelsregister einzutragen ist. Begründet wird dies damit, dass die GbR nach heutiger Rechtsauffassung „*jede Rechtsposition einnehmen*" kann, sofern „*nicht spezielle rechtliche Gesichtspunkte entgegenstehen.*"[971] Diese Rechtsprechung hat der

967 BGH NJW 2006, 2189, 2190.

968 BGH NJW 2006, 2189, 2190 f.

969 BGH DNotZ 2009, 115.

970 Vgl. oben unter S. 215 f.

971 BGH NJW 2001, 3121, 3122. Insoweit bestätigt der BGH seine frühere Rechtsprechung hierzu: BGH NJW 2001, 1056. Die Rechtsprechung des BGH zum Anlass sieht

Gesetzgeber inzwischen durch Implementierung von § 162 Abs. 1 Satz 2 HGB bestätigt.[972]

Mit Beschluss vom 08.04.2003 hat das LG Berlin diese Rechtsprechung des BGH aufgegriffen und auf die Möglichkeit der Eintragung einer GbR als Komplementärin erweitert.[973]

(iv) Zwischenergebnis

Es spricht viel dafür, dass die Registerfähigkeit der GbR inzwischen anerkannt ist. Die Verweigerung der Zubilligung von Rechtspositionen mit dem einfachen Hinweis einer fehlenden Registerpublizität der GbR genügt richtigerweise gerade nicht mehr. Es kommt im Ergebnis darauf an, ob für die konkrete Rechtsposition ein hinreichender Registerschutz durch bereits bestehende Strukturen hergeleitet werden kann. Nur wenn dies nicht möglich oder systematisch nicht vertretbar ist, so kann der GbR de lege lata die Zubilligung von Rechtspositionen verweigert werden.

Die vom Gesetzgeber eingeführten Normen § 47 Abs. 2 Satz 1 GBO und § 162 Abs. 1 Satz 2 HGB sind Ausdruck der sog. „*Objektpublizität*", also der Identifizierung der Gesellschaft auch über ihre Gesellschafter zur Überwindung eines Publizitätsmangels.[974]

(b) Mangelnder Verkehrsschutz

Die bloße Eintragungsmöglichkeit einer GbR verschafft aus sich heraus noch keine Abhilfe, vielmehr erfolgt dies erst im Zusammenspiel mit den jeweiligen Bestimmungen des Gutglaubens- und Verkehrsschutzes. Aufgrund dessen gilt es näher zu betrachten, ob de lege lata ein erforderlicher und ausreichender Verkehrsschutz erreicht werden kann, oder aber, ob es zwingend eines gesetzgeberischen Einschreitens bedarf. Denn, dass die GbR auch möglicher Liquidator sein können muss, lässt sich in konsequenter Fortführung der bisherigen höchstrichterlichen Rechtsprechung wohl jedenfalls rechtspolitisch kaum bestreiten.[975]

Beck, DNotZ 2017, 247, 250 ff. eine sich aus den Urteilen ableitbare generelle Registerfähigkeit der GbR. Allerdings sei eine Eintragung der GbR im Handelsregister nur als Annex einer eintragungspflichtigen Tatsache möglich.

972 Gesetz über elektronische Register und Justizkosten für Telekommunikation (ERJuKoG), in Kraft getreten am 15. Dezember 2001, BGBl. I 2001, S. 3423, Art. 1 Nr. 10.

973 LG Berlin NZG 2003, 581. Diese Rechtsprechung wurde durch Beschluss des OLG Celle NZG 2012, 667 bestätigt.

974 *C. Schäfer*, Gutachten E zum 71. DJT, S. 68.

975 Über eine Reform des GbR-Rechts zuletzt ausführlich *C. Schäfer*, Gutachten E zum 71. DJT. Die Darstellung der und Auseinandersetzung mit der

Zur Herleitung eines entsprechenden Verkehrsschutzes kommt zum einen die analoge Anwendung der Schutznormen des Grundbuchs, aufgrund des Zusammenspiels von § 47 Abs. 2 Satz 1 GBO i.V.m. den im BGB verankerten und auf die GbR spezifizierten Schutznormen in Betracht. Hierbei kann also auf eine bereits auf die GbR zugeschnittene Gesetzeslage zurückgegriffen werden. Andererseits ist, wie dargestellt, die Eintragung in das Handelsregister sinnvoll, da § 67 GmbHG von der Eintragung ins Handelsregister ausgeht und die GbR sodann gleichlaufend mit den anderen (Handels-) Gesellschaften wäre. Daher erscheint es sinnvoll, bei der Publizität im Handelsregister auf die Rechtsscheinhaftung des § 15 HGB abzustellen. Die nachstehende Prüfung soll der kritischen Betrachtung zur Herleitung eines hinreichenden Verkehrsschutzes einer Liquidator-GbR dienlich sein.

Im Gesetz sind bisweilen zwei Anknüpfungspunkte für einen Verkehrsschutz unter Beteiligung einer GbR angelegt. Nachfolgend werden beide Möglichkeiten kurz dargestellt und ihre Analogiefähigkeit in Bezug auf die Liquidator-GbR überprüft.

(c) Registerpublizität durch analoge Anwendung der Vorschriften zum Grundbuch

Aufgrund des bestehenden Gutglaubensschutzes und der normativen Berücksichtigung der GbR bei Grundstücksgeschäften ist zunächst naheliegend, auf § 47 Abs. 2 Satz 1 GBO analog i.V.m. § 899a BGB analog abzustellen. Hierzu können die Publizitätsnormen formeller und materieller Natur analog herangezogen werden. Fraglich ist, ob trotz einer Eintragung in das Handelsregister Rückgriff genommen wird auf die für das Grundbuch geltenden formellen und materiellen Publizitätsvorschriften.

(i) Eintragungsfähigkeit

So könnte § 47 Abs. 2 Satz 1 GBO analog angewendet werden, um eine Liquidator-GbR ins Handelsregister einzutragen.[976] So wird teilweise bereits auf

---

BGH-Rechtsprechung – insbesondere die letztlich darauf beruhende Frage nach der Einrichtung eines GbR-Registers – dominiert das Gutachten.

976 Eine Eintragung in das Grundbuch kommt generell nicht in Betracht, da es hier nicht um die Eintragung dinglicher Rechte geht. Eine analoge Anwendung der für das Grundbuch geltenden Vorschriften käme folglich nur bei Eintragung in das Handelsregister in Betracht, um auf eine bereits vorhandene Gesetzesstruktur Rückgriff zu nehmen. Eine Eintragung im Grundbuch ist schlicht systematisch widersinnig und bedarf keiner vertieften Betrachtung.

Grundlage des frühen Beschlusses des BGH von 2008 darauf verwiesen: „*Die Eintragung der Namen der Gesellschafter im Grundbuch ergänzend zum Namen der Gesellschaft ist daher auch künftig zulässig und, solange kein GbR-Register mit öffentlichem Glauben geschaffen ist, notwendig.*“[977] Hier hatte sich folglich bereits die Auffassung, obgleich auch nicht einhellig, herausgebildet, dass trotz fehlender Verankerung im Gesetz die Eintragung der Gesellschafter einer GbR zur Notwendigkeit wird. Unter dieser Prämisse, also dem Rechtsgedanken, der sodann in § 47 Abs. 2 Satz 1 GBO und § 162 Abs. 1 Satz 2 HGB normativ fixiert wurde, dass die GbR in ein Register eingetragen werden kann unter zusätzlicher Angabe der Gesellschafter zur Überbrückung eines Publizitätsmangels, lässt sich die Rechtsprechung des BGH fortsetzen, indem durch eine analoge Anwendung der bestehenden Vorschriften eine Registereintragung auf die Liquidator-GbR ausgeweitet wird.

Wohl aber könnte § 47 Abs. 2 Satz 1 GBO Einfallstor sein, um die Liquidator-GbR zwar im Handelsregister einzutragen, aber unter einen analogen Registerschutz, der bei Geschäften unter GbR-Beteiligung besteht, zu nehmen. Insoweit könnte also auf eine bereits bestehende Verkehrsschutzstruktur zur GbR Rückgriff genommen werden. Nur dann, wenn ein sinnvoller Verkehrsschutz aus den für das Grundbuch geltenden Normen im konkreten Fall besser geeignet ist erscheint eine Analogie von § 47 Abs. 2 Satz 1 GBO sinnvoll, andernfalls ist wohl eine analoge Heranziehung von § 162 Abs. 1 Satz 2 HGB zu bevorzugen, da diese Vorschrift bereits ohnehin eine Eintragung im Handelsregister vorsieht.

(ii) Formelle Publizität

Die formelle Publizität des Grundbuchs ergibt sich weitgehend aus § 12 GBO, wonach ein Einsichtnahmerecht für jedermann, der ein berechtigtes Interesse daran hat, besteht.[978] Insoweit ist die formelle Publizität deutlich eingeschränkter

977 *Abicht*, notar 2009, 117. Diesem erkannten Erfordernis kam der Gesetzgeber mit der Schaffung von § 47 Abs. 2 Satz 1 GBO nach.

978 Insbesondere können das Grundrecht auf informationelle Selbstbestimmung (Art. 2 Abs. 1 i.V.m. Art. 1 Abs. 1 GG) und das Publizitätsinteresse miteinander kollidieren. Ausführlich hierzu: *Böhringer*, Rpfleger 1987, 181 ff.; *ders.*, Rpfleger 1989, 309 ff.; *Grziwotz*, MittBayNot 1995, 97 ff. So kann aus den Grundbuchakten regelmäßig abgeleitet werden, wie es um die wirtschaftliche Situation des Grundstückeigentümers steht. Schützenswerte Informationen können sich insbesondere aus den Eintragungen in Abt. II und III ergeben, die Rückschlüsse auf die finanzielle Lage ermöglichen. Aus diesem Grund hat sich der Gesetzgeber für die Implementierung einer Interessenabwägung bei der Einsicht in das Grundbuch entschieden, *Fehrenbacher*, Registerpublizität, S. 239. Ebenfalls *Böttcher*, in: Meikel GBO, § 12

als bei anderen Registern mit öffentlichen Glauben, die jedermann uneingeschränkt zur Einsicht offen stehen. Im Vergleich zu anderen Liquidator-Gesellschaften, die im Handelsregister eingetragen sind, würde wegen § 12 GBO für die GbR ein unnötiges Einsichtnahmehindernis geschaffen, das letztlich auch keine Rechtfertigung finden kann. Zudem würden durch die unnötige Prüfung eines „*berechtigten Interesses*" die Grundbuchämter mit unsinniger Arbeit – Prüfung und Interessenabwägung – belastet. Eine analoge Anwendung der formellen Publizitätsbestimmungen zum Grundbuch erscheinen daher wenig hilfreich oder gar sinnvoll. Insoweit empfiehlt sich – allein bezogen auf die formelle Publizität – keine analoge Heranziehung der für das Grundbuch geltenden Vorschriften.

Vorliegend ist aber bereits die Notwendigkeit einer analogen Anwendung von § 12 GBO zweifelhaft. Da mit § 47 Abs. 2 Satz 1 GBO analog die Eintragung in das Handelsregister, nicht aber in das Grundbuch erreicht werden soll, richtet sich die Einsichtnahme auch nach den für das Handelsregister geltenden Vorschriften, insbesondere § 9 HGB. Dass bei einer analogen Anwendung von § 47 Abs. 2 Satz 1 GBO auch zwingend § 12 GBO analog herangezogen werden muss erscheint nicht überzeugend, da die beiden Normen eine unterschiedliche Ratio haben. So umfasst § 47 Abs. 2 GBO die Form der Eintragung, § 12 die Voraussetzungen der Einsichtnahme bei Eintragungen im Grundbuch. Da § 47 Abs. 2 GBO analog aber zur Eintragung in das Handelsregister verhelfen soll fehlt es

Rn. 2. *Melchers*, Rpfleger 1993, 309, 311; *Schreiner*, Rpfleger 1980, 51. A.A. BVerwG BWNotZ 1981, 23; VGH Mannheim, BWNotZ 1981, 22; OLG Hamm DNotZ 1986, 497: wonach § 12 GBO „die Publizität" und nicht „irgendeinen Geheimnisschutz" zur „Zielrichtung" habe. Der Berechtigte Grund müsse nur vorliegen, damit das Grundbuchamt nicht unnötig in Anspruch genommen wird. Dann aber doch einsichtig OLG Hamm 1989, 376: „Da das Publizitätsprinzip mit dem Geheimhaltungsinteresse des im Grundbuch Eingetragenen, also mit dessen informationellen Selbstbestimmungsrecht, kontrahiert [...], und letzteres Grundrecht durch § 12 GBO nicht vollständig verdrängt wird, ist diese Vorschrift nur in der Wiese auszulegen, daß das Interesse des einzelnen Betroffenen an der Geheimhaltung seiner Angelegenheiten mit dem öffentlichen Informationsinteresse sachgerecht abgewogen werden, wobei auch der mit Verfassungsrang ausgestattete Grundsatz der Verhältnismäßigkeit berücksichtigt werden muß. Gründe des Datenschutzes vermögen diese Abwägung nicht zu beeinflussen, da das Grundbuch die Voraussetzungen des Dateibegriffs nicht erfüllt [...]." Einzig die Berücksichtigung des Grundrechts auf informationelle Selbstbestimmung (anerkannt mit BVerfGE 65, 1) entspricht einer verfassungskonformen Auslegung des § 12 Abs. 1 GBO. Dieses Recht des Eigentümers kann nicht völlig unberücksichtigt bleiben.

bereits an einer Regelungslücke, da § 9 Abs. 1 Satz 1 HGB bereits die Einsichtnahme in das Handelsregister regelt. Für die formelle Publizität sind die für das Grundbuch geltenden Vorschriften folglich gerade nicht anzuwenden.

(iii) Materielle Publizität

Die materielle Publizität, insoweit der Gutglaubens- und Verkehrsschutz, könnte sich aber abweichend von den Bestimmungen des HGB aus §§ 892 BGB ff. i.V.m. § 899a BGB ergeben. Für einen hinreichenden Schutz bei Grundstücksgeschäften unter Beteiligung einer GbR entfaltet die relativ junge Norm § 899a BGB ihren Anwendungsbereich. Mittels Verweis auf die §§ 892–899 BGB wurde der in Bezug auf Eigentümer und Berechtigte geltende Gutglaubensschutz auf die Gesellschaftereintragung adaptiert.[979] Zweck des § 899a BGB ist die Ausweitung des Gutglaubensschutzes, durch eine positive und eine negative Vermutungswirkung.[980] So wird zum einen (positiv) die Vermutung konstruiert, dass – in Bezug auf § 47 Abs. 2 Satz 1 GBO – die im Grundbuch eingetragenen Gesellschafter auch tatsächlich Gesellschafter der GbR sind,[981] zum anderen wird (negativ) vermutet, dass keine weiteren, über die eingetragenen Gesellschafter hinausgehenden, Gesellschafter vorhanden sind.[982] Folglich bedarf es insoweit keiner weiteren Nachweise über Vertretungsberechtigung und Gesellschafterbestand.[983] Wird die GbR also von den im Grundbuch eingetragenen Personen vertreten, so wird die Wirksamkeit der Gesamtvertretung, §§ 709, 714 BGB, vermutet.[984] Die Fiktion des § 899a BGB erstreckt sich i.Ü. auch auf die Vertretungsmacht der eingetragenen Personen, jedenfalls dann, wenn diese nicht mehr Gesellschafter sind.[985] Letztlich erstreckt sich der Gutglaubensschutz als „*notwendiges Durchgangsstadium für den Gutglaubensschutz an die Organstellung der Gesellschafter*" auch auf die Existenz der GbR.[986] Eine analoge Heranziehung des § 899a BGB erscheint insoweit zunächst einleuchtend. So könnte auch bei der Liquidator-GbR auf die Wirksamkeit der Vertretung durch die eingetragenen Gesellschafter abgestellt werden.

---

979 *Reymann*, in: FS Reuter, 2010, S. 271, 276.

980 *Schöner/Stöber*, Grundbuchrecht, Rn. 4260.

981 *Schöner/Stöber*, Grundbuchrecht, Rn. 4260.

982 *Schöner/Stöber*, Grundbuchrecht, Rn. 4260.

983 *Böhringer*, Rpfleger 2009, 537, 541; *Böttcher*, notar 2012, 111 f.; *Kesseler*, NJW 2011, 1909, 1910; *Lautner*, DNotZ 2009, 650, 677; *Werner*, MDR 2010, 721, 724.

984 *Schöner/Stöber*, Grundbuchrecht, Rn. 4260; *Albers*, ZfIR 2010, 705, 710.

985 So *Bassenge*, in: Palandt, § 899a Rn. 7; *Böttcher*, ZfIR 2009, 613, 623; *Lehmann*, DStR 2011, 1036, 1037; *Wicke*, GWR 2009, 336, 337 f.

986 *Reymann*, in: FS Reuter, 2010, S. 271, 277.

Problematisch gestaltet sich aber, dass § 899a BGB nach h.M. jedoch nicht schuldrechtlich wirkt.[987] Insoweit entfaltet sich der Gutglaubensschutz des § 899a BGB zwar auf dingliche, nicht aber auf schuldrechtliche Rechtsgeschäfte. Begründet wird dies damit, dass § 899a BGB als Verweisungsnorm auf den sachenrechtlichen Gutglaubensschutz insbesondere von § 892 Abs. 1 Satz 1 BGB abstellt. Diese – systematisch dem Sachenrecht (3. Buch des BGB) zugeordnete – Vorschrift vermag aber keinen Gutglaubensschutz in Bezug auf das Kausalgeschäft, insoweit also in schuldrechtlicher Weise, herzustellen. Die Gegenauffassung stellt auf den Normzweck des § 899a BGB ab, wonach einzig ein weites Verständnis den Gutglaubensschutz kondiktionsfest macht,[988] bzw., dass § 899a BGB die Funktion eines „*GbR-Ersatzregisters*" übernehme.[989] Insoweit wird der Versuch unternommen, eine unglücklich formulierte Norm zum gewünschten Ergebnis zu bringen, also einer auch schuldrechtlichen Anwendung. Dies kann aber, bei aller Sympathie für ein solches Ergebnis, die systematische Einordnung als sachenrechtliche Vorschrift nicht verdrängen. Mit der h.M. ist davon auszugehen, dass ein Gutglaubensschutz unter Heranziehung der Verweisungsnorm des § 899a BGB nicht auch schuldrechtlich wirkt. Aber selbst unter Annahme, dass ein auch auf das Kausalgeschäft bezogener Gutglaubensschutz bestünde, so kann jedenfalls aus den Gutglaubensvorschriften der §§ 892 ff. BGB keine generelle schuldrechtliche Gutglaubenswirkung konstruiert werden. Dies würde Wortlaut und Systematik völlig ad absurdum führen.

Auch ist die Rechtslage zwischen den Vorschriften zum Grundbuch und der Eintragung einer Liquidator-GbR nicht vergleichbar. Zwar dient der Verkehrsschutz in beiden Fällen nicht primär der GbR. So bezieht sich der Schutz des Grundbuchs aber auf die andere Vertragspartei, die gutgläubig davon ausgehen darf, dass die eingetragenen Gesellschafter und Vertretungsverhältnisse korrekt sind. Dabei entfaltet sich der Gutglaubensschutz inter partes. Für Liquidatoren

987 *Altmeppen*, ZIP 2011, 1937, 1941 f.; *Kesseler*, NJW 2011, 1909, 1913 f. (allerdings mit einem Hinweis zur Doppelverpflichtung); *Kohler*, ZIP 2011, 2277, 2278 f.; *Krüger*, NZG 2010, 801, 805 f.; *Kuckein/Jenn*, NZG 2009, 848, 851; *Ulmer*, ZIP 2011, 1689, 1695 ff.; *Wellenhofer*, JuS 2010, 1048, 1050; a.A., die eine Anwendbarkeit von § 899a BGB auch auf das schuldrechtliche Kausalgeschäft vorsehen (jedenfalls analog) *Heinze*, RNotZ 2010, 289, 298; *Heßeler/Kleinhenz*, WM 2010, 446; *Lautner*, DNotZ 2009, 650, 670 f.; *Lehmann*, DStR 2011, 1036, 1037 f.; *Miras*, DStR 2010, 604, 606 f.; *Ruhwinkel*, MittBayNot 2009, 421, 422 f.; wohl auch *Hartmann*, RNotZ 2011, 401, 407.

988 *Böttcher*, notar 2012, 111, 112 f.; *Krauß*, notar 2009, 429, 436; *Rebhan*, NotBZ 2009, 445, 447.

989 *Lautner*, DNotZ 2009, 650, 671.

hingegen bedarf es eines generellen Gutglaubensschutzes, wie den des Handelsregisters, denn Dritte müssen sich auf die Richtigkeit der Vertretungsberechtigung und des Gesellschafterbestandes der Liquidator-Gesellschaft verlassen dürfen.

Eine § 899a BGB entsprechende Regelung zur Liquidation ist nicht im GmbHG oder einem anderen Gesetz enthalten. An den dargelegten Gründen lässt sich daher eine analoge Anwendung von § 899a BGB i.V.m. §§ 892 ff. BGB auf das Liquidationsrecht nicht begründen.

(iv) Zwischenergebnis

Eine analoge Anwendung der materiellen Publizität aus den für das Grundbuch vorgeschriebenen Normen erscheint im Gesamtkontext nicht sinnvoll, trotz einer bereits bestehenden Gesetzesstruktur. Zumal § 67 GmbHG unmissverständlich *„die Identität und die Vertretungsverhältnisse der Liquidatoren zu eintragungspflichtigen Tatsachen und damit zum Gegenstand des Vertrauensschutzes gem. § 15 HGB"* macht,[990] eine Heranziehung der Normen des BGB wäre folglich systematisch sinnfrei und unbegründbar.

(d) Registerpublizität durch analoge Anwendung der Vorschriften zum Handelsregister

Die übrigen (Handels-) Gesellschaften können, wie dargestellt, Liquidator-Gesellschaften sein, insoweit wird über § 67 GmbHG Bezug genommen auf die Eintragung ihres Gesellschafterbestandes und ihrer Vertretungsverhältnisse. Die Eintragung der Vertretungsverhältnisse meint allerdings die Art der Vertretung bei mehreren Liquidatoren,[991] nicht aber der Liquidator-Gesellschaft selbst. Insoweit erscheint es sinnvoll zu überprüfen, ob unter den Mantel des Gutglaubensschutzes des Handelsregisters auch die Liquidator-GbR gestellt werden kann, deren Vertretungsverhältnisse sich aber gerade nicht aus einem öffentlichen Register entnehmen lassen. Eine Norm, die auch die Eintragung der Vertretungsverhältnisse der Liquidator-GbR selbst vorsieht, gibt es derzeit nicht.

Für den Gutglaubensschutz bei Grundstücksgeschäften unter Beteiligung einer GbR wird ausgeführt, dass bereits jetzt das Grundbuch *„die notwendige Publizitätsfunktion"* übernehme, da *„Existenz und Vertretungsbefugnis bei einer Gesellschaft bürgerlichen Rechts nicht aus einem mit öffentlichem Glauben ausgestatteten Register ersichtlich sind"*.[992] Auch bei der Liquidator-GbR besteht

---

990 *Büteröwe*, in: Henssler/Strohn, § 67 Rn. 1.

991 *Haas*, in: Baumbach/Hueck, § 67 Rn. 3.

992 *Abicht*, notar 2009, 117.

diese Problematik zum Publizitätsmangel in Bezug auf Existenz und Vertretungsbefugnis, sodass hier freilich in Betracht gezogen werden muss, dass diese Lücke nicht durch entsprechende Anwendung der Handelsregistervorschriften geschlossen werden kann, wie dies bereits für Grundstücksgeschäfte mit GbR-Beteiligung geschehen ist.

(i) Eintragungsfähigkeit

Es käme eine analoge Heranziehung von § 162 Abs. 1 Satz 2 HGB in Betracht. Die Analogie könnte ergänzend zu § 43 HRV eine Eintragung der Liquidator-GbR in das Handelsregister legitimieren.

Für die Annahme einer Analogie bedarf es einer planwidrigen Regelungslücke und einer vergleichbaren Interessenlage.[993] Ob diese Voraussetzungen vorliegend bestehen, bleibt zunächst fraglich. Unabhängig davon, ob ein Verkehrsschutz sich aus den für das Grundbuch oder den für das Handelsregister entsprechenden Vorschriften begründen lässt, zeigen § 47 Abs. 2 Satz 1 GBO und § 162 Abs. 1 Satz 2 HGB den gesetzgeberischen Willen zur absoluten Integration und Gleichwertigkeit der GbR gegenüber anderen Rechtsformen auf hinsichtlich der Einnahme von Rechtspositionen.[994] Die mangelnde Gesetzeslage zur GbR lässt sich freilich auch damit erklären, dass die Anerkennung der Rechtsfähigkeit der GbR und in Folge dieser auch die Anerkennung u.a. der Grundbuch- und Registerfähigkeit auf vergleichsweise jungen Entscheidungen der Rechtsprechung beruhen. Dass aber über die Fortentwicklung der GbR – insbesondere auch in Bezug auf Publizität und Registereintragung – diskutiert wird, zeigt nicht zuletzt die intensive Auseinandersetzung mit diesem Themenkomplex auf dem 71. Deutschen Juristentag 2016 auf.[995] Man könnte sagen, dass das Recht der GbR derweil im Auf- und Umbruch ist.[996] Es bestehen insoweit wohl keine Gründe, generell die Registerfähigkeit der Liquidator-GbR zu negieren. Die analoge Heranziehung des § 162 Abs. 1 Satz 2 HGB bietet sich an,

---

993 Vgl. u.a. BGHZ, 149, 165, 174; = GRUR 2002, 238; BGH 2003, 1932, 1933; NZI 2016, 68, 69; *Larenz/Canaris*, Methodenlehre, S. 194 ff.

994 So auch bereits der BGH, vgl. BGH NJW 2001, 3121, 3122.

995 So finden sich ferner im aktuellen Koalitionsvertrag zwischen SPD und CDU/CSU zur 19. Legislaturperiode des Deutschen Bundestages unter der Überschrift „Rechtsfolgen der Digitalisierung" durchaus Anspielungen auf eine geplante Reform des Personengesellschaftsrechts und der GbR, vgl. hierzu ausführlich *Habersack*, FAZ vom 27.02.2018.

996 Zahllose Veröffentlichungen beschäftigen sich derzeit mit „Neuregelung" *K. Schmidt*, ZHR 177 (2013), 712; „Reformüberlegungen" *Röder*, AcP 215 (2015), 450; „Reform" *Wicke*, DNotZ 2017, 261; u.v.m.

kommt hier einzig eine Eintragung in das Handelsregister in Betracht und ist die Herleitung eines passenden Verkehrsschutzes über die das Grundbuch betreffenden Vorschriften wie dargestellt nicht möglich.

Sofern eine Analogie abgelehnt würde, ließe sich jedenfalls nicht erklären, warum nicht zumindest der in § 162 Abs. 1 Satz 2 HGB enthaltene Rechtsgedanke, also die Identifizierung der GbR (auch) durch zwingende Angabe aller Gesellschafter,[997] sich nicht auf das Liquidationsrecht – also eine Eintragung in das Handelsregister – übertragen ließe. Zweifellos kann nur so die Rechtsprechung des BGH, einer konsequenten Anerkennung der Rechtspersönlichkeit der GbR, hinreichend berücksichtigt werden.

Grundsätzlich besteht also, trotz des Mangels eines eigenen GbR-Registers, die Möglichkeit, die GbR in andere Register einzutragen.[998] Insoweit lässt sich feststellen, dass bei konkretem Anlass – nicht generell – die GbR durchaus registerfähig ist, entsprechend § 47 Abs. 2 Satz 1 GBO oder § 162 Abs. 1 S. 2 HGB, eine Eintragung in ein öffentliches Register also durchaus möglich ist. § 162 Abs. 1 Satz 2 HGB wird bereits nach h.M. analog angewendet, wenn eine GbR Gesellschafterin einer oHG bzw. KG-Komplementärin ist.[999]

Offensichtlich nicht in Betracht kommt eine Eintragung in das Grundbuch statt in das Handelsregister, insoweit fehlt es evident an der Vergleichbarkeit.[1000] Das Bestehen einer auf die GbR zugeschnittenen Gesetzesstruktur zur Herleitung eines Verkehrsschutzes kann allenfalls analog auf eine im Handelsregister eingetragene Gesellschaft Anwendung finden. Dies ergibt sich nicht zuletzt auch aus § 67 GmbHG. Sofern sich der Verkehrsschutz aus dem BGB ergibt,

997 So im Grunde auch der Rechtsgedanke des § 47 Abs. 2 Satz 1 GBO. Diese Rechtsauffassung ist letztlich Ausdruck der höchstrichterlichen Rechtsprechung zur Einbindung der GbR als rechtsfähige Gesamthandsgesellschaft.

998 Ausführlich *Beck*, DNotZ 2017, 247, 248 ff.

999 OLG Celle ZIP 2012, 766; *Klimke*, in: BeckOK HGB, § 106 Rn. 13; *Roth*, in: Baumbach/Hopt, § 106 Rn. 6. Aufbauend auf der Rechtsprechung des BGH, wonach eine GbR auch Kommanditistin einer KG sein kann. So gibt der BGH an: „In einem solchen Falle sind neben der Gesellschaft bürgerlichen Rechts als solcher auch die ihr zum Zeitpunkt ihres Beitritts zu der Kommanditgesellschaft angehörenden Gesellschafter mit Namen, Geburtstag und Wohnort (entspr. § 106 II BGB) zur Eintragung in das Handelsregister anzumelden", BGH NJW 2001, 3121.

1000 Das Grundbuch bezieht sich einzig auf Grundstücke. Eine Liquidator-GbR könnte dort schlicht nicht eingetragen werden. Zudem liegt nicht einmal ein loser Zusammenhang vor. Besonders deutlich wird dies bei GbRs, die nicht mal einen Grundbesitz haben.

wäre eine Registereintragung nach § 47 Abs. 2 Satz 1 GBO sinnvoll, da diese Norm zusammenwirkend mit § 899a BGB zu betrachten ist. Ergibt sich der Verkehrsschutz unterdessen aus dem HGB, so erscheint es sinnvoll, § 162 Abs. 1 Satz 2 HGB analog zur Eintragung der Gesellschafter und Vertretungsverhältnisse anzuwenden.

(ii) Formelle Publizität

Formelle und materielle Publizität des Handelsregisters sind jedenfalls ausreichend und geeignet, was sich bereits aus dem Umstand ergibt, dass sich der Verkehrsschutz auch für alle Nicht-GbR-Liquidatoren aus den HGB-Vorschriften ergibt, insbesondere aus § 15 Abs. 1 HGB. Offen bleibt, ob es einer Verweisungsnorm wie § 899a BGB auch für eine Anwendung im HGB bedarf bzw. ob § 899a BGB hier analog anzuwenden wäre.

(iii) Materielle Publizität

§ 15 Abs. 1 HGB enthält die negative Publizität des Handelsregisters.[1001] Insoweit stützt sich die Norm auf einzutragende Tatsachen. Unter Heranziehung von § 162 Abs. 1 Satz 2 HGB analog i.V.m. § 67 GmbHG wäre der Gesellschafterbestand zwingender Eintragungsgegenstand wegen der zwingenden Eintragung der Liquidatoren in das Handelsregister und somit auch einzutragende Tatsache im Sinne des § 15 Abs. 1 HGB. Insoweit macht § 162 Abs. 1 Satz 2 HGB gerade den großen Unterschied zur ursprünglichen Rechtsprechung des BGH, wonach eine Eintragungs*fähigkeit*, nicht aber eine Eintragungs*verpflichtung* bestand. Obgleich eintragungspflichtige Tatsachen weitgehend abschließend im HGB und Spezialgesetzen enthalten sind, so ist eine *„rechtsfortbildende Schaffung von eintragungspflichtigen Tatsachen möglich.“*[1002] So kann insbesondere *„auch infolge geänderter Rechtsauffassungen eine rechtsfortbildende Eintragungspflicht gerechtfertigt werden.“*[1003] Der Kern von § 162 Abs. 1 Satz 2 HGB basiert auf der Rechtsfortentwicklung des BGH. Die rechtsfähige GbR soll gleichermaßen wie Personengesellschaften registerfähig sein. Eine analoge Heranziehung von

1001 *Wamser*, in: Henssler/Strohn, § 15 HGB Rn. 1.

1002 *Krebs*, in: MüKo HGB, § 15 Rn. 25; auch BGHZ 87, 59, 62; 116, 37, 40; *Müther*, in: BeckOK HGB § 15 Rn. 7.

1003 *Krebs*, in: MüKo HGB, § 15 Rn. 25. Hier besteht zwar keine geänderte Rechtsauffassung zum eigentlichen Problem, wohl aber zu dem zugrunde liegenden Themenkomplex. Mit der Anerkennung der Rechtsfähigkeit der GbR hat der BGH grundlegend seine Rechtsauffassung geändert. Freilich zieht eine solche Entscheidung weite Kreise und betrifft auch Subthemen, wie hier die Bestellung einer GbR als Liquidator.

§ 899a BGB erscheint für den Registerschutz des Handelsregisters redundant und ist folglich abzulehnen.

Zu berücksichtigen ist unterdessen die begrenzte Reichweite von § 15 HGB. Nicht darf die Eintragung der Liquidator-GbR unter zusätzlicher Eintragung des Gesellschafterbestandes nach § 162 Abs. 1 Satz 2 HGB analog dazu missbraucht werden, eine heimliche Integration eines GbR-Registers durchzuführen.[1004] So regelt § 15 HGB auf Grundlage des Registerinhalts und der -bekanntmachungen die Wirkung für und gegen Dritte.[1005] Dies kann für die Eintragung der Liquidator-GbR nicht uneingeschränkt gelten. Die Publizitätswirkung des Handelsregisters entfaltet ihren Verkehrsschutz im Hinblick auf die Eintragung der Liquidator-GbR nur bei unmittelbar mit der Liquidation im Zusammenhang stehenden Geschäften, nicht aber abstrakt generell. Folglich besteht der Gutglaubensschutz hinsichtlich der rechtmäßigen Vertretung der Liquidator-Gesellschaft bei Geschäften die aufgelöste Gesellschaft betreffend.

(iv) Zwischenergebnis

Die Sach- und Rechtslage einer Bestellung der GbR zum Liquidator ist komparabel mit den von der Rechtsprechung bereits entschiedenen und vom Gesetzgeber aufgegriffenen Problemen des Registermangels bei Grundstücksgeschäften. Eine Anwendung des für das Handelsregister vorgesehenen Verkehrsschutzes, durch die Ausweitung der Eintragung über § 162 Abs. 1 Satz 2 HGB analog, ist im Ergebnis sinnvoll und eine konsequente Fortsetzung des gesetzgeberischen Willens und der Rechtsprechung des BGH.

(e) Stellungnahme

Für Registereintragung und Verkehrsschutz bei Grundbucheinträgen besteht bereits eine Infrastruktur, welche auf eine im Handelsregister eingetragene Liquidator-GbR anzuwenden zunächst naheliegend ist. Aber die Bestimmungen

---

1004 Dieses Problem wurde auch in OLG Celle NZG 2012, 667 breit erörtert. Vergleichbar war der Vortrag des ablehnenden Registergerichts, dass das Handelsregister „zweckentfremdet“ werde, wenn es über die „Gesellschafter der Komplementärin und deren Vertretungsverhältnisse informieren müsse“ und daher zu einer „Art ‚GbR-Register‘ umfunktioniert werde.“ Dem hält das OLG Celle entgegen: „Die GbR wird dort [Anm. im Handelsregister] nur – wie jede andere rechtsfähige Person – in ihrer Eigenschaft als Komplementärin eingetragen. […] Die Annahme des RegisterGer., vom Register seien jegliche Angaben betreffend die Gesellschaft bürgerlichen Rechts fern zu halten, geht daher fehl.“

1005 *Hopt*, in: Baumbach/Hopt, § 15 Rn. 1.

des Grundbuchs sind speziell auf das Grundstücksrecht zugeschnitten und lassen eine sinnvolle Anwendung auf die Publizität der Liquidator-GbR nicht zu.

Anders verhält es sich bei dem Handelsregister. Hier ist zwar eine auf die GbR zugeschnittene Gesamtregelung nicht enthalten, wohl aber lässt sich – auch aufgrund der Typenähnlichkeit[1006] – auf die für Handelsgesellschaft geltenden Vorschriften sinnvoll zurückgreifen. Bei einer Umwandlung von einer GbR in eine oHG – wie auch umgekehrt – bleibt die Identität der Gesellschaft gewahrt.[1007] Insbesondere hat der BGH eine Anknüpfung an den Handelsregisterinhalt einer gelöschten oHG wegen der noch ausbleibenden Eintragung im Grundbuch nach § 162 Abs. 1 Satz 2 HGB hergestellt. Der von § 15 HGB umfasste Verkehrsschutz ist sinnvoll und ausreichend. Die Notwendigkeit einer strengeren Regelung als für Handelsgesellschaften, ist nicht ersichtlich. Entscheidend hervorzuheben ist aber, dass auf § 15 HGB nur bei unmittelbarer Betroffenheit der GbR in Bezug auf das Liquidationsverfahren Bezug genommen werden darf. Die Zubilligung der Liquidatorentauglichkeit der GbR darf in letzter Konsequenz nicht zur heimlichen Einführung eines GbR-Registers führen. Der Verkehrsschutz gilt daher eingeschränkt auf alle Liquidationsgeschäfte.

Passend führt der BGH hierzu aus: „*Insbesondere ist die fehlende Registerpublizität der Gesellschaft bürgerlichen Rechts kein entscheidender Hinderungsgrund für die Annahme ihrer Fähigkeit, die Stellung einer Kommanditistin einzunehmen.*“[1008] Warum im Falle der Liquidation nur in Bezug auf die Registerpublizität etwas anderes gelten soll ist allenfalls mit der Offenlegung der Vertretungsverhältnisse,

---

1006 *Beck*, MittBayNot 2017, 209, 212. Hier wird noch einmal deutlich hervorgehoben – in Bezugnahme auf das BGH Urteil vom 14.01.2016, NZG 2016, 517 –, dass oHG und GbR „in hohem Maße wesensverwandt sind.“ Abgeleitet aus dem Umstand, dass die GbR stetig das Wahlrecht hat, ob sie „eine OHG sein möchte oder nicht.“ In seiner Entscheidung hat der BGH einen identitätswahrenden Formwechsel von oHG und GbR noch einmal deutlich gefestigt. Jedenfalls bei unternehmenstragenden GbRs ist dem BGH insoweit beizupflichten, dass die Typenähnlichkeit zwischen GbR und oHG äußerst ausgeprägt ist, was letztlich die Auffüllung von Regelungslücken durch für die oHG geltende Bestimmungen bei der GbR durchaus sinnvoll erscheinen lässt.

1007 BGH NZG 2016, 517, 518: „Die mit Handelsrechtsreformgesetz vom 22.6.1998 (BGBl. I 1998, 1474) für die Gewerbebetriebe eingeführte Möglichkeit, ihre Eintragung im Handelsregister löschen zu lassen, […], führt zu einer besonderen Form der Umwandlung kraft Gesetzes, bei der die bis dahin kraft Eintragung im Handelsregister als OHG geltende Gesellschaft (§ 105 II 1 HGB) in die Rechtsform der GbR zurückfällt. […] Auch diese Umwandlung ändert die Identität des Rechtsträgers nicht.“

1008 BGH NJW 2001, 2121, 3122.

die bei Kommanditisten bedeutungslos sind, erklärbar. Jedenfalls aber mit den Entscheidungen des LG Berlin[1009] und des OLG Celle[1010] ist auch dieses Argument hinfällig, durch die Anerkennung der GbR als KG-Komplementärin bzw. oHG-Gesellschafterin.

c) Zusammenfassung

Die Registerfähigkeit der Liquidator-GbR besteht. Diese wird nach § 162 Abs. 1 Satz 2 HGB analog in das Handelsregister eingetragen, unter Bezeichnung und Angabe der Gesellschafter. Ferner sind von der gesetzlichen Gesamtvertretungsmacht der Gesellschafter abweichende Vertretungsverhältnisse in das Handelsregister einzutragen.[1011]

Der formelle und der materielle Registerschutz ergeben sich – gleichlaufend mit allen anderen Liquidator-Gesellschaften – nach § 67 GmbHG i.V.m. den für das Handelsregister geltenden Bestimmungen zum Gutglaubens- und Verkehrsschutz, insbesondere § 15 HGB. Anknüpfungspunkt ist die Handelsregistereintragung selbst, sodass es einer zusätzlichen Verweisungsnorm (wie § 899a BGB) hier nicht bedarf. Der sich aus dem öffentlichen Glauben des Registers ergebende Schutz ist hinreichend.

Insoweit ist der im Vordringen befindlichen Meinung[1012] zu folgen, dass auch die GbR zum Liquidatorenamt tauglich ist. Eine andere Auffassung widerspricht der Rechtsprechung des BGH und entspricht auch nicht dem mutmaßlichen Willen des Gesetzgebers, der um die vollständige Einbindung der GbR bemüht ist, wie § 162 Abs. 1 Satz 2 HGB, § 47 Abs. 2 GBO und § 899a BGB anschaulich aufzeigen. Die auf eine analoge Anwendung von § 162 Abs. 1 Satz 2 HGB gestützte Herleitung der Tauglichkeit einer Liquidator-GbR ist allerdings erneut nur ein Mosaikstein im weiten Feld des GbR-Rechts. Maßgeblich fußt dieser Ansatz auf der höchstrichterlichen Rechtsfortbildung unter teilweiser Unterstützung durch den Gesetzgeber, der z.B. mit dem ERVGBG verdeutlicht hat, dass er die mit der GbR entstehenden Probleme grundsätzlich erkannt hat.

1009 LG Berlin, NZG 2003, 580.

1010 OLG Celle, NZG 2012, 667. Dieses Urteil hatte zwar nur die Frage, ob eine GbR Komplementärin sein kann zum Gegenstand, dennoch wurde zudem festgestellt, dass die GbR außerdem „Gesellschafterin einer OHG" sein könne. Insoweit hat sich das OLG Celle einer breiten Literaturauffassung angeschlossen. Für alle insoweit *K. Schmidt*, in: MüKo HGB, § 105 Rn. 97 ff. m.w.N., auch der Gegenauffassung.

1011 Dies ergibt sich aus der Anwendung von § 67 GmbHG.

1012 Insbesondere *H.-F. Müller*, in: MüKo GmbHG, § 66 Rn. 9 f.

Insbesondere auch dadurch, dass die GbR Kommanditist und oHG-Gesellschafter sein kann – und sodann auch in das Handelsregister eingetragen wird – wird unterstützend aufgezeigt, dass die GbR Liquidator sein kann. Eine Ungleichbehandlung in Bezug auf die Registerfähigkeit und -publizität erschiene widersinnig.

d) Registerpublizität de lege ferenda

Durch gesetzgeberisches Handeln bleiben verschiedene Möglichkeiten dieses Rechtsproblems aufzulösen. Die Möglichkeiten unterscheiden sich inhaltlich in einem Punkt erheblich, sodass dem Gesetzgeber tatsächliche Alternativen zur Verfügung stehen.

Durch die Implementierung eines GbR-Registers kann der fehlenden Registerpublizität von GbRs entgegengewirkt werden.[1013] *Abicht* formuliert für das Grundbuch treffend: „***Die Eintragung der Namen der Gesellschafter im Grundbuch** ergänzend zum Namen der Gesellschaft ist daher **auch künftig zulässig und**, solange kein GbR-Register mit öffentlichem Glauben geschaffen ist, **notwendig** [Anm.: Hervorhebung dem Original entnommen]*",[1014] was sich auf die Eintragung einer Liquidator-GbR in das Handelsregister freilich übertragen lässt. Insbesondere ermöglicht ein GbR-Register für die eingetragenen Gesellschaften eine einheitliche Regelung über die bisweilen nur in § 47 Abs. 2 GBO und § 162 Abs. 1 Satz 2 HGB geregelte Objektpublizität.[1015] Dahin gehend vermag, wie dargestellt, auch § 40 GmbHG n.F. keine Abhilfe zu schaffen. Die Schaffung eines eigenen Registers – also die Nichteintragung der GbR in das Handelsregister – ist sinnvoll und richtig, um eine „*klare formale Abgrenzung von den Handelsgesellschaften*" zu ermöglichen.[1016] Die diskutierten Nachteile eines (fakultativen) GbR-Registers können in Gänze nicht als überzeugende Gegenargumente herangezogen werden.[1017] Die vom historischen Gesetzgeber als Kompromissgesellgeschaft[1018]

1013 Dazu ausführlich *C. Schäfer*, Gutachten E zum 71. DJT, S. 61 ff.

1014 *Abicht*, notar 2009, 117.

1015 *C. Schäfer*, Gutachten E zum 71. DJT, S. 68 f.

1016 *C. Schäfer*, Gutachten E zum 71. DJT, S. 65.

1017 Demnach werden insbesondere die Kosten der Eintragung, eine vermeintlich drohende Abschwächung der Flexibilität der GbR, die Kosten für die Schaffung sowie die Erhaltung eines GbR-Registers und die Annäherung der GbR an die oHG genannt, vgl. *C. Schäfer*, Gutachten E zum 71. DJT, S. 64 f.

1018 Ein kurzer Überblick zur historischen Entstehung der GbR als „Mix aus römisch-rechtlicher Societas und deutsch-rechtlicher Gesamthand" *Habersack*, FAZ vom 27.02.2018.

geschaffene GbR sollte in Fortsetzung der BGH-Rechtsprechung gestärkt und an ein modernes Wirtschaftsleben angepasst werden.[1019]

Alternativ kann der Gesetzgeber eine § 162 Abs. 1 Satz 2 HGB oder § 47 Abs. 2 Satz 1 GBO gleichende Regelung treffen. Eine solche Bestimmung der Eintragungsmöglichkeit ins Handelsregister könnte in § 67 Abs. 2 HGB eingearbeitet werden. Für die Eintragung der Liquidatoren müssen bisweilen die erforderlichen Angaben nach § 43 Nr. 4 HRV gemacht werden.[1020] Eine mögliche Formulierung könnte wie nachstehend lauten:

> **§ 67 GmbHG – Anmeldung der Liquidatoren**
> (1) [1] Die ersten Liquidatoren sowie ihre Vertretungsbefugnisse sind durch die Geschäftsführer, jeder Wechsel der Liquidatoren und jede Änderung ihrer Vertretungsbefugnis sind durch die Liquidatoren zur Eintragung in das Handelsregister anzumelden. [2] *Ist eine Gesellschaft bürgerlichen Rechts Liquidator, so sind auch deren Gesellschafter und spätere Änderungen in der Zusammensetzung der Gesellschafter zur Eintragung anzumelden.*
> (2) […]

Insoweit unterscheiden sich die Alternativen in der Frage, ob die GbR den Verkehrsschutz über ein eigenes GbR-Register oder durch Eintragung in das bereits bestehende Handelsregister schaffen soll. Gemein ist ihnen, dass sie die dogmatisch bisher noch nicht ganz eindeutige Rechtslage aufheben und Klarheit über die Bestellung einer Liquidator-GbR verschaffen sollen. Wenn auch nicht zwingend notwendig, so ist das Einschreiten des Gesetzgebers jedenfalls empfehlenswert. Nicht zuletzt sei angemerkt, dass die Schaffung eines GbR-Registers präventiv schützt vor einem Flickenteppich von „*GbR-Gesetzen*". Ein einheitliches GbR-Register verschafft die Möglichkeit, alle mit der Registerpublizität der GbR in einem Kontext befindlichen Probleme einheitlich und abschließend zu bestimmen, ohne weitere Problemfelder, wie zum Beispiel die Kondiktionsfestigkeit bei § 899a BGB, aufkommen zu lassen.[1021]

Um aber zu vermeiden, dass weiterhin das Gesetz wie ein Flickenteppich mit Einzelregelungen zur GbR der Rechtsprechung hinterherlaufend die Rechtslage klärt, sollte die Einführung eines GbR-Registers, mit hoher Priorität vom

---

1019 So womöglich auch die Ausführungen im Koalitionsvertrag zwischen CDU, CSU und SPD zur 19. Legislaturperiode, Rn. 6162 ff.

1020 Vor- und Familienname, Geburtsdatum und Wohnort bei natürlichen Personen; Firma, Rechtsform, Sitz/Niederlassung und Vertreter bei juristischen Personen und Personengesellschaften.

1021 Hierzu oben unter S. 223.

Gesetzgeber bedacht werden.[1022] Nur dadurch wäre dauerhaft und einheitlich Klarheit und Rechtssicherheit im Rechtsverkehr unter Beteiligung von GbRs geschaffen.

Jüngst hat der Gesetzgeber Hoffnung zur Einrichtung eines GbR-Registers gemacht. So heißt es in der Gesetzesbegründung zum Gesetz zur Umsetzung der Vierten EU-Geldwäscherichtlinie: *„Bei dieser Gesellschaft besteht die Besonderheit, dass für sie* ***derzeit*** *[Anm.: Hervorhebung nicht im Original] keine Möglichkeit zu einer Registereintragung unter Nennung ihrer Gesellschafter besteht, […].“*[1023] Dieser Formulierung ist durchaus ein Inaussichtstellen eines GbR-Registers entnehmbar, sodass § 40 Abs. 1 GmbHG n.F. für die Zeit bis zur Einrichtung eines solchen Registers wirkt.[1024] Ebenso sieht der Koalitionsvertrag zwischen CDU, CSU und SPD zur 19. Legislaturperiode des Deutschen Bundestages das Einsetzen einer Kommission zur Erarbeitung gesetzlicher Vorschläge für eine *„grundlegende Reform“* des Personengesellschaftsrechts vor, was freilich auch eine Reform des GbR-Rechts beinhalten kann und vermutlich auch wird.[1025]

III. Abweichende Liquidatorenbestimmung

Statt Rückgriff auf die bisherigen Geschäftsführer als geborene Liquidatoren zu nehmen, kann die Gesellschafterversammlung durch Beschluss (§ 66 Abs. 1 Var. 2 GmbHG) oder der Gesellschaftervertrag (§ 66 Abs. 1 Var. 1 GmbHG) andere Personen als gekorene Liquidatoren bestimmen.

In der Rechtspraxis ist die Liquidatorenbestellung und -abberufung durch Gesellschafterbeschluss besonders relevant und verbreitet. Insbesondere die für die Rechtspraxis relevanten Fragen zur Kompetenzübertragung auf Gesellschafter oder Dritte ad personam oder andere Gesellschaftsorgane sind nicht abschließend geklärt.

Eine Bestimmung über die Bestellkompetenz umfasst grundsätzlich auch die Abberufungskompetenz, sofern keine ausdrückliche Regelung dem

---

1022 So auch die Empfehlung von *C. Schäfer*, der vorschlägt, anstatt zunehmend neue Tatbestände zur „Objektpublizität“ der GbR zu schaffen, die derzeitigen Regelungen zu streichen und stattdessen ein einheitliches GbR-Register einzuführen, Gutachten E zum 71. DJT, S. 69.

1023 BT-Drucks. 18/11555, S. 173.

1024 Die Umsetzung musste bis spätestens 26. Juni 2017 erfolgen, sodass der Gesetzgeber nicht erst die Schaffung eines GbR-Registers abwarten konnte, bis zur Umsetzung der Richtlinie.

1025 Koalitionsvertrag zwischen SPD und CDU/CSU zur 19. Legislaturperiode des Deutschen Bundestages, Rn. 6162 ff.

entgegensteht, sodass indiziell Bestellung und Abberufung aus einem Guss (gewollt) sind.[1026] Im Zweifel unterliegt eine solche Bestimmung allerdings der subjektiven Auslegung.

Ferner kann das zuständige Gericht unter bestimmten Voraussetzungen nach § 66 Abs. 2 GmbHG die Liquidatorenbestimmung vornehmen.

1) Bestimmung durch Staatsakt

Im Sinne des Minderheitenschutzes sieht § 66 Abs. 2 GmbHG die Möglichkeit der Liquidatorenbestellung durch das Gericht vor. Hierzu bedarf es eines wirksamen Antrages und des Vorliegens eines wichtigen Grundes. Antragsbefugt sind Minderheitengesellschafter oder -gesellschafter-gruppen, die wenigstens 10 % des Stammkapitals halten.[1027] Ein wichtiger Grund setzt die Erforderlichkeit eines Einschreitens durch ein Gesetz zur ordnungsgemäßen Abwicklung voraus.[1028]

2) Bestimmung durch Satzung

§ 66 Abs. 1 GmbHG eröffnet die Möglichkeit, dass die Gesellschafter statt der bisherigen Geschäftsführer – die im gesetzlichen Regelfall zu geborene Liquidatoren würden – andere Personen bestimmen. Dieses Amt bedarf der Annahme.[1029] Gleichfalls kann die Satzung bestimmen, dass bestimmte Gesellschafter oder Gesellschaftergruppen ein Sonderrecht als Liquidator eingeräumt wird.

Die Benennung der in der Satzung bestimmten Liquidatoren muss eindeutig zuzuordnen sein, einer namentlichen Nennung bedarf es unterdessen nicht.[1030]

1026 OLG Düsseldorf NJW 1990, 1122; *Hüffer/Schürenbrand*, in: UHL, § 46 Rn. 87; *Kleindiek*, in: Lutter/Hommelhoff, § 38 Rn. 3; *Liebscher*, in: MüKo GmbHG, § 46 Rn. 182; *Römermann*, in: Michalski, § 46 Rn. 240; *Zöllner/Noack*, in: Baumbach/Hueck, § 38 Rn. 24; a.A. *Baums*, Geschäftsleitervertrag, S. 308 f. (ausdrücklich bezogen auf einen Aufsichtsrat).

1027 Erleichterungen des Quorums können in der Satzung bestimmt werden. Erschwerungen wegen des einseitig bindenden Charakters der Norm hingegen nicht. Dies ergibt sich aus der Funktion als Minderheiten schützende Norm, vgl. *H.-F. Müller*, in: MüKo GmbHG, § 66 Rn. 28 m.w.N.

1028 *H.-F. Müller*, in: MüKo GmbHG, § 66 Rn. 32, der anschaulich in zwei Fallgruppen kategorisiert: das nicht nur vorübergehende Fehlen notwendiger Liquidatoren und die Unzumutbarkeit vorhandener Liquidatoren.

1029 *Nerlich*, in: Michalski, § 66 Rn. 26.

1030 *H.-F. Müller*, in: MüKo GmbHG, § 66 Rn. 16.

3) *Bestimmung durch Beschluss*

Neben der statutarischen Bestellung gekorener Liquidatoren hält § 66 Abs. 1 GmbHG zudem die Möglichkeit vor, durch Gesellschafterbeschluss Liquidatoren zu bestimmen.[1031] Umstritten sind insbesondere die Möglichkeit einer Delegation der Bestellbefugnis und einer satzungsdurchbrechenden Wirkung des Beschlusses.

a) Grundfall Gesellschafterbeschluss

Originär Zuständig zur Beschlussfassung ist die Gesellschafterversammlung nach Maßgabe der §§ 47, 48 Abs. 1 GmbHG, mit Ausnahme des schriftlichen Verfahrens nach § 48 Abs. 2 GmbHG. Es genügt insofern die einfache Stimmmehrheit, sofern die Satzung nicht etwas anderes bestimmt. Soll ein Gesellschafter zum Liquidator bestellt werden, so hat dies keinen Einfluss auf sein Stimmrecht.[1032] Nach § 66 Abs. 4 GmbHG ist § 6 Abs. 2 Satz 2 und 3 GmbHG zu beachten. Enthält die Satzung ergänzende Vorgaben zur Liquidatorenbestellung sind diese, sofern nicht zuvor die Satzung geändert wird, für die Beschlussfassung verbindlich.[1033] Gleichfalls muss sich auch beim Beschluss die Liquidatorenbestellung auf eine bestimmbare Person beziehen.[1034]

b) Möglichkeit der Satzungsdurchbrechung

Nach inzwischen ganz h.M. entfaltet der Beschluss der Gesellschafterversammlung zur Bestellung von Liquidatoren satzungsdurchbrechende Wirkung.[1035]

Diese Ansicht fußt auf dem Wortlaut von § 66 Abs. 3 Satz 2 GmbHG, wonach „*Liquidatoren, die nicht vom Gericht ernannt sind […] durch Beschluß der Gesellschafter […] abberufen werden [können].*" Insoweit fasst der Gesetzgeber alle Fallgruppen der außergerichtlichen Liquidatorenbestellung pauschal zusammen. Der Wortlaut von § 66 Abs. 3 Satz 2 GmbHG eröffnet die Option durch

---

1031 Heute allgem. Ans., für viele *K. Schmidt*, in: Scholz GmbHG, § 66 Rn. 8; a.A. wohl zuletzt *Neukamp/Becker*, in: GmbHG, § 66 Anm. 2, die noch davon ausgingen, dass die Festsetzungen in der Satzung den Gesellschafterbeschlüssen immer vorgehen. Dies ist aber mit dem eindeutigen Wortlaut des § 66 Abs. 1 GmbHG unvereinbar.

1032 *H.-F. Müller*, in: MüKo GmbHG, § 66 Rn. 22.

1033 *Passarge/Torwegge*, Die GmbH in der Liquidation, S. 86.

1034 RGZ 145, 99, 104; *Passarge/Torwegge*, Die GmbH in der Liquidation, S. 86.

1035 *Haas*, in: Baumbach/Hueck, § 66 Rn. 14; *Kleindiek*, in: Lutter/Hommelhoff, § 66 Rn. 4; *H.-F. Müller*, in: MüKo GmbHG, § 66 Rn. 18; *Paura*, in: UHL, § 66 Rn. 28; *K. Schmidt*, in: Scholz, § 66 Rn. 8 f.; *Hofmann*, GmbHR 1976, 229, 230.

die Satzung bestellte Liquidatoren durch Gesellschafterbeschluss abzuberufen. So wird befürchtet, dass diese Abberufungskompetenz erheblich an Bedeutung verlieren würde, wenn neben der Abberufung nicht zugleich auch eine neue Bestellung möglich wäre.[1036]

Dem steht allerdings der Wortlaut von § 66 Abs. 1 GmbHG entgegen, der durchaus auf eine verstärkte, sogar überlagernde, Bedeutung der statutarischen gegenüber der Beschlussbestellung vermuten lässt.[1037] Insoweit kollidieren der Wortlaut von § 66 Abs. 1 und Abs. 3 Satz 2 GmbHG.

(1) Abberufung der Liquidatoren

Ausgehend von der Abberufungskompetenz der Gesellschafter durch Beschlussfassung soll auch eine Durchbrechung des Satzungstextes möglich sein.

Die Abberufung durch Beschluss ist grundsätzlich jederzeit und ohne Rechtfertigung möglich.[1038] Die Beschlussfassung erfolgt, sofern die Satzung nicht etwas anderes bestimmt, mit einfacher Mehrheit, § 47 Abs. 1 GmbHG. Sofern ein Sonderrecht zum Liquidatorenamt besteht kann nur bei Zustimmung des betroffenen Gesellschafters oder bei Vorliegen eines wichtigen Grundes eine Abberufung wirksam erfolgen.[1039]

(2) Stellungnahme

Der h.M. ist im Ergebnis nicht vollständig zu folgen. Obgleich § 66 Abs. 3 Satz 2 GmbHG die Möglichkeit der Abberufung durch Gesellschafterbeschluss eröffnet, so kann auch die Bedeutsamkeit der Begründung statutarischer Liquidatorenbestellung nicht gänzlich unberücksichtigt bleiben. Eine statutarische Liquidatorenbestellung hat eine höhere Beständigkeit als eine Bestellung aufgrund einfachen Gesellschafterbeschlusses.

Richtig ist – insoweit ist der dargestellten h.M. auch vollends zu folgen – dass auch bei statutarischer Bestellung von Liquidatoren diese ohne die Durchführung einer Satzungsänderung durch Beschluss abberufen werden können. Insoweit lässt der Wortlaut von § 66 Abs. 3 Satz 2 GmbHG keinen Spielraum. In Anlehnung an die Grundsätze der Satzungsdurchbrechung und in analoger Heranziehung von § 53 Abs. 2 Satz 1 a.E. GmbHG bedarf es einer

---

1036 *H.-F. Müller*, in: MüKo GmbHG, § 66 Rn. 18.

1037 So auch *K. Schmidt*, in: Scholz, § 66 Rn. 8, der sich im Ergebnis aber der h.M. anschließt.

1038 *H.-F. Müller*, in: MüKo GmbHG, § 66 Rn. 63.

1039 *K. Schmidt*, in: Scholz, § 66 Rn. 43 m.w.N.

satzungsändernden Mehrheit zur Beschlussfassung, nicht aber der übrigen Voraussetzungen der Satzungsänderung. Die hohe Bedeutung der Satzung über die innere Ordnung der Gesellschaft wird nur dann Genüge getan, wenn sich die Abberufung in der Qualität von der Liquidatorenbestellung durch einfachen Gesellschafterbeschluss abgrenzt. Insoweit widerspricht ein Erfordernis der qualifizierten Mehrheit auch nicht dem Wortlaut von § 66 Abs. 3 Satz 2 GmbHG, denn die Möglichkeit zur Beschlussfassung über die Abberufung eines Liquidators bleibt bestehen.

Ein wichtiger Grund muss unterdessen nicht vorliegen, einerseits in Abgrenzung zu statutarischen Sonderrechten, andererseits auch weil dieses Erfordernis in § 66 Abs. 3 Satz 2 GmbHG nicht genannt wird.

c) *Abweichende Bestimmungskompetenz*

Die Delegation von Bestell- und Abberufungskompetenz ist höchst umstritten. Das Gesetz spricht diese Kompetenz originär der Gesellschafterversammlung in § 66 Abs. 1, 3 Satz 2 GmbHG zu. Offen lässt das Gesetz, ob diese Befugnis übertragbar ist. Diese Delegationsmöglichkeit ist für die Rechtspraxis von großer Bedeutung. So kann die Stellung einzelner Gesellschafter oder die Beziehungen zu Banken und anderen Kreditgebern, Behörden, Komplementären in der GmbH & Co KG, Fachberatern, stillen Gesellschaftern usw. hervorgehoben,[1040] wie auch die innere Organisation auf die Bedürfnisse des Unternehmens, durch Begünstigung eines fakultativen Aufsichtsrats, eines Beirats oder Gesellschafterausschusses, zugeschnitten werden.[1041]

Insoweit bildet § 66 GmbHG das liquidationsrechtliche Gegenstück zur Geschäftsführerbestellung nach §§ 6, 46 Nr. 5 GmbHG. Um Gemeinsamkeiten und Unterschiede hervorzuheben und im Anschluss einer kritischen Betrachtung zu unterziehen wird zuerst die Delegation der Geschäftsführerbestellung und sodann der Liquidatorenbestellung dargestellt.

(1) Kompetenzübertragung in der werbenden Gesellschaft

Im Rahmen der Feststellung der Möglichkeit einer Übertragung der Bestellbefugnis von Geschäftsführern wird differenziert zwischen einer Übertragung an Gesellschafter, Organe und Dritte, wie auch die Möglichkeit der Einräumung von Mitwirkungsrechten.

1040 *Liebscher*, in: MüKo GmbHG, § 46 Rn. 180.
1041 *Römermann*, in: Michalski, § 46 Rn. 217.

(a) Kompetenzverlagerung zugunsten einzelner Gesellschafter oder Gesellschaftergruppen

Im Grundsatz geht die h.M. davon aus, dass die Bestell- und Abberufungskompetenz von Geschäftsführern delegiert werden kann.[1042] Da es sich bei der Bestellung und Abberufung der Geschäftsführer nicht um ein Grundlagengeschäft der Gesellschaft handelt, ist sowohl eine verdrängende, als auch eine ergänzende Kompetenzdelegation möglich.[1043]

Die Einräumung eines Sonderrechts einzelner Gesellschafter oder Gesellschaftergruppen in Person oder Geschäftsanteil ist anerkannt. Die Kompetenz kann vollständig, also für alle Geschäftsführer, oder nur teilweise, demnach für einzelne, übertragen werden.[1044]

(b) Kompetenzverlagerung zugunsten anderer Organe

Auch die Übertragung der Bestell- und Abberufungskompetenz auf von Gesellschaftern dominierte Organe ist satzungsrechtlich möglich.[1045] Umstritten ist allerdings, ob Geschäftsführern die Kompetenz zur Bestellung anderer/weiterer Geschäftsführer übertragen werden kann. Nach einer Auffassung wird dies mit Verweis auf die zweigliedrige Kompetenzverteilung – Gesellschafterversammlung und Geschäftsführung – abgelehnt.[1046] Dass eine dem Selbstorganisationsrecht und damit dem Wesen der Gesellschaft widersprechende Entmachtung der Gesellschafter droht, ist nach richtiger Ansicht allerdings nicht der Fall.[1047] Nicht aber möglich ist die Übertragung der Abberufungskompetenz auf die Geschäftsführung oder einzelne Geschäftsführer. Hier droht tatsächlich eine Schwächung

---

1042 BGHZ 43, 261, 264; GmbHR 1973, 279; *Altmeppen*, in: Roth/Altmeppen, § 6 Rn. 59; *Fastrich*, in: Baumbach/Hueck, § 6 Rn. 30; *Goette*, in: MüKo GmbHG, § 6 Rn. 60; *Liebscher*, in: MüKo GmbHG, § 46 Rn. 176; *Pfisterer*, in: Saenger/Inhester, § 6 Rn. 23; *Römermann*, in: Michalski, § 46 Rn. 217 f.; *K. Schmidt*, in: Scholz, § 46 Rn. 72; *Tebben*, in: Michalski, § 6 Rn. 61; *Zöllner/Noack*, in: Baumbach/Hueck, § 46 Rn. 39; *Goette*, DStR 1998, 938; einschränkend: *Hüffer/Schürnbrand*, in: UHL, § 46 Rn. 85 f.

1043 *Liebscher*, in: MüKo GmbHG, § 46 Rn. 177. Welche Form der Delegation vorliegt wird im Zweifel durch Auslegung ermittelt.

1044 *Pfisterer*, in: Saenger/Inhester, § 6 Rn. 23 m.w.N.

1045 Einh.M. RGZ 137, 305, 308 f.; *Hüffer/Schürnbrand*, in: UHL, § 46 Rn. 86; *Liebscher*, in: MüKo GmbHG, § 46 Rn. 178.

1046 *Hüffer/Schürnbrand*, in: UHL, § 46 Rn. 86; *Schindler*, in: BeckOK GmbHG, § 46 Rn. 50; *Goette*, DStR 1998, 938, wohl auch BGH DStR 1991, 751; *Goette*, DStR 1997, 1053.

1047 *Römermann*, in: Michalski, § 46 Rn. 218; *Roth*, in: Roth/Altmeppen, § 46 Rn. 19; *K. Schmidt*, in: Scholz, § 46 Rn. 72.

des Selbstorganisationsrechts. Die Abberufungskompetenz sollte immer bei von der Geschäftsführung unabhängigen Gesellschaftern oder Gesellschaftsorganen verbleiben, da mit dieser Befugnis regelmäßig auch ein Auftrag zur Kontrolle der Geschäftsführer einhergeht.

(c) Kompetenzverlagerung zugunsten Dritter

Weitaus problematischer ist die Möglichkeit der Übertragung der Bestell- und Abberufungskompetenz auf von Dritten dominierte Organe oder Dritte ad personam.[1048] Die Begünstigung von fremddominierten Organen wird wohl überwiegend befürwortet, nur einzeln dringen Stimmen durch, die überhaupt zwischen fremd- und gesellschaftsintern besetzten Organen differenzieren.[1049]

Die Zubilligung eines Ernennungsrechts an außenstehende Dritte ist besonders umstritten. Es wird im Grundsatz angenommen, dass die Satzung selbst keine Rechte zugunsten Gesellschaftsfremder enthält.[1050]

Die Gegenansicht geht davon aus, dass hier die Kompetenz nicht vollständig übertragen werde, weil die Gesellschafterversammlung durch Satzungsänderung die Kompetenz „*wieder an sich ziehen*" könne.[1051] Des Weiteren verbleibe die Möglichkeit der Abberufung eines Geschäftsführers aus wichtigem Grund immer (auch) bei der Gesellschafterversammlung.[1052] In dieser Konsequenz

---

1048 Eine Veranschaulichung des Meinungsstandes bei *Hublé*, Geschäftsführerbestellung, S. 12 ff.

1049 Für die Übertragung der Bestellkompetenz auf teilweise oder vollständig fremdbesetzte Organe: *Fastrich*, in: Baumbach/Hueck, § 6 Rn. 30; *Pfisterer*, in: Saenger/Inhester, § 6 Rn. 23; *Schneider/Schneider*, in: Scholz, § 6 Rn. 88; *Tebben*, in: Michalski, § 6 Rn. 61.

1050 *A. Teichmann*, Gestaltungsfreiheit, S. 196; *Bayer*, in: Lutter/Hommelhoff, § 46 Rn. 23; *Hüffer/Schürnbrand*, in: UHL, § 46 Rn. 86; *K. Schmidt*, in: Scholz, § 46 Rn. 72; *Zöllner/Noack*, in: Baumbach/Hueck, § 46 Rn. 34a; *Ulmer*, in: FS Werner, 1984, S. 911, 919 ff.; *ders.*, in: FS Wiedemann, 2002, S. 1297 ff.

1051 *Altmeppen*, in: Roth/Altmeppen, § 6 Rn. 59; ebenso: KG JW 1926, 598; *Baums*, Geschäftsleitervertrag, S. 310; *Fastrich*, in: Baumbach/Hueck, 6 Rn. 31; *Meyer-Landrut*, in: Meyer-Landrut/Miller/Niehus, § 46 Rn. 18; *Schmidt-Leithoff*, in: Rowedder/Schmidt-Leithoff, § 6 Rn. 39; *Beuthien/Gätsch*, ZHR 157 (1993), 483, 493; *Fleck*, ZGR 1988, 104, 121 f.; *Hammen*, WM 1994, 765 ff.; eingeschränkt: *Hublé*, Geschäftsführerbestellung, S. 110 f., wonach dies nicht gelte bei Geschäftsführerbestellung aufgrund wirtschaftlichen Drängens.

1052 Unentziehbar liegt diese Abberufungskompetenz nach einer Auffassung bei einem unmittelbaren Gesellschaftsorgan, i.d.R. der Gesellschafterversammlung, vgl. *Altmeppen*, in: Roth/Altmeppen, § 38 Rn. 13; *Fastrich*, in: Baumbach/Hueck, § 6 Rn. 31; teilw. *K. Schmidt*, in: Scholz, § 46 Rn. 72, sofern die Geschäftsführer für die Bestellung und Abberufung zuständig sind; die h.M. sieht kein Erfordernis in

erhalte sich die Gesellschaft gerade die Selbstorganisation. Diese Argumentation kann jedoch nicht überzeugen, da trotz einer Rückholkompetenz der Gesellschafterversammlung zunächst ein organschaftliches Recht auf einen Dritten übertragen wird.

Da Dritten nach richtiger Auffassung keine organschaftlichen Rechte zugebilligt werden können, werden zwei Ansätze von der h.M. zur Begründung einer Delegation der Bestellkompetenz herangezogen. So würden Dritte, denen eine Berufungskompetenz zukäme, zu Organen der Gesellschaft. Somit seien sie zur Wahrung der Gesellschaftsinteressen in gleichem Maße verpflichtet.[1053] Auch dieser Ansatz kann letztlich nicht überzeugen, denn ein Dritter ad personam, der als solcher auch in der Satzung bestimmt wird, ist nun mal kein Organ der Gesellschaft und kann daher auch nicht wie ein solches behandelt werden.

Ein anderer Erklärungsansatz geht davon aus, dass der Dritte im Verhältnis zur Gesellschaft zwar nur schuldrechtlich berechtigt und verpflichtet ist, dem Gebrauch seiner Rechte allerdings organisationsrechtliche Wirkung zukommt.[1054] Hierbei erfolgt eine völlige Durchmischung organschaftlicher und schuldrechtlicher Rechte, was sich dogmatisch nicht begründen lässt.

Überzeugend ist daher im Ergebnis nur die Zulässigkeit einer schuldrechtlichen Bindung der GmbH, deren Verletzung Schadensersatzansprüche und Vertragsstrafen auslöst, nicht aber Auswirkungen auf die Wirksamkeit bzw. Anfechtbarkeit der Bestellung hat. [1055]

(d) Mitwirkungsrechte an der Geschäftsführerbestellung

Als Minus zur Bestellung sind richtigerweise zahlreiche Mitwirkungsrechte satzungsrechtlich bestimmbar. Insbesondere das Vorschlags-,[1056] und Präsentationsrecht.[1057]

---

dieser zwingenden Kompetenz der Gesellschafterversammlung unter Berücksichtigung, dass bei Vorliegen eines wichtigen Grundes jedes (zuständige) Gesellschaftsorgan zur Abberufung verpflichtet ist, so *Hüffer/Schürnbrand*, in: UHL, § 46 Rn. 87; *Römermann*, in: Michalski, § 46 Rn. 241 f.; *Zöllner/Noack*, in: Baumbach/Hueck, § 38 Rn. 25; *Beuthien/Gätsch*, ZHR 157 (1993), 483, 494 f.; *Schneider*, ZGR 1983, 535, 544.

1053 *Römermann*, in: Michalski, § 46 Rn. 223; *Beuthien/Gätsch*, ZHR 157 (1993), 483, 492 ff.; *Hammen*, WM 1994, 766.

1054 *Fastrich*, in: Baumbach/Hueck, § 6 Rn. 31.

1055 Ebenfalls gegen eine organschaftliche Kompetenzübertragung auf Dritte *Zöllner/Noack*, in: Baumbach/Hueck, § 46 Rn. 34a, 97.

1056 Auch Benennungsrecht. Erlaubt dem Begünstigten den Vorschlag eines zu wählenden Geschäftsführers, vgl. *Schindler*, in: BeckOK GmbHG, § 46 Rn. 51.

1057 Gemeint ist die vertragliche Position, dass die (übrigen) Gesellschafter im Sinne des Begünstigten handeln müssen (Stimmbindungsvertrag), dessen Vorschlag

Diese Rechte können entweder in der Satzung bestimmt werden, oder in einem separaten Vertrag. Freilich können Begünstigte sich auch selbst benennen.[1058] Steht einer Gruppe ein Vorschlags- oder Präsentationsrecht zu, so entscheidet diese in Ermangelung anderer vertraglicher oder satzungsrechtlicher Bestimmungen mit einfacher Mehrheit über den vorzuschlagenden Kandidaten.[1059]

(2) Kompetenzübertragung in der aufgelösten Gesellschaft

Die bisherige Untersuchung hat ergeben, dass in weitem Maße die Gesellschafterversammlung die Bestellung und Abberufung der Geschäftsführer auf andere Gesellschafter, Gesellschaftsorgane und nach verbreiteter, im Ergebnis aber nicht überzeugender, Auffassung sogar auf Dritte übertragen kann.

Ungeachtet dessen gehen Rechtsprechung und große Teile der Literatur davon aus, dass eine Delegation der Liquidatorenbestellung und -abberufung nicht freier Satzungsgestaltung unterliegt.[1060] Zwingendes Organisationsrecht der GmbH stünde in Konflikt mit einer derartigen Satzungsbestimmung; weiterhin der nicht dispositive Charakter von § 66 Abs. 1 GmbHG. So führt das RG aus, dass „*wohl die Liquidation anderen Personen übertragen [werden] darf, nicht aber das Recht zur Ernennung der Liquidatoren*" und stellt dabei wohl primär

---

abhängig von der konkreteren Vertragsgestaltung, nur aus wichtigem Grund (§ 38 Abs. 2 GmbHG) oder aus sachlichen Motiven abgelehnt werden kann, vgl. *Römermann*, in: Michalski, § 46 Rn. 222.

1058 *Schindler*, in: BeckOK GmbHG, § 46 Rn. 51.

1059 BGH GmbHR 1990, 75.

1060 RGZ 145, 99, 104: „Diese Vorschrift [Anm.: § 66 Abs. 1 GmbHG] wird insofern als zwingend angesehen, als nicht durch den Gesellschaftsvertrag oder durch Beschluß der Gesellschafterversammlung die Bestellung des Liquidators Dritten, z.B. dem Aufsichtsrat, übertragen werden kann, sondern entweder der Gesellschaftsvertrag oder der Gesellschafterbeschluß selbst die Person des Liquidators bezeichnen muss."; zudem in der Rspr.: KG OLGR 42, 227; KGJ 45, 123; so auch in der Literatur: *Passarge/Torwegge*, Die GmbH in der Liquidation, S. 85 f.; *Ensthaler*, in: Ensthaler/Füller/Schmidt, § 66 Rn. 4; *Altmeppen*, in: Roth/Altmeppen, § 66 Rn. 22; *Gesell*, in: Rowedder/Schmidt-Leithoff, § 66 Rn. 7; *Haas*, in: Baumbach/Hueck, § 66 Rn. 13; *Hohner*, in: Hachenburg, 7. Aufl., § 66 Rn. 13; *Kleindiek*, in: Lutter/Hommelhoff, § 66 Rn. 4; *Nerlich*, in: Michalski, § 66 Rn. 26; *Wälzholz*, in: GmbH-Handbuch, Rn. I 3365; zweifelnd *Wicke*, in: GmbHG, § 66 Rn. 3; *Hofmann*, GmbHR 1976, 229, 230; ebenso bei § 265 AktG *Hüffer*, in: MüKo AktG, § 265 Rn. 9; *Sethe*, ZIP 1998, 770, 777.

auf den Wortlaut der Norm ab.[1061] Auch die Gesetzessystematik spreche gegen eine Übertragbarkeit der Ernennungskompetenz, da sich aus der Anwendung der Abs. 2 und 3 ergebe, dass das Gericht, sofern ein wichtiger Grund vorliegt, nur zur Bestellung und Abberufung berufen sei und sich daher anhand dieser normierten Ausnahme die zwingende Anwendung von Abs. 1 ableitbar sei. Die Möglichkeit zu einer Übertragung der Ernennungskompetenz an das Gericht neben § 66 GmbHG sei insoweit unstatthaft.[1062]

Eine im Vordringen befindliche Literaturmeinung begegnet dieser Ansicht kritisch, wobei sich die Begründungen in Teilen voneinander unterscheiden.[1063] Diese Ansicht baut verstärkt auf der in § 45 Abs. 2 GmbHG verbrieften Satzungsfreiheit auf, konkreter auf der darin enthaltenen Autonomie, über die innere Ordnung der Gesellschaft zu bestimmen. Diese Freiheit besteht im Grunde nach § 69 Abs. 1 GmbHG auch in der aufgelösten Gesellschaft.[1064] So bestünde ein Bedürfnis des Selbstschutzes der Gesellschafter nicht.[1065] Ebenso ergebe sich ein sinnvolles Gesamtkonzept, wenn die – heute schon überwiegend anerkannte – Delegation der Ausgestaltung der Vertretungsbefugnis einherginge mit der Delegation der Personalbefugnis.[1066] Eine Verengung der Dispositivität des § 66 Abs. 1 GmbHG durch Abs. 2 kann nicht generell überzeugen, zumal regelmäßig die Voraussetzung gerade nicht vorliegen.[1067]

Uneinigkeit besteht innerhalb dieser Ansicht, ob die Bestellbefugnis auch auf Dritte delegiert werden kann.[1068] Die verschiedenen Ansichten sind durchaus vergleichbar mit der Geschäftsführerbestellung in der werbenden Gesellschaft.

1061 RGZ 145, 99, 104.

1062 RGZ 145, 99, 105.

1063 *Beckmann/Hofmann*, in: Gehrlein/Born/Simon, § 66 Rn. 8; *Löffler*, in: Heybrock PraxisKomm, § 66 Rn. 6; *H.-F. Müller*, in: MüKo GmbHG, § 66 Rn. 26; *Paura*, in: UHL, § 66 Rn. 23; *K. Schmidt*, in: Scholz, § 66 Rn. 10.

1064 *K. Schmidt*, in: Scholz, § 66 Rn. 10.

1065 *H.-F. Müller*, in: MüKo GmbHG, § 66 Rn. 26.

1066 *H.-F. Müller*, in: MüKo GmbHG, § 66 Rn. 26.

1067 *Paura*, in: UHL, § 66 Rn. 23.

1068 Ausdrücklich für eine Delegation auch an Dritte *Beckmann/Hofmann*, in: Gehrlein/Born/Simon, § 66 Rn. 8 und wohl auch *K. Schmidt*, in: Scholz, § 66 Rn. 10; ausdrücklich gegen eine Delegation an Dritte *Paura*, in: UHL, § 66 Rn. 23. *H.-F. Müller*, in: MüKo GmbHG, § 66 Rn. 25 eröffnet die Diskussion bloß zur Delegation auf andere Organe oder Gesellschafter ad personam, sodass aufgrund fehlender Erwähnung Dritter wohl eher Zweifel bestehen.

d) *Stellungnahme*

Maßgeblich orientiert sich die heute h.M. an der Rechtsprechung. Nahezu argumentlos wird angenommen, dass eine Delegation der Liquidatorenbestellung im Kontrast zur Geschäftsführerbestellung nicht vereinbar wäre mit dem Wesen der GmbH i.L.

Bereits die frühe Kommentarliteratur zum GmbHG ist von der Möglichkeit der Delegation der Personalkompetenz ausgegangen[1069], ohne dabei zugleich auch eine Delegation in der Liquidation vorzusehen.[1070] Eine sachdienliche Diskussion über diese Streitfrage hat allerdings – wohl dem damaligen Verständnis von der Liquidation als besonders starke Zäsur – schlicht nicht stattgefunden. Es lässt sich daher jedenfalls feststellen, dass ein restriktives Verständnis zur Delegation der Personalkompetenz in der Liquidationsgesellschaft nicht bloß auf der Rechtsprechung des RG beruht, sondern auf dem damaligen Gemeinsinn beruht.

Gegen die dargestellte Ansicht des RG sprechen zahlreiche Gründe. So differenziert das Reichsgericht nicht zwischen Dritten, also Verbandsfremden, und Organen oder Gesellschaftern, die zum Verband dazu gehören.[1071] Die Rechtsprechung des RG war gewiss seinerzeit rechtlich vertretbar,[1072] kann aber heute nicht mehr argumentativ überzeugen. Wenn es sodann aus § 66 Abs. 2, 3 GmbHG den zwingenden Charakter des Abs. 1 herleitet, da für eine gerichtliche Liquidatorenbestellung ein wichtiger Grund vorliegen muss, verkennt das RG den Sinn und Zweck der Norm sowie die Systematik des Gesetzes. Einerseits dient die gerichtliche Liquidatorenbestellung dem Minderheitenschutz und lässt sich als atypische, irreguläre Bestellkompetenz nicht mit den anderen Kompetenzen vergleichen. Die Bestellung durch Beschluss ist eine originär der Gesellschafterversammlung zugeschriebene Befugnis. Insoweit kommt die Bestellung also aus dem Inneren der Gesellschaft. Bei der gerichtlichen Bestellung werden

---

1069 *Brodmann*, in: GmbHG, 1. Aufl., § 46 Anm. 6; *Groschuff*, in: GmbHG, § 46 Anm. 2; *Neukamp/Becker*, in: GmbHG, § 46 Anm. 1; einschränkend: *Hachenburg*, in: Staub Komm. GmbHG, § 46 Anm. 21, wonach jedenfalls eine Delegation zur Bestellung von Geschäftsführern nicht auf andere Geschäftsführer möglich ist.

1070 *Brodmann*, in: GmbHG, 1. Aufl., § 66 Anm. 2; *Feine*, in: Hdb. des ges. Handelsrechts, Bd. III/3, S. 650 f.; *Groschuff*, in: GmbHG, § 66 Anm. 2; *Hachenburg*, in: Staub Komm. GmbHG, § 66 Anm. 3; *Neukamp/Becker*, in: GmbHG, § 66 Anm. 2; *Warneyer/Koppe*, in: GmbHG, § 66 Anm. 1.

1071 RGZ 145, 99, 104: „[...]Dritten, z.B. dem Aufsichtsrat[...]."

1072 Da, wie dargestellt, auch die h.L. von dieser Ungleichbehandlung zwischen werbender und aufgelöster Gesellschaft ausgegangen ist.

Entscheidungen von außen der Gesellschaft aufoktroyiert. Freilich bedarf es dafür einer konkreten Regelung im Gesetz. Allenfalls kann § 66 Abs. 2 GmbHG herangezogen werden zur Begründung, dass an außenstehende Dritte eine Bestellkompetenz nicht delegiert werden kann, nicht aber zur Frage, ob innerhalb der Gesellschaft die Befugnis übertragen werden darf. Insoweit schlagen die zwingenden Bestimmungen in § 66 Abs. 2, 3 GmbHG nicht durch auf die grundsätzliche Dispositivität des Abs. 1.[1073]

Zudem spricht auch mittelbar der Grundsatz der Amtskontinuität für eine Möglichkeit der verbandsinternen Delegation der Bestellkompetenz. In diesem Grundsatz mündet letztlich die Personalkompetenz, weswegen deren Übertragbarkeit richtigerweise auch in der Liquidation möglich sein muss.[1074]

Aber auch weitere Gründe sprechen gegen eine Ungleichbehandlung von werbender und aufgelöster Gesellschaft. Beispielsweise können Minderheitsgesellschafter ihre Rechte in der Auflösung stärken, indem sie frühzeitig vor der Liquidationsphase die Zuständigkeit eines Beirats für die Liquidatorenbestellung vorsehen. Dieser könnte überproportional Minderheitengesellschafter als Mitglieder haben. Ein solches Organ könnte unter Beteiligung Dritter – sofern letztlich die Mehrheit des Organs mit Gesellschaftern besetzt ist – zugleich deeskalierend sein und der Entscheidung über die Liquidatorenbestellung die notwendige Rationalität und Neutralität geben.[1075] Insbesondere auch bei großem Gesellschafterkreis kann die „*Auslagerung*" der Bestellkompetenz durchaus sinnvoll sein.[1076]

Schließlich ist die Annahme, dass es sich bei der Liquidatorenbestellung um zwingendes Organisationsrecht handele, da es die Gesellschafter schütze, nicht überzeugend.[1077] Es ist nicht ersichtlich, warum die Gesellschafter bei der werbenden Gesellschaft nicht vor sich selbst geschützt werden müssen, wohl aber bei der aufgelösten GmbH. Insbesondere durch die einfache Abberufungsmöglichkeit in § 66 Abs. 3 Satz 2 GmbHG, mittels eines einfachen Gesellschafterbeschlusses, überzeugt diese Auffassung nicht. Für die AG besteht – zu Recht – eine zwingende

1073 Vgl. *H.-F. Müller*, in: MüKo GmbHG, § 66 Rn. 26.

1074 *H.-F. Müller*, in: MüKo GmbHG, § 66 Rn. 26 a.E. mit dem Hinweis, dass auch bereits nach einh.M. die Ausgestaltung der Vertretungsbefugnis der Liquidatoren in der Satzung delegierbar ist.

1075 Im Ansatz bereits Begr. zu § 217 Abs. 2 Satz 2 GmbHG-RegE 1971/1973, BT-Drucks. 7/253, S. 205.

1076 *H.-F. Müller*, in: MüKo GmbHG, § 66 Rn. 26.

1077 Ebenfalls *H.-F. Müller*, in: MüKo GmbHG, § 66 Rn. 26.

Organzuständigkeit.[1078] Insoweit ist die Hauptversammlung also auch für die Bestellung der Liquidatoren zuständig, eine Delegation ist ausgeschlossen. Hier treten unterdessen die Unterschiede zwischen GmbH und AG zutage. Dient die Satzungsstrenge in der AG dem Zweck der Sicherung der Kompetenz der Aktionäre, die auf einen höchstmöglichen Liquidationsprofit hoffen, so unterliegt die GmbH grundsätzlich der Satzungsfreiheit über die innere Ordnung der Gesellschaft. Der Gesellschafterkreis muss – anders als Aktionäre – nicht vor sich selbst geschützt werden. Auch der Umstand, dass die Gesellschafter einer AG insbesondere dem Aufsichtsrat gegenüber mehr Freiheiten in der Liquidation haben,[1079] kann kein allgemeiner Grundsatz eines erforderlichen engeren Zusammenrückens entnommen werden. Gerade dieses Hinzugewinnen von Freiheiten der Gesellschafter – sofern sich dieser Rechtsgedanke überhaupt auf die GmbH übertragen lässt – kann doch nicht ernsthaft zur Folge haben, dass die Gesellschafter sodann in ihrer inneren Organisation zusätzlichen Beschränkungen unterworfen werden. Sowohl die werbende als auch die aufgelöste GmbH verfolgen i.d.R. das primäre Ziel der Gewinnmaximierung, sodass freilich restriktivere Delegationsbefugnisse während der Liquidation nicht zu begründen sind.

Es ist unter Maßgabe der dargestellten Gründe festzustellen, dass die h.M. zur Übertragung der Personalkompetenz in der Liquidationsgesellschaft primär auf dem Rezitieren einer inzwischen überholten Rechtsprechung des RG beruht. Vor allem der Umstand, dass i.S.e. modernen und effizienten Liquidation vom Liquidationszweck als Verfahrenszweck ausgegangen werden kann, blieb bisweilen, bezogen auf die Delegationsbefugnisse und -möglichkeiten der Gesellschafterversammlung in der Liquidation, weitreichend unberücksichtigt. Ein sachlicher Grund für eine Einschränkung der Delegationsbefugnisse für die aufgelöste Gesellschaft besteht folglich nicht.

C. Ergebnis

Anders als von der derzeit h.M. vertreten, spricht vieles für eine weite, liberale Gestaltungsfreiheit der Gesellschafter in der Liquidation. Ein modernes

---

1078 *Arnold*, in: KK-AktG, § 23 Rn. 148; *Koch*, in: Hüffer/Koch, § 23 Rn. 36; *Pentz*, in: MüKo AktG, § 23 Rn. 164; *Sethe*, ZIP 1998, 770, 771; *Timm*, DB 1980, 1201, 1204.

1079 So verliert der Aufsichtsrat in Bezug auf die Abwickler z.B. nach § 265 AktG seine Personalkompetenz i.S.d. § 84 AktG. Im verbleibt bloß noch ein Antragsrecht auf gerichtliche Bestellung oder Abberufung. Ebenso entfällt die Beteiligung des Aufsichtsrats an der Feststellung des Jahresbeschlusses. Ausführlich hierzu *Bachmann*, in: Spindler/Stilz, § 268 Rn. 18 f.

Liquidationsverständnis erfordert zumeist keine unterschiedliche Behandlung von „*lebender*" und „*sterbender*" Gesellschaft. Richtig ist, dass die Liquidation zwar eine Zäsur im Lebenszyklus der GmbH darstellt, nicht aber vollends außerhalb dieses Lebens steht.

Die Auflösungskompetenz muss zwingend bei den Gesellschaftern verbleiben. Für die Frage der Weiterexistenz der Gesellschaft ist einzig die Gesellschafterversammlung zuständig.[1080] Im Übrigen gilt weitreichende Liberalität der Satzungsgestaltung. In erheblichem Maße können – auch in der Liquidation – die Gesellschafter über ihre innere Ordnung bestimmen. Im Verständnis, dass der Liquidationszweck den Unternehmenszweck bloß in Teilen überlagert, nicht aber verdrängt, ist regelmäßig eine Ungleichbehandlung zwischen werbender und aufgelöster Gesellschaft nicht begründbar. Auch wenn es korrekt ist, dass die Gesellschaft näher zusammenrückt, so darf nicht außer Acht gelassen werden, dass dies auch verstärkt zu Reibungen und Konflikten führen kann. Um eine gelungene Liquidation zu ermöglichen kann also eine innere, vom gesetzlichen Regelfall abweichende, Ordnung immanent sein.

Insoweit kann man durchaus kritisieren, dass die Gestaltungsfreiheit bei der aufgelösten Gesellschaft strenger verstanden wird, als bei der „*lebenden*" GmbH. Dieses Unverständnis der Liquidation gilt es zu korrigieren.

Eine verstärkte Einbindung der GbR sollte im Sinne des Gesetzgebers sein. So muss auch die Einsetzung einer GbR als Liquidator möglich sein. De lege lata ist durch § 67 GmbHG i.V.m. § 162 Abs. 1 Satz 2 HGB analog eine erforderliche Registerpublizität erreichbar, die über § 15 HGB einen hinreichenden Verkehrsschutz erreicht.[1081] Dauerhaft empfiehlt sich aber nach hier vertretener Auffassung die Implementierung eines GbR-Registers für unternehmenstragende GbRs, um die zahlreichen mit der GbR verbundenen Probleme im Gesamten und als einheitliches Konzept zu regeln.[1082]

1080 Vgl. oben unter S. 150 f.
1081 Vgl. oben unter S. 230 f.
1082 Vgl. oben unter S. 233.

5 Auslegung und Satzungsverständnis in der Liquidation

Bereits bei Gründung der Gesellschaft können Bestimmungen über die Liquidation in den Satzungstext aufgenommen werden.[1083] Ebenso können während der gesamten Zeit des Bestehens – also auch in der Liquidationsphase – der GmbH Bestimmungen über die Liquidation in die Satzung aufgenommen werden. Dennoch enthalten Satzungen häufig zahlreiche bloß konkret auf die werbende Gesellschaft zugeschnittene Satzungsbestimmungen, ohne aber eine Fortgeltung auch in der Liquidation anzuordnen, obwohl dies regelmäßig gewünscht ist.[1084] Die Reichweite und Auslegung solcher Satzungsbestimmungen ergibt sich nicht unmittelbar aus dem Gesetz und ist in Literatur und Rechtsprechung umstritten. Für die Rechtspraxis stellt sich dieses Problem in besonderem Maße, denn nicht selten wünschen Geschäftsführer einer Gesellschaft kurzfristig die Abmeldung der GmbH unter gleichzeitiger Bestellung ihrer Person zum einzelvertretungsberechtigten und von § 181 BGB befreiten Liquidator.[1085] Dieses Praxisbedürfnis wirft freilich sodann die Frage auf, inwieweit solche Bestimmungen, die die werbende Gesellschaft betreffen, in der aufgelösten Gesellschaft fortwirken.

Die Rechtswirkung der Auflösung erfolgt ipso iure, sodass Auflösungsgründe mit einer hinreichenden Bestimmtheit geregelt werden müssen.[1086] Abweichend

---

1083 Was in der Rechtspraxis allerdings regelmäßig wegen fehlender Weitsicht und mangelnder Rechtsberatung der Gesellschaftsgründer ausbleibt. Bei der Gründung einer Gesellschaft wird oftmals nicht über die Möglichkeit ihres „Untergangs" nachgedacht.

1084 Vgl. bereits *Sethe*, ZIP 1998, 770, der den Grund für solche Satzungsmängel in der fehlenden Weitsicht der Gründer und der mangelhaften Berücksichtigung der Liquidation in zahlreichen Formularhandbüchern sieht. Mit dem MoMiG 2008 und der Möglichkeit der GmbH-Gründung nach Musterprotokoll ist ferner keine Besserung eingetreten. Das Schicksal der Vertretungsbestimmungen für den Geschäftsführer wird in Bezug auf die Liquidation nicht vom Musterprotokoll berücksichtigt. Ebenfalls *Stuppi*, notar 2012, 66.

1085 Mit Hinweisen zur Praxisrelevanz *Stuppi*, notar 2012, 66.

1086 *Passarge/Torwegge*, in: Die GmbH in der Liquidation, S. 39; *Arnold*, in: Henssler/Strohn, § 60 Rn. 58; *Berner*, in: MüKo GmbHG, § 60 Rn. 218; *Casper*, in: UHL, § 60 Rn. 111; *Gesell*, in: Rowedder/Schmidt-Leithoff, § 60 Rn. 41; *Haas*, in: Baumbach/Hueck, § 60 Rn. 89; *K. Schmidt/Bitter*, in: Scholz, § 60 Rn. 76.

von den gesetzlichen Vorgaben, kann die Satzung für Liquidatoren Bestimmungen über deren Quantität und Qualität enthalten.[1087]

Mit der Auflösung rückt die Gesellschaft näher zusammen und der Liquidationszweck überlagert zunehmend den Gesellschaftszweck.[1088] In diesem Kapitel soll untersucht werden, welche Auswirkung eine solche Satzungslücke bezogen auf die Wirksamkeit der betroffenen Satzungsbestimmungen in der aufgelösten Gesellschaft hat.

A. Liquidatorenmerkmale und -kompetenzen

Eine breite Fülle an Judikaten und Literaturmeinungen bestimmt den Diskurs zur Fortwirkung der die werbende Gesellschaft betreffenden Satzungsbestimmungen über Voraussetzung, Anzahl und Kompetenzen der Liquidatoren. Gleichermaßen stellt sich das Problem einer etwaigen Fortwirkung von Satzungsbestimmungen in zahlreichen Konstellationen, so insbesondere bei Bestimmungen über Quantität und Qualität Geschäftsführern, Geschäftsführungs- und Vertretungsbefugnis sowie Wettbewerbsverboten.

I. Qualitäts- und Quantitätsbestimmungen

Problematisch und umstritten ist, ob die vorliquidatorische gesellschaftsvertragliche Festsetzung von Regelungen, die eine vom Gesetz abweichende Mindestzahl von oder Qualifikation bei Geschäftsführern voraussetzen, auch im Falle der Auflösung für Liquidatoren gelten. Richtigerweise ist die Auflösung und auch die Entscheidung über die Bestellung der Liquidatoren eine zuvorderst innere Angelegenheit der Gesellschaft.

Teilweise wird vertreten, dass eine durch Auslegung zu ermittelnde Fortgeltung solcher erweiterter Bestellungs- und Abberufungsregelungen in Zweifelsfällen auch in der Liquidation fortgilt.[1089] Nach anderer Auffassung ist eine über die Auflösung hinausgehende Geltung dieser Bestimmungen nicht ohne weiteres anzunehmen.[1090]

1087 Siehe oben unter S. 233 ff.

1088 Siehe oben unter S. 113.

1089 OLG Frankfurt NZG 1999, 833; *Haas*, in: Baumbach/Hueck, § 66 Rn. 9; *H.-F. Müller*, MüKo GmbHG, § 66 Rn. 7; *Paura*, in: UHL, § 66 Rn. 14; *Servatius*, in: Bork/Schäfer, § 66 Rn. 3.

1090 *Altmeppen*, in: Roth/Altmeppen, § 66 Rn. 10; *Lorscheider*, in: BeckOK GmbHG, § 66 Rn. 5.

Vorzugswürdig ist unter Heranziehung der subjektiven Auslegung zu ergründen, ob die Regelungen auf die Bestellung und Abberufung der Geschäftsführer im Speziellen oder auf das Vertretungsorgan der Gesellschaft im Allgemeinen zugeschnitten sind. Das Vorliegen besonderer Qualifikationsmerkmale ist allerdings ohne größere praktische Bedeutung, da geborene Liquidatoren nunmal die für Geschäftsführer vorgesehenen Voraussetzungen erfüllen, andernfalls hätten diese bereits nicht zu Geschäftsführern ernannt werden können.[1091] Betroffen sind daher also insbesondere solche Fälle, in denen gekorene Liquidatoren bestellt werden bzw. die Eignung des Geschäftsführers zwischenzeitlich entfallen ist sowie Bestimmungen zur Quantität der Liquidatoren.

Die Fortgeltung von Quantität-[1092] und Qualitätsbestimmungen[1093] gilt nach vorzugswürdiger Ansicht indiziell, soweit nicht konkrete Gründe dagegen sprechen. Letztlich entspricht es wohl dem regelmäßigen Willen der Gesellschafter, dass, i.S.e eventuell gewollten Arbeitsteilung eine Mindestzahl von Liquidatoren bestellt wird oder zur Sicherung der Geeignetheit der Liquidatoren eine erforderliche berufliche Mindestqualifikationen, eine Gesellschaftereigenschaft oder ein bestimmtes Mindestalter vorliegt, diese festgelegten Merkmale nicht erneut zur Disposition stehen. Insbesondere im Falle einer Delegation der Personalkompetenz auf andere Organe ist es erheblich, ob die statutarischen Bestimmungen auch für Liquidatoren gelten, denn nur dann ist das Bestellorgan daran gebunden.

II. Vertretungsbefugnis der Liquidatoren einer GmbH i.L.

Auch mit der Auflösung der Gesellschaft bleibt diese zunächst bestehen und für die Dauer ihrer Liquidation auch im Register eingetragen, sodass es erforderlich ist, ein nach außen wirksam handlungsfähiges Organ zu bestellen.[1094] Dieses

---

1091 *Altmeppen*, in: Roth/Altmeppen, § 66 Rn. 10.

1092 Inkonsequenterweise geht die h.L. davon aus, dass Bestimmungen über die Zahl der Geschäftsführer für Liquidatoren umgedeutet werden könne, so *Nerlich*, in: Michalski, § 66 Rn. 19; *K. Schmidt*, in: Scholz, § 66 Rn. 2a. Dieses Ergebnis lässt sich dogmatisch begründbar rglm. auch durch subjektive Auslegung ermitteln. Wie hier wohl auch *H.-F. Müller*, in: MüKo GmbHG, § 66 Rn. 11: „Besteht eine Regelung über die Zahl der Geschäftsführer, so ist sie in Ermangelung abweichender Anhaltspunkte auch für die Liquidatoren maßgeblich." Ebenso: *Haas*, in: Baumbach/Hueck, § 66 Rn. 9; *Geißler*, DZWIR 2013, 1, 2.

1093 *H.-F. Müller*, in: MüKo GmbHG, § 66 Rn. 7; a.A. *Altmeppen*, in: Roth/Altmeppen, § 66 Rn. 10; *Lorscheider*, in: BeckOK GmbHG, § 66 Rn. 5.

1094 *Reymann*, GmbHR 2009, 176.

bilden nach § 70 GmbHG als Geschäftsführungs- und Vertretungsorgan die Liquidatoren der aufgelösten Gesellschaft.[1095]

1) Grundlagen zur Vertretungsmacht und Befreiung von § 181 BGB

Entsprechend § 70 Abs. 1 Satz 1 Hs. 2 GmbHG wird die Gesellschaft durch die Liquidatoren gerichtlich und außergerichtlich vertreten. Diese Vertretung ist im Außenverhältnis unbeschränkt und unbeschränkbar.[1096] Insoweit entspricht § 70 GmbHG den Bestimmungen zur Vertretungsmacht der Geschäftsführer in der werbenden Gesellschaft.[1097]

a) Grundsatz der Gesamtvertretungsmacht

Nach § 68 Abs. 1 Satz 2 GmbHG gilt für Liquidatoren hinsichtlich der Vertretung der GmbH i.L. bei mehreren Liquidatoren Gesamtvertretungsmacht, sofern nicht etwas anderes bestimmt wurde.[1098] Die Vorschrift regelt die Aktivvertretungsbefugnis der Gesellschaft.[1099] Die Vertretungsmacht eines Liquidators in der GmbH entspricht der eines Geschäftsführers.[1100] Sie wirkt (grundsätzlich) uneinschränkbar nach außen.[1101]

b) Beschränkung durch den Liquidationszweck

Entsprechend der früher h.M. könne der Liquidationszweck die Vertretungsmacht der Liquidatoren begrenzen.[1102] Ausgangspunkt dieser Annahme ist, dass

---

1095 Vgl. *Altmeppen*, in: Roth/Altmeppen, § 66 Rn. 3: „Die Liquidatoren sind ein bes. gesetzlich vorgeschriebenes Organ der GmbH im Abwicklungsstadium.", ferner ergänzend in Rn. 6: „Die Liquidatoren sind allerdings nicht in allen Fällen einer Auflösung erforderlich, sondern immer dann, wenn eine Liquidation stattfindet, dh nicht bei Eröffnung des Insolvenzverfahrens über das Vermögen der GmbH […] und nicht bei Löschung wegen Vermögenslosigkeit[…]."

1096 Im Innenverhältnis bleiben die Liquidatoren den Gesellschaftern gegenüber verantwortlich; eine Beschränkung mit Wirkung nach außen ist unwirksam gegenüber Dritten, vgl. für alle *Eller*, Liquidation der GmbH, S. 62.

1097 *Passarge/Torwegge*, Die GmbH in der Liquidation, S. 105; *Nerlich*, in: Michalski, § 70 Rn. 36.

1098 Ist nur ein Liquidator bestellt, so gilt freilich Einzelvertretungsmacht, vgl. *Gesell*, in: Rowedder/Schmidt-Leithoff, § 68 Rn. 3.

1099 BGH NZG 2009, 72.

1100 Vgl. *Nerlich*, in: Michalski, § 70 Rn. 36 f.; *K. Schmidt*, in: Scholz, § 70 Rn. 3.

1101 *Eller*, Liquidation der GmbH, S. 62.

1102 So sieht § 70 GmbHG vor: „Die Liquidatoren haben die laufenden Geschäfte zu beendigen, die Verpflichtungen der aufgelösten Gesellschaft zu erfüllen, die Forderungen

der Wortlaut des § 70 GmbHG gleichsam auch auf Verträge und Rechtsgeschäfte mit Dritten angewandt wird. Es ist allerdings zu beachten, dass § 70 GmbHG sich primär auf das Innenverhältnis bezieht und eine gesetzliche Beschränkung der Vertretungsmacht als Ausnahme zum Grundsatz der Unbeschränkbarkeit eine eindeutige gesetzliche Regelung bedürfte.[1103] Unterstützend bezog sich die Argumentation auf den in das GmbH-Recht übertragenen § 210 Abs. 1 AktG in der Fassung von 1937, wonach die Abwickler nur Vertretungsmacht *„innerhalb ihres Geschäftskreises"* hatten. Spätestens mit der Änderung des AktG 1965 ist dieser Wertungsgehalt indes entfallen.[1104]

Diese Auffassung wird zu Recht inzwischen mehrheitlich aus Gründen der Risikozuordnung und des Verkehrsschutzes abgelehnt. Es bestehe nur eine partielle Überlagerung durch den Liquidationszweck.[1105] Der Missbrauch der Vertretungsmacht durch den Liquidator führe zur Durchbrechung des Grundsatzes unbeschränkter Vertretungsmacht.[1106]

---

derselben einzuziehen und das Vermögen der Gesellschaft gerichtlich und außergerichtlich zu vertreten. Zur Beendigung schwebender Geschäfte können die Liquidatoren auch neue Geschäfte eingehen."; stellvertretend für viele: RGZ 44, 80, 82; 72, 119, 122 f.; 146, 376, 377; *Wimpfheimer*, Liquidation, S. 147 ff.; bereits damals a.A. *Feine*, in: Hdb. des ges. Handelsrechts, Bd. III/3, S. 650 ff., der den Streitstand besonders gelungen und ausführlich darstellt.

1103 *Feine*, in: Hdb. des ges. Handelsrechts, Bd. III/3, S. 652.

1104 Hierzu insbesondere *H.-F. Müller*, in: MüKo GmbHG, § 70 Rn. 3.

1105 *K. Schmidt*, AcP 184 (1984), 529 ff.; *ders.*, in: Scholz, § 70 Rn. 3; *ders.*, Gesellschaftsrecht, S. 313 f.; gleichwohl bereits zuvor *Feine*, in: Hdb. des ges. Handelsrechts, Bd. III/3, S. 650 ff.; *Brodmann*, in: GmbHG, § 70 Anm. 2; zustimmend: BayObLG BB 1985, 1148; OLG Stuttgart, ZIP 1986, 647, 648; LG Köln DNotZ 1980, 422, 423; *Altmeppen*, in: Roth/Altmeppen, § 68 Rn. 2; *Brünkmans/Hofmann*, in: Gehrlein/Born/Simon, § 70 Rn. 2; *Gesell*, in: Rowedder/Schmidt-Leithoff, § 70 Rn. 5; *Haas*, in: Baumbach/Hueck, § 70 Rn. 2; *Kleindiek*, in: Lutter/Hommelhoff, § 70 Rn. 2; *H.-F. Müller*, in: MüKo GmbHG, § 70 Rn. 3; *Paura*, in: UHL, § 70 Rn. 27; *Hofmann*, GmbHR 1976, 229, 233.

1106 Heute h.M. OLG Köln BeckRS 2005, 04170; *Altmeppen*, in: Roth/Altmeppen, § 68 Rn. 3; *Haas*, in: Baumbach/Hueck, § 70 Rn. 2; *Kleindiek*, in: Lutter/Hommelhoff, § 68 Rn. 5; *H.-F. Müller*, in: MüKo GmbHG, § 70 Rn. 4; *Nerlich*, in: Michalski, § 70 Rn. 40; *Paura*, in: UHL, § 70 Rn. 27; *K. Schmidt*, in: Scholz, § 70 Rn. 3; *ders.*, AcP 174 (1974), S. 55, 77. Ein solcher Missbrauch liegt bei Evidenz und Kollusion vor. Allgemein zu den Grundsätzen des Missbrauchs der Vertretungsmacht im Handelsrecht, BGHZ 50, 112.

c) *Beschränkungen des § 181 BGB*

Im Kontext der Vertretungsbefugnis ist gleichwohl auch die Möglichkeit des Selbstkontrahierens in Ausnahme zu § 181 BGB stetige Streitfrage und Gegenstand gerichtlicher Auseinandersetzung.[1107]

Ein mit Vertretungsmacht ausgestatteter Vertreter kann grundsätzlich für und gegen den Vertretenen im Rechtsverkehr tätig sein.[1108] Ist der Vertreter aber zugleich auf beiden Seiten aktiv, also gibt eine Willenserklärung sich selbst gegenüber ab, so liegt ein Insichgeschäft vor.[1109] Zur Vorbeugung eines daraus resultierenden Interessenkonflikts – die Interessen der beiden Parteien sind gewöhnlich nicht gleichläufig – sieht das Gesetz den in § 181 BGB verankerten Grundsatz des Verbots des Selbstkontrahierens vor.[1110] § 181 BGB beschränkt den Vertreter in seinem rechtlichen Können und führt bei Missachtung – mit Ausnahme des § 180 Satz 1 BGB – zur schwebenden Unwirksamkeit des Rechtsgeschäfts.[1111]

d) *Abweichende Regelungen*

Durch Beschluss oder Satzungsbestimmung können die Gesellschafter die Vertretungsbefugnisse der Liquidatoren vom Grundsatz abweichend bestimmen.[1112]

(1) Vertretungsmacht

Die Vertretungsmacht kann vom Gesetz abweichend weitgehend beliebig ausgestaltet werden. Beispielsweise kann Einzelvertretungsmacht, Gesamtvertretungsmacht von mehreren, nicht aber allen Liquidatoren oder unechte Vertretungsmacht – also das Zusammenwirken von Liquidatoren und Prokuristen – vorgesehen sein.[1113]

1107 Vgl. BFH GmbHR 2001, 927; OLG Düsseldorf ZIP 1989, 917; BayObLG NJW-RR 1996, 611; OLG Hamm GmbHR 1997, 553; OLG Zweibrücken GmbHR 1999, 237; OLG Rostock NZG 2004, 288; OLG Hamm RNotZ 2010, 544; OLG Zweibrücken BeckRS 2011, 23822; OLG Frankfurt BeckRS 2012, 07403; OLG Köln NZG 2016, 1314; OLG Düsseldorf NZG 2016, 1424; LG Berlin Rpfleger 1987, 250; teilweise auch BGH NZG 2009, 72.

1108 *Schäfer*, in: BeckOK BGB, § 181 Rn. 1.

1109 *Schäfer*, in: BeckOK BGB, § 181 Rn. 1.

1110 *Schäfer*, in: BeckOK BGB, § 181 Rn. 2. Ebenso die Rechtsprechung: BGHZ 56, 97, 102; 59, 236, 239.

1111 *Schäfer*, in: BeckOK BGB, § 181 Rn. 29.

1112 *Gesell*, in: Rowedder/Schmidt-Leithoff, § 68 Rn. 4.

1113 *Gesell*, in: Rowedder/Schmidt-Leithoff, § 68 Rn. 3 ff.

Schwierigkeiten bereitet ein Gesellschafterbeschluss, mit dem eine statutarisch bestimmte Vertretungsbefugnis – ohne Satzungsänderung oder satzungsändernde Mehrheit – abgeändert werden soll. Nach einer Ansicht soll eine einfache Mehrheit zur Beschlussfassung über die Vertretungsverhältnisse der Gesellschaft genügen.[1114] Etwas anderes soll nur dann gelten, wenn die Satzung bei einem einfachen Gesellschafterbeschluss ein höheres Quorum vorsieht, dann muss jedenfalls dieses erreicht worden sein.[1115] Teilweise wird vertreten, dass eine qualifizierte Mehrheit ausreiche, ohne dass eine formale Satzungsänderung erforderlich sei.[1116] Nach einer dritten Meinung soll nur eine Satzungsänderung ausreichend sein.[1117] Eine einfache Beschlussregelung sei demnach nur dann möglich, wenn die Satzung sich diesbezüglich ausschweige.[1118]

Wohl überzeugend erscheint hier, nicht zuletzt dem Umstand geschuldet, dass die aufgelöste Gesellschaft *„nur noch einen überschaubaren Zeitraum weiterbestehen wird"*,[1119] keine formale Satzungsänderung entsprechend der §§ 53, 54 GmbHG zur Notwendigkeit zu machen. Im Sinne einer hinreichenden Legitimation des Beschlusses ist es wohl geboten, dass die in § 53 Abs. 2 Satz 1 GmbHG vorgeschriebene qualifizierte Mehrheit, oder eine hiervon abweichenden statutarisch für Satzungsänderungen vorgesehene Mehrheit, erreicht wird. Dass in Einklang mit der h.M. zur satzungsdurchbrechenden Bestellung von Liquidatoren auch die Vertretungsbefugnis gleichfalls mit einfacher Mehrheit abänderbar sein müsse,[1120] ist nur dann konsequent, wenn sich ebendieser Auffassung zur Satzungsdurchbrechung anschlossen wird. Vorliegend wird angenommen, dass eine qualifizierte Mehrheit erforderlich ist.[1121]

1114 BayObLG DB 1985, 1521; OLG Naumburg BeckRS 2013, 11256; *Büteröwe*, in: Henssler/Strohn, § 68 Rn. 5; *Gesell*, in: Rowedder/Schmidt-Leithoff, § 68 Rn. 4; *Haas*, in: Baumbach/Hueck, § 68 Rn. 5 f.; *Kleindiek*, in: Lutter/Hommelhoff, § 68 Rn. 2; *H.-F. Müller*, in: MüKo GmbHG, § 68 Rn. 9*Hofmann*, GmbHR 1976, 229, 234.

1115 *Gesell*, in: Rowedder/Schmidt-Leithoff, § 68 Rn. 4

1116 *Kolmann*, in: Saenger/Inhester, § 68 Rn. 10; *Paura*, in: UHL, § 68 Rn. 6; *K. Schmidt*, in: Scholz, § 68 Rn. 5 f.

1117 *Altmeppen*, in: Roth/Altmeppen, § 68 Rn. 12; *Brünkmans/Hofmann*, in: Gehrlein/Born/Simon, § 68 Rn. 8; *Nerlich*, in: Michalski, § 68 Rn. 9.

1118 *Altmeppen*, in: Roth/Altmeppen, § 68 Rn. 9.

1119 *H.-F. Müller*, in: MüKo GmbHG, § 68 Rn. 9.

1120 *H.-F. Müller*, in: MüKo GmbHG, § 68 Rn. 9.

1121 Siehe oben unter S. 236 f. Nach hier vertretener Auffassung bedarf eine satzungsdurchbrechende Bestellung der Liquidatoren gleichfalls einer qualifizierten Mehrheit.

(2) Befreiung von § 181 BGB

Die Norm des § 181 BGB enthält keinen allgemeinen Rechtsgrundsatz, mit der Folge, dass bei einem Vertrag zwingend verschiedene Personen auf beiden Seiten handeln müssen, sondern soll Gefahren abwehren, die durch das Auseinanderfallen der Parteieninteressen auf beiden Seiten entstehen können, wenn beide Parteien personenidentisch vertreten werden.[1122] Ist die Befreiung von § 181 BGB fehlerbelastet, so ist ein zwischen dem Geschäftsführer bzw. Liquidator und der Gesellschaft abgeschlossenes Rechtsgeschäft schwebend unwirksam.[1123]

(a) Befreiung von Geschäftsführern

Eine Befreiung von § 181 BGB ist durch Gestattung des Vertretenen, also der GmbH durch ihre Gesellschafter, grundsätzlich möglich.[1124] Hierzu braucht es entweder einer konkreten statutarischen Bestimmung über die Befreiung[1125] oder eines Gesellschafterbeschlusses aufgrund einer wirksamen Ermächtigungsklausel in der Satzung (abstrakte Bestimmung).[1126]

Die Notwendigkeit einer statutarischen Ermächtigung als Grundlage eines wirksamen Beschlusses ist hingegen umstritten. Die h.M. nimmt an, dass eine statutarische Ermächtigung zwingend erforderlich sei.[1127] Nach anderer Auffassung soll die Befreiung nur erforderlich sein, wenn diese dauerhaft gelten soll und nicht bloß im Einzelfall auf ein konkretes Rechtsgeschäft bezogen ist.[1128] Teilweise wird nicht von der Notwendigkeit einer solchen Öffnungsklausel ausgegangen,[1129] so sei ausreichendes Korrektiv, die Kontrolle der Insichgeschäfte anhand des Missbrauchs der Vertretungsmacht vorzunehmen.[1130] Das GmbHG

1122 *Baetzgen*, RNotZ 2005, 194, 203.

1123 *Baetzgen*, RNotZ 2005, 194, 204 mit weiteren Ausführungen über die weitreichenden Folgen einer schwebenden Unwirksamkeit.

1124 *Schubert*, in: MüKo BGB, § 181 Rn. 76 f.

1125 *Schubert*, in: MüKo BGB, § 181 Rn. 76.

1126 *Schubert*, in: MüKo BGB, § 181 Rn. 77.

1127 OLG Köln NJW 1993, 1018; OLG Brandenburg NotBZ 2012, 35, 36; OLG Düsseldorf NZI 2014, 957; *Suttmann*, MittBayNot 2011, 1, 8; wohl auch *Lenz*, in: Michalski, § 35 Rn. 92; eingeschränkt – also mit Ausnahme für ad hoc Beschlüsse – *Wicke*, in: GmbHG, § 35 Rn. 10; a.A. *Kleindiek*, in: Lutter/Hommelhoff, § 35 Rn. 52, § 68 Rn. 4; *Zöllner/Noack*, in: Baumbach/Hueck, § 35 Rn. 132.

1128 *Tiedtke*, GmbHR 1993, 385, 388 f. m.w.N.

1129 *Altmeppen*, in: Roth/Altmeppen, § 35 Rn. 90 ff.; *Kleindiek*, in: Lutter/Hommelhoff, § 35 Rn. 52, § 68 Rn. 4; *Stephan/Tieves*, in: MüKo GmbHG, § 35 Rn. 184; *Zöllner/Noack*, in: Baumbach/Hueck, § 35 Rn. 132; *Bühler*, DNotZ 1983, 588; *Kanzleiter*, DNotZ 1996, 819, 820; *Leitzen*, RNotZ 2010, 566, 570 f.; *Lohr*, RNotZ 2001, 402, 404.

1130 *Schubert*, in: MüKo BGB, § 181 Rn. 77.

enthalte keine Bestimmung über eine zwingende Anwendung des § 181 BGB, sodass es der freien privatautonomen Entscheidung der Gesellschafter überantwortet werde, ob Insichgeschäfte erlaubt seien.[1131]

Die letztgenannte Ansicht kann im Ergebnis nicht überzeugen. Die Befreiung von § 181 BGB erfordert als einschneidendes Ereignis der Gesellschaft zwingend eine Satzungsermächtigung,[1132] insbesondere im Interesse der Minderheitsgesellschafter. Allerdings ist auch die erste Ansicht zu streng, denn eine Ausnahme für ad hoc Fälle ohne Satzungsermächtigung ist durchaus sinnvoll und im Wege einer Satzungsdurchbrechung auch rechtlich möglich.[1133]

Gleiches gilt auch für eine Ein-Mann-GmbH.[1134]

(b) Befreiung von Liquidatoren

Mit der Anmeldung der Liquidatoren erfolgt in der Praxis oft zugleich auch die Anmeldung von deren Befreiung von § 181 BGB.[1135] Für eine solche Befreiung der Liquidatoren besteht ein besonderes praktisches Bedürfnis, insbesondere in Konzernsachverhalten und bei der Vermögensverteilung.[1136] Nach vorherrschender Auffassung ist eine Befreiung vom Verbot des Selbstkontrahierens aber wegen der besonderen „*Risikoträchtigkeit einer Befreiung gerade in dieser kritischen Unternehmensphase*" nur in Form einer Satzungsänderung möglich.[1137]

e) Abweichende Bestimmung bei gerichtlicher Bestellung des Liquidators

Bei gerichtlicher Bestellung der Liquidatoren nach § 66 Abs. 2 GmbHG[1138] kann das Gericht eine vom Grundsatz der Gesamtvertretungsmacht (vgl. § 68 Abs. 1 Satz 2 GmbHG) abweichende Vertretungsbefugnis bestimmen. Auch eine nachträgliche Abänderung oder Beschränkung der Vertretungsmacht durch das

---

1131 *Baetzgen*, RNotZ 2005, 193, 206.

1132 Kritisch *Baetzgen*, RNotZ 2005, 193, 206: „Mit dem Argument, die besondere Bedeutung der Entscheidung bedürfe einer qualifizierten, nämlich satzungsändernden Mehrheit, muss insofern zurückhaltend umgegangen werden."

1133 So auch die h.M. *Baetzgen*, RNotZ 2005, 193, 205; *Tiedtke*, GmbHR 1993, 385, 388; kritisch *K. Schmidt*, Gesellschaftsrecht, S. 262 f.; a.A. *Ekkenga*, AG 1985, 40, 47 f.

1134 BGHZ 87, 59, 60 f.; BayObLG Rpfleger 1985, 301.

1135 *Terner*, DStR 2017, 160.

1136 *Terner*, DStR 2017, 160. Zur Vermögensverwaltung nach § 72 GmbHG BFH GmbHR 2001, 927.

1137 *Haas*, in: Baumbach/Hueck, § 68 Rn. 5; ebenso: BayObLG BB 1985, 1148; MittRhNotK 1996, 141; OLG Hamm GmbHR 1997, 553, 554; GmbHR 2011, 432, 433; *Reymann*, GmbHR 2009, 176, 177; *Wälzholz*, GmbHR 2002, 305, 306.

1138 Siehe oben unter S. 122.

Gericht ist entsprechend den Voraussetzungen in § 68 Abs. 1 Satz 1 GmbHG möglich, als milderes Mittel zur Abberufung.[1139] Dies gilt gleichfalls für nicht gerichtlich bestellte Liquidatoren.[1140]

f) Abweichende Vertretung wegen Führungslosigkeit

In Ermangelung eines organschaftlichen Vertreters (bzw. Geschäftsführers) ist eine Gesellschaft nach § 35 Abs. 1 Satz 2 GmbHG bzw. § 10 Abs. 2 Satz 2 InsO führungslos. Entsprechend § 69 Abs. 1 GmbHG ist Geschäftsführer einer GmbH i.L. der Liquidator, sodass eine aufgelöste Gesellschaft bei Fehlen eines Liquidators gleichsam führungslos ist.

Für den Fall einer solchen Führungslosigkeit sieht § 35 Abs. 1 Satz 2 i.V.m. § 69 Abs. 1 GmbHG die Vertretung der Gesellschaft durch die Gesellschafter vor. Diese werden im Sinne der Passivvertretung empfangszuständig, um Zustellungsschwierigkeiten vorzubeugen.[1141] Nicht aber vermag die Ersatzzuständigkeit des § 35 Abs. 1 Satz 2 GmbHG eine Aktivvertretung zu begründen.[1142] Zur Überbrückung einer fehlenden Handlungs- und Prozessfähigkeit der Gesellschaft muss im Zweifelsfall ein Notgeschäftsführer bzw. -liquidator bestellt werden.[1143]

Gleiches gilt, wenn die Liquidatoren nicht wirksam bestellt wurden und dadurch eine Situation der Führungslosigkeit entsteht.[1144] Nicht aber, wenn der Liquidator nur vorübergehend unerreichbar ist.[1145]

2) Fortgeltung in der Liquidation

Besondere Brisanz entwickelte in den vergangenen Jahren die Frage, ob eine den Geschäftsführern statutarisch eingeräumte und vom Gesetz abweichende Vertretungsregelung nach Auflösung der Gesellschaft auch für Liquidatoren fortgilt. Eine uneinheitliche Rechtsprechung sowie ein breiter Literaturstand zeigen die Komplexität und die Relevanz dieses Rechtsproblems deutlich auf. Verschiedene

---

1139 *Passarge/Torwegge*, in: Die GmbH in der Liquidation, S. 110; *Altmeppen*, in: Roth/Altmeppen, § 68 Rn. 11; *Gesell*, in: Rowedder/Schmidt-Leithoff, § 68 Rn. 7; *Haas*, in: Baumbach/Hueck, § 68 Rn. 9; *Kleindiek*, in: Lutter/Hommelhoff, § 68 Rn. 3; *Nerlich*, in: Michalski, § 68 Rn. 13.

1140 *Gesell*, in: Rowedder/Schmidt-Leithoff, § 68 Rn. 7.

1141 *Wicke*, in: Wicke, § 35 Rn. 25.

1142 BGH DStR 2010, 2643, 2644; *K. Schmidt*, GmbHR 2008, 451.

1143 BGH DStR 2010, 2643, 2644.

1144 *Wisskirchen/Kuhn*, in: BeckOK GmbHG, § 35 Rn. 41; *Kleindiek*, ZGR 2007, 276, 290.

1145 *Wisskirchen/Kuhn*, in: BeckOK GmbHG, § 35 Rn. 41 m.w.N.

Ansätze stützten sich dabei primär auf die Auslegung der Satzung oder die Organstellung der Liquidatoren in der Nachfolge der Geschäftsführer.

Diese Problematik lässt sich in fünf Fallgruppen gliedern:[1146]

1. die Satzung bestimmt für Geschäftsführer und Liquidatoren konkrete Vertretungsbefugnisse,
2. die Satzung bestimmt nur für Geschäftsführer konkrete Vertretungsbefugnisse,
3. die Satzung bestimmt abstrakte Vertretungsbefugnisse für Geschäftsführer und Liquidatoren; ein Beschluss über die konkrete Vertretungsbefugnis wurde für Geschäftsführer und Liquidatoren gefasst,
4. die Satzung bestimmt abstrakte Vertretungsbefugnisse nur für Geschäftsführer; ein Beschluss über die konkrete Vertretungsbefugnis wurde für Geschäftsführer und Liquidatoren gefasst,
5. die Satzung bestimmt abstrakte Vertretungsbefugnisse nur für Geschäftsführer; ein Beschluss über die konkrete Vertretungsbefugnis wurde nur für Geschäftsführer gefasst.

Die abstrakte Vertretungsmacht ist die statutarische Ermächtigung, Liquidatoren und Geschäftsführer mit einer vom Gesetz abweichenden Vertretungsmacht auszustatten, die konkrete Vertretungsmacht hingegen bestimmt, mit welcher Befugnis die Liquidatoren oder Geschäftsführer tatsächlich ausgestattet sind.[1147] Insoweit baut die konkrete Vertretungsmacht regelmäßig auf den Regelungen zur abstrakten Vertretungsmacht auf, indem die Gesellschafter durch Beschlussfassung von der statutarischen Ermächtigung Gebrauch machen.[1148]

Jedenfalls unproblematisch sind die Fallgruppen 1 und 3, bei denen auch für Liquidatoren die satzungsrechtlich festgesetzten Vertretungsbefugnisse gelten. Die übrigen Fallgruppen weisen verschiedene Schwierigkeiten auf, die in Rechtsprechung und Literatur allerdings nicht immer hinreichend differenziert betrachtet werden.

a) Fortgeltung einer konkreten Vertretungsbefugnis

Die zweite Fallgruppe wird weit weniger einheitlich bewertet. Solche Konstellationen, in denen einzig für den Geschäftsführer eine vom Gesetz abweichende

---

1146 In Anlehnung an *Wälzholz*, GmbHR 2002, 305 f. Auch *Reymann*, GmbHR 2009, 176, 178 unterteilt die Problematik in die verschiedenen Fallgruppen.

1147 *Reymann*, GmbHR 2009, 176, 177.

1148 *Reymann*, GmbHR 2009, 176, 177.

Vertretungsregelung getroffen wurde, sind höchst umstritten. Hierzu haben sich verschiedene Lösungsansätze herausgebildet.

(1) Keine Fortgeltung

Mit deutlicher Dominanz wird in Rechtsprechung und Literatur angenommen, dass konkrete Vertretungsregelungen über Geschäftsführer, sofern nicht ausdrücklich etwas anderes bestimmt ist, nicht für Liquidatoren fortgelten, ungeachtet dessen, ob die Gesellschaft von geborenen oder gekorenen Liquidatoren vertreten wird.[1149] Prägend ist für diese Ansicht insbesondere ein Urteil des BGH vom 27.10.2008, in welchem dieser feststellt, dass eine Alleinvertretungsbefugnis der Geschäftsführer sich für den Liquidator nicht als solche fortsetzt.[1150] Damit hat der BGH der Entscheidung des Berufungsgerichts Recht gegeben.[1151]

Eine Erstreckung der Einzelvertretungsbefugnis der Geschäftsführer sei weder auf geborene noch auf gekorene Liquidatoren zulässig, sofern die Satzung – oder jedenfalls die Beschlusslage der Gesellschafter – dieses nicht vorsieht.[1152] Vielmehr ende eine für Geschäftsführer bestimmte Einzelvertretungsbefugnis mit der Auflösung.[1153] Der Grundsatz der Gesamtvertretungsmacht nach § 68 Abs. 1 Satz 2 GmbHG erlange Geltung unabhängig davon, ob die Liquidatoren als geborene Liquidatoren die gesetzlich bestimmte Nachfolge der Geschäftsführer

1149 BGH NZG 2009, 72; BayObLG ZIP 1996, 2110; OLG Karlsruhe ZIP 2008, 505; OLG Frankfurt GmbHR 2012, 394; OLG Naumburg, GWR 2013, 335; *Heckschen/Heidinger*, Die GmbH in der Gestaltungs- und Beratungspraxis, Kap. 18 Rn. 36; *Brünkmans/Hofmann*, in: Gehrlein/Born/Simon, § 68 Rn. 6, 10; *Gesell*, in: Rowedder/Schmidt-Leithoff § 68 Rn. 3; *Kleindiek*, in: Lutter/Hommelhoff, § 68 Rn. 6; *Kolmann*, in: Saenger/Inhester, § 68 Rn. 7; *Lorscheider*, in: BeckOK GmbHG, § 68 Rn. 1; *H.-F. Müller*, in: MüKo GmbHG, § 68 Rn. 6; *Servatius*, in: Bork/Schäfer, § 68 Rn. 6; für die AG *Bredol*: Rechtsstellung der Abwickler, S. 128 ff.; *Koch*, in: MüKo AktG, § 269 Rn. 17; *Winnen*, in: KK-AktG, § 269 Rn. 15. Als Ausnahme im Falle einer unechten Gesamtvertretung mit einem Prokuristen LG Aachen RNotZ 2005, 491 f.

1150 BGH ZIP 2009, 34 = DNotZ 2009, 300 = Rpfleger 2009, 156 = NZG 2009, 72 = DB 2009, 59 = GmbHR 2009, 212. Zuvor bereits hinsichtlich der Befreiung von den Beschränkungen des § 181 BGB OLG Düsseldorf ZIP 1989, 917, 918 f.; OLG Hamm NJW-RR 1998, 1044; OLG Hamm RNotZ 2010, 544; OLG Köln NZG 2016, 1314.

1151 OLG Karlsruhe NZG 2008, 236.

1152 BGH NZG 2009, 72.

1153 Insoweit bleibt jedenfalls unklar, was nach Auffassung des BGH mit der Einzelvertretungsbefugnis passiert, wenn die Gesellschaft fortgeführt wird. Ob diese dann wiederbelebt werden muss oder ob diese von alleine zur erneuten Wirksamkeit gelangt wird nicht ausgeführt.

i.S.d. § 66 Abs. 1 GmbHG antreten, oder als gekorene Liquidatoren zu solchen – durch die Gesellschafter oder das Registergericht – bestimmt werden.[1154]

Diese Entscheidung des BGH bezieht sich auf „*jede gesellschaftsvertragliche Vertretungsregelung, gleichgültig, ob den Geschäftsführern Einzelvertretungsbefugnis eingeräumt war oder ob sie von den Beschränkungen des § 181 BGB befreit waren.*"[1155]

Maßgeblich sei der Wortlaut des § 68 Abs. 1 Satz 2 GmbHG, der, wie auch die §§ 68 Abs. 2, 67 GmbHG, in Abgrenzung zu § 66 GmbHG, nicht zwischen geborenen und gekorenen Liquidatoren unterscheide.[1156] Ferner ergebe sich auch unter Berücksichtigung der Gesetzessystematik keine für § 68 Abs. 1 Satz 2 GmbHG erforderliche Differenzierung zwischen geborenen und gekorenen Liquidatoren.

Zudem entspräche eine derartige Differenzierung nicht dem Willen des historischen Gesetzgebers. Im Falle der Auflösung einer oHG hat das ROHG bereits entschieden, dass „*die Befugnisse der einzelnen Gesellschafter zur Vertretung der Gesellschaft nach außen, mögen diese im Gesetze oder im Vertrage sich gründen, von selbst auf [hören].*"[1157] Im Entwurf eines Gesetzes betreffend die Gesellschaft mit beschränkter Haftung von 1891 wird auf die für die Genossenschaft geltenden Bestimmungen Bezug genommen.[1158] Konkret wird auf § 42 Abs. 2 des Gesetzes des Norddeutschen Bundes betreffend die privatrechtliche Stellung der Erwerbs- und Wirthschaftsgenossenschaft von 1868 Bezug genommen.[1159] Es sei erforderlich, dass eine vom Kollegialprinzip abweichende Vertretungsbefugnis zwingend ausdrücklich getroffen werden müsse.[1160] Diesem rechtshistorischen Verständnis widerspreche § 68 Abs. 1 Satz 2 GmbHG nicht, sodass ein gegenteiliges Verständnis der Rechtslage unbegründet wäre.[1161]

Auch der in § 66 Abs. 1 GmbHG normierte Grundsatz der Amtskontinuität lasse eine Fortwirkung der Vertretungsbefugnis der Geschäftsführer als geborene Liquidatoren nicht zu.[1162] Diese regele nur die Weiterführung der Amtsgeschäfte unter „*verändertem Zweck*", sei aber nicht gleichzusetzen mit einer

1154 BGH NZG 2009, 72.
1155 BGH NZG 2009, 72, 73.
1156 Vgl. *Haas*, in: Baumbach/Hueck, § 68 Rn. 4.
1157 ROHGE, Bd. 5, 386, 390.
1158 Protokoll des Reichstages, 8. Leg., 1890/1892, S. 3757 zu den §§ 68 bis 73 GmbHG.
1159 Gesetzblatt des Norddeutschen Bundes 415, 426.
1160 BGH NZG 2009, 72.
1161 BGH NZG 2009, 72.
1162 BGH NZG 2009, 72, 73.

Kompetenzkontinuität.[1163] Dass § 68 Abs. 1 Satz 2 GmbHG überhaupt existiere verdeutliche schon, dass die Auflösung der Gesellschaft hinsichtlich der Vertretungsbefugnis eine Zäsur darstellt, da für die Liquidation somit – trotz des Verweises auf § 35 Abs. 2 GmbHG – eine eigene Vertretungsregelung bestehe.[1164] Auch wenn die gesetzlichen Vertretungsregeln von werbender und aufgelöster Gesellschaft übereinstimmen, so zeige die separate Normierung, dass für Geschäftsführer bestimmte Vertretungsbefugnisse ihre Gültigkeit in der Liquidationsphase einbüßen.

Zudem sei aufgrund des durch die Auflösung geänderten Gesellschaftszwecks nicht mehr die *„jederzeitige Handlungsfähigkeit der Gesellschaft"*, sondern *„der Schutz der Gesellschaft, ihrer Gläubiger und/oder der der Mitgesellschafter"* primär zu berücksichtigen.[1165] Diese inhaltliche Änderung der Organkompetenz überlagere insoweit die personelle Identität bei geborenen Liquidatoren. Ferner könnten die Gesellschafter jederzeit die Vertretungsbefugnisse der Liquidatoren durch Beschluss ändern.[1166]

Der Übergang der Personalkompetenz vom Aufsichtsrat auf die Hauptversammlung in der AG unterstütze ferner die Annahme, dass eine Fortgeltung der Vertretungsbefugnis ausgeschlossen sei.[1167] Und schließlich müsse *„die Stelle, die über die Bestellung entscheidet, auch über deren Befugnisse bestimmen."*[1168]

Zudem könne unter bestimmten Voraussetzungen[1169] das Registergericht Liquidatoren bestellen und sei sodann auch für deren Befugnisse zuständig.[1170]

(2) Fortgeltung nur für geborene Liquidatoren

Im Zweifel – also dann wenn konkrete Gründe in Folge einer Auslegung der Satzungslage nicht widersprechen – soll eine Einzelvertretungsbefugnis, die Geschäftsführern eingeräumt wurde, sich gleichfalls auf geborene, nicht aber auf gekorene Liquidatoren erstrecken.[1171]

1163 BGH NZG 2009, 72, 73, ebenso OLG Karlsruhe ZIP 2008, 505, 506 m.w.N.

1164 BGH NZG 2009, 72, 73.

1165 BGH NZG 2009, 72, 73.

1166 Nach hier vertretener Auffassung bedarf es einer qualifizierten Mehrheit. Der BGH geht allerdings von einer einfachen Mehrheit aus. Siehe oben unter S. 253.

1167 *Bredol*: Rechtsstellung der Abwickler, S. 129.

1168 *Bredol*: Rechtsstellung der Abwickler, S. 129 m.w.N.

1169 Siehe oben unter S. 122.

1170 *Bredol*: Rechtsstellung der Abwickler, S. 129.

1171 BFH GmbHR 2001, 927, 931; OLG Saarbrücken OLGRep 2001, 227; LG Berlin, Rpfleger 1987, 250; *Passarge/Torwegge*, Die GmbH in der Liquidation, S. 107; *Nerlich*, in: Michalski, § 68 Rn. 10; *Paura*, in: UHL, § 68 Rn. 4; *K. Schmidt*, in: Scholz,

Aus dem Grundsatz der Amtskontinuität, von dem sich regelmäßig der Wille der Gesellschaft zur Kompetenzkontinuität geborener Liquidatoren ableiten lasse, ergebe sich eine entsprechende Fortwirkung.[1172]

Nicht zuletzt entspreche eine Fortgeltung regelmäßig dem Willen der Gesellschafter und erleichtere oder vermeide Abgrenzungsprobleme, wie auch Rechtsunsicherheiten.[1173] Ferner sei mit einfacher Mehrheit eine Abänderung der Vertretungsbestimmungen möglich und insoweit für die übrigen Gesellschafter unbedenklich.[1174]

Teilweise soll eine Einzelvertretungsmacht nur im Falle einer ausdrücklichen Satzungsbestimmung fortgelten, nicht aber, wenn aufgrund einer Satzungsermächtigung diese bloß auf der Beschlusslage der Gesellschafter beruht.[1175]

(3) Fortgeltung nur für gekorene Liquidatoren

Nach anderer Auffassung ist eine Fortgeltung von unklaren Satzungsbestimmungen abseits von geborenen Liquidatoren bei gekorenen Liquidatoren relevant, denn hier sei die Frage einer Harmonie oder Disharmonie von Amt und Kompetenz nicht im Fokus, sondern die Auslegung unklarer Satzungsbestimmungen.[1176] Denn nach dieser Auffassung dürfte eine *„interessengerechte Auslegung solcher Klauseln [...] typischer Weise zu dem Ergebnis führen, dass auch gekorene Liquidatoren in ihren Anwendungsbereich einzubeziehen sind.“*[1177]

Insoweit sei also nur im Falle des gekorenen Liquidators die Auslegung bedeutendes Mittel zur Bestimmung über die Tragweite der Satzungsklausel, nicht aber bei geborenen Liquidatoren. Hier sei das Schicksal einer solchen Satzungsregel abhängig von der Kompetenzkontinuität.

---

§ 68 Rn. 5; *Wälzholz*, GmbHR 2002, 305, 306; tendenziell wohl auch BayObLG GmbHR 1997, 176, 177; *Haas*, in: Baumbach/Hueck, § 68 Rn. 4; zur AG: *Riesenhuber*, in: Schmidt/Lutter, § 269 Rn. 4; *K. Schmidt*, in: Großkommentar AktG, § 269 Rn. 11, der aber von „mindestens für Vorstandsmitglieder als geborene Abwickler“ spricht und die Fortgeltung bei gekorenen Abwicklern im Unterschied zur GmbH offen lässt.

1172 *K. Schmidt*, in: Scholz, § 68 Rn. 5.

1173 *Haas*, in: Baumbach/Hueck, § 68 Rn. 4; *Wälzholz*, GmbHR 2002, 305, 306 f.

1174 Vgl. *Nerlich*, in: Michalski, § 68 Rn. 10; *Paura*, in: UHL, § 68 Rn. 4; *K. Schmidt*, in: Scholz, § 68 Rn. 5. Nach hier vertretener Auffassung nur mit qualifizierter Mehrheit.

1175 BayObLG GmbHR 1997, 176 f.

1176 *Reymann*, GmbHR 2009, 176, 180.

1177 *Reymann*, GmbHR 2009, 176, 181 f.

(4) Besonderheiten bei einer GmbH nach Musterprotokoll

Zur Erleichterung der Gründung einer GmbH hat der Gesetzgeber[1178] staatliche Vorlagen (= Muster) implementiert.[1179] Bei einer nach dem Musterprotokoll gegründeten Gesellschaft (§ 2 Abs. 1a GmbHG i.V.m. Anlage 1) wird als a maiore ad minus angenommen, dass wenn die Rechtsprechung bereits bei individuell vereinbarten Satzungsbestimmungen eine objektive Auslegung als zwingend annimmt, dies ohnehin für solche vom Staat vorformulierte Regelungen gelten müsse.[1180]

Dieser Auffassung hat sich auch das OLG Frankfurt angeschlossen. So könne für einen Geschäftsführer, der nach Ziffer 4 Satz 2 des Musterprotokolls von den Beschränkungen des § 181 BGB befreit ist, generell *„nicht angenommen werden, dass diese ausdrücklich für den Zeitraum der werbenden Gesellschaft formulierte Befreiung des Geschäftsführers (bzw. der Geschäftsführer) auch im Stadium der Liquidation ohne weiteres fort gelten.“*[1181] Es sei dem Willen des Gesetzgebers nicht entnehmbar, dass eine Fortwirkung der Vertretungsregelungen auch für die Liquidation gelten solle, vielmehr spreche der klare Wortlaut des Musterprotokolls gegen eine Anwendung auch in der Liquidation. Das Musterprotokoll könne außerdem auch nicht als abstrakte Vertretungsmacht zur Beschlussfassung über eine Befreiung von § 181 BGB herangezogen werden.[1182]

b) Fortgeltung einer abstrakten Vertretungsbefugnis

Neben der konkreten Vertretungsmacht der Gesellschafter ist freilich auch zu ergründen, wie eine abstrakte Vertretungsregelung – eine Öffnungsklausel – auf Liquidatoren angewendet werden kann. Hierzu haben sich zwei polarisierende Ansichten herausgebildet, die eine Fortgeltung solcher Öffnungsklauseln annehmen bzw. dies ablehnen. Anders als zur konkreten Vertretungsbefugnis ist die Rechtsprechung bisweilen kaum konsistent.

Hinsichtlich der einfachen Ermächtigung zur vom Gesetz abweichenden Bestimmung der Vertretungsmacht von Liquidatoren (z.B. Erteilung einer Alleinvertretungsmacht) ist eine Fortgeltung der Satzungsbestimmung praktisch nur dann relevant, wenn die Satzung ein anderes Quorum als das Gesetz

---

1178 Gesetz zur Modernisierung des GmbH-Rechts und zur Bekämpfung von Missbräuchen (MoMiG), in Kraft getreten am 01. November 2008, BGBl. I 2008, S. 2026 ff.

1179 § 2 Abs. 1a GmbHG i.V.m. Anlage zum GmbHG.

1180 *Reymann*, GmbHR 2009, 176, 179; *Wachter*, GmbHR 2007, 878, 879.

1181 OLG Frankfurt BeckRS 2012, 7403.

1182 OLG Frankfurt BeckRS 2012, 7403.

vorsieht. Andernfalls sind durch einfachen Gesellschafterbeschluss die Vertretungsbefugnisse grundsätzlich änderbar. Insbesondere bei einer Befreiung von der Beschränkung des § 181 BGB ist die Fortgeltung einer Öffnungsklausel praktisch allerdings von erheblicher Bedeutung, da nach h.M. eine Befreiung von § 181 BGB nur möglich ist, wenn die Satzung eine Ermächtigung oder eine konkrete Befreiungsbestimmung enthält.[1183]

(1) Keine Fortgeltung der Öffnungsklausel

Vertreter dieser Ansicht gehen davon aus, dass die Fortgeltung einer abstrakten Vertretungsregelung nicht auf die Organstellung des Liquidators gestützt werden kann, ferner könne auch das Auslegungsergebnis – bei bloßer objektiver Auslegung der Öffnungsklausel – gegen den Wortlaut der Norm keine Fortgeltung für die Liquidatoren begründen.[1184] Grundlage eines Beschlusses sei insoweit nur eine generelle statutarische Befreiungsmöglichkeit, die also ausdrücklich auch eine Anwendung auf Liquidatoren vorsehe.

Diese Auffassung wird als konsequente Weiterführung der BGH-Rechtsprechung verstanden, die im Übergang zur Liquidationsgesellschaft eine strenge Zäsur verstehe und somit eine Befreiung von § 181 BGB beende, daher müsse auch eine Ermächtigung zur Befreiung enden.

(2) Fortgeltung der Öffnungsklausel

Nach anderer Auffassung sei die abstrakte Vertretungsregelung durchaus geeignet, um auch in der Liquidation zur Anwendung zu gelangen.[1185] Denn in Abgrenzung zur konkreten Vertretungsregelung bedarf es hier einer separaten Entscheidung der Gesellschafterversammlung, die dann allerdings die veränderten Umstände, welche mit der Liquidation eingetreten sind, hinreichend berücksichtigen könne. Die Ermächtigung zur Befreiung beziehe sich auf die organschaftliche Funktion von Geschäftsführern und Liquidatoren als Vertretungsorgan der Gesellschaft und sei daher auch bei objektiver Auslegung anwendbar. Deswegen sei *„regelmäßig davon auszugehen, daß sich die*

1183 Hierzu oben unter S. 254 ff.

1184 OLG Köln NZG 2016, 1314; OLG Frankfurt a.M. NZG 2013, 71; wohl auch OLG Hamm RNotZ 2010, 544.

1185 BayObLG NJW-RR 1996, 611; OLG Zweibrücken GmbHR 1999, 237; BeckRS 2011, 23822; *Ellenberger*, in: Palandt, § 181 Rn. 21; *Schubert*, in: MüKo BGB, § 181 Rn. 79; *Terner*, DStR 2017, 160, 162 f.; einschränkend auf geborene Liquidatoren: *K. Schmidt*, in: Scholz, § 68 Rn. 5a. Ausgehend davon, dass eine statutarische Ermächtigung nicht erforderlich sei *Kleindiek*, in: Lutter/Hommelhoff, § 68 Rn. 4.

Ermächtigung auf die gesetzlichen Vertreter schlechthin und damit auch auf die Liquidatoren beziehen soll."[1186]

c) Satzungsdurchbrechende Wirkung eines Beschlusses

Ob eine Befreiung von § 181 BGB in Folge eines satzungsdurchbrechenden Beschlusses möglich ist, hängt im Wesentlichen davon ab, ob die Entscheidung der Gesellschafter zustandsbegründend ist.[1187] Die Notwendigkeit einer Satzungsdurchbrechung besteht, allerdings freilich nur dann, wenn die Auslegung der streitigen Satzungsbestimmungen eine Fortwirkung der Vertretungsbefugnis der Geschäftsführer nicht für die Liquidatoren vorsieht. Insoweit besteht also Auslegungsvorrang.

Anerkannt ist ein solcher satzungsdurchbrechender Beschluss, wenn dieser nur auf eine Einzelfallmaßnahme, so z.B. dem einmaligen Verkauf eines Grundstücks der GmbH i.L. an den einzigen Liquidator, abzielt.[1188] Hier sind die Voraussetzungen allerdings umstritten. Nach vorzugswürdiger Ansicht bedarf es jedenfalls einer satzungsändernden Mehrheit.[1189]

Für gewöhnlich bedarf ein Beschluss über die Abänderung der Satzung nach § 53 Abs. 2 Satz 1 GmbHG einer notariellen Beurkundung. Allerdings dürfen Satzungsdurchbrechungen nur punktuell wirken und nicht zustandsbegründend sein.[1190] Solche Beschlüsse, die eine Zustandsbegründung herbeiführen, also eine Befreiung des Liquidators für das gesamte Liquidationsverfahren vorsehen, unabhängig davon, ob eine solche dauerhafte Satzungsdurchbrechung von den Gesellschaftern beabsichtigt ist, bedürfen der Einhaltung der formalen Voraussetzungen einer Satzungsänderung, also insbesondere auch der notariellen Beurkundung.[1191] Mangelt es daran, so ist der Beschluss – selbst dann, wenn dieser einstimmig von allen Gesellschaftern getragen wird – nichtig und daher nicht eintragungsfähig.[1192]

1186 OLG Zweibrücken GmbHR 1999, 237.

1187 OLG Düsseldorf NZG 2016, 1424.

1188 OLG Hamm GmbHR 1997, 553; zustimmend *H. Schmidt*, NotBZ 2017, 93, 94.

1189 Dazu oben unter S. 236 f.

1190 OLG Düsseldorf NZG 2016, 1424, 1425.

1191 OLG Düsseldorf NZG 2016, 1424, 1425; *H. Schmidt*, NotBZ 2017, 93, 94; wohl ebenfalls zustimmend *Becker*, NotBZ 2017, 102, 103 f.; *Königshausen*, GmbHR 2016, 1274 f.

1192 OLG Düsseldorf NZG 2016, 1424, 1425.

3) *Stellungnahme*

Abweichend von Rechtsprechung und überwiegender Literatur ist die Frage der Weitergeltung zunächst weniger starr, sondern vielmehr dynamisch zu beantworten, indem die Auslegung der Satzung zentral in die Mitte der Diskussion gerückt wird.[1193] Fraglich bleibt insbesondere, ob *„es sich sowohl innerlich als auch äußerlich um eine objektiv geänderte GmbH [Anm.: i.L.] handelt"*[1194] und deswegen eine Fortwirkung der Geschäftsführerkompetenzen in Bezug auf den Liquidator ausgeschlossen ist.

a) *Amts- und Kompetenzkontinuität*

Richtigerweise geht der BGH bei Liquidatoren von einer Amts-, nicht aber von einer (zwingenden) Kompetenzkontinuität aus.[1195] Das Gesetz zeigt weder bei geborenen noch bei gekorenen Liquidatoren Anhaltspunkte auf, die eine automatische Weitergeltung aufgrund einer vorgesehenen Kompetenzkontinuität rechtfertigen. Vielmehr ist die Vertretungsbefugnis des Liquidators eigenständig und keine bloß fortwirkende Kompetenz des Geschäftsführers.

Ein Indiz für die Annahme einer Kompetenzkontinuität könnte sich allerdings aus einem Beschluss des BGH vom 18.10.2016 ergeben. Demnach bilden die Registeranmeldung der Auflösung der Gesellschaft, des Erlöschens der Vertretungsbefugnis der bisherigen Geschäftsführer und deren Bestellung zu Liquidatoren einen einheitlichen Beurkundungsgegenstand nach § 86 Abs. 1 GNotKG, sodass eine Zusammenrechnung der Werte für die Notarkostenrechnung unzulässig ist.[1196] Nach der vom BGH vertretenen Auffassung sei jedenfalls dann ein einheitlicher Beurkundungsgegenstand anzunehmen, wenn die bisherigen Geschäftsführer als geborene Liquidatoren weiterhin die Vertretung der Gesellschaft übernehmen.[1197] Allerdings stellt der BGH im selben Urteil ausdrücklich fest, dass eine solche Wertung auf dem Grundsatz der Amtskontinuität beruht. Eine Anerkennung der Kompetenzkontinuität ist diesem Urteil folglich bei näherer Betrachtung nicht zu entnehmen.

1193 So wohl auch *Bredol*: Rechtsstellung der Abwickler, S. 128 f., der aber im Folgenden eine Vermutung der Fortwirkung ablehnt.

1194 *Königshausen*, GmbHR 2016, 1274.

1195 BGH NZG 2009, 72, 73.

1196 BGH GmbHR 2017, 95.

1197 BGH GmbHR 2017, 95, 96. Der BGH hat sich insoweit der wohl h.M. angeschlossen: stellvertretend für viele *H. Schmidt*, JurBüro 2015, 565, 566.

Im Ergebnis ist eine derart weitreichende Differenzierung zwischen geborenen und gekorenen Liquidatoren vom Gesetz nicht vorgesehen.

b) Auslegung der Satzungsklausel

(1) Objektive Auslegung

Solche Satzungsregelungen, die unter Bezugnahme auf dispositive gesetzliche Vorgaben eine Abweichung zum Normalstatut bestimmen, sind als echte Satzungsbestandteile zu verstehen.[1198] Dies gilt auch für die Festsetzung einer abweichenden Vertretungsbefugnis für Geschäftsführer[1199] und für Liquidatoren.

Mit der Auffassung der Rechtsprechung und Teilen der Literatur ist eine normenähnliche, also objektive Auslegung echter Satzungsbestandteile erforderlich, freilich auch in Bezug auf die Vertretungsbefugnis der Liquidatoren. Primär berücksichtigt der BGH folglich den Wortlaut als äußere Grenze der Auslegung.[1200] Auf Grundlage dieser Rechtsprechung wird der Fokus auf Rechts- und Verkehrssicherheit gelegt, indem eine Verständigung auf allgemeine Kriterien zur objektiven Auslegung erarbeitet wurde. In dieser Konsequenz sieht der BGH – der richtigerweise eine generelle Kompetenzkontinuität ablehnt – keinen Raum für eine Fortwirkung der Vertretungsbefugnis. Eine Unterscheidung zwischen geborenen und gekorenen Liquidatoren wird insoweit nicht vorgenommen.

Der Versuch eines Teils der Rechtsprechung, abstrakte Vertretungsbefugnisse im Wege einer objektiven bzw. ergänzenden Satzungsauslegung auch für Liquidatoren genügen zu lassen, kann nicht überzeugen, denn er ist schlicht inkonsequent. Vielmehr kann einzig unter Berücksichtigung einer subjektiven Auslegung ein zutreffendes und dogmatisch begründbares Ergebnis (die indizielle Fortwirkung von Öffnungsklauseln) hinreichend dogmatisch begründet werden. Auch dass die Gesellschafter erneut über eine konkrete Vertretungsbefugnis beschließen müssen und insoweit um die veränderten Zustände in der Gesellschaft wissen, kann eine Ungleichbehandlung von abstrakter und konkreter Vertretungsbefugnis bei objektiver Auslegung nicht begründen

Eine generell objektive Auslegung kann folglich nicht überzeugen. Eine Notwendigkeit hierfür besteht nicht.

1198 *Harbarth*, in: MüKo GmbHG, § 53 Rn. 13.

1199 *Harbarth*, in: MüKo GmbHG, § 53 Rn. 13.

1200 Nach Auffassung der Rechtsprechung ist der Wortlaut von Bestimmungen, die echte Satzungsbestandteile sind, primärer Auslegungsgegenstand, vgl. oben unter S. 65 ff.

(2) Subjektive Auslegung

Die Ergründung des tatsächlichen Willens ist, sofern nicht zwingende Schutzgründe dagegen sprechen, Auslegungsziel.[1201] Befürworter einer objektiven Auslegung sehen die Notwendigkeit zumeist in Gründen der Rechtssicherheit, des Gläubiger- oder des Gesellschafterschutzes.[1202] Aus einer abstrakten potentiellen Gefährdungslage kann sich eine solche Abänderung des Auslegungsmaßstabes nicht ergeben.[1203]

(a) Verkehrs- und Gläubigerschutz

Der Verkehrsschutz vermag zwar durch Fallgruppenbildung regelmäßig einer verstärkten Rechtssicherheit zuträglich sein, hebelt aber zugleich die Grundannahme der Auslegung – die konkrete Bewertung von Einzelfällen – aus und ist daher im Ergebnis abzulehnen.[1204] Unter Berücksichtigung der herausragenden Bedeutung der subjektiven Auslegung für das Privatrecht, kann eine Reduzierung des Auslegungsmaßstabs auf allein objektive Kriterien nur äußerst restriktiv auf Grundlage des Verkehrsschutzes angenommen werden.

Die Gläubiger der Gesellschaft werden durch die liquidationsrechtlichen gesetzlichen Bestimmungen hinreichend geschützt. Allein der Umstand, dass die Vertretungsbefugnis des Liquidators dispositiv ist, verdeutlicht, dass die gesetzliche Normalbefugnis kein gläubigerschützendes Motiv verfolgt. Ferner müssen die Gläubiger einer schlecht laufenden werbenden Gesellschaft ohne den gesetzlichen Schutz des Liquidationsrechts gleichfalls jedes noch so schlechte und unwirtschaftliche Geschäft hinnehmen und hätten keinen Einfluss darauf.[1205] Folglich ist die Frage nach der Fortwirkung der Vertretungsbefugnisse keine, die mit Gründen des Gläubigerschutzes beantwortet werden kann.

(b) Gesellschafterschutz

Literatur und Rechtsprechung stützen die Notwendigkeit objektiver Auslegung regelmäßig auf den Schutzbedarf neuer oder potentieller Gesellschafter.[1206] In

1201 Entsprechend der modifizierten Vertragstheorie wird davon ausgegangen, dass die Satzung, sofern eine objektive Bewertung nicht in Einzelfällen dringend erforderlich ist, subjektiv ausgelegt wird, vgl. oben unter S. 79 ff.

1202 Dazu oben unter S. 82 ff.

1203 Dazu oben unter S. 95; eine abstrakte Schutzbedürftigkeit annehmend stellvertretend für viele BGHZ 14, 25, 36 f.; 18, 205, 207 f.; 48, 141, 144; 116, 359, 366; 123, 347, 350; 142, 116, 125.

1204 Dazu oben unter S. 89 f.

1205 *Frotz*, Verkehrsschutz, S. 568.

1206 Dazu oben unter S. 83 ff.

einer Liquidationsgesellschaft ist das Schutzbedürfnis potentieller Gesellschafter noch schwächer ausgeprägt als in der werbenden Gesellschaft. Die Gesellschaft ist nicht mehr angelegt auf einen Gesellschafterwechsel oder –anstieg. Auch für die Liquidation gilt, dass eine Schutzwürdigkeit von Neugesellschaftern nicht besteht, wenn diese positive Kenntnis vom Satzungsverständnis der Altgesellschafter haben oder vom gleichen Satzungsverständnis ausgehen.[1207]

Für den Fall, dass der Neugesellschafter ein abweichendes Satzungsverständnis hat oder dass ein einheitliches Satzungsverständnis der Gesellschafter schlicht nicht ermittelbar ist, ist sodann ausnahmsweise ausschließlich auf objektive Auslegungskriterien Rückgriff zunehmen. Im Übrigen gibt es hierzu kein Schutzerfordernis.

(c) Grundsatz subjektiver Auslegung

Die Gesellschafter sind einander in der Gesellschaft aufgrund der Satzung verpflichtet. Der Inhalt der Satzung unterliegt im Sinne der modifizierten Vertragstheorie primär subjektiver Auslegung. Insoweit kommt es auf das Verständnis der Gesellschafter an.

Unabhängig davon ist ein Übergang der Kompetenzen – auch dann wenn man mit dem BGH bei der Auflösung von einer Zäsur im Leben der Gesellschaft ausgeht –[1208] durchaus denkbar, wenn das Auslegungsergebnis der Satzungsklausel zu ebendiesem Ergebnis gelangt. So wird davon auszugehen sein, dass die Gesellschafter regelmäßig nicht im Bewusstsein über eine eventuelle Fortwirkung einer Satzungsbestimmung für die Liquidationsphase, diese nur für Geschäftsführer bestimmen, sondern sich zumeist schlicht keine hinreichenden Gedanken darüber gemacht haben.[1209] Ergründet man den Willen der Gesellschafter, so wird wohl überwiegend anzunehmen sein, dass eine Vertretungsregelung für geborene Liquidatoren fortwirken soll. Das in den Geschäftsführer gesetzte Vertrauen wird wohl kaum durch den Auflösungsbeschluss derart belastet, dass die Gesellschafter – einer Überlagerung des Gesellschaftszwecks durch den Liquidationszweck zum Trotz – mit der Beschlussfassung eine andere Vertretungsbefugnis wünschen. Insoweit ergibt sich die Kompetenzkontinuität nicht aus einer Gesetzesanwendung oder einer Differenzierung von geborenen

1207 Dazu oben unter S. 85 f.

1208 So wohl jedenfalls BGH NZG 2009, 72, 73; BayObLG ZIP 1996, 2110, 2111; OLG Köln NJW-RR 1996, 27, 28 (hinsichtlich einer GbR); *Bredol*: Rechtsstellung der Abwickler, S. 129 (zur AG); *Kraft*, in: KK-AktG, § 269, Rn. 15 (zur AG); *Hirte*, ZInsO 2000, 127, 132.

1209 *Bachmann*, in: Spindler/Stilz, § 269 Rn. 10.

und gekorenen Liquidatoren, sie ist daher also auch nicht zwingend, sondern ist regelmäßiges Ergebnis der Auslegung der Satzung.[1210] Obgleich der Zweck der Gesellschaft sich durch die Auflösung verändert und *„die Sicherung des Gesellschaftsvermögens im Vordergrund stehen kann“*,[1211] so kann dadurch alleine nicht angenommen werden, dass die Gesellschafter den bisherigen Geschäftsführern das bis zur Auflösung entgegengebrachte Vertrauen, dass diese im Interesse der Gesellschafter und der Gesellschaft bestmöglich handeln, sodann entziehen wollen. Dass eine Vermutung der Fortgeltung der Vertretungsbefugnis – so jedenfalls die h.M.[1212] – für die Liquidation nicht anzunehmen sei, kann in Bezug auf geborene Liquidatoren nicht überzeugen.

Schwieriger zu bewerten ist, ob dies auch für gekorene Liquidatoren gilt. Würde man eine Fortwirkung von konkreten Vertretungsbefugnissen der Geschäftsführer für gekorene Liquidatoren annehmen, so käme dies einem erheblichen Vertrauensvorschuss gleich. Insoweit wäre eine Vermutung der Fortwirkung wohl regelmäßig überschießend. Dieser Wille lässt sich bei Auslegung der Satzung oftmals nicht ermitteln. Jedenfalls wird man wohl erweiterte Anhaltspunkte ausmachen müssen.[1213] Bestimmt die Satzung beispielsweise generell *„Die Geschäftsführer sind einzelvertretungsberechtigt“*, ohne weitere Differenzierung, so kann durchaus angenommen werden, dass dies auch für alle Liquidatoren gilt, unabhängig davon, ob diese nun geboren oder gekoren sind. Hier unterstützen die Gesellschafter mit der Bestellung der Liquidatoren die Satzungslage. Nicht aber ausreichend ist, wenn die Satzung festhält *„Die Geschäftsführer A und B sind einzelvertretungsberechtigt.“* Sollten nun die Liquidatoren C und D bestellt werden, so gilt die Vertretungsberechtigung eher nicht, sofern sich aus den erweiterten Umständen nicht ein solches ergäbe. Sollten B und C bestellt werden, so gilt die Einzelvertretungsmacht zwar vermutlich für B, nicht aber für C.

Insbesondere in Bezug auf eine abstrakte Vertretungsbefugnis kann von einer indiziellen Fortwirkung der Bestimmung ausgegangen werden. Den Gesellschaftern kommt es im Rahmen der Ermächtigung wohl in aller Regel darauf an, dass diese für das Vertretungsorgan – unabhängig davon, ob es sich dabei um Geschäftsführer oder Liquidatoren handelt – ohne die zusätzlichen Belastungen

---

1210 Soweit auch noch *Bredol*: Rechtsstellung der Abwickler, S. 128 f. mit Hinweis auf die Unstrittigkeit der Auslegung der Satzung. Offen bleibt hier allerdings die Meinungsdifferenz zwischen objektiver und subjektiver Auslegung der Satzungsbestimmung.

1211 *Bredol*: Rechtsstellung der Abwickler, S. 129.

1212 Siehe oben unter S. 258 ff.

1213 In Bezug auf gekorene Liquidatoren so wohl auch *Reymann*, GmbHR 2009, 176, 180 f.

einer Satzungsänderung durch (einfachen) Beschluss über eine Änderung der Vertretungsbefugnis bestimmen können.

Ebenso ist bei einem Sonderrecht auf Geschäftsführung regelmäßig anzunehmen, dass dieses auch auf die Liquidatorenstellung anzuwenden ist.[1214]

Wegen der unsicheren Rechtslage ist aber jedenfalls zu empfehlen, eine Fortgeltung der für die Geschäftsführer bestimmten Regelungen gleichwohl für die Liquidatoren statutarisch festzulegen.[1215]

(3) Typische Klauseln zur Vertretungsmacht von Geschäftsführern und Liquidatoren

Dieser praktische Teil der Arbeit soll typische und regelmäßig verwendete Klauseln zur Vertretungsmacht von Geschäftsführern und Liquidatoren analysieren und einer kritischen Bewertung unterziehen. Hierbei wurde insbesondere auf gängige Formularhandbücher Rückgriff genommen.

Auffallend ist, dass trotz einer deutlichen Zunahme von Judikaten, nach denen nicht von einer Fortgeltung konkreter Vertretungsbefugnisse ausgegangen werden kann, weiterhin zahlreiche Mustersatzungen die Vertretungsbefugnis von Liquidatoren nicht enthalten:

§ 6 Vertretung[1216]
(1) Die Gesellschaft wird durch einen Geschäftsführer einzeln vertreten, wenn er alleiniger Geschäftsführer ist oder wenn die Gesellschafter ihn zur Einzelvertretung ermächtigt haben. Im Übrigen wird die Gesellschaft gemeinschaftlich durch zwei Geschäftsführer oder durch einen Geschäftsführer gemeinschaftlich mit einem Prokuristen vertreten.
(2) Der Geschäftsführer A ist von den Beschränkungen des § 181 BGB zu befreien.

Diese Bestimmung ist weitgehend ungeeignet, Rückschlüsse auf den Willen der Gesellschafter zu ziehen. Kann dem ersten Absatz ggf. noch eine Tendenz zum sog. Vier-Augen-Prinzip entnommen werden, so ist der Absatz 2 allenfalls fortwirkend, bezogen auf den begünstigten Gesellschafter A. Ferner kann Absatz 2

1214 *H.-F. Müller*, MüKo GmbHG, § 66 Rn. 17; *Paura*, in: UHL, § 66 Rn. 22; a.A. *Altmeppen*, in: Roth/Altmeppen, § 66 Rn. 47.

1215 *K. Schmidt*, in: Scholz, § 68 Rn. 5, empfiehlt wegen der unklaren Rechtsprechung eine eindeutige Satzungslage zu schaffen. So auch *Reymann*, GmbHR 2009, 176, 182.

1216 *Heidenhein/Hasselmann*, in: Münchener Vertragshandbuch, Bd. 1, S. 381 f., auch nicht unter ergänzender Lektüre der weiteren Anmerkungen zur Vertretungsmacht in der GmbH: *Meister/Klöckner*, in: Münchener Vertragshandbuch, Bd. 1, S. 463 ff. Auch den Anmerkungen zur Liquidation ist das Erfordernis solcher Bestimmungen nicht entnehmbar, vielmehr wird nur auf die Nichtfortwirkung der Regelungen zur werbenden Gesellschaft verwiesen, S. 728 f.

nicht in eine Öffnungsklausel zur Befreiung von Liquidatoren durch einfachen Gesellschafterbeschluss umgedeutet werden.

§ 5 Geschäftsführung/Vertretung[1217]
(1) Die Gesellschaft hat einen oder mehrere Geschäftsführer.
(2) Ein Geschäftsführer vertritt die Gesellschaft allein, wenn er der einzige Geschäftsführer ist oder die Gesellschafter ihn zur Einzelvertretungsmacht ermächtigt haben. Ansonsten wird die Gesellschaft durch zwei Geschäftsführer oder durch einen Geschäftsführer mit einem Prokuristen vertreten.
(3) Die Gesellschafter können Geschäftsführer durch Beschluss von den Beschränkungen des § 181 BGB befreien.
[…]

Wie die vorangehende Klausel, kann auch hier ggf. eine Weitergeltung des Vier-Augen-Prinzips angenommen werden. Die Öffnungsklausel zur Befreiung von § 181 BGB gilt indiziell auch in der Liquidationsgesellschaft fort. Unter Berücksichtigung der derzeitigen eindeutigen Rechtsprechung sind beide Klauseln – sofern vom gesetzlichen Regelfall abweichende Bestimmungen in der Liquidation gelten sollen – mangelhaft und ungeeignet. Die hier vertretene Auffassung der subjektiven Auslegung von Satzungen ist zwar in der Literatur im Vordringen, allerdings sollten sich Formularhandbücher primär an der Rechtsprechung orientieren.

Gelungener sind solche Mustersatzungen, die die Liquidation (hinreichend) berücksichtigen.

§ 5 Vertretung, Geschäftsführung[1218]
(1) Die Gesellschaft hat einen oder mehrere Geschäftsführer. Ist nur ein Geschäftsführer vorhanden, so vertritt dieser die Gesellschaft allein. Sind mehrere Geschäftsführer bestellt, so wird die Gesellschaft durch zwei Geschäftsführer gemeinsam oder durch einen Geschäftsführer zusammen mit einem Prokuristen vertreten. Einzelvertretungsbefugnis sowie die Befreiung von den Beschränkungen des § 181 BGB können gewährt werden.
(2) Vorstehende Regelung gilt auch für Liquidatoren. Wird die Gesellschaft nach § 66 Abs. 1 GmbHG von den bisherigen Geschäftsführern liquidiert, so besteht deren konkrete Vertretungsbefugnis auch als Liquidatoren fort.
[…]

1217 Auch die Mustersatzung von *Weyland/Hoger*, in: Hopt Vertragshdb., S. 514 f. enthält keine Regelung zur Liquidationsgesellschaft. Ebenso enthalten die weiteren Hinweise und Anmerkungen keine Informationen zur Liquidationsgesellschaft. Ähnlich *Natterer*, in: Vertragsbuch Gesellschaftsrecht, S. 79, der mit der Überschrift „Gründung der Gesellschaft" und dem Ausbleiben von Regelungen zur Vertretungsmacht der Liquidatoren suggeriert, dass bei der Unternehmensgründung noch keine Entscheidungen zur Liquidation erforderlich seien.

1218 *Pfisterer*, in: BeckOnline-Formulare, 7.8.1.1.1.

Diese Satzungsbestimmung ist für die Praxis weitgehend gelungen, da es hier, bis auf in einem Punkt, gar nicht auf eine erforderliche Auslegung ankommt. Der Grundsatz des Vier-Augen-Prinzips wirkt fort, ferner gelten entsprechend Absatz 2 bei geborenen Liquidatoren konkrete Vertretungsbefugnisse auch in der Liquidation. Unberücksichtigt bleibt hier, ob auch die Öffnungsklausel in Absatz 1 weiter zur Geltung kommen soll. I.S.e. subjektiven Auslegung wurde bereits dargestellt, dass von einer indiziellen Fortgeltung ausgegangen werden kann. Dieses Formulierungsbeispiel lässt für diese Annahme aber keinen Raum. Durch die ausdrückliche Nennung der *„konkreten Vertretungsbefugnis“* ist wohl anzunehmen, dass eine Geltung der Öffnungsklausel für die Liquidation wohl gerade nicht gewollt ist. Sofern nach dieser Satzungsklausel auch eine Weitergeltung der Öffnungsklausel gewünscht ist, sollte dies ausdrücklich in den Satzungstext aufgenommen werden.

Letztlich kann festgehalten werden, dass die subjektive Auslegung auch weiterhin für die Rechtspraxis von erheblicher Bedeutung ist. Gründungsgesellschafter orientieren sich regelmäßig an Vorlagen, die sie Vertragsbüchern oder Internetquellen entnehmen. Wie dargestellt wird die Vertretungsmacht in der Liquidation in Mustersatzung aber weiterhin nicht hinreichend berücksichtigt. Der subjektive Wille der Gründer und Gesellschafter ist oftmals in der Satzung nicht ausreichend verankert, da die Liquidation zu spät oder nicht bedacht wird.

c) Ergebnis

Auf einen Grundsatz reduziert lässt sich feststellen, dass je abstrakter eine Bestimmung über die Vertretung ist, insbesondere je weniger konkrete Personen, sondern vielmehr das Vertretungsorgan der Gesellschaft im allgemeinen, Gegenstand der Regelung ist, desto eher kann von einer gewollten Fortwirkung der Satzungsbestimmung ausgegangen werden. Bei einer abstrakten Vertretungsbefugnis ist eine Fortwirkung, sofern keine ersichtlichen Gründe dagegen sprechen, indiziell anzunehmen. Insoweit kommt es den Gesellschaftern primär auf die Möglichkeit einer vereinfachten Beschlussfassung über die Kompetenzen des Vertretungsorgans an. Auch im Falle einer konkreten Vertretungsbefugnis gilt, dass je abstrakter diese gefasst ist, desto eher gilt sie fort, denn desto eher lässt sich annehmen, dass die Gesellschafter auch hier eine Regelung über das Vertretungsorgan, nicht einzig über die Geschäftsführer treffen wollten.

Eine generelle Fortwirkung für geborene Liquidatoren aufgrund einer Kompetenzkontinuität besteht nicht. Maßgeblich ist primär die subjektive Auslegung.

III. Geschäftsführungsbefugnis des Liquidators

1) Grundsatz

Entsprechend § 66 Abs. 1 GmbHG tritt der Liquidator an die Stelle der bisherigen Geschäftsführer. Hieraus ergibt sich, dass auch die Geschäftsführungsbefugnis dem Grunde nach auf die Liquidatoren übergeht. Anders als bei der Vertretungsmacht ist die Geschäftsführungsbefugnis – durch Beschluss, Satzung und Liquidationszweck – beschränkt und beschränkbar.[1219] Die Beschränkungen wirken nach § 69 Abs. 2 GmbHG i.V.m. § 37 Abs. 2 GmbHG allerdings nur im Innenverhältnis.

2) Beschränkung der Geschäftsführungsbefugnis in der Liquidation

a) Beschränkung durch Satzung und Beschluss

Beschränkungen, die sich aus der Satzung oder auf der Grundlage von Gesellschafterbeschlüssen ergeben, sind für die Liquidatoren grundsätzlich nach § 71 Abs. 4 GmbHG i.V.m. § 37 Abs. 1 GmbHG bindend. Fraglich ist – ähnlich der Vertretungsmacht – ob Beschränkungen die Geschäftsführer betreffend auch in der Liquidation fortwirken und insoweit die Liquidatoren ebenso in ihrer Geschäftsführungsbefugnis beschränken.

Es wird vertreten, dass die Bestimmungen und Regelungen zur Geschäftsführungsbefugnis nur insoweit für die Liquidatoren gelten, wie dies mit dem Liquidationszweck vereinbar ist.[1220] Ferner dürfen die Regelungen nicht gegen gläubigerschützende Vorschriften verstoßen.[1221] Diese Auffassung ist begrüßenswert, da sie sich gerade nicht auf die starre Heranziehung objektiver Auslegungskriterien, insbesondere des Wortlauts, verengt, sondern auch das subjektiv Gewollte berücksichtigt. Es ist regelmäßig anzunehmen, dass die Gesellschafter eine Beschränkung der Geschäftsführungsbefugnis der Geschäftsführer auch für die Liquidatoren gewollt haben. Freilich kann sich aus dem Sinn der Klausel oder aus anderen Umständen ein anderes Auslegungsergebnis ergeben.[1222] Sollte

---

1219 *Nerlich*, in: Michalski, § 70 Rn. 5. Sofern dies nicht dem Liquidationszweck widerspricht, entspricht die Geschäftsführungsbefugnis des Liquidators der des Geschäftsführers.

1220 *Passarge/Torwegge*, Die GmbH in der Liquidation, S. 112; *Nerlich*, in: Michalski, § 70 Rn. 7 f.; wohl zweifelnd *Haas*, in: Baumbach/Huck, § 70 Rn. 12: „[...]gelten diese für Liquidatoren allenfalls eingeschränkt fort."

1221 *Haas*, in: Baumbach/Hueck, § 70 Rn. 12.

1222 So sei ein Zustimmungserfordernis eines Minderheitsgesellschafters zum Verkauf eines Grundstücks regelmäßig nicht mehr in der Liquidation wirksam, da dies einer

die Beschränkung teilweise gegen den Liquidationszweck verstoßen, so ist sie dennoch im Übrigen – dem Teil, der mit dem Liquidationszweck vereinbar ist – anzuwenden, was sich aus der bloß partiellen Überlagerung durch den Liquidationszweck ergibt.

Unter Berücksichtigung ihrer Treuepflicht können die Gesellschafter während der Liquidation grundsätzlich mit einfacher Mehrheit jederzeit Weisungen durch Beschluss erteilen.[1223] Solche Beschlüsse, die eine abweichende Verteilung des Liquidationserlöses vorsehen, müssen unter Zustimmung des betroffenen Gesellschafters beschlossen werden.[1224]

b) Beschränkung und Erweiterung durch den Liquidationszweck

Gleichwohl können sich auch aus dem Liquidationszweck selbst Beschränkungen ergeben. Nicht bloß bezogen auf die Auslegung und somit die Fortwirkung von Satzungsbestimmungen und Gesellschafterbeschlüssen, wie zuvor dargestellt, sondern unmittelbar. Der Abschluss neuer Geschäfte, insbesondere solcher Geschäfte, die eine gewisse Dauer für die Zukunft haben (langfristige Geschäfte), sind wohl regelmäßig nicht ohne Zustimmung der Gesellschafterversammlung von der Geschäftsführungsbefugnis nicht umfasst. Verstößt der Liquidator im Rahmen seiner Geschäftsführung gegen den Liquidationszweck, so macht er sich schadensersatzpflichtig nach § 71 Abs. 4 GmbHG i.V.m. § 43 Satz 2 GmbHG bzw. § 37 Abs. 1 GmbHG.[1225]

In Relation zur werbenden Gesellschaft eröffnen sich dem Liquidator durch den Liquidationszweck aber auch weitreichendere Befugnisse hinsichtlich der Vornahme von Vermögensgeschäften. So kann nach einh.M. beispielsweise ein Liquidator die Gesellschaft als Ganzes veräußern,[1226] sofern ein Fortsetzungsinteresse, regelmäßig manifestiert durch einen (sich anbahnenden) Fortsetzungsbeschluss, nicht besteht, nach h.M. sogar ohne Zustimmung

---

effektiven Abwicklung und damit dem Liquidationszweck entgegensteht, OLG Hamm GmbHR 1979, 141, 142. Insoweit bestehe das Risiko, dass der Minderheitsgesellschafter die Abwicklung prokrastiniert und eine effektive Abwicklung behindert.

1223 *Passarge/Torwegge*, Die GmbH in der Liquidation, S. 112.

1224 *Haas*, in: Baumbach/Hueck, § 70 Rn. 12; a.A. *Nerlich*, in: Michalski, § 70 Rn. 8, der eine Zustimmung aller Gesellschafter vorsieht.

1225 *Passarge/Torwegge*, Die GmbH in der Liquidation, S. 113.

1226 BGH WM 1980, 496, 497; *T. Meyer*, Liquidatorenkompetenzen und Gesellschafterkompetenzen, S. 19; *Haas*, in: Baumbach/Hueck, § 70 Rn. 8; *Helm/Haaf*, in: Beck'sches Hdb. GmbH, § 16 Rn. 40; *H.-F. Müller*, in: MüKo GmbHG, § 70 Rn. 16; *Paura*, in: UHL, § 70 Rn. 19; *K. Schmidt*, in: Scholz, § 70 Rn. 14.

der Gesellschafterversammlung.[1227] Diese Kompetenz wird teilweise auf eine Legitimation aus §§ 71 Abs. 4, 43 Abs. 1 GmbHG gestützt, teilweise wird dies aus dem Liquidationszweck abgeleitet. Die Gegenauffassung geht davon aus, dass stets ein Gesellschafterbeschluss zur Veräußerung des Unternehmens als Ganzes erforderlich ist, wenn der Liquidationsplan ein solches Vorgehen nicht bereits vorsieht.[1228] Es handele sich insoweit stets um eine Grundlagenentscheidung, die ihre Legitimation einzig in einem Gesellschafterbeschluss findet.[1229]

Die Erzielung eines bestmöglichen Liquidationserlöses lässt sich regelmäßig bei einer Unternehmensveräußerung statt durch Zerschlagung und Veräußerung einzelner Unternehmensteile realisieren.[1230] Es ist daher im Einklang mit der h.M. nur richtig, die Möglichkeit der Veräußerung – auch in toto – dem pflichtgemäßen Ermessen der Liquidatoren zu überlassen. Nicht zuletzt auch wegen der Schadensersatzpflicht des Liquidators besteht ein hinreichender Schutz der Gesellschafter.[1231] Wird ein konkretes Vorgehen im Liquidationsplan vorgesehen, so ist dies freilich für die Liquidatoren im Innenverhältnis bindend. Eine Abweichung hiervon ist sodann nur auf Grundlage eines Gesellschafterbeschlusses möglich.

Obacht ist geboten, sofern eine Veräußerung des Unternehmens nicht an einen Dritten, sondern an einen Gesellschafter oder einen Liquidator erfolgt. Wegen der „*inhärenten Missbrauchsgefahr*“ ist von einem zusätzlichen Erfordernis eines Gesellschafterbeschlusses auszugehen.[1232]

1227 Stellvertretend für viele: *T. Meyer*, Liquidatorenkompetenzen und Gesellschafterkompetenzen, S. 74; *H.-F. Müller*, in: MüKo GmbHG, § 70 Rn. 16; *K. Schmidt*, in: Scholz, § 70 Rn. 14.

1228 *Paura*, in: UHL, § 70 Rn. 19; *Geißler*, DZWIR 2013, 1, 4.

1229 Welche Majorität hierzu benötigt wird, bleibt von den Vertretern dieser Auffassung offen. Unter Berücksichtigung der „Holzmüller-Doktrin“ (BGHZ 83, 122) käme durchaus ein Erfordernis einer qualifizierten Mehrheit in Betracht.

1230 *Paura*, in: UHL, § 70 Rn. 19: „Die Veräußerung des Unternehmens im Ganzen durch den Liquidator ist zulässig und wird häufig die sinnvollste Form der Verwertung des Gesellschaftsvermögens sein, da eine Zerschlagung des Unternehmens Werte vernichtet.“ Zudem auch ausdrücklich *H.-F. Müller*, in: MüKo GmbHG, § 70 Rn. 16; *K. Schmidt*, in: Scholz, § 70 Rn. 14.

1231 So auch u.a. *T. Meyer*, Liquidatorenkompetenzen und Gesellschafterkompetenzen, S. 74.

1232 Hierzu ausführlich *H.-F. Müller*, in: MüKo GmbHG, § 70 Rn. 17 ff.

c) Beschränkung durch Gesetz

Das Gesetz sieht eine Beschränkung der Geschäftsführungsbefugnis für Liquidatoren in § 70 Satz 2 GmbHG vor,[1233] ferner sind Liquidatoren nach § 71 Abs. 4 GmbHG i.V.m. § 43 GmbHG an die Sorgfalt eines ordentlichen Geschäftsmanns gebunden.

3) Ergebnis

Die Geschäftsführungsbefugnis der Liquidatoren entspricht im Wesentlichen der eines Geschäftsführers. Durch Satzung oder Gesellschafterbeschluss bestimmte Beschränkungen sind hinsichtlich ihrer Anwendbarkeit auszulegen. Indiziell kann aber regelmäßig eine Anwendbarkeit angenommen werden. Ferner können sich liquidationstypische Beschränkungen aus Gesetz und Liquidationszweck ergeben.

B. Wettbewerbsverbote in der aufgelösten Gesellschaft

Art und Umfang von Wettbewerbsverboten der Liquidatoren sind für die Rechtspraxis von erheblicher Bedeutung. Einerseits ist fraglich, ob die Liquidatoren gesetzlichen Wettbewerbsverboten unterliegen, andererseits, ob vertragliche Wettbewerbsverbote in der Liquidation fortgelten.

I. Art des Wettbewerbsverbots

1) Gesetzliches Wettbewerbsverbot

Für die AG i.L. wird durch § 268 Abs. 3 AktG bestimmt, dass das gesetzliche Wettbewerbsverbot für Vorstandsmitglieder nach § 88 AktG nicht für die Abwickler fortgilt. Da es aber in der GmbH bereits keine § 88 AktG entsprechende Bestimmung über Wettbewerbsverbote der Geschäftsführer der werbenden Gesellschaft gibt und § 268 Abs. 3 AktG verdeutlicht, dass in der Liquidation

---

1233 Der offene Wortlaut des § 70 Satz 2 GmbHG wird zurecht von der h.M. teleologisch reduziert und meint solche Geschäfte, die dem Liquidationszweck nicht entgegen stehen, *Passarge/Torwegge*, Die GmbH in der Liquidation, S. 113; *Haas*, in: Baumbach/Hueck, § 70 Rn. 10; *Nerlich*, in: Michalski, § 70 Rn. 18; *Paura*, in: UHL, § 70 Rn. 26; *K. Schmidt*, in: Scholz, § 70 Rn. 16. Unzulässig sind solche Geschäfte, die die Liquidationsgesellschaft faktisch zur werbenden Gesellschaft erheben würden, *Gesell*, in: Rowedder/Schmidt-Leithoff, § 70 Rn. 9.

Wettbewerbsverbote weniger streng zur Geltung kommen, besteht für die GmbH-Liquidatoren ein gesetzliches Wettbewerbsverbot nicht.[1234]

Ebenso sieht das GmbHG, anders als § 112 HGB für die Gesellschafter einer oHG, kein generelles Wettbewerbsverbot vor.

Wie auch in der werbenden Gesellschaft können sich Wettbewerbsverbote allerdings aus der Treuepflicht ergeben.[1235] Dies gilt für Liquidatoren ebenso wie für Geschäftsführer.[1236] Qua Gesellschafterbeschluss besteht, sofern die Satzung nicht ein anderes Quorum bestimmt, mit dreiviertel Mehrheit die Möglichkeit der Befreiung vom Wettbewerbsverbot.[1237]

2) Vertragliches Wettbewerbsverbot

In der Rechtspraxis von erheblicher Bedeutung sind vertragliche Wettbewerbsverbote.[1238] Maßgeblich für die Wirksamkeit eines vertraglichen Wettbewerbsverbots ist der Einfluss des Gesellschafters auf die Geschäftsführung der Gesellschaft - eine Kontrolle der Wirksamkeit misst sich an Art. 101 AEUV, sowie § 1 GWB und § 138 Abs. 1 BGB.[1239] Hierzu wird regelmäßig Rückgriff auf eine Unterscheidung zwischen personalistischer und kapitalistischer GmbH genommen.[1240] Das Wettbewerbsverbot kann grundsätzlich auch mit nachmitgliedschaftlicher Wirkung in der Satzung ausgestaltet werden.[1241]

Das statutarische Wettbewerbsverbot ist ein indifferenter Satzungsbestandteil, kann folglich sowohl schuldrechtlich wie auch organschaftlich ausgestaltet sein.[1242] Für die vorliegende Arbeit sind nur organschaftliche Wettbewerbsverbote relevant.

1234 *Löffler*, in: Heybrock PraxisKomm, § 69 Rn. 10; *Haas*, in: Baumbach/Hueck, § 69 Rn. 3.

1235 BGHZ 80, 69, 74 f.; 89, 162, 166; *Lieder*, in: Michalski, § 13 Rn. 264 ff. mit zahlreichen Beispielen.

1236 *Passarge/Torwegge*, Die GmbH in der Liquidation, S. 133.

1237 *Passarge/Torwegge*, Die GmbH in der Liquidation, S. 134.

1238 *Rudersdorf*, RNotZ 2011, 509, 512.

1239 *Ivens*, Konkurrenzverbot, S. 31 ff., 194 ff.; *Lieder*, in: Michalski, § 13 Rn. 226; *Pentz*, in: Rowedder/Schmidt-Leithoff, § 13 Rn. 87.

1240 *Lieder*, in: Michalski, § 13 Rn. 226 m.w.N.

1241 *Pentz*, in: Rowedder/Schmidt-Leithoff, § 13 Rn. 90.

1242 *Wicke*, DNotZ 2006, 419, 436.

a) *Vertragliche Wettbewerbsverbote in der Liquidationsgesellschaft*

Jedenfalls für die oHG gilt nach h.M. das gesetzliche Wettbewerbsverbot nach § 112 HGB weiter, obgleich sein Umfang mit voranschreitender Liquidation abschwächt.[1243] Dem gegenüber sieht § 268 Abs. 3 AktG allerdings gerade die Nichtanwendung von § 88 AktG für die Abwickler vor, sodass diese nicht dem gesetzlichen Wettbewerbsverbot unterliegen. Hintergründig lässt sich der Sinn von § 268 Abs. 3 AktG nur mit einem antiquierten Liquidationsverständnis mit dem primären Ziel der Zerschlagung sowie der Annahme, die Liquidation sei weniger arbeitsbelastend als die Geschäftsführung der Gesellschaft, erklären.[1244]

Für die Wirksamkeit vertraglicher Wettbewerbsverbote in der GmbH stellt sich insoweit die Frage, ob einerseits überhaupt eine Fortgeltung für bzw. eine Übertragung auf die Liquidatoren und Gesellschafter anzunehmen ist und sodann, ob diesbezüglich der Umfang des Wettbewerbsverbotes dynamisch abnehmend ist oder starr vollumfänglich bis zur Beendigung der Gesellschaft bestehen bleibt.

b) *Fortwirkung bzw. Übertragung vertraglicher Wettbewerbsverbote*

Die h.M. nimmt an, dass statutarische Wettbewerbsverbote grundsätzlich in der Liquidation keine Wirkung mehr haben.[1245] Wohl aber könne Auslegungsergebnis auch die Weitergeltung eines Wettbewerbsverbots sein.[1246] Um allerdings Härtefälle einzugrenzen gelte, wie auch bei der werbenden Gesellschaft, dass ein wettbewerbliches Verhalten eines Liquidators oder Gesellschafters, welches dem Liquidationszweck zuwiderlaufe, aufgrund der Treuepflicht unzulässig sei.[1247]

Diese Auffassung berücksichtigt indes nicht hinreichend, dass der in einer Satzung manifestierte Wille der Auslegung unterliegt und demnach primär subjektiv ermittelt werden muss. Bei der Auslegung ist insbesondere zu ergründen wie die mit einem Wettbewerbsverbot belegte Person die Satzungsklausel verstanden hat und ob sie dieses Verständnis unter verständiger Würdigung der Einzelfallumstände haben durfte. Jedenfalls wird regelmäßig davon auszugehen

---

1243 BGH NJW 1971, 802; *Büteröwe*, GWR 2009, 288 f.

1244 Diese Annahmen werden von *Bredol*: Rechtsstellung der Abwickler, S. 234 f. erarbeitet und kritisch betrachtet.

1245 *H.-F. Müller*, in: MüKo GmbHG, § 69 Rn. 6; *Nerlich*, in: Michalski, § 69 Rn. 8; *Paura*, in: UHL, § 69 Rn. 11.

1246 *H.-F. Müller*, in: MüKo GmbHG, § 69 Rn. 6, nämlich dann, wenn „eine konkurrierende Tätigkeit des Korporationsmitglieds dem Abwicklungszweck zuwiderläuft."

1247 *H.-F. Müller*, in: MüKo GmbHG, § 69 Rn. 6.

sein, dass ein unmittelbares Erlöschen eines Wettbewerbsverbotes ab der Beschlussfassung über die Auflösung – insbesondere unter Berücksichtigung des Liquidationszwecks, also dem Erzielen eines bestmöglichen Liquidationserlöses -oftmals nicht gewollt ist.

II. Umfang des Wettbewerbsverbots

Das Wettbewerbsverbot kollidiert als Interesse der Gesellschaft, vor Konkurrenzunternehmen geschützt zu sein, mit dem durch Art. 12 Abs. 1 GG geschützten Interesse der Liquidatoren und Gesellschafter freier beruflicher Entfaltung sowie kartellrechtlicher Unzulässigkeit.[1248] Insoweit bedarf der Umfang eines Wettbewerbsverbots einer sachlichen Rechtfertigung, um nicht nach § 138 Abs. 1 BGB nichtig zu sein.

Teilweise wird vertreten, dass ein Wettbewerbsverbot in der Liquidation solange andauert, wie das Unternehmen zur bestmöglichen Abwicklung bestehen bleibt, dann entfällt es.[1249] Es ändere sich nichts an den Gründen des Wettbewerbsverbotes, solange die Gesellschaft noch am Markt tätig und nicht einzig auf die Abwicklung von Verträgen gerichtet sei. Diese Ansicht scheint allerdings im Gesamten etwas starr und berücksichtigt die schleichende Geschäftsaufgabe, also den schrittweisen Marktaustritt, nicht hinreichend und kann folglich auch nicht überzeugen.

Der Umfang richtet sich schließlich nach dem Unternehmenszweck, der jedenfalls partiell vom Liquidationszweck überlagert wird. Ein Wettbewerbsverbot in der Liquidation lockert sich schrittweise mit dem Voranschreiten der Abwicklung. Ein Wettbewerbsverbot, dass vollumfänglich bis zur Vollbeendigung fortgilt, wäre wohl regelmäßig überschießend und daher nichtig.[1250] So wirkt das Wettbewerbsverbot fort für solche Bereiche der unternehmerischen Tätigkeit, welche von der Liquidationsgesellschaft zum Zwecke einer gut funktionierenden Liquidation noch nicht aufgegeben wurden.[1251] Der Umfang des Wettbewerbsverbotes richtet sich daher nach dem Fortschritt der Geschäftsaufgabe bzw. der Einstellung der wirtschaftlichen Tätigkeit.

Enthält das Wettbewerbsverbot Regelungen darüber, dass die Gesellschafter oder Geschäftsführer der Gesellschaft in bestimmten Wirtschaftsbereichen nicht

---

1248 BAG DZWIR 2017, 380, 382; *Linsmeier/Lichtenegger*, BB 2011, 328.

1249 *Ivens*, Konkurrenzverbot, S. 92 m.w.N.

1250 *Paura*, in: UHL, § 69 Rn. 11; *K. Schmidt*, in: Scholz, § 69 Rn. 8; *Büteröwe*, GWR 2009, 288 f.; *Rudersdorf*, RNotZ 2011, 509, 512.

1251 *Paura*, in: UHL, § 69 Rn. 11.

tätig sein dürfen, die das Unternehmen in Zukunft zu erschließen gedenkt, entfällt die Wirksamkeit dieser Bestimmungen mit der Auflösung, da die Gesellschaft ab dann auf die Einstellung der unternehmerischen Tätigkeit gerichtet ist.[1252] Auch wenn die Gesellschaft ihren Geschäftsbetrieb mit der Auflösung nicht unmittelbar einstellt, so ist sie jedenfalls nicht mehr ausgerichtet auf die Erschließung neuer Geschäftsbereiche.[1253] Dies ergibt sich unter Berücksichtigung des Liquidationszwecks.

C. Ergebnis

Sofern nicht Gründe des Einzelfalls eine objektive Auslegung zur Notwendigkeit machen, sind Satzungsbestimmungen subjektiv auszulegen. Die Gesellschaft bleibt nach innen und außen unverändert bestehen. Der Unternehmenszweck wird zunehmend vom Liquidationszweck überlagert, sodass sich die Ausrichtung der Gesellschaft ändert. Primäres Ziel der Liquidationsgesellschaft ist die Erreichung eines maximalen Liquidationserlöses.

Aufgrund ihrer inneren Kontinuität – insbesondere gilt die Satzung als solche fort – ist auch weiterhin ein subjektiver Auslegungsmaßstab immer dann, wenn dieser nicht aus Gründen des Einzelfalls ausgeschlossen ist, anzunehmen. Die Vertretungsorgane der Gesellschaft – so lässt es sich der Gesetzessystematik entnehmen – weisen eine Amts-, nicht aber eine Kompetenzkontinuität auf. Gleichwohl ist die Satzung immer dahin gehend zu überprüfen, ob sich aus dem einheitlichen Satzungsverständnis der Gesellschafter nicht eine Fortgeltung der statutarisch für die Geschäftsführer bestimmten und vom Gesetz abweichenden Vertretungsregelungen für das Vertretungsorgan ergibt.

Wettbewerbsverbote sind in ihrer Fortwirkung ebenfalls anhand einer subjektiven Auslegung zu überprüfen. In ihrem Umfang nehmen sie aber mit Voranschreiten der Auflösung und Liquidation ab.

1252 *Passarge/Torwegge*, Die GmbH in der Liquidation, S. 134.

1253 *Eller*, Liquidation der GmbH, S. 58 bezeichnet die Ausrichtung der werbenden Gesellschaft dahin gehend als zukunftsorientierter Zweck und die Ausrichtung der Liquidationsgesellschaft als zerschlagungsorientierter Zweck.

6 Schlussbetrachtung

Mit der vorliegenden Arbeit wurde der Versuch unternommen den problemrelevanten Bereich der Gestaltung und Auslegung des GmbH-Rechts, unter besonderer Berücksichtigung des Liquidationsrechts, systematisch darzustellen und eine ganzheitliche Lösung anzubieten. In nachfolgender Darstellung werden die wesentlichen Ergebnisse dieser Arbeitet zusammenfassend aufgelistet:

A. Allgemeine Erkenntnisse

1. Die Begriffe Satzung, Statut, Gesellschaftsvertrag und Verfassung sind im Recht der GmbH gleichbedeutend. Eine Unterscheidung ist nicht sinnvoll und auch nicht zweckdienlich.

2. Die Satzung der GmbH unterliegt hinsichtlich echter und unechter Satzungsbestimmungen subjektiver Auslegung, sofern Gründe des Einzelfalls nicht ein objektives Satzungsverständnis erfordern. Der in § 15 Abs. 1, 3 HGB verankerte Schutz ist hinreichend. Altgesellschafter können hingegen regelmäßig dem Neugesellschafter gegenüber nicht im Nachhinein auf ein vom Satzungstext abweichendes Verständnis rekurrieren. Mit einem Wechsel des Gesellschafterbestandes kann eine Satzungsbestimmung durchaus zu verschiedenen Zeiten unterschiedlich ausgelegt werden. Dies ergibt sich aus dem Auslegungsrecht selbst, welches primär den Einzelfall fokussiert. Ein abstrakter Rechtsschutz kann – auch hinsichtlich echter Satzungsbestimmungen – nicht zur generellen Verdrängung der subjektiven Auslegung führen, dies kann nur ein konkreter Schutzbedarf.
   Altgesellschafter können im Rahmen des Beitrittsprozesses das Satzungsverständnis der Neugesellschafter anheben. Hierzu können sie den Neugesellschaftern außerhalb der Satzung liegende Erläuterungen bereitstellen, wie z.B. Beschlussbücher oder Protokolle.
   Gesellschafter sollten nach Möglichkeit nur echte Satzungsbestimmungen in die Satzung aufnehmen, um eine Trennlinie zwischen vertraglichen und organisatorischen Bestimmungen ziehen zu können.

3. Die Satzungsfreiheit der Gesellschaft erlaubt eine weitgehende Freiheit in der Gestaltung ihrer Binnenstruktur. Eine Beschränkung dieser Autonomie ist insbesondere dann sinnvoll und erforderlich, wenn die satzungsrechtliche Regelung gegen (kapital-) gesellschaftsrechtliche Grundsätze verstößt. Unangetastet bleibt der Grundsatz: in dubio pro libertate.

4. Die Delegation von Kompetenzen ist weitgehend zulässig. Die Gesellschafterversammlung kann sich in Bezug auf Grundlagenentscheidungen der Gesellschaft nicht von ihrer Entscheidungshoheit durch Kompetenzdelegation befreien.

5. Gesellschafterbeschlüsse sind Rechtsgeschäfte eigener Art. Inhaltlich mangelhafte Beschlüsse sind nach §§ 241 ff. AktG analog nichtig. Insbesondere solche Beschlüsse, die gegen das Wesen der Gesellschaft verstoßen, sind nichtig. Ein mangelhafter Beschluss, der nicht nichtig ist, kann nach § 243 AktG analog angefochten werden.

6. Innerhalb und außerhalb der Satzung können Gesellschafter schuldrechtliche Nebenabreden treffen. Diese binden einzig die sich unterwerfenden Gesellschafter. Obgleich rechtlich möglich, ist es nicht sinnvoll, Nebenabreden in die Satzung aufzunehmen. Sollten solche dennoch in die Satzung aufgenommen werden, so gelten die Bestimmungen über Satzungsänderungen für schuldrechtliche Nebenabreden nicht.

7. Mit der Auflösung wird der Gesellschaftszweck nicht verdrängt, sondern vom Liquidationszweck partiell überlagert. Der Liquidationszweck ist folgerichtig ein Verfahrenszweck.

8. Die werbende Gesellschaft bleibt identisch mit der Liquidationsgesellschaft. Insbesondere bleibt die GmbH i.L. partei-, rechts-, insolvenz-, grundbuch-, delikts- und prozessfähig. Außerdem bleiben die Rechtsverhältnisse der Gesellschaft durch die Auflösung unberührt und die Satzung kommt weiterhin zur Geltung. Neben der Diskontinuität der Geschäftsführung – insoweit werden die Geschäftsführer durch die Liquidatoren abgelöst – bleibt die innere Ordnung der Gesellschaft bestehen.

9. Die Eintragung der Löschung der Gesellschaft ist für die Vollbeendigung konstitutiv. Ferner muss die Gesellschaft vermögenslos sein. Insoweit gilt die von der wohl h.M. vertretene Lehre vom Doppeltatbestand.

B. Gestaltungsfreiheit in der Liquidation

1. Den Gesellschaftern kommt zur Organisation der Liquidationsgesellschaft ein weitreichender Gestaltungsspielraum zu. Eine differente Behandlung von werbender und aufgelöster Gesellschaft ist nicht erforderlich und folglich

auch unstatthaft. Eine stärkere Einschränkung der Liquidationsgesellschaft gegenüber der werbenden Gesellschaft ist unbegründet. Wie auch bei der werbenden Gesellschaft gilt eine weitreichende Liberalität der inneren (Kompetenz-) Ordnung der Gesellschaft. Ein Wechsel von der werbenden zur aufgelösten Gesellschaft verdrängt diese autonome Gestaltungsfreiheit grundsätzlich nicht.

2. Eine Befristung der Gesellschaft i.S.d. § 60 Abs. 1 Nr. 1 GmbHG wird, unabhängig davon, ob die Befristung bereits bei Gründung der Gesellschaft oder erst danach beschlossen wurde, mit einer Eintragung ins Handelsregister wirksam. Insoweit gilt § 54 Abs. 3 GmbHG analog hinsichtlich des Eintragungserfordernisses. Es erscheint völlig unbillig, die Wirksamkeit einer nichteingetragenen Befristung vom zeitlichen Zufall abhängig zu machen. Die Eintragung einer Befristung ist unabhängig vom Zeitpunkt der Entscheidung konstitutiv.

3. Die Auflösung der Gesellschaft ist eine Schicksalsfrage über ihre weitere Existenz. Mit dem Beschluss über die Auflösung beginnt ihre Beendigung. Die Auflösungskompetenz der Gesellschaft muss als Grundlagenentscheidung bei der Gesellschafterversammlung verbleiben, eine Delegation dieser Kompetenz ist unzulässig.

4. Die Mitwirkung an dieser Entscheidung ist Gesellschaftern oder zwingend mehrheitlich mit Gesellschaftern besetzten Organen vorbehalten. Einzelnen Gesellschaftern kann eine Mitwirkung an der Auflösung sowohl als entziehbares als auch als unentziehbares (Sonder-) Recht eingeräumt werden. Gleiches gilt für Organe der Gesellschaft. Dritte können nicht durch eine echte Satzungsbestimmung bevorrechtet werden.
   Unwirksame Mitwirkungsrechte sind – sofern möglich – nach § 140 BGB derart umzudeuten, dass diese Wirksamkeit erlangen. Wesentlich ist hierbei der hypothetische Parteiwille.

5. Die Pflicht zur Mitwirkung an der Auflösung der Gesellschaft kann den Gesellschaftern bloß äußerst restriktiv aufgebürdet werden. Insbesondere im Falle der jüngst vom BGH entschiedenen Ausfallhaftung zur Sicherung des Abfindungsanspruchs bei Einziehung von Geschäftsanteilen besteht keine Stimmpflicht. Ebenso wenig besteht zur Vermeidung der persönlichen Ausfallhaftung ein Anspruch auf Auflösung der Gesellschaft zur Beteiligung des Ausgeschiedenen am Liquidationserlös. Den dissentierenden Gesellschaftern ist vielmehr zur Vermeidung der Haftung ein Austrittsrecht zuzubilligen.

Die Rechtsprechung des BGH zur Ausfallhaftung ist nicht satzungsfest und kann durch statutarische Bestimmung durch andere Sicherungsinstrumente abgelöst werden. Ferner kann der von der Sicherung Begünstigte auf seinen Anspruch verzichten.

6. Solche Beschlüsse des Mehrheitsgesellschafters oder der Mehrheit der Gesellschafter, die eine Verfolgung von Sondervorteilen oder die Schädigung der Minderheitsgesellschafter bezwecken sind rechtsmissbräuchlich. Speziell die Fälle der sog. übertragenden Auflösung enthalten ein gesteigertes Missbrauchsrisiko, da liquidationsatypisch in dieser Konstellation die Gesellschaftermehrheit und die -minderheit gegenläufige Interessen verfolgen. Es besteht ein besonderes Schutzbedürfnis der Gesellschafterminderheit.

7. Der Gesellschafterbeschluss trägt seine Legitimation grundsätzlich in der Findung der erforderlichen Beschlussmehrheit und unterliegt daher keiner generellen Inhaltskontrolle. Ferner lassen sich die umwandlungsrechtlichen Bestimmungen zum Minderheitenschutz nicht auf das Liquidationsrecht übertragen. Die Kontrolle der Rechtmäßigkeit des Auflösungsbeschlusses erfolgt in einer Zwei-Stufen-Prüfung. Zuerst ist in Anlehnung an § 327a AktG zu überprüfen, ob mindestens 5 % des Stammkapitals kumuliert in der Hand von Minderheitsgesellschaftern liegt. Bei weniger als 5 % Stammkapital der Minderheitsgesellschafter ist eine Prüfung nur nach Stufe 2 möglich.
   Die erste Stufe dient der Feststellung, ob der Verlust der Mitgliedschaft der Minderheitsgesellschafter rechtswidrig gewesen ist. Hierbei ist zu überprüfen, ob die Gesellschaftermehrheit die Minderheit rechtsmissbräuchlich aus der Gesellschaft hinausgedrängt hat. Es ist festzustellen, ob rechtlich – nicht tatsächlich – auch durch die Kapitalminderheit ein Übernahmeangebot hätte abgegeben werden können. Andernfalls liegt ein Missbrauch der Mehrheitsmacht vor und der Auflösungsbeschluss ist unwirksam.
   Die zweite Stufe dient der Überprüfung der Rechtmäßigkeit der Vermögenskompensation. Die Kapitalminderheit ist davor zu schützen, dass der Mehrheitsgesellschafter rechtsmissbräuchlich im Wege der Liquidation das Unternehmen ganz oder teilweise unter dem tatsächlichen Wert übernimmt. Insbesondere im Falle der sog. übertragenden Auflösung, wenn bloß die Kapitalminderheit noch ein natürliches Interesse an einem höchstmöglichen Liquidationserlös hat, besteht ein gesteigertes Missbrauchsrisiko. Folglich ist eine Begutachtung durch einen Wirtschaftsprüfer vorzunehmen, um einen Vermögensschaden von den Minderheitsgesellschaftern abzuwenden.

8. Natürliche Personen können entsprechend § 66 i.V.m. § 6 Abs. 2 Satz 2 und 3 GmbHG Liquidatoren sein. Gleichwohl können auch juristische Personen (ohne, dass es einer konkreten Bestimmung entsprechend § 265 Abs. 2 Satz 3 AktG bedarf) und Personenhandelsgesellschaften als Liquidatoren bestellt werden. Der Gläubigerschutz im Liquidationsrecht ist weniger streng als im Insolvenzrecht. Liquidatoren werden im Unterschied zum Insolvenzverwalter nur ausnahmsweise gerichtlich bestellt. Die innere Organisation der Gesellschaft obliegt in der Liquidation grundsätzlich den Gesellschaftern. Folgerichtig steht die Bestellung von juristischen Personen zu Liquidatoren nicht im Widerspruch zur höchstrichterlichen Rechtsprechung zur Bestellung von juristischen Personen zu Insolvenzverwaltern.

9. Die bestehenden Normen zur Registereintragung von Grundbucheinträgen unter GbR-Beteiligung sind nicht auf eine Eintragung der Liquidator-GbR anzuwenden. Ebenso lässt sich eine Registerpublizität und damit verbunden ein hinreichender Verkehrsschutz nicht durch das Transparenzregister gem. § 40 GmbHG n.F. herstellen. Allerdings ist de lege lata entsprechend § 67 GmbHG i.V.m. § 162 Abs. 1 Satz 2 HGB analog eine erforderliche Registerpublizität erreichbar, die über § 15 HGB einen ausreichenden Verkehrsschutz bietet. Diese Vorschriften sind insbesondere deshalb geeignet, weil die Eintragung einer GbR als Kommanditist, Komplementärin und oHG-Gesellschafter bereits anerkannt ist und eine Andersbehandlung der Liquidator-GbR nicht zu rechtfertigen ist. Der Verkehrsschutz gilt freilich aber nur bezüglich aller zur Liquidation zugehörigen Geschäfte und darf nicht zur heimlichen Einführung eines GbR-Registers führen.

10. Die Schaffung eines fakultativen GbR-Registers ist sinnvoll und rechtspolitisch voranzutreiben. Jüngere Entwicklungen in Politik und Lehre dahin gehend sind vielversprechend.

11. Durch Gesellschafterbeschluss, Satzungsbestimmung oder gerichtliche Bestellung können andere Personen als die bisherigen Geschäftsführer (geborene Liquidatoren) zu gekorenen Liquidatoren bestellt werden. Der Beschluss zur Liquidatorenbestellung wirkt unter Berücksichtigung des Wortlauts von § 66 Abs. 3 Satz 2 GmbHG satzungsdurchbrechend. Allerdings bedarf es, um auch der erhöhten Beständigkeit statutarischer Bestimmungen zu entsprechen und in Abgrenzung zu einfachen Gesellschafterbeschlüssen, einer satzungsändernden Mehrheit zur Beschlussfassung. Ein wichtiger Grund muss nicht vorliegen.

12. Die originär bei der Gesellschafterversammlung liegende Personalkompetenz zur Bestellung und Abberufung von Liquidatoren ist delegierbar. Eine Andersbehandlung von werbender und aufgelöster Gesellschaft ist nicht erforderlich, weder aus Gründen des Gläubigerschutzes, noch aus Gründen des Wesens der Gesellschaft oder zum Schutz von Minderheitsgesellschaftern. Insbesondere sind die Liquidatoren an den Liquidationszweck gebunden, sodass die Veränderungen, die sich aus dem Übergang zur Liquidationsgesellschaft ergeben, hinreichende Berücksichtigung finden. Die Fokussierung auf das Primärziel eines höchstmöglichen Liquidationserlöses ist dadurch nicht gefährdet.

C. Auslegung in der Liquidation

1. Aus dem Grundsatz der Amtskontinuität von Liquidatoren ergibt sich keine Kompetenzkontinuität. Sofern der Satzungstext Bestimmungen über Geschäftsführer, nicht aber ausdrücklich auch für Liquidatoren, enthält, ergibt sich folgerichtig eine Fortgeltung nicht aus dem Übergang der Kompetenzen.
   Insbesondere unterscheidet das GmbHG in Bezug auf die Liquidatorenkompetenzen nicht zwischen geborenen und gekorenen Gesellschaftern. Eine generelle Fortwirkung von Vertretungsbefugnissen der Geschäftsführung besteht daher nicht.

2. Satzungsbestimmungen, gleich ob in der werbenden oder aufgelösten Gesellschaft, sind subjektiv auszulegen, sofern nicht Gründe des Einzelfalls bloß eine objektive Auslegung zulassen. Dies gilt freilich auch für solche Bestimmungen, die qualitative oder quantitative Vorgaben zur Liquidatorenbestellung und -abberufung beinhalten. Je abstrakter die Vertretungsbefugnis ist, die für Geschäftsführer statutarisch bestimmt wurde, umso eher kann von einer indiziellen Weitergeltung ausgegangen werden. Entscheidend ist, ob das Vertretungsorgan der Gesellschaft – insoweit also auch nach der Auflösung der Gesellschaft die Liquidatoren – die Geschäftsführung oder eine bestimmte Person als Geschäftsführer mit der Satzungsklausel gemeint sind. Soll die Satzungsbestimmung das Vertretungsorgan der Gesellschaft als solches betreffen, so kann regelmäßig von einer Weitergeltung ausgegangen werden. Anders verhält es sich freilich, wenn die Regelung speziell auf die Geschäftsführer zugeschnitten ist. Sind statutarische Regelungen zur Vertretungsbefugnis unter Nennung einer bestimmten Person als Geschäftsführer

bestimmt worden, so kann eine Fortgeltung nur für diesen konkreten Gesellschafter angenommen werden, sofern dieser auch Liquidator der Gesellschaft ist.

3. Die Geschäftsführungsbefugnis der Liquidatoren entspricht weitgehend der von Geschäftsführern. Zu berücksichtigen ist vornehmlich die partielle Überlagerung des Gesellschaftszwecks durch den Liquidationszweck und die daraus resultierende Beschränkung der Geschäftsführungsbefugnis. Zur Fortgeltung von Beschränkungen oder Erweiterungen der Geschäftsführungsbefugnis für Geschäftsführer gilt das Gleiche wie für die Vertretungsbefugnis.
   Liquidatoren können weitreichendere Vermögensentscheidungen als Geschäftsführer treffen. Sie können nach vorzugswürdiger Auffassung das Unternehmen in toto ohne Zustimmung der Gesellschafterversammlung veräußern, sofern ein Fortsetzungsinteresse nicht ersichtlich ist. Es obliegt dem pflichtgemäßen Ermessen der Liquidatoren das Unternehmen im Ganzen oder einzelne Unternehmensteile zu versilbern.

4. Ob ein statutarisches Wettbewerbsverbot auch in der Liquidation von Bestand bleibt ist eine Frage der Auslegung der Satzungsbestimmung. Hierbei ist insbesondere zu ergründen, wie die mit einem Wettbewerbsverbot belegte Person die Satzungsklausel verstanden hat und ob sie dieses Verständnis unter verständiger Würdigung der Einzelfallumstände haben durfte. Das unmittelbare Erlöschen eines Wettbewerbsverbots aufgrund der Auflösung ist aber wohl regelmäßig, jedenfalls dann, wenn die Gesellschaft nicht sogleich den Marktaustritt vollzieht, nicht gewollt. Letztlich kann auch das Ziel des Erreichens eines möglichst hohen Liquidationserlöses eine hinreichende Begründung für eine vorübergehende Fortgeltung eines Wettbewerbsverbotes sein.

5. Der Umfang von Wettbewerbsverboten richtet sich nach dem Grad der Auflösung, er nimmt mit dem Fortschritt der Abwicklung ab. Das Wettbewerbsverbot steht im Konfliktfeld zwischen dem durch Art. 12 Abs. 1 GG geschützten Interesse der Liquidatoren und Gesellschafter an freier beruflicher und wirtschaftlicher Betätigung sowie der kartellrechtlichen Unzulässigkeit und dem Interesse der Gesellschaft, vor wirtschaftlich schädigendem Handeln der eigenen Gesellschafter und Liquidatoren, geschützt zu sein. Das Wettbewerbsverbot muss, um nicht gem. § 138 Abs. 1 BGB nichtig zu sein, sachlich gerechtfertigt sein. Mit der Auflösung sind Wettbewerbsverbote für Tätigkeiten in Geschäftsbereichen, die die Gesellschaft künftig erschließen wollte, unwirksam, da das Wettbewerbsverbot dahingehend vom Liquidationszweck überlagert wird.

Literaturverzeichnis

Abicht, Yvonne: Die GbR im Grundbuch, notar 2009, S. 117–120.

Albers, Gregor: Die GbR im Grundstücksverkehr nach dem ERVGBG, ZfIR 2010, S. 705–713.

Altmeppen, Holger: Die Dogmatik zur Grundbuchfähigkeit der GbR, ZIP 2011, S. 1937–1944.

Altmeppen, Holger: Anm. z. BGH, Urt. v. 24.01.2012 – II ZR 109/11 – Die Dogmatik des Abfindungsanspruchs und die offenen Fragen zum Ausscheiden aus der GmbH, ZIP 2012, S. 1685–1695.

Altmeppen, Holger: Wer schuldet die Abfindung bei Einziehung eines Geschäftsanteils in der GmbH?, NJW 2013, S. 1025–1030.

Armbrüster, Christian: Die Entwicklung der Rechtsfähigkeit der GbR seit „ARGE Weißes Ross", ZGR 2013, S. 366–391.

Bachmann, Gregor: Optionsmodelle im Privatrecht, JZ 2008, S. 11–20.

Bachmann, Gregor: Der beschleunigte Anteilserwerb nach dem Finanzmarktstabilisierungsergänzungsgesetz vor dem Hintergrund des Verfassungs- und Europarechts, ZIP 2009, S. 1249–1256.

Bachmann, Gregor/Eidenmüller, Horst/Engert, Andreas/Fleischer, Holger/Schön Wolfgang: Rechtsregeln für die geschlossene Kapitalgesellschaft, ZGR Sonderheft 18, 2012.

Baetzgen, Oliver: Insichgeschäfte im Gesellschaftsrecht, RNotZ 2005, S. 194–224.

Ballerstedt, Kurt: 75 Jahre GmbH-Gesetz, GmbHR 1967, S. 66–71.

Balz, Gerhard K.: Die Beendigung der Mitgliedschaft in der GmbH: Eine empirische und dogmatische Untersuchung zur Ausschließung und zum Austritt von Gesellschaftern, 1984, Berlin.

Bartholomeyczik, Horst: Der Körperschaftsbeschluß als Rechtsgeschäft, ZHR 105 (1938), S. 293–334.

Baumbach, Adolf (Begr.)/Hopt, Klaus J.: Beck'scher Kurzkommentar zum Handelsgesetzbuch (HGB) mit GmbH & Co., Handelsklauseln, Bank- und Kapitalmarktrecht, Transportrecht (ohne Seerecht), 37. Aufl. 2016, München [zitiert: *Bearb.*, in: Baumbach/Hopt].

Baumbach, Adolf (Begr.)/Hueck, Alfred: Beck'scher Kurzkommentar zum Gesetz betreffend die Gesellschaft mit beschränkter Haftung (GmbHG), 21. Aufl. 2017, München [zitiert: *Bearb.*, in: Baumbach/Hueck].

Baums, Theodor: Der fehlerhafte Aufsichtsratsbeschluß, ZGR 1983, S. 300–345.

Baums, Theodor: Der Geschäftsleitervertrag: Begründung, Inhalt und Beendigung der Rechtsstellung der Vorstandsmitglieder und Geschäftsführer in den Kapitalgesellschaften und Genossenschaften, 1987, Köln. [zitiert: *Baums*, Geschäftsleitervertrag].

Beck, Lukas: Die Bedeutung des identitätswahrenden Formwechsels zwischen OHG und GbR in der Zwangsvollstreckung, MittBayNot 2017, S. 209–213.

Beck, Lukas: Zur Eintragung der GbR in das Handelsregister, DNotZ 2017, S. 247–260.

Beck'sches Handbuch der GmH, hrsg. v. *Prinz, Ulrich/ Winkeljohann, Wolfgang*, 5. Aufl. 2014, München [zitiert.: *Bearb.*, in: Beck'sches Hdb. GmbH].

Beck'sche Online-Formulare, Band 7: Gesellschaftsrecht, 43. Edition 2018 [zitiert: *Bearb.*, in: BeckOnline-Formulare].

Beck'scher Online-Kommentar BGB, hrsg. v. *Bamberger, Georg/Roth, Herbert*, 43. Edition 2017, München [zitiert.: *Bearb.*, in: BeckOK BGB].

Beck'scher Online-Kommentar zum GG, hrsg. v. *Epping, Volker/Hillgruber, Christian*, 35. Edition 2017, München [zitiert: *Bearb.*, in: BeckOK GG].

Beck'scher Online-Kommentar zum GmbHG, hrsg. v. *Ziemons, Hildegard/Jaeger, Carsten*, 33. Edition 2017, München [zitiert: *Bearb.*, in: BeckOK GmbHG].

Beck'scher Online-Kommentar HGB, hrsg. v. *Häublein, Martin/Hoffmann-Theinert, Roland*, 19. Edition 2018, München [zitiert: *Bearb.*, in: BeckOK HGB].

Becker, Michael: Der Austritt aus der GmbH: Durchsetzung eines unentziehbaren Individualrechts im Interesse effektiven Minderheitenschutzes, 1985, Kehl, etc. [zitiert: *M. Becker*, Der Austritt aus der GmbH].

Becker, Peter: Besprechung der Beschlüsse OLG Köln 2 Wx 377/16 vom 21.09.2016 und OLG Düsseldorf I-3 Wx 130/15 vom 23.09.2016, NotBZ 2017, S. 102–104.

Behrens, Frithjof: Zur Grundbuchfähigkeit der GbR, ZfIR 2008, S. 1–5.

Beuthien, Volker: Gibt es eine organschaftliche Stellvertretung, NJW 1999, S. 1142–1146.

Beuthien, Volker: Müssen Sonderrechte unentziehbar sein? – Zum Begriff, Zweck und Schutz gesellschaftsrechtlicher Vorrechte, ZGR 2014, S. 24–44.

Beuthien, Volker/Gätsch, Andreas: Vereinsautonomie und Satzungsrechte Dritter – Statutarischer Einfluß Dritter auf die Gestaltung der Körperschaftssatzungen, ZHR 156 (1992), S. 459–479.

Beuthien, Volker/Gätsch, Andreas: Einfluß Dritter auf die Organbesetzung und Geschäftsführung bei Vereinen, Kapitalgesellschaften und Genossenschaften, ZHR 157 (1993), S. 483–512.

Bischoff, Thomas: Sachliche Voraussetzungen von Mehrheitsbeschlüssen in Kapitalgesellschaften, BB 1987, S. 1055–1061.

Bitter, Georg/Rauhut, Tilman: Grundzüge zivilrechtlicher Methodik – Schlüssel zu einer gelungenen Fallbearbeitung, JuS 2009, S. 289–298.

Blath, Simon: Der Vollzug des Ausscheidens aus einer GmbH - dogmatische und praktische Fragen, GmbHR 2012, S. 657–664.

Blath, Simon: Das Mehrheitsprinzip im GmbH-Recht – Grundlegendes in Gestaltungsfragen, RNotZ 2017, S. 218–230.

Bokelmann, Gunther: Der Prozeß gegen eine im Handelsregister gelöschte GmbH, NJW 1977, S. 1130–1133.

Bork, Reinhard: Die als vermögenslos gelöschte GmbH im Prozeß, JZ 1991, S. 841–850.

Bork, Reinhard/Schäfer, Carsten: Kommentar zum GmbHG, 3. Aufl. 2015, Köln [zitiert: *Bearb.*, in: Bork/Schäfer].

Boesebeck, Ernst: Anm. z. RG, Urt. v. 14.09.1938 – II 17/38, JW 1938, S. 3180–3186.

Böhringer, Walter: Informationelles Selbstbestimmungsrecht kontra Publizitätsprinzip bei § 12 GBO, Rpfleger 1987, S. 181–191.

Böhringer, Walter: Der Einfluss des informationellen Selbstbestimmungsrechts auf das Grundbuchverfahrensrecht – dargestellt an der „Grundbuchwäsche" und der Grundbucheinsicht, Rpfleger 1989, S. 309–313.

Böhringer, Walter: Neue Entwicklung im Grundstücksrecht, BWNotZs 2006, S. 118–128.

Böhringer, Walter: Die GbR im Grundstücksverkehr nach der BGH-Entscheidung vom 4.12.2008, NotBZ 2009, S. 86–91.

Böhringer, Walter: Die GbR im Grundstücksverkehr nach gesetzlicher Neuregelung, Rpfleger 2009, S. 537–544.

Böttcher, Lars/Blasche, Sebastian: Die Grundbuchfähigkeit der GbR im Lichte der aktuellen Rechtsentwicklung, NZG 2007, S. 121–125.

Böttcher, Roland: Die Beendigung des rechtsfähigen Vereins, Rpfleger 1988, S. 169–175.

Böttcher, Roland: Die Gesellschaft bürgerlichen Rechts im Grundstücksrecht, ZfIR 2009, S. 613–627.

Böttcher, Roland: GbR im Grundbuch: alles geklärt?, notar 2012, S. 111–125.

Brandner, Hans-Erich: Geschäftsführungsbefugnis, Unternehmensgegenstand und Unternehmenszweck, Festschrift für Heinz Rowedder zum 75. Geburtstag, 1994, S. 41–47 [zitiert: *Brandner*, in: FS Rowedder].

Bredol, Martin: Die Rechtsstellung der Abwickler einer Aktiengesellschaft – Gesellschaftsrechtliche und vertragsrechtliche Aspekte, 2010, Baden-Baden [zitiert: *Bredol*: Rechtsstellung der Abwickler].

Brodmann, Erich: Kommentar zum GmbHG, 1. Aufl. 1924, Berlin. [zitiert: *Brodmann*, in: GmbHG, 1. Aufl.].

Brodmann, Erich: Kommentar zum GmbHGs, 2. Aufl. 1930, Berlin. [zitiert: *Brodmann*, in: GmbHG].

Buchner, Gerhard: Amtslöschung, Nachtragsliquidation und masselose Insolvenz von Kapitalgesellschaften, 1988, Köln, Berlin, Bonn, München.

Bühler, Jörg: Die Befreiung des Geschäftsführers der GmbH von § 181 BGB, DNotZ 1983, S. 588–598.

Busche, Jan: Zur Rechtsnatur und Auslegung von Beschlüssen, Festschrift für Jürgen Säcker zum 70. Geburtstag, 2011, S. 45–58 [zitiert: *Busche*, in: FS Säcker].

Büteröwe, Volker: Wettbewerbsverbote vor und während der Insolvenz – ein Kurzüberblick, GWR 2009, S. 288–291.

Bydlinski, Franz: Juristische Methodenlehre und Rechtsbegriff, 2. Aufl. 1991, Wien u.a. (Nachdruck 2011) [zitiert: *Bydlinski*, Methodenlehre].

Bydlinski, Franz: Die Suche nach der Mitte als Daueraufgabe der Privatrechtswissenschaft, AcP 204s (2004), S. 309–395.

Casper, Matthias: Das Anfechtungsklageerfordernis im GmbH-Beschlußmängelrecht, ZHR 163 (1999), S. 54–86.

Centrale für GmbH (Hrsg.): GmbH-Handbuch (Grundwerk mit Fortsetzungsbezug), Stand: Lieferung 162 November 2017, Köln [zitiert: *Bearb.*, in: GmbH-Handbuch].

Cziupka, Johannes: Gestaltungsfreiheit, Satzungslücken und dispositive Satzungsunterstützung, Gedächtnisschrift für Hannes Unberath, 2015, München [zitiert: *Cziupka*, in: GS Unberath].

Dauner-Lieb, Barbara: Ein neues Fundament für die BGB-Gesellschaft, DStR 2001, S. 356–361.

Demuth, Björn: Grundbuchfähigkeit der BGB-Gesellschaft – logische Folge der jüngsten BGH-Rechtsprechung, BB 2002, S. 1555–1560.

Dilthey, Wilhelm: Gesammelte Schriften, Band V: Geistige Welt, Erste Hälfte: Abhandlungen zur Grundlegung der Geisteswissenschaften, 2. Aufl. 1957, Stuttgart, Göttingen [zitiert: *Dilthey*, Ges. Schriften, Bd. V, 1957].

Dreher, Meinrad: Die gesellschaftsrechtliche Treuepflicht bei der GmbH, DStR 1993, S. 1632–1636.

Drukarcyk, Jochen/Duttle, Josef/Rieger, Reinhard: Mobiliarsicherheiten – Arten, Verbreitung, Wirksamkeit, 1985, Bonn.

Dütz, Wilhelm: Tendezaufsicht im Vereinsrecht, Festschrift für Wilhelm Herschel zum 85. Geburtstag, 1982, Münster, S. 55–76 [zitiert: *Dütz*, in: FS Herschel].

Edenfeld, Stefan: Die Rechtsbeziehungen des bürgerlich-rechtlichen Vereins zu Nichtmitgliedern, 1996, Berlin [zitiert: *Edenfeld*, Rechtsbeziehungen].

Ehrenberg, Victor: Freiheit und Zwang auf dem Gebiet des Verkehrsrechts: Festrede im Namen der Georg-August-Universität zur akademischen Preosverleihung am 7. Juni 1905, 1905, Göttingen.

Eickmann, Dieter: Grundbuchfähigkeit der Gesellschaft bürgerlichen Rechts, ZfIR 2001, S. 433–437.

Ekkenga, Jens: Insichgeschäfte geschäftsführender Organe im Aktien- und GmbH-Recht unter besonderer Berücksichtigung der Einmann-Gesellschaft, AG 1985, S. 40–48.

Eller, Peter: Liquidation der GmbH – Gesellschaftsrecht, Steuerrecht, Rechnungslegung, 3 Aufl. 2016, Berlin.

Elsing, Siegfried H.: Alles entschieden bei der Gesellschaft bürgerlichen Rechts? Die Rechtsprechung zwischen Mosaik- und Meilensteinen, BB 2003, S. 909–915.

Enneccerus, Ludwig/Nipperdey, Hans Carl: Allgemeiner Teil des Bürgerlichen Rechts, Band I, Teil 1, 15. Aufl. 1959, Tübingen [zitiert: *Enneccerus/ Nipperdey*, BGB AT, Bd. I, Teil 1].

Ensthaler, Jürgen/Füller, Jens/Schmidt, Burkhard: Kommentar zum GmbH-Gesetz, 2. Aufl. 2009, Köln [zitiert: *Bearb.*, in: Ensthaler/Füller/Schmidt].

Erfurter Kommentar zum Arbeitsrecht, hrsg. v. *Müller-Glöge, Rudi/Preis, Ulrich/ Schmidt, Ingrid*, 18. Aufl. 2018, München [zitiert: *Bearb.*, in: ErfK].

Erman, Walter (Begr.): Erman Bürgerliches Gesetzbuch, Handkommentar, hrsg. v. *Westermann, Harm-Peter/Grunewald, Barbara/Maier-Reimer, Georg*, 15. Aufl. 2017, Köln [zitiert: *Bearb.*, in: Erman].

Ernst, Wolfgang: Der Beschluss als Organakt, Festschrift für Detlef Leenen zum 70. Geburtstag, 2012, Berlin [zitiert: *Ernst*, in: FS Leenen].

Eschenlohr, Harald: Beschränkungen der Austritts- und Kündigungsmöglichkeiten des Gesellschafters einer Familien-GmbH, Festschrift für Walter Sigle zum 70. Geburtstag, 2000, Köln, S. 131–143 [zitiert: *Eschenlohr*, in: FS Sigle].

Fehrenbacher, Oliver: Registerpublizität und Haftung im Zivilrecht, 2004, Baden-Baden [zitiert: *Fehrenbacher*, Registerpublizität].

Fischer, Robert: Die Fortsetzung einer GmbH, GmbHR 1955, S. 165–169.

Fleck, Hans-Joachim: Schuldrechtliche Verpflichtungen einer GmbH im Entscheidungsbereich der Gesellschafter, ZGR 1988, S. 104–139.

Fleck, Hans-Joachim: Eigengeschäfte eines Aufsichtsratsmitglieds, Festschrift für Theodor Heinsius zum 65. Geburtstag, 1991, Berlin, S. 89–110 [zitiert: *Fleck*, in: FS Heinsius].

Fleischer, Holger: Zur organschaftlichen Treuepflicht der Geschäftsleiter im Aktien- und GmbH-Recht, WM 2003, S. 1045–1058.

Fleischer, Holger: Zur Auslegung von Gesellschaftsverträgen und Satzungen – Notizen aus rechtsdogmatischer und rechtsvergleichender Sicht, DB 2013, S. 1466–1476.

Fleischer, Holger: Mysterium „Gesetzesmaterialien" – Bedeutung und Gestaltung der Gesetzesbegründung in Vergangenheit, Gegenwart und Zukunft, 2013, Tübingen.

Flume, Werner: Allgemeiner Teil des Bürgerlichen Rechts, Band I, Zweiter Teil – Die Juristische Person, 1983, Berlin [zitiert: *Flume*, Juristische Person].

Fränkel, Franz: Die Gesellschaft mit beschränkter Haftung. Eine volkswirtschaftliche Studie, 1915, Tübingen.

Frotz, Gerhard: Verkehrsschutz im Vertretungsrecht. Zugleich ein Beitrag zur sozialen Verantwortung als Korrelat privatautonomer Gestaltungsfreiheit, 1972, Frankfurt [zitiert: *Frotz*, Verkehrsschutz].

Galla, Stefan: Fortsetzung einer GmbH in Nachtragsliquidation, GmbHR 2006, S. 635–640.

Ganssmüller, Helmut: Unechte Satzungsbestandteile, GmbHR 1963, S. 85–86.

Gehrlein, Markus/Born, Manfred/Simon, Stefan: Gesetz betreffend die Gesellschaft mit beschränkter Haftung (GmbHG), Kommentar, 3. Aufl. 2017, Köln [zitiert: *Bearb.*, in: Gehrlein/Born/Simon].

Geißler, Markus: Die Gesellschafterrechte in der Liquidation der GmbH, DZWIR 2013, S. 1–6.

Gierke, Otto von: Genossenschaftstheorie und die deutsche Rechtsprechung, 1887, Berlin [zitiert: *v. Gierke*, Genossenschaftstheorie].

Gierke, Otto von: Deutsches Privatrecht, 1895, Leipzig.

Gierke, Otto von: Das Wesen der menschlichen Verbände; Rede bei Antritt des Rektorats, 1902, Berlin [zitiert: *v. Gierke*, Wesen der menschlichen Verbände].

Goette, Wulf: Satzungsdurchbrechung und Beschlussanfechtung, RWS-Forum 8, Gesellschaftsrecht, 1995, S. 113–129 [zitiert: *Goette*, RWS-Forum 8: GR 1995].

Goette, Wulf: Anm. z. BGH, Beschl. V. 28.04.1997 – II ZR 162/96, DStR 1997, 1336–1338.

Goette, Wulf: Das Organverhältnis des GmbH-Geschäftsführers in der Rechtsprechung des Bundesgerichtshofs, DStR 1998, S. 938–943.

Goette, Wulf: Zum Zeitpunkt des Wirksamwerdens des Zwangseinziehungsbeschlusses, Festschrift für Marcus Lutter zum 70. Geburtstag, 2000, Köln, S. 399–411 [zitiert: *Goette*, in: FS Lutter].

Goette, Wulf: Die GmbH – Darstellung anhand der Rechtsprechung des BGH, 2. Aufl. 2002, München [zitiert: *Goette*, Die GmbH].

Goette, Wulf/Habersack, Mathias: Das MoMiG in Wissenschaft und Praxis, 2009, Köln [zitiert: *Bearb.*, in: Das MoMiG].

Görner, André: Einziehung eines GmbH-Anteils: Persönliche Haftung der verbleibenden Gesellschafter nur bei treuwidriger Fortsetzung der Gesellschaft, DB 2016, S. 1626–1627.

Groschuff, Hans: Reichsgesetz betreffend die Gesellschaften mit beschränkter Haftung; Mit Erläuterungen und einer alphabethischen Übersicht über die handelsregisterrechtliche Praxis nebst einem Anhang der wichtigsten Nebengesetze, 2. Aufl. 1943, Berlin [zitiert: *Groschuff*, in: GmbHG].

Großkommentar zum Aktiengesetz (AktG), hrsg. v. *Hopt, Klaus J. /Wiedemann, Herbert*, Berlin und München [zitiert: *Bearb.*, in: Großkommentar AktG]. - Band 7/2, §§ 241–277, 4. Aufl. 2013.

Grotheer, Marc: Satzungsänderungsbeschlüsse in der GmbH und besondere Formvorschriften, RNotZ 2015, S. 4–9.

Grunewald, Barbara: Die Auslegung von Gesellschaftsverträgen und Satzungen, ZGR 1995, S. 68–92.

Grunewald, Barbara: Satzungsfreiheit und Beschlussmängelrecht, NZG 2009, S. 967–970.

Grunewald, Barbara: Die Zwangseinziehung von GmbH-Geschäftsanteilen – Welche Neuerungen bringt die Entscheidung des BGH vom 24.1.2012?, GmbHR 2012, S. 769–772.

Grziwotz, Herbert: Die Liquidation von Kapitalgesellschaften, Genossenschaften und Vereinen, DStR 1992, S. 1404–1408.

Grziwotz, Herbert: Grundbucheinsicht, allgemeines Persönlichkeitsrecht und rechtliches Gehör, MittBayNot 1995, S. 97–103.

Gubitz, Daniel/Nicoleyczik, Tobias: Keine Haftung dissentierender GmbH-Gesellschafter bei Einziehung, NZG 2013, 727–733.

Guntz, Peter: Treubindungen von Mehrheitsaktionären – eine vergleichende Analyse im deutschen und US-amerikanischen Recht, dargestellt am Phänomen der treuwidrigen Aktionärsklage, 1997, Berlin [zitiert: *Guntz*, Treubindungen].

Habersack, Mathias: Die Anerkennung der Rechts- und Parteifähigkeit der GbR und der akzessorischen Gesellschafterhaftung durch den BGH, BB 2001, S. 477–483.

Habersack, Mathias: Transparenz wagen – Schwarz-Rot will Reform des Gesellschaftsrechts, FAZ vom 27.02.2018.

Hachenburg, Max: Großkommentar zum GmbHG, 6. Aufl. 1959, Berlin, [zitiert: *Bearb.*, in: Hachenburg, 6. Aufl.].

Hachenburg, Max: Großkommentar zum GmbHG, 7. Aufl. 1984, Berlin, New York [zitiert: *Bearb.*, in: Hachenburg, 7. Aufl.].

Hadding, Zur Rechtsfähigkeit und Parteifähigkeit der (Außen-) Gesellschaft bürgerlichen Rechts sowie zur Haftung ihrer Gesellschafter für Gesellschaftsverbindlichkeiten, ZGR 2001, S. 712–743.

Hagenloch, Ulrich: Gesellschafterbeschlüsse zu gesellschafts- und schuldrechtlichen Beziehungen und zu Gestaltungsakten bei der GmbH, Festschrift für Eberhard Stilz zum 65. Geburtstag, 2014, München [zitiert: *Hagenloch*, in: FS Stilz].

Hamann, Hartmut/Sigle, Axel: Vertragsbuch Gesellschaftsrecht, 2. Aufl. 2012, München [zitiert: *Bearb.*, in: Vertragsbuch Gesellschaftsrecht].

Hamberger, Benjamin: Anm. z. BGH, Urt. v. 10.05.2016 – II ZR 342/14 – Persönliche Haftung der Gesellschafter einer GmbH für Abfindungsanspruch, MittBayNot 2017, S. 609–617.

Hammen, Horst: Zur Begründung von (organschaftlichen) Rechten Dritter im Gesellschaftsvertrag einer GmbH - Zugleich ein Beitrag zur Anwendung von § 328 Abs. 1 BGB im Kapitalgesellschaftsrecht, WM 1994, S. 765–775.

Hammer, Stefan: Anm. z. LG Dresden, Beschl. v. 23.08.2002 – 2 T 0690/02, NotBZ 2002, S. 385–386.

Handbuch des gesamten Handelsrechts. Mit Einschluß des Wechsel-, Scheck-, See- und Binnenschifffahrtsrecht, des Versicherungsrechts sowie des Post- und Telegraphenrechts, hrsg. v. *Ehrenberg, Victor*, Leipzig [zitiert: *Bearb.*, in: Hdb. des ges. Handelsrechts, Bd.]. - Band III, 1. Abteilung: Die Aktiengesellschaft, 1916; - Band III, 3. Abteilung: Die Gesellschaft mit beschränkter Haftung, 1929.

Härer, Ralf-Dietmar: Erscheinungsformen und Kompetenzen des Beirats in der GmbH, 1991, Frankfurt [zitiert: *Härer*, Kompetenzen des Beirats].

Harrer, Friedrich: Treuwidrige Stimmabgabe im Recht der GmbH, Festschrift für Günter H. Roth zum 70. Geburtstag, 2011, München, S. 211–219 [zitiert: *Harrer*, in: FS Roth].

Hartmann, Christian: GbR und Grundbesitzerwerb – welche Fragen bleiben?, RNotZ 2011, S. 401–413.

Heckschen, Heribert/Heidinger, Andreas: Die GmbH in der Gestaltungs- und Beratungspraxis, 4. Aufl. 2018, Köln, Berlin, Bonn, München.

Heckschen, Heribert: Aktuelle Beratungshinweise bei Kündigung, Einziehung und Ausschluss von GmbH-Geschäftsanteilen, GmbHR 2006, S. 1254-1256.

Heidel, Thomas/Schall, Alexander: Nomos Kommentar zum Handelsgesetzbuch (HGB), 2. Aufl. 2015, Baden-Baden [zitiert: *Bearb.*, in: NK-HGB].

Heidelberger Kommentar zum Aktiengesetz, hrsg. v. *Bürgers, Tobias/Körber, Torsten*, 3. Aufl. 2015, Heidelberg [zitiert: *Bearb.*, in: HK-AktG].

Heinze, Stefan: Die Gesellschaft bürgerlichen Rechts im Grundbuchverkehr, RNotZ 2010, S. 289–309.

Heller, Christoph: Die vermögenslose GmbH, 1989, Köln, Berlin, Bonn, München.

Hellgardt, Alexander: Abdingbarkeit der gesellschaftsrechtlichen Treuepflicht, Festschrift für Klaus J. Hopt zum 70. Geburtstag, Band I, 2010, Berlin, New-York, S. 765–794 [zitiert: *Hellgardt*, in: FS Hopt, Bd. I].

Helmke, Britta: Satzungsdurchbrechungen bei der GmbH, 2001, München [zitiert: *Helmke*, Satzungsdurchbrechungen].

Henssler, Martin/Strohn, Lutz: Beck'scher Kurzkommentar zum Gesellschaftsrecht (GesR), 3. Aufl. 2016, München [zitiert: *Bearb.*, in: Henssler/Strohn].

Henze, Hartwig: Auflösung einer Aktiengesellschaft und Erwerb ihres Vermögens durch den Mehrheitsgesellschafter, ZIP 1995, S. 1473–1481.

Herbig, Gustav: Rechtsfragen bei der Löschung von Kapitalgesellschaften, DNotZ 1935, S. 787–794.

Heßeler, Benjamin/Kleinhenz, Holger Michael: 899a BGB und die erweiterte Grundbuchpublizität der Gesellschaft bürgerlichen Rechts, WM 2010, S. 446–450.

Hey, Felix: Freie Gestaltung in Gesellschaftsverträgen und ihre Schranken, 2004, München [zitiert: *Hey*, Gesellschaftsverträge].

Heybrock, Hasso: Praxiskommentar zum GmbH-Recht, 2. Aufl. 2010, Münster [zitiert: *Bearb.*, in: Heybrock PraxisKomm].

Heymann, Ernst: Handelsgesetzbuch (ohne Seerecht), Kommentar, 1. Aufl. 1989, Berlin [zitiert: *Bearb.*, in: Heymann].

Hillers, Klaus: Personengesellschaft und Liquidation: die Auswirkung der Liquidation auf die vermögensrechtliche Stellung der Gesellschafter, 1989, Köln.

Hirte, Heribert: Bezugsrechtsausschluss und Konzernbildung: Minderheitenschutz bei Eingriffen in die Beteiligungsstruktur der Aktiengesellschaft, 1986, Köln, Berlin, Bonn, München.

Hirte, Heribert: Auflösung der Kapitalgesellschaft, ZInsO 2000, S. 127–133.

Historisch-kritischer Kommentar zum BGB, hrsg. v. *Schmoeckel, Mathias/ Rückert, Joachim/Zimmermann, Reinhard*, 2013, München [zitiert: *Bearb.*, in: HKK].

Hofbauer, Peter: Die Kompetenzen des (GmbH-) Beirats: Unter besonderer Berücksichtigung der Rückfallzuständigkeit der Gesellschafterversammlung einer GmbH bei Funktionsunfähigkeit eines statutarischen Beirats, 1996, Köln.

Höfling, Wolfram: Vertragsfreiheit: eine grundrechtsdogmatische Studie, 1991, Heidelberg [zitiert: *Höfling*, Vertragsfreiheit].

Hofmann, Paul: Zur Auflösung einer GmbH, GmbHR 1975, S. 217–227.

Hofmann, Paul: Zur Liquidation einer GmbH (I), GmbHR 1976, S. 229–269.

Hofmann, Paul: Gesellschaftsrecht und Art. 14 GG, Festschrift für Klaus J. Hopt zum 70. Geburtstag, Band I, 2010, Berlin, New York, S. 833–848 [zitiert: *Hofmann*, in: FS Hopt, Bd. I].

Hölters, Wolfgang: Der Beirat in der GmbH. Verantwortlichkeit, Haftung und Rechtsschutz, insbesondere unter dem Gesichtspunkt des Minderheitenschutzes, BB 1977, S. 105–112.

Hölters, Wolfgang: Der Beirat bei der GmbH und GmbH & Co. KG, 1979, Köln [zitiert: *Hölters*, Der Beirat].

Hölters, Wolfgang/Buchta, Jens: Die „kleine“ AG – geeignet für Mittelstand und Konzerne?, DStR 2003, S. 79–85.

Hönn, Günther: Die konstitutive Wirkung der Löschung von Kapitalgesellschaften, ZHR 138 (1974), S. 50–79.

Hopt, Klaus J.: Vertrags- und Formularbuch zum Handels-, Gesellschafts- und Bankrecht, 4. Aufl. 2013, München [zitiert: *Bearb.*, in: Hopt Vertragshdb.].

Hublé, Jörn: Die statutarische Übertragung der Geschäftsführerbestellung auf ein mit Nichtgesellschaftern besetztes Organ, 1996, Mainz [zitiert: *Hublé*, Geschäftsführerbestellung].

Hüffer, Uwe: Das Ende der Rechtspersönlichkeit von Kapitalgesellschaften, Gedächtnisschrift für Dietrich Schultz, 1989, Köln, Berlin, Bonn, München, S. 99–116 [zitiert: *Hüffer*, in: GS Schultz].

Hüffer, Uwe: Die Gesellschafterversammlung – Organ der GmbH oder bloßes Beschlussverfahren?, Festschrift 100 Jahre GmbH-Gesetz, 1992, Köln, S. 521–537 [zitiert: *Hüffer*, in: FS 100 Jahre GmbHG].

Hüffer, Uwe: Beschlussmängel im Aktienrecht und im Recht der GmbH – eine Bestandsaufnahme unter Berücksichtigung der Beschlüsse von Leitungs- und Überwachungsorganen, ZGR 2001, S. 833–874.

Hüffer, Uwe: *(Begr.)/Koch, Jens*: Beck'scher Kurzkommentar zum Aktiengesetz (AktG), 12. Aufl. 2016, München [zitiert: *Bearb.*, in: Hüffer/Koch].

Immenga, Ulrich: Die Problematik der Anfechtungsklage im GmbH-Recht? Ein Beitrag zum Minderheitenschutz in der Gesellschafterversammlung, GmbHR 1973, S. 5–11.

Ivens, Michael: Das Konkurrenzverbot des GmbH-Gesellschafters – Verbotsklauseln, Treubindung, Kartellrecht, 1987, Hamburg [zitiert: *Ivens*, Konkurrenzverbot].

Jauernig, Othmar (Begr.): Bürgerliches Gesetzbuch, Kommentar, hrsg. v. *Stürner, Rolf*, 16. Aufl. 2015, München [zitiert: *Bearb.*, in: Jauernig].

Joost, Detlev: Grundlagen und Rechtsfolgen der Kapitalerhaltungsregeln in der GmbH, ZHR 148 (1984), S. 27–55.

Kallrath, Jürgen: Der Gesellschaftsvertrag der GmbH bei Beteiligung von Minderheitsgesellschaftern, MittRhNotK 1999, S. 325–337.

Kanzleiter, Rainer: Besprechung des Beschlusses OLG Hamm 15 W 463/95 vom 15.01.1996, DNotZ 1996, S. 819–822.

Kesseler, Christian: Anm. z. OLG Stuttgart, Beschl. v. 09.01.2007 – 8 W 223/06 – Grundbuchfähigkeit der GbR unter eigenem Namen, ZIP 2007, S. 421–424.

Kesseler, Christian: Die Grundbuchfähigkeit der GbR, ZNotP 2008, S. 231–235.

Kesseler, Christian: Die GbR und das Grundbuch, NJW 2011, S. 1909–1914.

Kipper, Beatrix: Rechtliche Interessenkonflikte beim Willensbildungsprozess in der GmbH, 2006, Frankfurt. [zitiert: *Kipper*, Interessenkonflikte].

Klamroth, Sabine: Selbstkontrahierungsverbot bei Abstimmungen über laufende Angelegenheiten in Familiengesellschaften, BB 1974, S. 160–163.

Kleindiek, Detlef: Ordnungswidrige Liquidation durch organisierte „Firmenbestattung", ZGR 2007, S. 276–318.

Klöckner, Stefan: Aktuelle Praxisfragen zum Ausscheiden eines GmbH-Gesellschafters, GmbHR 2012, S. 1325–1331.

Klose-Mokroß, Lydia: Gläubigerschutz im Kapitalgesellschaftsrecht am Beispiel der Lehre von der verdeckten Sacheinlage, 1997, Frankfurt [zitiert: *Klose-Mokroß*, Gläubigerschutz im Kapitalgesellschaftsrecht].

Knöfel, Oliver L.: Rechtszuordnung und Publizität – Teilnahme der Gesellschaft bürgerlichen Rechts am Grundstücksverkehr, AcP 205 (2005), S. 645–686.

Knöfel, Oliver L.: Anm. z. OLG Celle, Beschl. v. 13.03.2006 – 4 W 47/06, ZfIR 2006, S. 428–430.

Köhler, Helmut: BGB Allgemeiner Teil, 41. Aufl. 2017, München.

Kohler, Jürgen: Gutgläubiger Erwerb eines Grundstücksrechts von einer Gesellschaft bürgerlichen. Rechts: kondiktionsfest und vormerkbar?, ZIP 2011, S. 2277–2291.

Kolb, Andreas: Wirksamkeit der Einziehung nur unter aufschiebender Bedingung der Abfindungszahlung?- Pro und Contra zur sogenannten „Bedingungslösung“, NZG 2007, S. 815–817.

Kölner Kommentar zum Aktiengesetz, Großkommentar, Köln [zitiert: *Bearb.*, in: KK-AktG, 2. Aufl.], - Band 1, §§ 1–75, 2. Aufl. 1988, hrsg. v. *Zöllner, Wolfgang*; - Band 1, §§ 1–75, 3. Aufl. 2011, hrsg. v. *Zöllner, Wolfgang/Noack, Ulrich*; - Band 5/4, §§ 262–277, 4. Aufl. 2017, hrsg. v. *Zöllner, Wolfgang/ Noack, Ulrich.*

Königshausen, Andreas: Besprechung des Beschlusses OLG Köln 2 Wx 377/16 vom 21.09.2016, GmbHR 2016, S. 1274–1275.

Koppensteiner, Hans-Georg: Treuwidrige Stimmabgaben bei Kapitalgesellschaften, ZIP 1994, S. 1325–1330.

Koppensteiner, Hans-Georg: Treuwidrige Stimmabgabe und positive Beschlussfeststellung, GES 2012, S. 488-497.

Koppensteiner, Hans-Georg: Ausschluss und Austritt bei der GmbH, GesRZ 2013, S. 4–10.

Körber, Torsten/Effer-Uhe, Daniel Oliver: Anforderungen an den Nachweis der Vertretungsmacht von Prokuristen und GbR-Gesellschaftern bei der Gründung von Kapitalgesellschaften, DNotZ 2009, S. 92–103.

Korehnke, Stephan: Treuwidrige Stimmen im Personengesellschafts- und GmbH-Recht: Sanktionen und prozessuale Behandlung, 1997, Baden-Baden [zitiert: *Korehnke*, Treuwidrige Stimmen].

Krauß, Hans-Frieder: Jahresrückblick – Immobilienkaufvertrag: Aktuelle Entwicklung von September 2008 bis August 2009, notar 2009, S. 429–438.

Krüger, Wolfgang: Die Gesellschaft bürgerlichen Rechts und das Grundbuch – causa infinita, NZG 2010, S. 801–807.

Kübler, Friedrich/Assmann, Heinz-Dieter: Gesellschaftsrecht – Die privatrechtlichen Ordnungsstrukturen und Regelungsprobleme von Verbänden und Unternehmen, 6. Aufl. 2006, Berlin [zitiert: *Kübler/Assmann*, Gesellschaftsrecht].

Kuckein, Mathias/Jenn, Matthias: Klarheit bei Grundstücksgeschäften mit BGB-Gesellschaften durch das neue ERVGBG?, NZG 2009, S. 848–852.

Kühn, Ulrich: Die Versicherung juristischer Personen als Abwickler von Kapitalgesellschaften, NZG 2012, S. 731–733.

Kuhner, Christoph: Zur Zukunft der Kapitalerhaltung durch bilanzielle Ausschüttungssperren im Gesellschaftsrecht der Staaten Europas, ZGR 2005, S. 753–787.

Kunadt, Rainer: Die Rechtsform der gewerkschaftlichen Unterorganisation und ihre Rechtsstellung im Tarifvertragsrecht, 1974, Mainz.

Kuntz, Thilo: Gestaltung von Kapitalgesellschaften zwischen Freiheit und Zwang – Venture Capital in Deutschland und den USA, 2016, Tübingen [zitiert: *Kuntz*, Gestaltung von Kapitalgesellschaften].

Larenz, Karl: Zur Rechtsmäßigkeit einer „Vereinsstrafe", Gedächtnisschrift für Rolf Dietz, 1973, München [zitiert: *Larenz*, in: GS Dietz].

Larenz, Karl: Methodenlehre der Rechtswissenschaft, 6. Aufl. 1991, Berlin u.a. [zitiert: *Larenz*, Methodenlehre].

Larenz, Karl/Canaris, Claus-Wilhelm: Methodenlehre der Rechtswissenschaft, 3. Aufl. 1995, Berlin u.a. [zitiert: *Larenz/Canaris*, Methodenlehre].

Larenz, Karl/Wolf, Manfred: Allgemeiner Teil der Bürgerlichen Rechts, 8. Aufl. 1997, München [zitiert: *Larenz/Wolf*, BGB AT].

Lautner, Konrad: Rechtsfähigkeit ohne Grundbuchfähigkeit? - Das Dilemma der Außengesellschaft bürgerlichen Rechts im Grundstücksrecht, MittBayNot 2005, S. 93-99.

Lautner, Konrad: Anm. z. OLG München, Beschl. v. 09.06.2005 – 32 Wx 052/05, MittBayNot 2006, S. 35–38.

Lautner, Konrad: Alles wieder beim Alten? – Die gesetzliche Neuregelung zur Teilnahme der Gesellschaft bürgerlichen Rechts am Grundstücksverkehr, DNotZ 2009, S. 650–677.

Lehmann, Christoph: Die Gesellschaft bürgerlichen Rechts im Grundstücksverkehr: Ende des Chaos in Sicht, DStR 2011, S. 1036–1041.

Leitzen, Mario: Neues zu Satzungsdurchbrechung und schuldrechtlichen Nebenabreden – zugleich Anmerkung zu BGH RNotZ 2010, 589 (BGH Beschl. II ZR 4/09 v. 15.03.2010), RNotZ 2010, S. 566–573.

Lindacher, Walter F.: Die Nachgesellschaft. Prozessuale Fragen bei gelöschten Kapitalgesellschaften, Festschrift für Wolfram Henckel zum 70. Geburtstag, 1995, Berlin, S. 549–562 [zitiert: *Lindacher*, in: FS Henckel].

Lindemann, Birgit Silvia: Die Beschlussfassung in der Einmann-GmbH: eine Studie über das Zustandekommen des Beschlusses in der Einmann-GmbH und über die Rechtsfolgen beim fehlerhaften Einmannbeschluss, 1994, Heidelberg.

Linker, Anja Celina/Zinger, Georg: Rechte und Pflichten der Organe einer Aktiengesellschaft bei der Weitergabe vertraulicher Unternehmensinformationen, NZG 2002, S. 497–502.

Linsmeier, Petra/Lichtenegger, Moritz: Wettbewerbsverbote zu Lasten von Minderheitsgesellschaftern und ihre kartellrechtliche Beurteilung, BB 2011, S. 328–334.

Löbbe, Marc: Zuständigkeit von Geschäftsführer und Notar für Inhalt und Einreichung der GmbH-Gesellschafterliste, GmbHR 2012, S. 7–17.

Lohr, Martin: Besprechung des Beschlusses LG Köln 89 T 2/01403 vom 24.02.2001, RNotZ 2001, S. 403–406.

Lohr, Martin: Der Stimmrechtsauschluss des GmbH-Gesellschafters (§ 47 IV GmbHG), NZG 2002, S. 551–562.

Look, Frank van: Vereinsstrafen als Vertragsstrafen: ein Beitrag zum inneren Vereinsrecht, 1990, Berlin.

Lutter, Marcus: Materielle und förmliche Erfordernisse eines Bezugsrechtsausschlusses – Besprechung der Entscheidung BGHZ 71, 40 („Kali und Salz"), ZGR 1979, S. 401–418.

Lutter, Marcus: Theorie der Mitgliedschaft – Prolegomena zu einem Allgemeinen Teil des Korporationsrechts, AcP 180 (1980), S. 84–159.

Lutter, Marcus: Zur inhaltlichen Begründung von Mehrheitsentscheidungen – Besprechung der Entscheidung BGH WM 1980, 378, ZGR 1981, S. 171–182.

Lutter, Marcus: Die Treuepflicht des Aktionärs – Bemerkungen zur Linotype-Entscheidung des BGH, ZHR 153 (1989), S. 446–471.

Lutter, Marcus: Anm. z. BGH, Urt. v. 24.01.2012 – II ZR 109/11 – Wirksamkeit der Einziehung eines Geschäftsanteils unabhängig von der Zahlung der Abfindung, EWiR 2012, S. 177–178.

Lutter, Marcus/Drygala, Tim: Die Übertragende Auflösung: Liquidation der Aktiengesellschaft oder Liquidation des Minderheitenschutzes?, Festschrift für Bruno Kropff, 1997, Düsseldorf, S. 191–223 [zitiert: *Lutter/Drygala*, in: FS Kropff].

Lutter, Marcus/Hommelhoff, Peter: GmbH-Gesetz, Kommentar, 16. Aufl. 2004 [zitiert: *Bearb.*, in: Lutter/Hommelhoff, 16. Aufl.].

Lutter, Marcus/Hommelhoff, Peter: GmbH-Gesetz, Kommentar, 19. Aufl. 2016 [zitiert: *Bearb.*, in: Lutter/Hommelhoff].

Lutter, Marcus/Leinekugel, Rolf: Planmäßige Unterschiede im umwandlungsrechtlichen Minderheitenschutz? Eine Besprechung des Beschlusses des Bayerischen Obersten Landesgerichts vom 17. September 1998, ZIP 1999, S. 261–267.

Maier-Reimer, Georg/Flume, Johannes: Rechtsschutz bei gesellschaftsrechtlichen Strukturmaßnahmen in der Aktiengesellschaft, KSzW 2013, S. 30–37.

Mann, Thomas: Buddenbrooks – Verfall einer Familie, 57. Aufl. 2008, Frankfurt.

Markowsky, Heinrich: Die Einziehung von GmbH-Geschäftsanteilen, 2013, Jena.

Marowski, B.: Die Rechtsverhältnisse bei gelöschten Kapitalgesellschaften, JW 1938, S. 11–14.

Martens, Klaus-Peter: Der Ausschluss des Bezugsrechts: BGHZ 33, S. 175. Zum Interesse an wirtschaftlicher Selbstständigkeit, Festschrift für Robert Fischer, 1979, Berlin, New York, S. 437–460 [zitiert: *Martens*, in: FS Fischer].

Martens, Klaus-Peter: Das Bundesverfassungsgericht und das Gesellschaftsrecht, ZGR 1979, S. 493–523.

Martens, Klaus-Peter: Die GmbH und der Minderheitsschutz, GmbHR 1984, S. 265–272.

Martens, Klaus-Peter: Grundlagen und Entwicklung des Minderheitenschutzes in der GmbH, Festschrift 100 Jahre GmbH-Gesetz, 1992, Köln [zitiert: *Martens*, in: FS 100 Jahre GmbHG].

Meyer-Landrut, Joachim/Miller, Georg/Niehus, Rudolf J.: Gesetz betreffend die Gesellschaften mit beschränkter Haftung (GmbHG) einschließlich Rechnungslegung zum Einzel- sowie zum Konzernabschluss, Kommentar, 1987, Berlin [zitiert: *Bearb.*, in: Meyer-Landrut/Miller/Niehus].

Melchers, Johannes: Das Recht auf Grundbucheinsicht, Rpfleger 1993, S. 309–317.

Medicus, Dieter/Petersen, Jens: Allgemeiner Teil des BGB, 11. Aufl. 2016, Heidelberg [zitiert: *Medicus/Petersen*, BGB AT].

Meikel, Georg: Kommentar zur Grundbuchordnung (GBO), 11. Aufl. 2015, Köln, Berlin, Bonn, München [zitiert: *Bearb.*, in: Meikel GBO].

Merkt, Hanno: Unternehmenspublizität – Die Offenlegung von Unternehmensdaten als Korrelat der Marktteilnahme, 2001, Heidelberg.

Meyer, Andreas H.: Die Einziehung von GmbH-Anteilen im Lichte des MoMiG, NZG 2009, S. 1201–1204.

Meyer, Justus: Haftungsbeschränkung im Recht der Handelsgesellschaften, 2000, Berlin.

Meyer, Torsten: Liquidatorenkompetenzen und Gesellschafterkompetenzen in der aufgelösten GmbH, 1996, Köln [zitiert: *T. Meyer*, Liquidatorenkompetenzen und Gesellschafterkompetenzen].

Meyer-Cording, Ulrich: Die Vereinsstrafe, 1957, Tübingen.

Meyer-Cording, Ulrich: Die Rechtsnormen, 1971, Tübingen.

Michalski, Lutz (Begr.): Kommentar zum Gesetz betreffend die Gesellschaften mit beschränkter Haftung (GmbHG), hrsg. von *Heidinger, Andreas/Leible, Stefan/Schmidt, Jessica*, München [zitiert: *Bearb.*, in: Michalski], - Band 1, §§ 1–34, 3. Aufl. 2017, - Band 2, §§ 35–85, 3. Aufl. 2017.

Miras, Antonio: Die Grundbuchfähigkeit der GbR nach dem ERVGBG, DStR 2010, S. 604–609.

Möllers, Thomas M. J.: Gesellschaftsrechtliche Treuepflicht contra arbeitnehmerrechtliche Mitbestimmung – Der aktive Streikaufruf durch Frank Bsirske, NZG 2003, S. 697–701.

Morgen, Carl-Christian von: Das Squeeze-Out und seine Folgen für AG und GmbH, WM 2003, S. 1553–1560.

Möslein, Florian: Dispositives Recht – Zwecke, Strukturen und Methoden, 2011, Tübingen.

Mülbert, Peter O.: Aktiengesellschaft, Unternehmensgruppe und Kapitalmarkt: Die Aktionärsrechts bei Bildung und Umbildung einer Unternehmensgruppe zwischen Verbands- und Anlegerschutzrecht, 2. Aufl. 1996, München [zitiert: *Mülbert*, Aktiengesellschaft].

Mülbert, Peter O./Leuschner, Lars: Die verfassungsrechtlichen Vorgaben der Art. 14 GG und Art. 2 Abs. 1 GG für die Gesellschafterstellung – wo bleibt die Privatautonomie? Zu den objektiv-rechtlichen Gestaltungsvorgaben der Art. 2 Abs. 1, 14 GG nach den Entscheidungen des BVerfG zur Kapitallebensversicherung, ZHR 170 (2006), S. 615–672.

Mülbert, Peter O./Sajnovits, Alexander: Verschwiegenheitspflichten von Aufsichtsratsmitgliedern als Schranken der Wissenszurechnung, NJW 2016, S. 2540–2542.

Müller, Hans-Friedrich: Das Austrittsrecht des GmbH-Gesellschafters, 1996, Köln, Berlin, Bonn, München [zitiert: *H.-F. Müller*, Austrittsrecht].

Müller, Hans-Friedrich: Anm. z. BGH, Urt. v. 24.01.2012 – II ZR 109/11, WuB § 34 GmbHG II C. 1.12.

Müller, Hans-Friedrich: Anm. z. BGH, Urt. v. 10.05.2016 – II ZR 342/14, WuB 2016, S. 543–546.

Müller, Klaus J./Wolff, Reinmar: Verlagerung von Zuständigkeiten auf den Beirat der GmbH, GmbHR 2003, S. 810–817.

Münchener Kommentar zum Aktiengesetz, hrsg. v. *Goette, Wulf/Habersack, Mathias*, München [zitiert: *Bearb.*, in: MüKo AktG], - Band 1, §§ 1–75, 4. Aufl. 2016, - Band 4, §§ 179–277, 4. Aufl. 2016.

Münchener Kommentar zum Bürgerlichen Gesetzbuch, Hrsg. v. *Säcker, Franz Jürgen/Rixecker, Roland/Oetker, Hartmut/Limperg, Bettina*, München [zitiert: *Bearb.*, in: MüKo BGB], - Band 1, §§ 1–240, 7. Aufl. 2015, - Band 6, §§ 705–853, 7. Aufl. 2017.

Münchener Kommentar zum Gesetz betreffend die Gesellschaft mit beschränkter Haftung, hrsg. v. *Fleischer, Holger/Goette, Wulf*, München [zitiert: *Bearb.*, in: MüKo GmbHG], - Band 1, §§ 1–34, 3. Aufl. 2018, - Band 2, §§ 35–52, 2. Aufl. 2015, - Band 3, §§ 53–85, 3. Aufl. 2018.

Münchener Kommentar zum Handelsgesetzbuch, hrsg. v. *Schmidt, Karsten*, München [zitiert: *Bearb.*, in: MüKo HGB], - Band 1, §§ 1–104a, 4. Aufl. 2016, - Band 2, §§ 105–160, 4. Aufl. 2016.

Münchener Vertragshandbuch, Band 1, hrsg. v. *Heidenhein, Martin/Meister, Burkhard W.*, 7. Aufl. 2011, München [zitiert: *Bearb.*, in: Münchener Vertragshandbuch].

Muthorst, Olaf: Auslegung: Eine Einführung, JA 2013, S. 721–727.

Neukamp, Ernst/Becker, Karl: Das Reichsgesetz betreffend die Gesellschaften mit beschränkter Haftung, Kommentar, 5./7.Aufl. 1922, Berlin [zitiert: *Neukamp/Becker*, in: GmbHG].

Nitschke, Manfred: Die körperschaftlich strukturierte Personengesellschaft, 1970, Bielefeld [zitiert: *Nitschke*, Personengesellschaft].

Noack, Ulrich: Fehlerhafte Beschlüsse in Gesellschaften und Vereinen, 1989, Köln, Berlin, Bonn, München [zitiert: *Noack*, Fehlerhafte Beschlüsse].

Noack, Ulrich: Gesellschaftervereinbarungen bei Kapitalgesellschaften, 1994, Tübingen [zitiert: *Noack*, Gesellschaftervereinbarungen].

Noack, Ulrich: Zur Bindung des Erwerbers eines Geschäftsanteils an Beschlußlagen bei der GmbH, GmbHR 1994, S. 349–356.

Noack, Ulrich: Zur vorläufigen Wirksamkeit angefochtener Gesellschafterbeschlüsse, DB 2014, S. 1851–1857.

Nomos Kommentar zum Bürgerlichen Gesetzbuch (BGB), hrsg. v. *Schulze, Reiner/Dörner, Heinrich/Ebert, Ina/Hoeren, Thomas/Kemper, Rainer/*

Schreiber, Klaus/Schulte-Nölke, Hans/Saenger, Ingo, 9. Aufl. 2016, Baden-Baden [zitiert: *Bearb.*, in: NK-BGB].

Oppenländer, Frank: Von der Rechtsprechung entwickelte Sonderregeln für die Zweipersonen-GmbH, DStR 1996, S. 922–926.

Ostheim, Rolf: Zur Auslegung des Gesellschaftsvertrags bei der Gesellschaft mit beschränkter Haftung, Festschrift für Heinrich Demelius zum 80. Geburtstag, 1973, Wien, S. 381–398 [zitiert: *Ostheim*, in: FS Demelius].

Palandt, Otto (Begr.): Beck'scher Kurzkommentar zum Bürgerlichen Gesetzbuch, 77. Aufl. 2018, München [zitiert: *Bearb.*, in: Palandt].

Palzer, Carmen: Fortwirkende organschaftliche Pflichten des Geschäftsführers der GmbH, 2001, Köln, Berlin, Bonn, München [zitiert: *Palzer*, Pflichten des Geschäftsführers].

Passarge, Malte/Torwegge, Christoph: Die GmbH in der Liquidation, 2. Aufl. 2014, München.

Paura, Jörg: Liquidation und Liquidationspflichten – Pflichten von Organen und Mitgliedern nach Auflösung der Gesellschaft, 1996, Hamburg.

Peetz, Carsten: Voraussetzungen und Folgen der Einziehung von GmbH-Geschäftsanteilen – Gesellschafts- und steuerrechtliche Gesichtspunkte, GmbHR 2000, S. 749–757.

Pentz, Andreas: Abhängigkeit der Einziehung von Geschäftsanteilen von der Abfindungsleistung?, Festschrift für Peter Ulmer zum 70. Geburtstag, 2003, Berlin, S. 451–475 [zitiert: *Bearb.*, in: FS Ulmer].

Peres, Holger: Auslegung von Gesellschaftsverträgen und Satzungen – ein Sonderrecht?, Festschrift für Sebastian Spiegelberger zum 70. Geburtstag, 2009, Bonn [zitiert: *Peres*, in: FS Spiegelberger].

Perwein, Sigmund: Die Rechte der GmbH nach dem Kapitalmarkterhaltungsgrundsatz – Verjährungsfälle für den Auszahlungsanspruch des Gesellschafters?, GmbHR 2006, S. 1149–1151.

Priester, Hans-Joachim: Nichtkorporative Satzungsbestimmungen bei Kapitalgesellschaften – Begriff, Abgrenzung, Behandlung, DB 1979, S. 681–687.

Priester, Hans-Joachim: Einziehungsbeschluß trotz Auszahlungssperre aus § 30 GmbHG! – Zugleich Besprechung BGH v. 24.1.2012 – II ZR 109/11, ZIP 2012, 422, ZIP 2012, S. 658–660.

Prütting, Hanns/Wegen, Gerhard/Weinreich, Gerd: Bürgerliches Gesetzbuch: BGB, Kommentar, 12. Aufl. 2017, München [zitiert: *Bearb.*, in: PWW].

Raiser, Thomas: Die Einrede der Anfechtbarkeit von Gesellschafterbeschlüssen in der GmbH, Festschrift für Theodor Heinsius zum 65. Geburtstag, 1991, Berlin, S. 645–658 [zitiert: *Raiser*, in: FS Heinsius].

Raiser, Thomas: Nichtigkeits- und Anfechtungsklagen, Festschrift 100 Jahre GmbH-Gesetz, 1992, Köln, S. 587–606 [zitiert: *Raiser*, in: FS 100 Jahre GmbHG].

Raiser, Thomas: Recht der Kapitalgesellschaften – Ein Handbuch für Praxis und Wissenschaft, 2. Aufl. 1992, München [zitiert: *Raiser*, Recht der Kapitalgesellschaften, 2. Aufl.].

Raiser, Thomas/Veil, Rüdiger: Recht der Kapitalgesellschaften – Ein Handbuch für Praxis und Wissenschaft, 6. Aufl. 2015, München [zitiert: *Raiser/Veil*, Recht der Kapitalgesellschaften].

Rebhan, Ralf: Grundstückstransaktionen unter Beteiligung von Gesellschaften bürgerlichen Rechts, NotBZ 2009, S. 445–450.

Reichert, Bernhard: Handbuch des Vereins- und Verbandsrecht, 12. Aufl. 2009, München [zitiert: *Reichert*, Hdb. d. Vereins- und VerbandsR].

Reichert, Jochem: Die Treuebindung der Aktionärsmehrheit in Sanierungsfällen, NZG 2018, S. 134–142.

Reiff, Peter: Anm. z. BGH, Urt. v. 27.09.1999 – II ZR 371/98, VersR 1999, S. 1427–1428.

Reiff, Peter: Anm. z. BGH, Urt. v. 07.04.2003 – II ZR 56/02, VersR 2003, S. 773–775.

Reiff, Peter: Anm. z. BGH, Beschl. v. 28.04.2011 – V ZB 194/10, LKM 2011, 318834 (Beck online).

Reuter, Dieter: Privatrechtliche Schranken der Perpetuierung von Unternehmen – ein Beitrag zum Problem der Gestaltungsfreiheit im Recht der Unternehmensformen, 1973, Frankfurt [zitiert: *Reuter*, Privatrechtliche Schranken].

Reuter, Dieter: Nochmals: Das Kündigungsrecht des GmbH-Gesellschafters, GmbHR 1977, S. 77–81.

Reuter, Dieter: Die Bestandssicherung von Unternehmen – ein Schlüssel zur Zukunft des Handelsgesellschaftsrechts, AcP 181 (1981), S. 1–30.

Reuter, Dieter: Verhandlungen zum 55. Deutschen Juristentag in Hamburg, Band I, 1984 [zitiert: *Reuter*, Verhandlungen zum 55. DJT].

Reymann, Christoph: Die Vertretungsbefugnis der Liquidatoren bei der GmbH - Zugleich eine Besprechung des BGH-Urt. v. 27.10.2008 – II ZR 225/07, GmbHR 2009, S. 176–182.

Reymann, Christoph: Rechtsscheinhaftung und Bereicherungsausgleich beim Gutglaubenserwerb nach § 899a BGB, Festschrift für Dieter Reuter zum 70. Geburtstag, 2010, Berlin, S. 271–306 [zitiert: *Reymann*, in: FS Reuter].

Rieder, Markus S.: Wirksamkeit der Einziehung eines Geschäftsanteils erfordert keine Zahlung der Abfindung, GWR 2012, S. 106.

Robertz, Franz-Joachim: Der Beirat als freiwilliges Organ der Gesellschaft, MittRhNotK 1991, S. 239–251.

Röder, Erik: Reformüberlegungen zum Recht der GbR, AcP 215 (2015), S. 450–532.

Rohleder, Michael: Die Übertragbarkeit von Kompetenzen auf GmbH-Beiräte, 1991, Köln [zitiert: *Rohleder*, Übertragbarkeit von Kompetenzen].

Röhricht, Volker: Zum Austritt des Gesellschafters aus der GmbH, Festschrift für Alfred Kellermann zum 70. Geburtstag, 1991, Berlin, New York, S. 361–388 [zitiert: *Röhricht*, in: FS Kellermann].

Röll, Ludwig: Die Bescheinigung des Notars über den Wortlaut des Gesellschaftsvertrags einer Gesellschaft mit beschränkter Haftung, DNotZ 1970, S. 337–344.

Römermann, Volker: Ausschließung von GmbH-Gesellschaftern und Einziehung von Anteilen: Ein Minenfeld, NZG 2010, S. 96–99.

Roth, Günther H./Altmeppen, Holger: Kommentar zum Gesetz betreffend die Gesellschaften mit beschränkter Haftung (GmbHG), 8. Aufl. 2015, München [zitiert: *Bearb.*, in: Roth/Altmeppen].

Roth, Markus: Die übertragende Auflösung nach Einführung des Squeeze-out, NZG 2003, S. 998–1005.

Rowedder, Heinz/Schmidt-Leithoff, Christian: Gesetz betreffend die Gesellschaften mit beschränkter Haftung (GmbHG), Kommentar, 5. Aufl. 2013, München [zitiert: *Bearb.*, in: Rowedder/Schmidt-Leithoff, 5. Aufl.].

Rowedder, Heinz/Schmidt-Leithoff, Christian: Gesetz betreffend die Gesellschaften mit beschränkter Haftung (GmbHG), Kommentar, 6. Aufl. 2017, München [zitiert: *Bearb.*, in: Rowedder/Schmidt-Leithoff].

Rudersdorf, Martin: Wettbewerbsverbote in Gesellschafts- und Unternehmenskaufverträgen, RNotZ 2011, S. 509–530.

Rudolphi, Ekkehard: Inhalt und Auslegung der Satzung der GmbH, 2004, Bonn [zitiert: *Rudolphi*, GmbH-Satzung und *Rudolphi*, Die Auslegung der Satzung der GmbH].

Rühland, Hans-Philipp: Die Zukunft der übertragenden Auflösung (179a AktG) – Die Konsequenzen des gesetzlichen Ausschlussrechts, der geplanten

Reform des Spruchverfahrens und der MotoMeter-Entscheidung des BVerfG für die übertragende Auflösung, WM 2002, S. 1957–1966.

Ruhwinkel, Sebastian: Gesetzliche Neuregelung der Behandlung von Gesellschaften bürgerlichen Rechts im Immobiliarverkehr, MittBayNot 2009, S. 421–426.

Sachs, Michael: Kommentar zum Grundgesetz, 8. Auflage 2017, München [zitiert: *Bearb.*, in: Sachs GG].

Saenger, Ingo: Die im Handelsregister gelöschte GmbH im Prozeß, GmbHR 1994, S. 300–306.

Saenger, Ingo/Inhester, Michael: Handkommentar zum GmbHG, 3. Aufl. 2016, Baden-Baden [zitiert: *Bearb.*, in: Saenger/Inhester].

Salje, Peter: Kompetenzen des Beirats bei der Unternehmensveräußerung?, ZIP 1989, S. 1526–1530.

Schäfer, Carsten: Verhandlungen des 71. Deutschen Juristentages Essen 2016 Bd. I: Gutachten Teil E: Empfiehlt sich eine grundlegende Reform des Personengesellschaftsrechts?, 2016 [zitiert: *C. Schäfer*, Gutachten E zum 71. DJT].

Schaible, Jörg: Der Gesamtverein und seine vereinsmäßig organisierten Untergliederungen, 1992, Baden-Baden [zitiert: *Schaible*, Gesamtverein].

Schindler, Hendrik: Das Austrittsrecht in Kapitalgesellschaften – eine rechtsvergleichende Untersuchung zum Austrittsrecht als Mittel des Individual- und Minderheitenschutzes im deutschen und französischen Kapitalgesellschaftsrecht, 1999, München.

Schmelz, Christoph: Das Liquidationsrecht der GmbH, terra incognita?, NZG 2007, S. 135.

Schmidt, Holger: Vertretungsregelung bei der Liquidationsanmeldung einer GmbH – zugleich Anmerkung zu OLG Köln, Beschl. v. 21.9.2016 – 2 Wx 377/16 sowie OLG Düsseldorf, Beschl. v. 23.9.2016 – I-3 Wx 130/15, NotBZ 2017, S. 93–96.

Schmidt, Jessica: Einziehung von GmbH-Geschäftsanteilen, – Offene Fragen nach dem Grundsatzurteil des BGH vom 24.1.2012 – II ZR 109/11, GmbHR 2013, S. 953–963.

Schmidt, Karsten Liquidationszweck und Vertretungsmacht der Liquidatoren, AcP 174 (1974), S. 55–77.

Schmidt, Karsten: Ultra-vires-Doktrin: tot oder lebendig? – Bemerkungen zur Organvertretungsmacht, AcP 184 (1984), S. 529–540.

Schmidt, *Karsten*: Löschung und Beendigung der GmbH – Grundfragen der Vermögenslosigkeit, Vollbeendigung und Nachtragsliquidation, GmbHR 1988, S. 209–213.

Schmidt, *Karsten*: Die Handelspersonengesellschaft in Liquidation, ZHR 153 (1989), S. 270–299.

Schmidt, *Karsten*: Liquidationsbilanzen und Konkursbilanzen – Rechtsgrundlage für Sonderbilanzen bei aufgelösten Handelsgesellschaften, 1989, Frankfurt.

Schmidt, *Karsten*: Wege zum Insolvenzrecht der Unternehmen – Befunde, Kritik, Perspektiven, 1990, Köln.

Schmidt, *Karsten*: Die Behandlung treuwidriger Stimmen in der Gesellschafterversammlung und im Prozess – Bemerkungen zum „Casts-" Urteil des Hanseatischen OLG Hamburg, GmbHR 1992, S. 9–14.

Schmidt, *Karsten*: Die BGB-Außengesellschaft: rechts- und parteifähig – Besprechung des Grundlagenurteils II ZR 331/00 vom 29.1.2001, NJW 2001, S. 993–1003.

Schmidt, *Karsten*: Gesellschaftsrecht – Unternehmensrecht, Band II, 4. Aufl. 2002, Köln, Berlin, Bonn und München [zitiert: *K. Schmidt*, Gesellschaftsrecht].

Schmidt, *Karsten*: Neuregelung des Rechts der Personengesellschaften? - Vorüberlegungen für eine konsistente Reform, ZHR 177 (2013), S. 712–739.

Schmidt, *Karsten*/*Lutter*, *Marcus*: Kommentar zum AktG, 3. Aufl. 2015, Köln [zitiert: *Bearb*., in: Schmidt/Lutter], - Band 1, §§ 1–149, 3. Aufl. 2015, - Band 2, §§ 150–410 – SpruchG, 3. Aufl. 2015.

Schmolke Klaus Ulrich: Geschäftsleiterpflicht zur Offenlegung begangenen Fehlverhaltens? Eine kritische vergleichende Studie des deutschen und englischen Kapitalgesellschaftsrechts, RIW 2008, S. 365–373.

Schneider, *Sven H.*/*Hoger*, *Andreas*: Einziehung von Geschäftsanteilen und Gesellschafterhaftung, NJW 2013, S. 502–507.

Schneider, *Uwe H.*: Die Abberufung eines Gesellschafter-Geschäftsführers einer zweigliedrigen GmbH, ZGR 1983, S. 535–550.

Schneider, *Uwe H.*: Stimmverbote im GmbH-Konzern, ZHR 150 (1986), S. 609–634.

Schneider, *Uwe H.*: Neue Haftungsrisiken für GmbH-Geschäftsführer bei Erstellung und Einrichtung der Gesellschafterliste, GmbHR 2009, S. 393–396.

Schockenhoff, *Martin*: Der Grundsatz der Vereinsautonomie – Inhalt und Geltung eines ungeschriebenen Tatbestandsmerkmals, AcP 193 (1993), S. 35–67.

Schockenhoff, Martin: Rechtsfragen der Zwangseinziehung von GmbH-Geschäftsanteilen, NZG 2012, S. 449–452.

Schockenhoff, Martin: Die Auslegung von GmbH- und AG-Satzungen, ZGR 2013, S. 76–108.

Schollen, Werner: Die Mitwirkung des Notars bei der Bildung des rechtsgeschäftlichen Willens, DNotZ Sonderheft zum 18. Dt. Notartag 1969, S. 51–71.

Scholz, Franz (Begr.): Kommentar zum GmbH-Gesetz, Köln [zitiert: *Bearb.*, in: Scholz], - Band 1, §§ 1–34, 11. Aufl. 2012, - Band 2, §§ 35–52, 11. Aufl. 2013, - Band 3, §§ 53–85, 11. Aufl. 2015.

Scholz, Peter: Die Fortsetzung der Liquidations-GmbH, GmbHR 1982, S. 228–234.

Schöner, Hartmut/ Stöber, Kurt: Grundbuchrecht, 15. Aufl. 2012, München.

Schopp, Heinrich: Einberufung einer GmbH-Gesellschafterversammlung durch eine Minderheit, GmbHR 1976, S. 126–130.

Schreiner, Karl: Das Recht auf Einsicht in das Grundbuch, Rpfleger 1980, S. 51–55.

Schubel, Christian: Verbandssouveränität und Binnenorganisation der Handelsgesellschaften, 2003, Tübingen [zitiert: *Schubel*, Verbandssouveränität].

Schubert, Werner: Die Abschaffung des Konzessionssystems durch die Aktienrechtsnovelle von 1870, ZGR 1981, S. 285–317.

Schwab, Martin: Das Prozeßrecht gesellschaftsinterner Streitigkeiten, 2005, Tübingen [zitiert: *Schwab*, Prozeßrecht].

Semler, Johannes: Einschränkung der Verwaltungsbefugnisse in einer Aktiengesellschaft, BB 1983, S. 1566–1573.

Semrau, Susanne: Die Dritteinflussnahme auf die Geschäftsführung von GmbH und Personengesellschaften, 2001, Köln [zitiert: *Semrau*: Dritteinflussnahme].

Sethe, Rolf: Die Satzungsautonomie in Bezug auf die Liquidation einer AG, ZIP 1998, S. 770–774.

Soergel, Theodor (Begr.): Bürgerliches Gesetzbuch mit Einführungsgesetz und Nebengesetzen, Kommentar, Stuttgart [zitiert: *Bearb.*, in: Soergel], - Band 1, §§ 1–103, 13. Aufl. 2000.

Spindler, Gerald/Kepper, Katrin: Funktionen, rechtliche Rahmenbedingungen und Gestaltungsmöglichkeiten des GmbH-Beirats (Teil I), DStR 2005, S. 1738–1743.

Spindler, Gerald/Kepper, Katrin/Stilz, Eberhard: Kommentar zum Aktiengesetz, München [zitiert: *Bearb.*, in: Spindler/Stilz], - Band 1, §§ 1–149, 3. Aufl. 2015.; - Band 2, §§ 150–410, zzgl. IntGesR, SpruchG, SE-VO, 3. Aufl. 2015.

Staub Kommentar zum Handelsgesetzbuch, hrsg. Canaris, Claus-Wilhelm/ Habersack, Mathias/ Schäfer, Carsten [zitiert: *Schäfer.*, in: Staub HGB], - Band 3, §§ 105–160, 5. Aufl. 2009.

Staub Kommentar zum Gesetz betreffend die Gesellschaften mit beschränkter Haftung, hrsg. v. *Hachenburg, Max*, 3. Aufl. 1909, Berlin [zitiert: *Hachenburg*, in: Staub Komm. GmbHG].

Staudinger, Julius von: Kommentar zum Bürgerlichen Gesetzbuch mit Einführungsgesetz und Nebengesetzen, Berlin [zitiert: *Bearb.*, in: Staudinger], – AT, §§ 90–124; 130–133, Neubearbeitung 2017, – AT, §§ 139–168, Neubearbeitung 2015.

Stehmann, Eckard: Die Einziehung von Geschäftsanteilen des Gesellschafters einer GmbH, GmbHR 2013, S. 574–580.

Strohn, Lutz: Aus der neueren Rechtsprechung des BGH zum Gesellschaftsrecht (2), DB 2012, S. 1193–1198.

Stumpf, Christoph A.: Grundrechtsschutz im Aktienrecht, NJW 2003, S. 9–15.

Stumpf, Wolf: *Müller, Dennis*: Sofortige Wirksamkeit der Einziehung des Geschäftsanteils eines GmbH-Gesellschafters – Der Abschied des BGH von der Bedingungslösung, GWR 2012, S. 143–146.

Stuppi, Markus A.: Zur Vertretungsbefugnis der Liquidatoren einer GmbH, notar 2012, S. 66.

Suttmann, Christoph: Insichgeschäfte im Gesellschaftsrecht, MittBayNot 2011, S. 1–16.

Tavakoli, Anusch/Fehrenbacher, Oliver: Die Gesellschaft bürgerlichen Rechts ist grundbuchfähig! Zugleich Besprechung des OLG Stuttgart, Beschluss vom 9.1.2007 – 8 W 223/06, DB 2007, S. 382–385.

Teichmann, Arndt: Gestaltungsfreiheit in Gesellschaftsverträgen, 1970, München [zitiert: *A. Teichmann*, Gestaltungsfreiheit].

Teichmann, Christoph: Reform des Gläubigerschutzes im Kapitalgesellschaftsrecht, NJW 2006, S. 2444–2451.

Teichmann, Christoph: Vertragsfreiheit im Innenverhältnis der GmbH-Gesellschafter, RNotZ 2013, S. 346–353.

Terner, Paul: Die Befreiung des GmbH-Liquidators von den Beschränkungen des § 181 BGB – Zugleich Anmerkung zu OLG Köln, Beschluss v. 21.9.2016 – 2 Wx 377/16, DStR 2017, S. 160–163.

Teubner, Gunther: Der Beirat zwischen Verbandssouveränität und Mitbestimmung – Zu den Schranken der Beiratsverfassung in der GmbH, ZGR 1986, S. 565–715.

Thümmel, Roderich C.: Möglichkeiten und Grenzen der Kompetenzverlagerung auf Beiräte in Personengesellschaft und GmbH, DB 1995, S. 2461–2465.

Tiedtke, Klaus: Zur Form der Gestaltung von Insichgeschäften des geschäftsführenden Mitgesellschafters einer GmbH – Zugleich Besprechung des BFH-Urteils vom 17.9.1992 – I R 89-98/91, GmbHR 1993, S. 385–390.

Tieves, Johannes: Der Unternehmensgegenstand der Kapitalgesellschaft, 1998, Köln [zitiert: *Tieves*, Unternehmensgegenstand].

Timm, Wolfram: Der Mißbrauch des Auflösungsbeschlusses durch den Mehrheitsgesellschafter – zugleich Anmerkung zu BGH JZ 1980, 355, JZ 1980, S. 665–672.

Timm, Wolfram: Die Mitwirkung des Aufsichtsrates bei unternehmensstrukturellen Entscheidungen – Grenzen der Aufsichtsrats- und Verwaltungszuständigkeiten in der Aktiengesellschaft, DB 1980, S. 1201–1207.

Timm, Wolfram: Zur Sachkontrolle von Mehrheitsentscheidungen im Kapitalgesellschaftsrecht, ZGR 1987, S. 403–442.

Torggler, Ulrich: Zur Auslegung von Gesellschaftsverträgen, Festschrift für Josef Aicher zu seinem 65. Geburtstag, 2012, Wien, S. 781–812 [zitiert: *Torggler*, in: FS Aicher].

Tröger, Tobias: Anteilseinziehung und Abfindungszahlung – Teleologie und Dogmatik der Folgen sofort wirksamer Einziehungsbeschlüsse, Gesellschaftsrecht in der Diskussion 2013 (19), S. 23–77 [zitiert: *Tröger*, Gesellschaftsrecht in der Diskussion 2013, Bd. 19].

Trölitzsch, Thomas: Zum Ausschluss aus der GmbH nach der Aufgabe der „Bedingungslösung" bei der Einziehung durch den BGH, KSzW 2013, S. 55–64.

Tuhr, Andreas von: Der allgemeine Teil des Deutschen Bürgerlichen Rechts, Band I: Allgemeine Lehren und Personenrechte, 1918, München [zitiert: *v Tuhr*, Allgemeiner Teil BGB, Bd. I].

Tuhr, Andreas von: Der allgemeine Teil des Deutschen Bürgerlichen Rechts, Band II: Die rechtserheblichen Tatsachen, insbesondere das Rechtsgeschäft, 1918, München [zitiert: *v. Tuhr*, Allgemeiner Teil BGB, Bd. II].

Ulmer, Peter: Begründung von Rechten für Dritte in der Satzung der GmbH?, Festschrift für Winfried Werner zum 65. Geburtstag, 1984, Berlin, S. 911–932 [zitiert: *Ulmer*, in: FS Werner].

Ulmer, Peter: Zur Bindung der Gesellschaft an ihre Stimmabgabe, Festschrift Hubert Niederländer zum 70. Geburtstag, 1991, Heidelberg, S. 415–434 [zitiert: *Ulmer*, in: FS Niederländer].

Ulmer, Peter: Die höchstrichterlich „enträtselte" Gesellschaft bürgerlichen Rechts – zugleich Besprechung zu BGH ZIP 2001, 330, ZIP 2001, S. 585–599.

Ulmer, Peter: Nochmals: Begründung von Rechten für Dritte in der Satzung einer GmbH?, Festschrift für Herbert Wiedemann zum 70. Geburtstag, 2002, München, S. 1297–1322 [zitiert: *Ulmer*, in: FS Wiedemann].

Ulmer, Peter: Nochmals: Zum Wirksamkeitszeitpunkt der Zwangseinziehung von GmbH-Anteilen – Auf der Suche nach einem interessengerechten Lösungsmodell, Festschrift für Hans-Joachim Priester zum 70. Geburtstag, 2007, Köln, S. 775–798 [zitiert: *Ulmer*, in: FS Priester].

Ulmer, Peter: Die rechtsfähige GbR: auf Umwegen im Grundbuch angekommen, ZIP 2011, S. 1689–1698.

Ulmer, Peter: Höchstrichterliche Rechtsfortbildung als Durchhauen des gordischen Knotens? – Bemerkungen zur neuen BGH-Rechtsprechung betr. Die Zwangseinziehung von GmbH-Anteilen, Festschrift für Michael Hoffmann-Becking zum 70. Geburtstag, 2013, München, S. 1261–1276 [zitiert: *Ulmer*, in: FS Hoffmann-Becking].

Ulmer, Peter/Habersack, Mathias/Löbbe, Marc: Gesetz betreffend die Gesellschaften mit beschränkter Haftung, Großkommentar, München [zitiert: *Bearb.*, in: UHL], Band 1, Einleitung §§ 1–28, 2. Aufl. 2013, Band 2, §§ 29–52, 2. Aufl. 2014, Band 3, §§ 53–88 (sowie EGGmbHG), 2. Aufl. 2016.

Venrooy, Gerd J van: Gesellschafter-Sonderrechte in der GmbH, GmbHR 2010, S. 841–848.

Vogel, Wolfgang: Gesellschafterbeschlüsse und Gesellschafterversammlung, 2. Aufl. 1986, Köln.

Vollmer, Lothar: Die mitbestimmte GmbH – Gesetzliches Normalstatut, mitbestimmungsrechtliche Satzungsgestaltungen und gesellschaftsrechtlicher Minderheitenschutz, ZGR 1979, S. 135–172.

Vollmer, Lothar: Mehrheitskompetenzen und Minderheitenschutz bei der Gewinnverwendung nach künftigem GmbH-Recht, DB 1973, S. 93-96.

Voormann, Volker: Der Beirat im Gesellschaftsrecht, 1990, Köln, Berlin, Bonn, München.

Vorwerk, Klaus/Wimmer, Jörg: Treubindung des Mehrheitsgesellschafters oder der Gesellschaftermehrheit bei Beschlußfassung in der GmbH-Gesellschafterversammlung, GmbHR 1998, S. 717–723.

Wachter, Thomas: Zusammenfassung von „Anmerkung zum Beschluss des BGH vom 07.05.2007, Az.: II ZB 21/06“, GmbHR 2007, S. 878–879.

Wachter, Thomas: Ausfallhaftung der Gesellschafter bei der Einziehung von GmbH-Geschäftsanteilen, NZG 2016, S. 961–968.

Wachter, Thomas: Kommentar zum Aktiengesetz, 2. Aufl. 2014, Köln [zitiert: *Wachter*, in: AktG].

Wagner, Benjamin: Der Status des GmbH-Gesellschafters nach der Zwangseinziehung – Zeitpunkt ihres Wirksamwerdens und Rechtsschutzmöglichkeiten des Betroffenen bei fehlerhafter Einziehung, 2015, Berlin [zitiert: *Wagner*, Zwangseinziehung].

Wallner, Jürgen: Die Liquidatoren der GmbH i.L., GmbHR 1998, S. 1168–1173.

Wälzholz, Eckhard: Die Vertretung der GmbH im Liquidationsstadium – Insbesondere zur Befreiung vom Verbot des Selbstkontrahierens gem. § 181 BGB, GmbHR 2002, S. 305–309.

Warneyer, Otto/Koppe, Fritz: Kommentar zum Reichsgesetz betreffend die Gesellschaften mit beschränkter Haftung, 2. Aufl. 1929, Berlin, Wien [zitiert: *Warneyer/Koppe*, in: GmbHG].

Weber, Christoph: Privatautonomie und Außeneinfluß im Gesellschaftsrecht, 2000, Tübingen [zitiert: *Weber*, Privatautonomie].

Wellenhofer, Marina: Grundstücksgeschäfte mit der BGB-Gesellschaft, JuS 2010, S. 1048–1052.

Werner, Rüdiger: Immobilientransaktionen – Probleme der Beweislast bei der Beteiligung von Gesellschaften bürgerlichen Rechts, MDR 2010, S. 721–724.

Wessing, Kurt/Max, Dietrich H.: Zur Rückfallkompetenz der Gesellschafterversammlung bei Funktionsunfähigkeit des Beirats, Festschrift für Winfried Werner zum 65. Geburtstag, 1984, Berlin, S. 975–988 [zitiert: *Wessing/Max*, in: FS Werner].

Westermann, Harm Peter: Das Verhältnis von Satzung und Nebenordnungen in der Kapitalgesellschaft, 1994, Heidelberg [zitiert: *Westermann*, Satzung und Nebenordnung].

Westermann, Harm Peter: Erste Folgerungen aus der Anerkennung der Rechtsfähigkeit der BGB-Gesellschaft, NZG 2001, S. 289–295.

Westermann, Harm Peter: Die Gesellschaft bürgerlichen Rechts auf dem Wege in die Rechtsfähigkeit, WM 2013, S. 441–448.

Wicke, Hartmut: Echte und unechte Bestandteile im Gesellschaftsvertrag der GmbH, DNotZ 2006, S. 419–437.

Wicke, Hartmut: „Cash Pool II" – Kapitalaufbringung in der GmbH nach MoMiG, GWR 2009, S. 333–336.

Wicke, Hartmut: Gesetz betreffend die Gesellschaften mit beschränkter Haftung (GmbHG), Kommentar, 3. Aufl. 2016, München [zitiert: *Wicke*, in: GmbHG].

Wicke, Hartmut: Anm. z. BGH, Urt. v. 10.05.2016 – II ZR 342/14 – Persönliche Haftung der Altgesellschafter für Abfindung nach Einziehung, DNotZ 2017, S. 133–141.

Wicke, Hartmut: Reform des Personengesellschaftsrechts aus Sicht der Gestaltungspraxis, DNotZ 2017, S. 261–276.

Wiedemann, Herbert: Anm. z. BGH, Urt. v. 22.09.1969 – II ZR 144/68, JZ 1970, S. 291–293.

Wiedemann, Herbert: Verbandssouveränität und Ausseneinfluss. Gedanken zur Errichtung eines Beirats in einer Personengesellschaft, Festschrift Wolfgang Schilling zum 65. Geburtstag, 1973, Berlin, S. 105–126 [zitiert: *Wiedemann*, in: FS Schilling].

Wiedemann, Herbert: Die Auslegung von Satzungen und Gesellschaftsverträgen, DNotZ Sonderheft 1977, S. 99–111.

Wiedemann, Herbert: Rechtsethische Maßstäbe im Unternehmens- und Gesellschaftsrecht, Rektoratsrede. Kölner Universitätsreden Nr. 55, Krefeld 1979, zugl. ZGR 1980, S. 147–176.

Wiedemann, Herbert: Gesellschaftsrecht: ein Lehrbuch des Unternehmens- und Verbandsrechts, Band I: Grundlagen, 1980, München [zitiert: *Wiedemann*, Gesellschaftsrecht, Bd. I].

Wiedemann, Herbert: Anm. z. BGH, Urt. vom 01.02.1988 – II ZR 75/87, JZ 1989, S. 447–449.

Wiedemann, Herbert: Zu den Treuepflichten im Gesellschaftsrecht, Festschrift für Theodor Heinsius zum 65. Geburtstag, 1991, Berlin, S. 949–966 [zitiert: *Wiedemann*, in: FS Heinsius].

Wiedemann, Herbert: Die Personengesellschaft – Vertrag oder Organisation?, ZGR 1996, S. 286–299.

Wiedemann, Herbert: Anm. z. BGH, Urt. v. 29.01.2001 – II ZR 331/00, JZ 2001, S. 661–664.

Wiedemann, Herberts: Gesellschaftsrecht: ein Lehrbuch des Unternehmens- und Verbandsrechts, Band II: Recht der Personengesellschaften, 2004, München [zitiert: *Wiedemann*, Gesellschaftsrecht, Bd. II].

Wieling, Hans Josef: Die Bedeutung der Regel „falsa demonstratio non nocet“ im Vertragsrecht, AcP 172 (1972), S. 297–316.

Wieser, Eberhard: Empirische und normative Auslegung, JZ 1985, S. 407–410.

Wilhelm, Jan: Kapitalgesellschaftsrecht, 3. Aufl. 2009, Berlin.

Wimpfheimer, Heinrich: Die Gesellschaften des Handelsrechts und des bürgerlichen Rechts im Stadium der Liquidation, 1908, München [zitiert: *Wimpfheimer*, Liquidation].

Winkler, Karl: Materielle und formelle Bestandteile in Gesellschaftsverträgen und Satzungen und ihre verschiedenen Auswirkungen, DNotZ 1969, S. 394–414.

Winkler, Karl: Die Genehmigung des Vormundschaftsgerichts zu gesellschaftsrechtlichen Aktien bei Beteiligung Minderjähriger, ZGR 1973, S. 177–217.

Winkler, Sylko: Anm. z. BGH, Urt. v. 24.01.2012 – II ZR 109/11 - Anteilige Haftung der einen Einziehungsbeschluss fassenden Gesellschafter, BB 2012, S. 666–667.

Winnefeld, Robert: Stimmrecht, Stimmabgabe und Beschluss, ihre Rechtsnatur und Behandlung, DB 1972, S. 1052–1056.

Winnefeld, Robert: Löschung oder Fortbestand einer vermögenslosen GmbH?, BB 1975, S. 70–72.

Winter, Martin: Mitgliedschaftliche Treubindungen im GmbH-Recht: rechtsformspezifische Aspekte eines allgemeinen gesellschaftsrechtlichen Prinzips, 1988, München [zitiert: *Winter*, Mitgliedschaftliche Treubindungen].

Zimmer, Maximilian: Zum Nachweis der Vertretungsberechtigung bei der GbR, NZM 2009, S. 187–189.

Zippelius, Reinhold: Juristische Methodenlehre, 11. Aufl. 2012, München.

Zöllner, Wolfgang: Die Schranken mitgliedschaftlicher Stimmrechtsmacht bei den privatrechtlichen Personenverbänden, 1963, München [zitiert: *Zöllner*, Stimmrechtsmacht].

Zöllner, Wolfgang: Privatautonomie und Arbeitsverhältnis, AcP 176 (1976), S. 221–246.

Zöllner, Wolfgang: Zur positiven Beschlussfeststellungsklage im Aktienrecht(und anderen Fragen des Beschlussrechts) – Besprechung der Entscheidung BGHZ 76, 191, ZGR 1982, S. 623–633.

Zöllner, Wolfgang: Inhaltsfreiheit bei Gesellschaftsverträgen, Festschrift 100 Jahre GmbH-Gesetz, 1992, Köln, S. 85–126 [zitiert: *Zöllner*, in: FS 100 Jahre GmbHG].

Zöllner, Wolfgang: Beschluß, Beschlußergebnis und Beschlußergebnisfeststellung – Ein Beitrag zu Theorie und Dogmatik des Beschlußrechts, Festschrift für Marcus Lutter zum 70. Geburtstag, 2000, Köln, S. 821–834 [zitiert: *Zöllner*, in: FS Lutter].

Zöllner, Wolfgang/Noack: Geltendmachung von Beschlußmängeln im GmbH-Recht, ZGR 1989, S. 525–544.

Zwanzger, Michael: Der Mehrseitige Vertrag – Grundstrukturen, Vertragsschluss, Leistungsstörungen, 2013, Tübingen.

Verzeichnis sonstiger verwendeter Materialien

Bericht der Ausschüsse für Handel und Verkehr und für Justizwesen des Bundesrats vom 12.02.1877, Drucks. des Bundesrats Nr. 18/1877.

Beschlüsse zum 71. Deutschen Juristentag (DJT), abrufbar unter www.djt.de. [zuletzt abgerufen am 08.03.2018].

Einführungsgesetz zum Handelsgesetzbuche, RGBl. 1897, S. 437 ff.

Entwurf eines Handelsgesetzbuchs für die Preußischen Staaten, Begr. PreußE, Bd. II, 1857.

Entwurf eines Gesetzes zur Änderung des Gesetzes betreffend die Gesellschaften mit beschränkter Haftung und anderer handelsrechtlicher Vorschriften, Gesetzentwurf, BT-Drucks. 8/1347.

Entwurf eines Gesetzes zur Änderung des Gesetzes betreffend die Gesellschaften mit beschränkter Haftung und anderer handelsrechtlicher Vorschriften, Beschlußempfehlung und Bericht des Rechtsausschusses (6. Ausschuß), BT-Drucks. 8/3908.

Entwurf eines Gesetzes über Gesellschaften mit beschränkter Haftung (GmbHG), Gesetzentwurf, BT-Drucks. 7/253.

Entwurf einer Insolvenzordnung, Beschlußempfehlung und Bericht des Rechtsausschusses (6. Ausschuß), BT-Drucks. 12/7302.

Entwurf eines Aktiengesetzes, Gesetzentwurf und Begründung, BT-Drucks. IV/171.

Entwurf eines Gesetzes über Gesellschaften mit beschränkter Haftung und eines Einführungsgesetzes, Gesetzentwurf, BT-Drucks. VI/3088.

Entwurf eines Gesetzes zur Einführung des elektronischen Rechtsverkehrs und der elektronischen Akte im Grundbuchverfahren sowie Änderungen weiterer grundbuch-, register-, und kostenrechtlicher Vorschriften (ERVGBG), Beschlußempfehlung und Bericht des Rechtsausschusses (6. Ausschuß), BT-Drucks. 16/13437.

Entwurf eines Gesetzes zur Umsetzung der Vierten EU-Geldwäscherichtlinie, zur Ausführung der EU-Geldtransferverordnung und zur Neuorganisation der Zentralstelle für Finanztransaktionsuntersuchungen, Gesetzentwurf, BT-Drucks. 18/11555.

EU-Richtlinie zur Verhinderung der Nutzung des Finanzsystems zum Zwecke der Geldwäsche und der Terrorismusfinanzierung, zur Änderung der Verordnung (EU) Nr. 648/2012 des Europäischen Parlaments und des Rates und zur Aufhebung der Richtlinie 2005/60/EG des Europäischen Parlaments und des

Rates und der Richtlinie 2006/70/EG der Kommission, RL (EU) 2015/849 des Europäischen Parlaments und des Rates vom 20.05.2015.

Gesetz zur Änderung des Gesetzes betreffend die Gesellschaften mit beschränkter Haftung und anderer handelsrechtlicher Vorschriften, BGBl. I 1980, S. 836 ff.

Gesetz für kleine Aktiengesellschaften und zur Deregulierung des Aktienrechts, BGBl. I 1994, S. 1961 ff.

Gesetz zur Modernisierung des GmbH-Rechts und zur Bekämpfung von Missbräuchen (MoMiG), BGBl. I 2008, S. 2026 ff.

Gesetz zur Durchführung der Vierten, Siebenten und Achten Richtlinie des Rates der Europäischen Gemeinschaft zur Koordinierung des Gesellschaftsrechts (Bilanzrichtlinien-Gesetz – BiRiLiG), BGBl. I 1985, S. 2355 ff.

Gesetz zur Neuregelung des Kaufmanns- und Firmenrechts und zur Änderung anderer handels- und gesellschaftsrechtlicher Vorschriften (Handelsrechtsreformgesetz – HrefG), BGBl. I 1998, S. 1474 ff.

Gesetz zur Einführung des elektronischen Rechtsverkehrs und der elektronischen Akte im Grundbuchverfahren sowie Änderungen weiterer grundbuch-, register-, und kostenrechtlicher Vorschriften (ERVGBG), BGBl. I 2009, S. 2713 ff.

Gesetz über elektronische Register und Justizkosten für Telekommunikation (ERJuKoG), BGBl. I 2001, S. 3422 ff.

Koalitionsvertrag zwischen CDU, CSU und SPD zur 19. Legislaturperiode des Deutschen Bundestages: Ein neuer Aufbruch für Europa. Eine neue Dynamik für Deutschland. Ein neuer Zusammenhalt für unser Land (unterzeichnet am 12.03.2018).

Protokoll des Deutschen Reichtags, 8. Leg., 177. Sitzung 1890/1892, S. 4303 ff.

Protokolle der Kommission für die zweite Lesung des Entwurfs des Bürgerlichen Gesetzbuchs, im Auftrage des ReichsdJustizamts bearbeitet von Dr. Achilles, Dr. Gebhard, Dr. Spahn, J. Guttentag, Berlin 1897, Prot. Entw. BGB Bd. I.

Sammlung der Entscheidungen des Reichsoberhandelsgerichts (ROHGE), Bd. 5, 1873.

Schriften zum Gesellschaftsrecht und Unternehmensinsolvenzrecht

Herausgegeben von Hans-Friedrich Müller und Peter Reiff

Band 1 Björn Müller: Haftungsprivilegierung der Geschäftsleitung durch fachkundige Beratung. Entwicklung eines gesellschaftsrechtlichen Vertrauensgrundsatzes unter Berücksichtigung angloamerikanischen Rechts. 2016.

Band 2 Sonja Keller: Die Einziehung unbelasteter sowie sicherungsabgetretener Außenstände im Insolvenzverfahren. 2016.

Band 3 Teresa Trutnau: Der insolvenzrechtliche Rangrücktritt durch Nichtgesellschafter. Notwendigkeit, Grenzen und Auswirkungen der Erweiterung der gesetzlichen Rechtsfolgen mittels ergänzender Vereinbarung. 2016.

Band 4 Sven Marco Hartwig: Die Thesaurierungspflicht der Unternehmergesellschaft (haftungsbeschränkt). 2017.

Band 5 Matthias Wetzig: Rechtsberatungsverträge mit Aufsichtsratsmitgliedern. Eine Untersuchung der Vereinbarkeit von rechtsanwaltlicher Tätigkeit und Aufsichtsratsmandat unter Berücksichtigung der Problemstellungen im Gesellschaftsrecht und im anwaltlichen Berufsrecht. 2017.

Band 6 Tobias Roth: Related Party Transactions auf dem Prüfstand. Eine kritische Auseinandersetzung mit Art. 9c der Aktionärsrechterichtlinie 2017 und dessen Umsetzung in deutsches Recht. 2018.

Band 7 Sven Sodemann: Gestaltungsfreiheit und Auslegung im Liquidationsrecht der GmbH. 2019.

www.peterlang.com

www.ingramcontent.com/pod-product-compliance
Ingram Content Group UK Ltd.
Pitfield, Milton Keynes, MK11 3LW, UK
UKHW021836290926
8980IPUK00004B/494

9 783631 774953